Strategien der Selbstdarstellung russischer Unternehmen
auf ihren Webseiten

SPECIMINA PHILOLOGIAE SLAVICAE

Herausgegeben von
Holger Kuße
und Peter Kosta, Beatrix Kreß, Franz Schindler,
Barbara Sonnenhauser, Nadine Thielemann

BAND 193

PETER LANG

Dionisi Nikolov

Strategien der Selbstdarstellung russischer Unternehmen auf ihren Webseiten

PETER LANG

Bibliografische Information der Deutschen Nationalbibliothek
Die Deutsche Nationalbibliothek verzeichnet diese Publikation in der Deutschen Nationalbibliografie; detaillierte bibliografische Daten sind im Internet über http://dnb.d-nb.de abrufbar.

Zugl.: Dresden, Techn. Univ., Diss., 2016

D 88
ISSN 0170-1320
ISBN 978-3-631-73764-4 (Print)
E-ISBN 978-3-631-73765-1 (E-Book)
E-ISBN 978-3-631-73766-8 (EPUB)
E-ISBN 978-3-631-73767-5 (MOBI)
DOI 10.3726/b12319

Peter Lang – Berlin · Bern · Bruxelles ·
New York · Oxford · Warszawa · Wien

Diese Publikation wurde begutachtet.
www.peterlang.com

Danksagung

Im Rahmen der Unternehmenskommunikation gehört heute die Selbstdarstellung von Unternehmen auf Webseiten zu den zentralen Marketingstrategien sowie zu den einflussreichsten Instrumenten der Konstruktion eines angestrebten Ansehens in der Öffentlichkeit. Zu diesem Zweck sind innerhalb des ökonomischen Diskurses spezifische Textsorten entstanden, die mittlerweile auch aus der Kommunikation großer russischer Unternehmen nicht wegzudenken sind. Insbesondere gehören dazu Texte der Sorte „Mission Statement", deren detaillierter Analyse das vorliegende Buch gewidmet ist. Die Arbeit wurde im November 2015 von der Fakultät Sprach-, Literatur- und Kulturwissenschaften der Technischen Universität Dresden als Dissertation angenommen und für die Veröffentlichung leicht überarbeitet. Sie ist das Ergebnis einer interdisziplinären Untersuchung der kommunikativen Strategien der Selbstdarstellung ausgewählter russischer Großunternehmen aus der Öl- und Gasbranche – Gazprom, Rosneft, Lukoil und TNK-BP.

Für das Zustandekommen der Arbeit will ich mich an erster Stelle bei meinen beiden BetreuerInnen Prof. Dr. Holger Kuße (TU Dresden) und Prof. Dr. Renate Rathmayr (WU Wien) bedanken, die mir mit zahlreichen Kommentaren und Anregungen sowohl bei gemeinsamen Seminaren und Kolloquien als auch bei persönlichen Gesprächen unterstützend zur Seite standen. Holger Kuße begleitete zudem die Vorbereitung der vorliegenden Publikation und ermöglichte ihre Aufnahme in die Reihe „Specimina Philologiae Slavicae", wofür ich ihm sehr verbunden bin. Bei Renate Rathmayr bedanke ich mich insbesondere auch für die Anstellung als wissenschaftlicher Mitarbeiter am Institut für Slawische Sprachen der WU Wien und für die damit einhergehende Sicherstellung von sehr förderlichen Rahmenbedingungen für meine Forschungstätigkeit.

Besonderen Dank gilt Prof. Dr. Marion Krause (Universität Hamburg) – sowohl für die wertvollen Impulse in der Anfangsphase des Promotionsvorhabens als auch für die Übernahme des Drittgutachtens. Ganz herzlich will ich zudem meinen KollegInnen vom Institut für Slawische Sprachen – vor allem Katharina Klingseis, Edgar Hoffmann und Charlotte Khan – für die wunderbaren knapp fünf Jahre als fester Teil des Instituts sowie für die stundenlangen Diskussionen zur kritischen Diskursanalyse, zu Werten und Bewertungen, deontischer Modalität usw. danken.

Zum Schluss will ich einigen Personen „Danke" sagen, die eine ganz spezielle Rolle bei der Entstehung und Umsetzung des Promotionsvorhabens gespielt haben. Zuerst danke ich meinem ersten slavistischen Lehrer Prof. Dr. Gerd Freidhof (Universität Frankfurt am Main), der mich als Betreuer meiner Magisterarbeit nicht nur für die linguistische Forschung faszinierte, sondern auch zum Promovieren ermutigte. Danken will ich auch meiner ganzen Familie, die mich immer und bei allem tatkräftig unterstützte, aber insbesondere meinem Großvater, der meine Forschungsfortschritte während der gesamten Zeit bis ins Detail verfolgte. (*Спасибо, дедушка!*). Und natürlich bedanke ich mich – eigentlich kommt das an erster Stelle – bei meiner Lebensgefährtin Yana. Sie war zur gleichen Zeit ebenfalls Doktorandin und konnte als einzige aus meinem privaten Umfeld die Höhen und Tiefen des Promotionsprozesses genau nachempfinden und mich dabei unterstützen. Danke!

Wien, Dezember 2016 Dionisi Nikolov

Inhaltsverzeichnis

Inhaltsverzeichnis 7

Abbildungs-, Tabellen- und Abkürzungsverzeichnis 9

I Einleitung 11

I.1 Forschungsfragen, Relevanz und Ziel der Arbeit 11

I.2 Aufbau der Arbeit 14

II Forschungsdesign der Arbeit 17

II.1 Das Unternehmen und seine Tätigkeit. Der Stakeholder-Ansatz 17

II.2 Korporative Webseiten und das Mission Statement 19

II.3 Fallbeispielauswahl 30

II.4 Sprachanalytisches Vorgehen 32

III Vorstellung und Diskussion der empirischen Ergebnisse 39

III.1 Unternehmerischer Existenzzweck 40

III.1.1 Platzierung auf der Webseite 41

III.1.2 Existenzzweck: Inhalte und sprachliche Realisierung 41

III.1.3 Statt einer Zusammenfassung 49

III.2 Explizite Wertedeklaration der russischen Unternehmen 51

II.2.1 Platzierung auf der Webseite 54

III.2.2 Explizit deklarierte Wertbegriffe 55

III.2.3 Fazit 83

III.3 Kommunikation von Verhaltensnormen 89

III.3.1 Formale Eigenschaften der untersuchten Kodizes 95

III.3.2 Thematische Gliederung der Kodizes 108

III.3.3 Die konkreten Handlungsregeln 121

III.3.3.1 Dimensionen der Verbindlichkeit 121

III.3.3.1.1 Die Modalität der Notwendigkeit. Struktur und Semantik der Pflicht und die explizite deontische Verpflichtung 123

III.3.3.1.2 Die implizite Verpflichtung. Primäre und sekundäre Adressaten der Kodizes 130

III.3.3.2 Das Konzept Verantwortung 134

III.3.3.2.1 Verpflichtungscharakter der Verantwortung. Struktur der Verantwortung 134

III.3.3.2.2 Modelle der Verantwortung 140
III.3.3.2.3 Erscheinungsformen und Funktionen von Verantwortung in den untersuchten Kodizes 150
III.3.4 Diskussion der empirischen Ergebnisse 153
III.3.4.1 Objektebene 153
III.3.4.1.1 Долг und обязанность/обязательство als Marker der deontischen Notwendigkeit 155
III.3.4.1.2 Deontisch regulierte Aspekte der Unternehmenstätigkeit 160
III.3.4.1.3 Nicht-deontisch regulierte Aspekte der Unternehmenstätigkeit 180
III.3.4.2 Subjektebene 190
III.3.4.2.1 Explizit thematisierte Pflichtsubjekte und die Verbalisierung ihrer Pflicht 190
III.3.4.2.2 Verschiebung der korporativen Verpflichtung und Verantwortung 193
III.3.4.2.3 Unternehmensangehörige und Hierarchie. Die Rolle der Führungskräfte 196
III.3.4.2.4 Subjektbezogene Zuschreibung von Verantwortung 200
III.3.4.2.5 Verwendung von Pronomen im Rahmen der Kodizes 212
III.3.4.3 Pflicht und Verantwortung in den Firmenkodizes – eine Zusammenfassung 217

III.4 Die unternehmerische „Strategie“ 231
III.4.1 Formale Eigenschaften der korporativen „Strategien“ 232
III.4.2 Die „strategischen“ Inhalte 239
III.4.2.1 Inhaltliche Makrostruktur der korporativen „Strategien“ 239
III.4.2.2 Kernteil der „Strategie-Rubriken“ – Branche, Wettbewerbsposition, Kompetenzen und Wettbewerbsvorteile 239
III.4.3 Ein Exkurs zur Axiologie – Bewertungen und Werte in der Unternehmenskommunikation 253
III.4.3.1 Die sprachliche Bewertung 253
III.4.3.2 Bewertungen in Sprechakten. Die wertende Funktion 257
III.4.3.3 Bewertungen und Werte 262
III.4.3.4 Nicht-deklarative Wertekommunikation der russischen Unternehmen 266
III.4.3.5 Erzählteil der „Strategie-Rubriken“ 277
III.4.4 Эффективность – ein Begriff und dessen Konzeptualisierungen im Unternehmensdiskurs 283
III.4.4.1 Эффективность in Nachschlagewerken und in den neuen Medien 284
III.4.4.2 Эффективность im Unternehmensdiskurs 288

IV Zusammenfassung 301

Literaturverzeichnis 311

Abbildungs-, Tabellen- und Abkürzungsverzeichnis

Abbildungen:

Abbildung 1: Rosneft, Startseite der Website 21
Abbildung 2: Gazprom, Hauptrubrik „О Газпроме“ 22
Abbildung 3: TNK-BP, Explizite Wertekommunikation 58
Abbildung 4: Lukoil, Explizite Wertekommunikation 67
Abbildung 5: Lukoil, „Кодекс деловой этики“, Kapitel „Охрана окружающей среды“ 98
Abbildung 6: Lukoil, „Кодекс деловой этики“, Kapitel „Конфликт интересов” 99
Abbildung 7: TNK-BP, Ausschnitt aus „Деловой кодекс“ 102
Abbildung 8: TNK-BP, „Кодекс деловой этики“, Kapitel 3 103
Abbildung 9: Gazprom, Rubrik der dritten Stufe „Транспортировка и хранение газа“ 237
Abbildung 10: Rosneft, Rubrik der zweiten Stufe „Перспективы развития и стратегия“ 238

Tabellen:

Tabelle 1: Unternehmerischer Existenzzweck – Ergebnisse 50
Tabelle 2: Explizite Wertekommunikation der russischen Unternehmen – Ergebnisse 88
Tabelle 3: Formale Eigenschaften der untersuchten Kodizes 107
Tabelle 4: Lukoil, „Кодекс деловой этики“, Kapitelverzeichnis 108
Tabelle 5: Gazprom, „Кодекс корпоративной этики“, Kapitelverzeichnis 109
Tabelle 6: Rosneft, „Кодекс деловой этики“, Kapitelverzeichnis 110
Tabelle 7: TNK-BP, „Кодекс деловой этики“, Kapitelverzeichnis 111
Tabelle 8: TNK-BP, „Деловой Кодекс”, Kapitelverzeichnis 112
Tabelle 9: Der Begriff „Эффективность“ und dessen Realisierungen im russischen Unternehmensdiskurs 299

Abkürzungen:

R1 – Hauptrubrik einer Webseite bzw. Rubrik der ersten Stufe[1]
R2 – Unterrubrik einer Webseite bzw. Rubrik der zweiten Stufe
R3 – Unterrubrik einer Webseite bzw. Rubrik der dritten Stufe
R4 – Unterrubrik einer Webseite bzw. Rubrik der vierten Stufe
TNK-BP 1 – Деловой кодекс von TNK-BP[2]
TNK-BP 2 – Кодекс деловой этики von TNK-BP
ДК – Деловой кодекс
КДЭ – Кодекс деловой этики
ККЭ – Кодекс корпоративной этики

---

1 Vgl. auch die Erklärung in Kapitel II.2, S. 25-26.
2 Vgl. auch die Erklärung am Anfang des Kapitels III.3.3.1, S. 117.

I Einleitung

„Schweigen ist keine Alternative. Auch wenn wir über uns nicht reden, werden andere über uns reden. Aber vielleicht nicht so, wie es uns lieb wäre.“[1] Bereits vor über fünfundzwanzig Jahren hat der deutsche Sprachwissenschaftler Bernd Biere die Notwendigkeit einer intentionalen unternehmerischen Selbstdarstellung erkannt, der zwecks Konstruktion und Pflege eines angestrebten korporativen Images im Rahmen der Unternehmenskommunikation ein zentraler Platz zuzuweisen ist. Unter dem Begriff *Selbstdarstellung* werden hier kommunikative Strategien „zur Herstellung eines bestimmten Ansehens in der öffentlichen Meinung (positives Image, guter Ruf, Beachtung)“ sowie „die Inszenierung eines gewollten Selbst“ verstanden.[2] Heutzutage kann die korporative Webseite als die Plattform bezeichnet werden, auf der sich wirtschaftliche Organisationen einem breiten Publikum detailliert und langfristig vorstellen. Dadurch gehört die Webseite zu den wichtigsten und einflussreichsten Instrumenten der verbalen sowie nonverbalen unternehmerischen Selbstpräsentation, insbesondere dann, wenn es sich um große, international tätige Konzerne handelt. Auf ihren Internetseiten erzählen die Unternehmen ausführlich über sich selbst, über ihre Geschichte, über die aktuelle und künftige Tätigkeit, über die unterschiedlichsten Erfolge, Ziele oder Prioritäten der Organisation. Natürlich versuchen die korporativen Akteure, sich im bestmöglichen Licht zu präsentieren und somit bei den Adressaten der Kommunikation ein bestimmtes positives Image zu konstruieren. In der vorliegenden Arbeit wird am Beispiel einiger ausgewählter russischer Großkonzerne aus der Öl- und Gasbranche[3] eine empirische linguistische Analyse dieser intentionalen Imagekonstruktion durchgeführt. Daher lautet die leitende Forschungsfrage folgendermaßen: *Wie stellen sich russische Unternehmen auf ihren Webseiten dar?*

I.1 Forschungsfragen, Relevanz und Ziel der Arbeit

Die so formulierte allgemeine Fragestellung ordnet die Untersuchung dem Bereich der Unternehmenskommunikation zu. Im Anschluss an Manfred Bruhn wird hier *Unternehmenskommunikation* wie folgt verstanden: „Unternehmenskommunikation bezeichnet die Gesamtheit sämtlicher Kommunikationsinstrumente und – maßnahmen eines Unternehmens, die nach innen und außen eingesetzt werden, um das Unternehmen und seine Leistungen bei den relevanten Zielgruppen der

---

[1] Vgl. Biere (1991), S. 29.

[2] Vgl. Ebert / Piwinger (2007), S. 205.

[3] Es handelt sich um die Unternehmen Gazprom, Rosneft, Lukoil und TNK-BP – vgl. ausführlich Kapitel II.3.

Kommunikation darzustellen."[4] Diese Definition ermöglicht die Spezifizierung der oben präsentierten Fragestellung und gibt zugleich die Richtung für das weitere Forschungsprogramm vor. Dabei stehen folgende zentrale Fragen im Fokus:

- *Welche Themen und Inhalte (Aspekte der Tätigkeit, handlungsleitende Prinzipien, Unternehmensqualitäten etc.) werden von den ausgewählten russischen Unternehmen bei ihrer Selbstdarstellung kommuniziert?*
- *Wie werden diese Inhalte sprachlich realisiert?*
- *Welche Stakeholder (Anspruchsgruppen) werden direkt oder indirekt angesprochen und wer wird als Nutznießer der korporativen Tätigkeit vorgestellt?*

Die Aktualität der vorliegenden Arbeit ergibt sich aus einigen wesentlichen Aspekten. Zum einen gibt es immer noch relativ wenig wissenschaftliche Untersuchungen, die sich mit dem Thema *Unternehmenskommunikation Online* aus einer primär linguistischen Perspektive beschäftigen und dabei eine in erster Linie deskriptiv-analytische Darstellung der sprachlich realisierten kommunikativen Erscheinungen anstreben. Die meisten einschlägigen Arbeiten kommen aus den Bereichen Marketing und PR, Management oder auch Kommunikationswissenschaft und zielen auf eine normative Beeinflussung des kommunikativen Verhaltens der Organisationen sowie deren Mitarbeiter ab. Darüber hinaus fokussieren sich viele der relevanten Untersuchungen auf die Durchführung eher quantitativ angelegter Inhaltsanalysen einzelner textueller Elemente mit dem Ziel der vergleichenden Quantifizierung. In der Regel wird bei einer Großzahl von (internationalen) Unternehmen eine einzige kommunikative Komponente untersucht, wobei oft mehrere methodologische Einschränkungen wie kurzer Untersuchungszeitraum, exakte Wortsuche auf der Seite oder sogar a priori ausgeschlossene Textformate die Analyse in unterschiedlichem Maße beeinflussen.[5]
Zum anderen gibt es im Bereich der russischen *Unternehmenskommunikation Online* wenig empirische linguistische Untersuchungen. Dies könnte u. a. auch daran liegen, dass mehrere Texte, die aus sprachwissenschaftlicher Sicht besonders interessant sind, erst seit einigen Jahren auf den korporativen Webseiten präsentiert werden und dadurch für eine empirische Untersuchung leichter zugänglich sind. Dies gilt vor allem für bestimmte Texte der Sorte *Mission Statement*, die hier im Fokus des Forschungsinteresses stehen. In Anlehnung an das s. g. *Ashridge-Modell* wird in der vorliegenden Arbeit unter Mission Statement ein kommunikatives

---

[4] Vgl. Bruhn (1992), S. 8. Zu Bruhns Begriffsdefinition – vgl. auch Derieth (1995), S. 25-33.

[5] Vgl. ausführlich Kapitel II.2.

Instrument verstanden, das aus vier Hauptkomponenten besteht und funktional in erster Linie der unternehmerischen Selbstdarstellung vor einem breiten Publikum dient.[6] Die meisten der hier untersuchten Mission Statement–Elemente wie z. B. die Ethikkodizes der russischen Konzerne oder die explizite Deklaration der korporativen Grundwerte wurden erst ab den Jahren 2008/09 kreiert bzw. ausformuliert und auf der jeweiligen Firmenseite präsentiert. Daher ist es interessant zu sehen, wie diese neuen Erscheinungen im russischsprachigen Kontext konzipiert und instrumentalisiert werden.

Das primäre Ziel dieser Untersuchung ist eine ausführliche linguistische Analyse aller ermittelten Komponenten der Mission Statements der ausgewählten Unternehmen. Dabei fokussiert sich die empirische Analyse sowohl auf die Ermittlung der von den russischen Unternehmen kommunizierten Inhalte als auch auf die intensive Auseinandersetzung mit deren sprachlicher Realisierung. Der ausgewählte analytische Vorgang erlaubt einen tiefergehenden Einblick hinter die Maske der mehr oder weniger standardisierten Webauftritte großer internationaler Konzerne, die im Kontext der heutigen Globalisierung zwangsläufig vorhanden sind. Dabei können im Rahmen der Untersuchung einige sehr interessante Auffälligkeiten in der Kommunikation der russischen korporativen Akteure ermittelt werden.

Die Ergebnisse dieser Arbeit sind in erster Linie für interdisziplinär forschende Linguisten[7] und im besonderen Maße für Slavisten relevant, da hier vor allem Phänomene und Erscheinungen aus dem Bereich der (verbalen) russischsprachigen Unternehmenskommunikation behandelt werden. Darüber hinaus können aber auch Vertreter anderer Disziplinen wie Kommunikations- und Kulturwissenschaften oder auch PR und Marketing interessante Erkenntnisse für sich gewinnen, die sowohl die Kommunikation als auch die gesamte Tätigkeit der ausgewählten russischen Konzerne betreffen. Nicht zuletzt könnten die ermittelten empirischen Ergebnisse auch für jene Anspruchsgruppen vom Interesse sein, die einen direkten Kontakt zu den untersuchten Unternehmen haben wie beispielweise potentielle (ausländische) Geschäftspartner oder öffentliche Organisationen.

---

[6] Vgl. ausführlich Kapitel II.2.

[7] In der vorliegenden Arbeit wird das generische Maskulinum als Form verwendet, d. h. der Gebrauch der maskulinen Form bezieht sich sowohl auf männliche als auch auf weibliche Personen. Diese Entscheidung wird in erster Linie aufgrund der empirischen Spezifik der vorliegenden Untersuchung getroffen. Die russischen Unternehmen verwenden im Rahmen ihrer Kommunikation ausschließlich maskuline Formen wie „сотрудник“, „работник“ oder „руководитель“ und sprechen dabei alle ihre Angehörigen geschlechtsneutral an. Damit bei der ausführlichen Diskussion der empirischen Ergebnisse im Kapitel III kein Formendurcheinander entsteht, wird auch im deutschen Text das generische Maskulinum als Form ausgewählt.

I.2 Aufbau der Arbeit

Die vorliegende Untersuchung besteht aus einer Einleitung, zwei Hauptkapiteln und der abschließenden Zusammenfassung. In der Einleitung werden die leitenden Forschungsfragen formuliert, die Relevanz, das Ziel sowie der Aufbau der Arbeit vorgestellt.

Im Kapitel II wird das Forschungsdesign der Untersuchung relativ knapp präsentiert. Zunächst wird aus einer interdisziplinären Perspektive (Management, Marketing, Kommunikationswissenschaft) ein Überblick über die wesentlichen Charakteristika eines (internationalen) Unternehmens, seiner Tätigkeit sowie seiner Kommunikation angeboten. Dabei wird vor allem auf den s. g. *Stakeholder-Ansatz* gesondert eingegangen. Im Anschluss daran wird das hier angewendete Modell des kommunikativen Instruments *Mission Statement* vorgestellt, das die Grundlage für die nachfolgende Analyse bildet. Bevor es mit dem empirischen Teil der Arbeit weiter geht, werden noch die Kriterien und Gründe für die getroffene Fallbeispielauswahl sowie das methodische Vorgehen bei der nachfolgenden linguistischen Analyse erörtert.

Im Kapitel III, das als Kernstück der Untersuchung zu bezeichnen ist, werden die empirischen Ergebnisse präsentiert und ausführlich diskutiert. Es wird u. a. gezeigt, was die ausgewählten russischen Unternehmen als Hauptzweck ihrer Existenz bezeichnen (Kapitel III.1), welche Grundwerte sie als handlungsleitend deklarieren (Kapitel III.2), welche Standards und Regeln das korporative, kollektive und individuelle Handeln regulieren sollen (Kapitel III.3) sowie was den Kern der jeweiligen ökonomischen „*Strategie*" bildet (Kapitel III.4). In all diesen Kapiteln werden allerdings nicht nur die empirischen Ergebnisse vorgestellt, sondern auch unterschiedliche für die Untersuchung relevante theoretische Ansätze präsentiert und erörtert. So, beschäftigt sich ein ausführlicher Abschnitt der Arbeit (Kapitel III.4.3) mit der Axiologie-Problematik im Rahmen der unternehmerischen Selbstdarstellung und liefert Antworten auf Fragen wie z. B. – wie explizit wird auf den korporativen Webseiten bewertet, kann eine Grenze zwischen (impliziter) Selbstbewertung und bloßer Deskription ermittelt werden, welche Werte werden von den Unternehmen neben den explizit deklarierten noch kommuniziert und wie werden die entsprechenden Wertbegriffe diskursiv verbalisiert. In anderen Teilen der vorliegenden Arbeit wird die Verwendung und Konzeptualisierung schwerer polysemer russischer Begriffe[8] im Unternehmensdiskurs ausführlich analysiert, wobei mehrere besondere Auffälligkeiten ermittelt werden können. Bei der Analyse

[8] In der vorliegenden Arbeit werden die Termini „Begriff", „Lexem" und „Wort" synonym verwendet, da eine Unterscheidung für die hier ermittelten Ergebnisse nicht als absolut notwendig angesehen wird. Für andere Konzeptionen vgl. z. B. Krause (2007a), S. 126-128.

der unternehmerischen Ethikkodizes wird in den Kapiteln III.3.3 sowie III.3.4 die Semantik, der Gebrauch sowie die pragmatische und axiologische Zuordnung solcher Begriffe wie „ответственность“ (deutsch „Verantwortung“ und „Haftung“) und „долг“ (deutsch „Pflicht“ und „Verpflichtung“) erforscht. Kapitel III.4.4 beschäftigt sich mit der Verwendung des äußerst produktiven polysemen Begriffs „эффективность“ (deutsch „Effektivität“ und „Effizienz“) auf den ausgesuchten Webseiten und analysiert die unterschiedlichen Möglichkeiten seiner Konzeptualisierung im wirtschaftlichen Diskurs.

Im letzten Kapitel werden die Ergebnisse der empirischen Analyse zusammengefasst präsentiert sowie die interessantesten Auffälligkeiten in der Kommunikation der ausgewählten russischen Konzerne noch einmal gesondert thematisiert.

II Forschungsdesign der Arbeit

II.1 Das Unternehmen und seine Tätigkeit. Der *Stakeholder-Ansatz*

Schon seit längerer Zeit wird in der Management- und Marketingliteratur genau so wie in zahlreichen Beiträgen zur Unternehmenskommunikation postuliert, dass Wirtschaftsunternehmen sowohl ökonomische als auch soziale Akteure darstellen, als solche handeln sollten und ihr Handeln auch auf diese Weise kommunizieren sollten. In der einschlägigen Literatur werden folglich zwei wesentliche Dimensionen der unternehmerischen Tätigkeit unterschieden – die ökonomische und die soziale bzw. gesellschaftspolitische.[1] Bei der ersten handelt es sich um Aspekte des korporativen Handelns, die sich unmittelbar auf das Erreichen der primären und übergeordneten Formal- bzw. Erfolgsziele eines Unternehmens beziehen – Gewinn, Wirtschaftlichkeit, Produktivität, d.h. auf rein ökonomischen Erfolg ausgerichtet sind. Im Vordergrund stehen dabei das erwünschte Resultat des güter- und finanzwirtschaftlichen Umsatzprozesses und die Handlungen, die dieses Resultat betreffen.[2] Bei Aktiengesellschaften (wie die hier ausgewählten russischen Unternehmen) gehören auch Erscheinungen wie Marktwert, Aktienwert, Dividendenausschüttung etc. zu den Kernaspekten des unternehmerischen Daseins. Die soziale Dimension dagegen impliziert Aktivitäten eines Unternehmens, die in der Regel mit dem wirtschaftlichen (operativen, finanziellen etc.) Erfolg nichts zu tun haben und von den Unternehmen meistens freiwillig ausgeführt werden.[3]

Daher spreche ich bei der nachfolgenden empirischen Analyse von ökonomischen oder betriebswirtschaftlichen Aspekten der korporativen Tätigkeit, wenn die Unternehmen bei ihrer Selbstdarstellung Themen wie die nachfolgenden kommunizieren – Umsatz und Gewinn; Markt- und Aktienwert; Herstellung und Vertrieb von Produkten und alle damit zusammenhängenden Aktivitäten (in meinem Fall hier – Prospektion, Förderung, Verarbeitung, Lieferung usw.); Marktstellung und Marktanteile; Ressourcen des Unternehmens wie Fundstätten, technologische Ausstattung, Fabriken, Terminale, Pipelines etc. Als soziale Aspekte der unternehmerischen Tätigkeit können dagegen solche Erscheinungen bezeichnet werden wie z. B. Engagement im Bereich des Umweltschutzes und der ökologischen Nachhaltigkeit, gezielte Unterstützung der Regionen der Tätigkeit, Durchführung von sozialen und kulturellen Projekten, freiwillige Maßnahmen im Bereich der Personalpolitik, Wohltätigkeit oder Sponsoring.

[1] Vgl. u. a. Bergmann / Bungert (2011), S. 14-20; Ebert / Piwinger (2007), S. 205f.; Hahn (2005), S. 7-28; Thommen / Achleitner (2001), 99-111; Zerfass (1996), S. 235-285; Zerfass (2007), S. 24f.

[2] Vgl. Thommen / Achleitner (2001), S. 119f.

[3] Vgl. Thommen / Achleitner (2001), S. 117; Lenk (1998), S. 261-284; Kuße (2008), S. 22.

Aufgrund dessen, dass die Konzerne ihre Tätigkeit als äußerst komplex darstellen, ist zumindest auf Kommunikationsebene eine strikte Unterscheidung dieser Aspekte nicht immer möglich. Nicht selten werden bei der Thematisierung eines bestimmten Sachverhalts unterschiedliche unternehmerische Ziele und Prioritäten attributiv und argumentativ so verstrickt, dass eine bunte thematische Mischung entsteht. Dennoch kann in den meisten Fällen festgestellt werden, was im Fokus einer konkreten sprachlichen Äußerung steht. Daher werde ich im Folgenden probieren, ökonomische (primäre) von sozialen (sekundären) Dimensionen des korporativen Handelns zu unterscheiden, um zu zeigen, wie die ausgewählten russischen Unternehmen ihr positives Image zu konstruieren versuchen.

Eng verbunden mit der gegebenen oder zumindest kommunizierten hohen Komplexität der Tätigkeit großer internationaler Konzerne, ist die Entstehung und Weiterentwicklung eines theoretischen Ansatzes, der seit ca. dreißig Jahren als fester Bestandteil der Managementforschung zu bezeichnen ist. Es handelt sich um den s. g. *Stakeholder-Ansatz*.[4] Nach dem *Stakeholder-Ansatz* „stehen Unternehmen grundsätzlich mit verschiedenen Akteuren in Beziehung, die im weitesten Sinne ein Interesse, eine Forderung oder einen Anspruch (= stake) an das Verhalten des Unternehmens haben“ [5]. Da der Erfolg sowie das langfristiges Bestehen einer wirtschaftlichen Organisation vom Verhalten dieser Akteure abhängt, sollten Unternehmen im Rahmen eines Stakeholder-Managements ihr Handeln und ihre Entscheidungen nicht nur an den Aktionären (die s. g. „*Shareholder*“), sondern auch an den Ansprüchen vieler anderer Akteure ausrichten.[6]

Breitere Definitionen dieses Ansatzes sehen viele Gruppen und Individuen als typische Stakeholder (deutsch *Anspruchsgruppen*) eines großen internationalen Konzerns – Eigentümer oder Aktionären, Investoren, Kunden, Management und Mitarbeiter, Geschäftspartner und Konkurrenten, Banken, Gewerkschaften und Verbände, Medien sowie unterschiedliche staatliche und gesellschaftliche Organisationen. Dabei ist die meist verbreitete Untergliederung der ermittelten Anspruchsgruppen in interne (Eigentümer, Mitarbeiter, Management) und externe (Kunden, Geschäftspartner, Konkurrenten etc.). [7] Ausgehend von stärker instrumentellen Ansätzen können die Stakeholder einer profitorientierten Organisation aber auch in primäre (direkte) und sekundäre (indirekte) kategorisiert werden. Die primären Stakeholder sind diese Gruppen, „die in einem direkten Austauschverhältnis zum Unternehmen stehen und dadurch das Zielerreichen des Unternehmens beeinflus-

---

[4] Vgl. Karmasin (2007), 78f.; Hahn (2005), S. 18f.; Menz / Stahl (2008), S. 4f.; Freeman (1984).

[5] Vgl. Hahn (2005), S. 18.

[6] Vgl. Hahn (2005), S. 18; Zerfass (2007), S. 24.

[7] Vgl. Thommen / Achleitner (2001), S. 47; Menz / Stahl (2008), S. 5.

sen"[8]. Somit haben solche Stakeholder auch größere Bedeutung für den ökonomischen Erfolg der Organisation. Als primäre Anspruchsgruppen wären daher u. a. die Aktionäre und Investoren, die Mitarbeiter oder auch die Kunden zu bezeichnen. Als sekundäre können dagegen folgende Akteure betrachtet werden – die Medien, die Einwohner der Regionen, in denen die Konzerne tätig sind, unterschiedliche NGOs usw. Im Zuge eines strategischen Managements sollten die Unternehmen ihre relevanten Stakeholder identifizieren und auch feststellen, welche Ansprüche sie an das Unternehmen stellen. Daher ist neben der Frage, welche Aspekte der Tätigkeit die russischen Korporationen im Rahmen ihrer Selbstdarstellung kommunizieren und hervorheben, auch folgende Frage von besonderem Interesse – welche Akteure werden dabei als zentrale korporative Stakeholder identifiziert, wer wird direkt oder indirekt angesprochen und als Nutznießer der beschriebenen Tätigkeit präsentiert?

II.2 Korporative Webseiten und *Mission Statement*

Jede korporative Webseite, aber vor allem die Seite eines großen internationalen Konzerns, bietet eine sehr große Menge an Informationen über das Unternehmen und seine Tätigkeit. Die meisten Webseiten bestehen aus mehreren Rubriken und Unterrubriken, die unterschiedliche Aspekte des unternehmerischen Handelns präsentieren.[9] Als erste Hauptrubrik fungiert in der Regel eine Rubrik unter dem Namen „Über uns" (russisch „О нас"), „Über das Unternehmen" („О компании") oder einfach „Über + den Konzernnamen" wie beispielsweise im Falle von Gazprom – „О Газпроме". Auch bei den hier ausgewählten russischen Unternehmen sieht es ähnlich aus. Außer Gazprom entscheiden sich alle anderen Organisationen für die Bezeichnung „О компании".[10]

In den Unterrubriken dieser ersten Hauptrubrik geben die Unternehmen unterschiedliche allgemeine Informationen über sich preis – sie erzählen über frühere oder aktuelle Aktivitäten und stellen einige zentrale Eckdaten vor, kommunizieren ihre Ziele und Prioritäten aus den diversen Bereichen der Firmentätigkeit, deklarieren ihre Grundwerte und Prinzipien, stellen ihre ökonomische Strategie dar, präsentieren die korporative Geschichte sowie die Unternehmensführung usw. Einige der Texte aus dieser Hauptrubrik bilden auch den wesentlichen Gegenstand der nachfolgenden empirischen Untersuchung, da sie funktional für eine langfristige unternehmerische Selbstdarstellung konzipiert sind.

---

[8] Vgl. Hahn (2005), S. 22.

[9] Vgl. Abbildungen 1 und 2 weiter unten.

[10] Viele Beispiele mit den entsprechenden Links werden später in der Arbeit präsentiert.

Neben der eher allgemeinen ersten Rubrik, bestehen die Internetseiten der hier ausgewählten Unternehmen aus mehreren zusätzlichen Hauptrubriken, die zum einen unterschiedliche Bereiche der Unternehmenstätigkeit konkreter behandeln, zum anderen der Kommunikation mit verschiedenen Anspruchsgruppen dienen. Beispiele fürs erstere wären Rubriken wie „Продукция и производство", „Разведка и добыча" oder „Переработка и сбыт". Andere Rubriken enthalten primär Auskünfte für bestimmte Stakeholder. So, hat jedes der russischen Unternehmen eine gesonderte Hauptrubrik unter dem Namen „Акционерам и инвесторам", die aus zahlreichen Informationen für die korporativen Aktionäre und Investoren besteht, sowie eine Rubrik „Пресс центр", die für aktuelle Nachrichten und die Kooperation mit den Medien zuständig ist. Zusätzlich haben alle Unternehmen eine oder zwei Hauptrubriken kreiert, in denen sie ausschließlich die sozialen Aspekte der Tätigkeit beschreiben. Dies ist bereits an den jeweiligen Namen deutlich zu sehen – bei Gazprom heißen die entsprechenden Rubriken „Охрана природы" und „Социальная ответственность", bei Lukioil „Окружающая среда" und „Социальная политика", bei TNK-BP „Политика по охране труда, промышленной безопасности и охране окружающей среды" und „Социальная ответственность" und bei Rosneft „Устойчивое развитие". In all diesen Rubriken werden Aspekte wie Umweltschutz, Betriebssicherheit, Personalpolitik oder auch Themen wie Wohltätigkeit und Sponsoring ausführlich behandelt. Neben den Texten auf der Oberfläche der Webseite, enthalten die meisten Rubriken auch viele Dokumente zum Herunterladen. Wenn im Folgenden bei der empirischen Analyse ein Beispiel präsentiert wird, wird immer angegeben, aus welcher Rubrik bzw. aus welchem Dokument die konkrete Äußerung stammt.

Zur Illustration sowie zum besseren Verständnis der letzten Ausführungen werden zwei Abbildungen (Screenshots) der korporativen Webseiten von Rosneft und Gazprom präsentiert. Abb. 1 zeigt die Startseite von Rosneft, d. h. diese Seite, die bei der Angabe der Internetadresse *www.rosneft.ru* zuerst erscheint. Man sieht die sechs Hauptrubriken, einige der Unterrubriken sowie andere aktuelle Informationen über das Unternehmen. Abb. 2 zeigt die erste Hauptrubrik der Webseite von Gazprom – „О Газпроме".[11] Am linken Rand sind die unterschiedlichen Unterrubriken der zweiten Stufe [12] aufgezählt wie z. B. „Газпром сегодня", „Руководство", „История" oder auch „Стратегия". Einigen Texte aus diesen Unterrubriken werden im Rahmen der empirischen Analyse detailliert behandelt.

---

[11] Vgl. http://www.gazprom.ru/about/.

[12] Vgl. weiter unten.

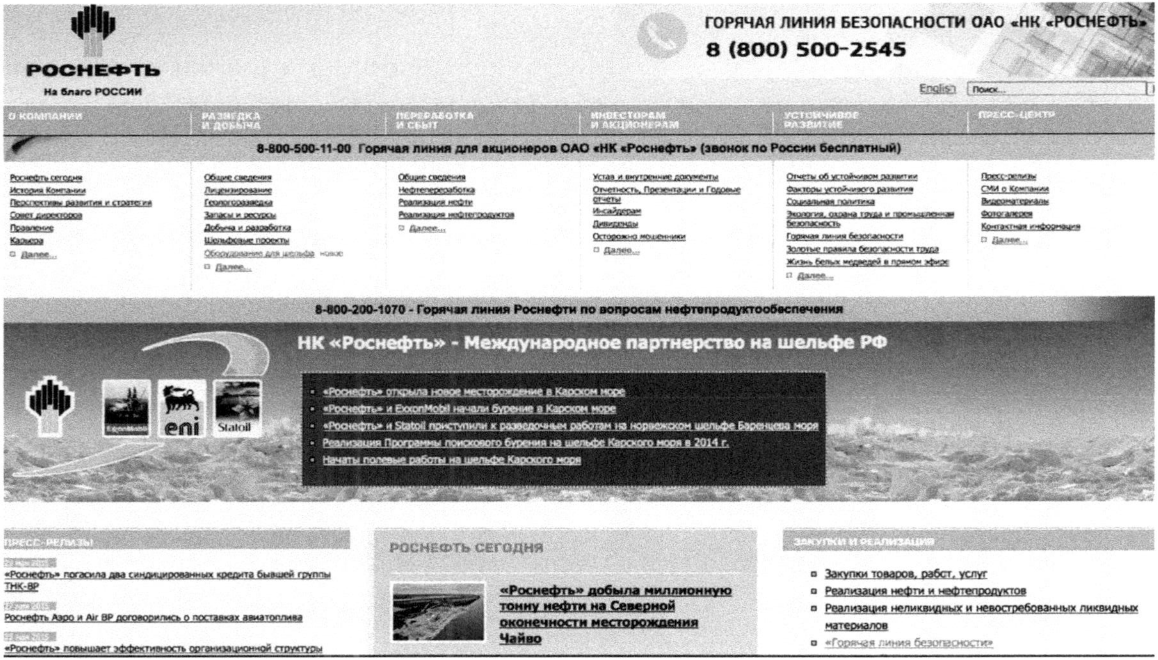

Abb. 1 Rosneft, Startseite der Website[13]

---

[13] Der letzte Zugriff auf die Webseiten erfolgte am 15.12.2014. Es ist möglich, dass sich seitdem sowohl das Layout als auch gewisse Inhalte geändert haben, was aber für Webseiten von großen internationalen Unternehmen nicht untypisch ist. Auf die im Untersuchungszeitraum ermittelten Veränderungen wird im Kapitel III mehrmals hingewiesen.

Abb.2 Gazprom, Hauptrubrik „О Газпроме“

Es liegt nahe, dass in der vorliegenden Arbeit nicht alle Rubriken, Texte und Dokumente, die sich auf den Webseiten befinden, untersucht werden können. Um die vorher formulierten Forschungsfragen beantworten zu können, muss eine gewisse textuelle Einschränkung eingeführt werden, die eine sinnvolle und gleichzeitig realisierbare Analyse erlaubt. Daher wird als Gegenstand der empirischen Untersuchung eines der zentralsten und verbreitetsten Instrumente innerhalb der Unternehmenskommunikation sowie der langfristigen unternehmerischen Selbstdarstellung ausgesucht – das *Mission Statement*. Gleich muss hinzugefügt werden, dass unter Mission Statement nicht einfach eine kurze und lakonische Mitteilung über den primären Unternehmenszweck verstanden wird, sondern ein breiter kommunikativer Ansatz, der aus vier Hauptkomponenten besteht und weiter unten ausführlich vorgestellt wird.

Zunächst sollte jedoch vermerkt werden, dass die Erscheinung Mission Statement in der einschlägigen Literatur auf unterschiedlichste Weise definiert und instrumentalisiert wird. Unter den meisten Wissenschaftlern besteht keine strikte Übereinstimmung über dessen Inhalt, Umfang, Komponenten und Funktionen. Manche Autoren behaupten, dass es sich dabei um eine knappe und prägnante Botschaft handelt bzw. handeln sollte, die das absolut Wichtigste über die Haupttätigkeit eines Unternehmens aussagt sowie sein primäres Ziel kommuniziert. Andere Forscher entwickeln komplexe Modelle, die bis zu neun Elementen enthalten und ausführliche Informationen über alle Aspekte des korporativen Lebens vermitteln sollten.[14] Zusätzlich wird im deutschsprachigen Raum darüber diskutiert, ob zwischen den Begriffen *Mission Statement* und *Unternehmensleitbild* differenziert werden sollte oder nicht.[15] Diese Diskussion wird hier allerdings nicht aufgegriffen.

In Anlehnung an die Arbeiten von Andrew Campbell und seinen Kollegen wird in der vorliegenden Untersuchung ein Modell verwendet, das vier Hauptkomponenten eines Mission Statements ausarbeitet und von mehreren Wissenschaftlern als geeignet für eine empirische Analyse anerkannt wird.[16] Am damals neu gegründeten Ashridge Strategic Management Centre[17], eine Forschungseinrichtung der renommierten englischen Ashridge Business School[18], begannen Ende der 1980er

---

[14] Vgl. Williams (2008), S. 94-110; Ingenhoff / Fuhrer (2010), S. 83-88; Chun / Davies (2001), S. 317-319; Campbell / Devine / Young (1992), S. 34-38.

[15] Vgl. Horak (1998), S. 15f.; Mautner (2002), S. 217.

[16] Vgl u. a. Chun / Davies (2001); Williams (2008); Ingenhoff / Fuhrer (2010); Hackney / Pillay (2002); Rogers / Gunesekera / Yang (2007); Desmidt / Heene (2003); Desmidt / Prinzie (2011).

[17] Vgl. https://www.ashridge.org.uk/faculty-research/faculty/andrew-campbell/.

[18] Nach den jährlichen Rankings der Financial Times gehört die private Hochschule zu den besten europäischen Business Schools. In den Jahren 2013 und 2014 belegte Ashridge Business School die Plätze 11 und 16 im weltweiten Vergleich:

Jahre unter der Leitung von A. Campbell die Forschungsarbeiten zum Thema Mission Statement. Das Forschungsteam hatte sich zum Ziel gesetzt, ein einheitliches Konzept der korporativen Mission zu entwickeln, mit dessen Hilfe Manager und Mitarbeiter klarer erkennen sollten, welche die strategischen Ziele und Prioritäten ihres Unternehmens sind sowie welche Art der Unternehmenskultur gelebt wird.[19] Als erstes wichtiges Ergebnis dieser Forschung erschien im Jahre 1990 das Buch *A Sense of Mission*, die 1992 ins Deutsche unter dem Titel *Vision, Mission, Strategie. Die Energie des Unternehmens aktivieren* übersetzt wurde. Das darin entwickelte Modell der Mission wird bis heute oft verwendet, wenn Unternehmen ihre Hauptziele und Grundprinzipien zu kommunizieren versuchen oder aber wenn diese Kommunikation in einschlägigen wissenschaftlichen Arbeiten analysiert wird.[20] Nach dem so genannten *Ashridge-Modell* sollte ein korporatives Mission Statement folgende vier Elemente enthalten und explizit kommunizieren – *Zweck* (englisch *Purpose*), *Wertvorstellungen* (*Company Values*), *Politiken und Verhaltensnormen* (*Behavior Standards*) und *Strategie* (*Strategy*).[21]

Als erstes sollte nach Meinung der Autoren ein Unternehmen den Hauptzweck seiner Existenz explizit kommunizieren, indem es Antworten auf folgende Fragen liefert – „*Wofür existiert das Unternehmen?, Zu wessen Nutzen wird die ganze Anstrengung unternommen?*“[22]. Oder wie Christian Horak es formuliert – eine möglichst treffende und nicht austauschbare Darstellung von seinem „reason for being“ präsentieren.[23] Die meisten für die Analyse ausgesuchten russischen Unternehmen tun dies, indem sie auf ihren Webseiten unter expliziter Verwendung des Schlagwortes *миссия* den Hauptzweck ihres Daseins zu kommunizieren versuchen. So, spricht Rosneft in diesem Zusammenhang explizit von „*предназначение компании*“ und Lukoil beginnt seine Darstellung mit der pathetischen Formulierung „*мы созданы, чтобы*“.[24] Die Autoren des Ashridge-Modells teilen die Unternehmen in drei Kategorien ein. Zur ersten Kategorie gehören Konzerne, die ausdrücklich behaupten, zur Steigerung des Nutzen der Aktionäre zu handeln.

---

http://rankings.ft.com/businessschoolrankings/ashridge/executive-education-customised-2015#executive-education-customised-2015.

[19] Vgl. Campbell / Devine / Young (1992), S. 22-33 sowie weiter unten.

[20] Vgl. die Arbeiten, die in der Fußnote 23 präsentiert werden.

[21] Vgl. u. a. Campbell / Devine / Young (1992), S. 42f.; Ingenhoff / Fuhrer (2010), S. 87; Chun / Davies (2001), S. 318-19.

[22] Vgl. Campbell / Devine / Young (1992), S. 43.

[23] Vgl. Horak (1998), S. 16.

[24] Ausführlich zu den einzelnen Beispielen sowie zum Unterschied zwischen dem russischen Begriff *миссия* als Kommunikation des unternehmerischen Hauptzwecks und dem breiteren kommunikativen Instrument *Mission Statement* – vgl. Kapitel III.1.

Zur zweiten Gruppe zählen solche Unternehmen, denen das Zufriedenstellen aller Stakeholder zumindest kommunikativ wichtig ist. Der dritten Kategorie werden Organisationen zugeordnet, die nicht nur die Interessen aller Anspruchsgruppen befriedigen wollen, sondern zusätzlich ihr Handeln auf ein höheres Ideal ausrichten.[25] Im Kapitel III.1 wird gezeigt, wie die russischen Unternehmen sich und ihre Tätigkeit interpretieren und was sie als Hauptzweck ihrer Existenz präsentieren.

Als nächstes sollte dem Ashridge-Modell zufolge ein Unternehmen im Rahmen seines Mission Statements die korporativen Grundwerte explizit deklarieren. Die Kommunikation der Wertvorstellungen (Company Values) wird von einigen Forschern als „what senior management believe in“[26] definiert, wodurch ausdrücklich betont wird, dass die Unternehmensführung als Ausgangspunkt und Kommunikator dieser Werte fungieren sollte. Dies ist zwar plausibel und nachvollziehbar, geschieht jedoch aus einer stärker ausgerichteten internen Perspektive der unternehmerischen Tätigkeit, die in der vorliegenden Arbeit nicht als vorrangig berücksichtigt wird. Die explizit deklarierten Unternehmenswerte werden daher als Überzeugungen der gesamten Organisation verstanden, die nach innen oder außen kommuniziert werden. Im Kapitel III.2 wird gezeigt, ob unter der expliziten Verwendung der Schlagwörter *ценность* bzw. *ценности* die ausgewählten russischen Unternehmen ihre korporativen Grundwerte deklarieren, welche Werte als handlungsleitend präsentiert werden sowie was unter abstrakten Begriffen wie „ответственность“, „эффективность“ oder „добросовестность“ verstanden wird.

Eng mit der expliziten Wertedeklaration ist auch das dritte Hauptelement eines unternehmerischen Mission Statements verbunden – die Formulierung und Kommunikation der Politiken, Bestimmungen, Standards, Normen und Regeln, die in der Organisation gelten und das korporative, kollektive sowie individuelle Handeln regulieren sollten – „policies and behavior patterns that guide how the company operate“[27]. Da es unmöglich ist, alle normativen Dokumente eines Unternehmens zu analysieren, wird im Kapitel III.3 der vorliegenden Arbeit ein zentrales Dokument pro Unternehmen untersucht, das „am breitesten“ das Handeln der Konzerne sowie deren Angehörigen beschreibt und reguliert. Nach der intensiven Durchsicht aller bestehenden Dokumente, die auf der Webseite platziert sind, fiel die Wahl auf die Ethik- und Verhaltenskodizes der ausgesuchten Unternehmen.

Im Rahmen eines Mission Statements sollte nach dem Ashridge-Modell auch die Kommunikation einer langfristigen korporativen *Strategie* nicht fehlen. Darunter wird die verbale Darstellung der Grundsätze und Leitlinien verstanden, die das rein

[25] Vgl. Campbell / Devine / Young (1992), S. 44-46.

[26] Vgl. Chun / Davies (2001), S. 319.

[27] Vgl. Chun / Davies (2001), S. 319.

ökonomische Handeln einer profitorientierten Organisation steuern. Die Autoren des Modells beschreiben die unternehmerische *Strategie* folgendermaßen:

- „Die Strategie definiert die Branche, in der das Unternehmen tätig sein will, die Wettbewerbsposition, die das Unternehmen in dieser Branche anstrebt, und die charakteristische Kompetenz oder den Wettbewerbsvorteil, den das Unternehmen hat oder erreichen will".[28]

Die entsprechenden korporativen *Strategien* werden im Kapitel III.4 präsentiert und ausführlich analysiert.

Wie in der einschlägigen Literatur mehrfach betont wird, gehört die Entwicklung und Kommunikation eines Mission Statements zu den wichtigsten und einflussreichsten Mittel der intentionalen Imagekonstruktion eines Unternehmens. In der vorliegenden Arbeit wird unter diesem Oberbegriff ein Instrument der Unternehmenskommunikation verstanden, das die vier zuvor beschriebenen Komponenten miteinschließt und funktional vor allem der langfristigen unternehmerischen Selbstdarstellung dienen sollte. Daher wird bei der nachfolgenden empirischen Analyse gefragt, ob die ausgewählten russischen Unternehmen die vier Komponenten auf ihren Webseiten explizit kommunizieren. Falls ja, stehen im Fokus des Forschungsinteresses nicht nur die Ermittlung der dabei thematisierten Inhalte, die Auseinandersetzung mit deren sprachlicher Realisierung sowie die Identifizierung der zentralen korporativen Stakeholder, sondern auch Fragen wie wo auf der Seite oder auch in welcher Form etwas präsentiert wird.

Selbstverständlich, liegt der analytische Schwerpunkt auf der inhaltlichen sowie sprachlichen Untersuchung der ermittelten Texte. Dennoch, da es sich hier um die Analyse von korporativen Webseiten handelt, müssen auch Aspekte wie Platzierung auf der Seite, Umfang oder auch visuelle Gestaltung der entsprechenden Textteile berücksichtigt werden. Alle diese Faktoren spielen eine nicht zu unterschätzende Rolle bei der angestrebten Imagekonstruktion. So, gibt z. B. die Platzierung eines bestimmten Elements auf der Seite Aufschluss darüber, als wie wichtig es für die unternehmerische Selbstdarstellung angesehen wird. Die Haupt- und Unterrubriken einer Internetseite bilden eine Art Tiefenstruktur. Je *höher* eine bestimmte Botschaft in dieser Struktur positioniert ist, desto sichtbarer ist sie, und folglich auch leichter zu finden. D. h., dass Informationen, die sich beispielweise in den Hauptrubriken befinden, aus kommunikativer Sicht wichtiger sind, als solche, die in einer Unterrubrik *versteckt* sind. Für die spätere empirische Analyse wird folgende Legende

[28] Vgl. Campbell / Devine / Young (1992), S. 47.

der Tiefenstruktur einer Webseite verwendet – die Rubriken (Hauptrubriken und Unterrubriken) werden nach dem notwendigen Mausanklicken hierarchisch in Stufen klassifiziert. Die Hauptrubriken (ein Klick) werden auch Rubriken der ersten Stufe oder kurz R1 genannt. Die Unterrubriken werden dementsprechend auch Rubriken der zweiten, dritten, vierten usw. Stufe bzw. kurz R2, R3, R4 genannt – immer in Abhängigkeit davon, wie *tief* sie in der Webseitenstruktur positioniert sind bzw. wie viele Klicks ein potentieller Nutzer braucht, um zu der entsprechenden Unterrubrik zu gelangen. Auch Fragen des Umfangs oder der visuellen Gestaltung der ermittelten Texte implizieren Wichtigkeit für die Selbstdarstellung und werden im empirischen Teil behandelt.

Wie in der Einleitung kurz angesprochen, liegt die Aktualität der vorliegenden Arbeit unter anderem darin, dass hier relativ neue Erscheinungen im Bereich der russischen *Unternehmenskommunikation Online* untersucht werden. Bis dato existieren nicht viele Arbeiten, die sich mit einer detaillierten linguistischen Analyse der entsprechenden Phänomene beschäftigen. Aus den russischsprachigen Untersuchungen ist die Habilitationsschrift von Julija Danjuschina zu erwähnen, die den Businessdiskurs im Netz einiger großer internationaler Konzerne (inkl. Gazprom) untersucht und dabei auch ein Unterkapitel den korporativen Webseiten widmet.[29] Im deutschsprachigen Raum sind die Arbeiten des deutschen Slavisten Holger Kuße von besonderem Interesse, da er zum einen die Selbstdarstellung großer Weltkonzerne wie IKEA oder McDonalds auf ihren russischen, tschechischen und polnischen Webseiten untersucht und zum anderen – die Kommunikation und Konzeptualisierung des Wertbegriffs „ответственность" (deutsch „Verantwortung") bei unterschiedlichen russischen und ausländischen Korporationen ausführ-

---

[29] Vgl. Данюшина (2011). Im Jahr 2017 erscheint auch eine der ersten umfangreichen interdisziplinären empirischen Arbeiten zum Thema Unternehmenskommunikation in Russland. In der kollektiven Monographie „Корпоративная коммуникация в России: Дискурсивный анализ", die das Ergebnis eines dreijährigen gemeinsamen Forschungsprojekts zwischen der Wirtschaftsuniversität in Wien und der Staatlichen Universität in Saratov darstellt, werden von Linguisten, Kulturwissenschaftlern und Organisationsforschern unterschiedliche Aspekte des korporativen Diskurses in Russland untersucht. Neben einigen Beiträgen zum soziokulturellen und organisationalen Kontext, wird auch eine Typologie der Textsorten der Unternehmenskommunikation angeboten – vgl. Милехина / Ратмайр (2017b). Das Herzstück der empirischen Monographie bilden jedoch die zahlreichen Beiträge, die auf der Basis authentischen Datenmaterials aus einer diskursanalytischen Perspektive unterschiedliche Erscheinungen innerhalb der russischen Unternehmenskommunikation untersuchen – interne Besprechungen und Meetings, Bewerbungsgespräche, kommerzielle Werbung, Kundengespräche, interne normative Dokumente, aber auch die unternehmerische Online-Kommunikation auf korporativen Webseiten sowie in den sozialen Medien – vgl. Милехина / Ратмайр (2017a).

lich behandelt.[30] Auf seine Arbeiten wird im Rahmen der empirischen Analyse näher eingegangen.[31]
Die Relevanz der vorliegenden Untersuchung liegt aber auch darin, dass hier eine tiefergehende Analyse aller Komponenten des kommunikativen Instruments Mission Statement durchgeführt wird, wobei die Beeinflussung formaler Kriterien auf ein Minimum beschränkt ist. Die meisten Arbeiten, die sich mit diesem Phänomen beschäftigen, kommen aus dem englischsprachigen Raum und konzentrieren sich primär auf eine inhaltliche Analyse einzelner Aspekte der Kommunikation einer Großzahl von (internationalen) Unternehmen. Dabei werden die ermittelten empirischen Ergebnisse in der Regel quantitativ miteinander verglichen. Vermutlich aus dem Grund, dass es sich fast ausschließlich um wissenschaftliche Artikel handelt, bei denen nur eine begrenzte Länge erlaubt ist, werden bei den meisten Untersuchungen mehrere formale methodische Einschränkungen eingeführt, die naturgemäß die Ergebnisse in unterschiedlichem Maße beeinflussen. Zu erwähnen sind z. B.: a) die Platzierung auf der Webseite wird als oberstes Kriterium eingeführt und daher werden nur Texte beachtet, die sich in bestimmten Rubriken befinden; b) es wird mit Hilfe der automatischen Wortsuche nach genauen Lexemen wie „mission", „vision", „philosophy" etc. gesucht und der Rest wird ignoriert; c) manche Forscher gehen so weit, dass sie Dokumente zum Herunterladen bzw. Textformate wie PDF von vorne herein aus der Analyse ausschließen.[32]
Die gerade angesprochenen Merkmale sind jedoch nicht nur für wissenschaftliche Arbeiten charakteristisch, die sich explizit mit dem kommunikativen Instrument Mission Statement beschäftigen, sondern können auch in den meisten ermittelten Untersuchungen beobachtet werden, die korporative Webseiten analysieren.[33] In der Regel wird dabei eine quantitativ-vergleichende Inhaltsanalyse der Webseiten vieler globaler Konzerne vorgenommen, wobei die Anzahl der ausgewählten Unternehmen fast immer im zwei- oder sogar dreistelligen Bereich liegt.[34] Da diese

---

[30] Vgl. u. a. Kuße (2007a); Kycce (2010); Kuße (2012a).

[31] Vgl. u. a. Kapitel III.2.2 sowie Kapitel III.3.3.2.

[32] Vgl. Williams (2008), S. 107-109; Ingenhoff / Fuhrer (2010), S. 88-90; Chun/Davies (2001), S. 322-323; Pollach (2005), S. 286-291.

[33] Eine erwähnenswerte Ausnahme stellt die Dissertation von Irene Pollach aus dem Jahre 2003 dar, in der mithilfe linguistischer diskursanalytischer Verfahren die Ethikkommunikation von sechs großen US-amerikanischen Konzernen auf ihren Webseiten untersucht wird. Auf diese Arbeit wird auch später Bezug genommen.

[34] Um nur einige Beispiele zu nennen – bei Nielsen (2008) werden 48 Unternehmen bzw. Webseiten untersucht; bei Isaksson / Jørgensen (2010) – 60 Unternehmen; bei Okazaki / Rivas (2002) – 20 Unternehmen mit 60 internationalen Webseiten; bei Okazaki / Skapa (2008) – 34 Unternehmen; bei

Untersuchungen unterschiedlichen Fachgebieten entstammen, werden darin verschiedene forschungsleitende Ziele formuliert, womit auch der analytische Fokus anders gelegt wird. Als Ergänzung zu den weiter oben angegebenen Artikeln zum Thema Mission Statement, werden im Folgenden einige weitere Beiträge aus dem Bereich Webseitenforschung präsentiert, die abhängig vom konkreten wissenschaftlichen Interesse als weiterführende Literatur verwendet werden können.

Aus linguistischer Sicht sind die Arbeiten von Irene Pollach (2005) und Isaksson/Jørgensen (2010) interessant, in denen die verbale Kommunikation sowie die rhetorischen Strategien der Selbstdarstellung mehrerer internationaler Unternehmen analysiert werden. Eins der primären Ziele dieser Untersuchungen ist die Überprüfung der Glaubwürdigkeit von zentralen Botschaften, die von den ausgewählten korporativen Akteuren auf ihren Internetseiten kommunizierten werden. Zusätzlich erhebt Pollach den Anspruch, zur Verbesserung der Benutzerfreundlichkeit, Glaubwürdigkeit sowie Nutzbarkeit der von ihr untersuchten Hauptrubriken „About us" beitragen zu können.[35] Auch Nielsen (2003) und (2008) fokussiert sich auf die Analyse der „About us"-Rubriken vieler internationaler Webseiten und bietet auf Grundlage einer Auswertung von Testpersonenaussagen einige Vorschläge zur Verbesserung der Benutzerfreundlichkeit der untersuchen Seiten an.

Zur Illustration der Vielfalt der international betriebenen Webseitenforschung können auch die nachfolgenden Arbeiten präsentiert werden, die allerdings für die vorliegende Untersuchung nicht von primärem Interesse sind. Perry/Bodkin (2000) analysieren aus einer Marketingperspektive die kommerziellen Werbeaktivitäten auf den korporativen Webseiten der 100 führenden Unternehmen aus dem Fortune-Ranking, wobei sie sich sowohl für Unterschiede und Ähnlichkeiten innerhalb einer Wirtschaftsbranche als auch für branchenübergreifende Erscheinungen interessieren. Okazaki/Rivas (2002) wählen 20 japanische Großkonzerne aus und versuchen, auf Grundlage ihrer Webauftritte in Japan, Spanien sowie den USA, ein Modell zum interkulturellen Vergleich der Online-Unternehmenskommunikation zu entwickeln. Sie arbeiten unterschiedliche inhaltliche Oberkategorien heraus und fragen, welche Begriffe wie oft auf den ausgesuchten nationalen Webseiten erscheinen. Connolly-Ahern/Broadway (2007) präsentieren in ihrem Beitrag aus dem Bereich Public Relations fünf unterschiedliche kommunikative Selbstdarstellungstechniken und zeigen, wie diese von 110 führenden Fortune-Unternehmen auf ihren Internetseiten umgesetzt werden. Okazaki/Skapa (2008) setzen sich zum Ziel, den

---

Perry / Bodkin (2000) – 100 Unternehmen; bei Connolly-Ahern / Broadway (2007) – 110 Unternehmen.

[35] Vgl. den Untertitel des Artikels bei Pollach (2005) – „Strategies for enhancing usability, credibility and utility".

Grad der Standardisierung der Webseiten von 34 US-amerikanischen Konzernen in Tschechien und Polen zu überprüfen.
Alle in diesem Unterkapitel präsentierten analytischen Vorgehensweisen sind natürlich absolut legitim, wenn sie der Beantwortung der jeweiligen Forschungsfragen dienen. In der vorliegenden Arbeit wird allerdings eine ausführliche qualitative linguistische Mehr-Ebenen-Analyse aller zu ermittelnden Komponenten des kommunikativen Konzepts Mission Statement angestrebt. Daher bezieht sich hier die methodische Einschränkung auf die Zahl der untersuchten Unternehmen, damit bei der Analyse der entsprechenden Texte stärker in die Tiefe gegangen werden könnte. Die Kriterien für die getroffene Unternehmensauswahl sowie die ausgewählten russischen Konzerne selbst werden im nächsten Kapitel vorgestellt.

II.3 Fallbeispielauswahl

Wenn es sich um die Untersuchung relativ neuer Phänomene handelt, wird in der einschlägigen wissenschaftlichen Literatur die Fallstudie als eine besonders geeignete und aufschlussreiche qualitative Forschungsmethode angesehen. Als wichtigste Vorteile einer solchen Studie werden die Fokussierung auf spezifische Situationen und Organisationen sowie die Möglichkeit der Analyse unterschiedlicher Textsorten und Informationsformen genannt. [36] Daher wird hier die Fallstudie als Untersuchungsmethode ausgewählt.
In der vorliegenden Arbeit wird die Online-Kommunikation sowie die entsprechenden Strategien der Selbstdarstellung folgender großer russischer Konzerne untersucht – Gazprom, Rosneft, Lukoil und TNK-BP. Die Berücksichtigung des mittlerweile nicht mehr existierenden Unternehmens TNK-BP ist auf den Beginn der Untersuchung im Jahre 2010 zurückzuführen. Dies beeinträchtigt aber keinesfalls die empirische Analyse, da das Unternehmen, das 2013 von Rosneft aufgekauft wurde, in der meisten Zeit des primären Untersuchungszeitraums existiert hat. Der primäre Untersuchungszeitraum erstreckt sich vom Anfang 2010 bis Ende 2014, wodurch eine gewisse diachronische Perspektive dargeboten werden kann. Während dieser Zeit konnten mehrere interessante visuelle und inhaltliche Veränderungen der entsprechenden Webseiten festgestellt werden. Zu nennen sind z. B. ein umfangreicher Umbau der Gazprom-Seite in den Jahren 2011/12[37], die Entstehung und Platzierung auf der Webseite einiger relevanter Firmenkodizes und die damit verbundene explizite Kommunikation der korporativen Grundwerte wie

---

[36] Vgl. Pollach (2003), S. 20-22; Yin (1984), S. 20f.

[37] Vgl. dazu Kapitel III.4.1.

im Falle von Lukoil und Rosneft (vgl. Kapitel III.3.1), die verbale Modifikation des Existenzzwecks von Gazprom (Vgl. Kapitel III.1.2) und einiges mehr. Alle diese Erscheinungen werden in den entsprechenden Abschnitten des empirischen Teils näher behandelt. Wenn es im Rahmen der durchgeführten Analyse notwendig ist, werden auch relevante Daten aus der Zeit vor 2010 berücksichtigt. Dies ist mit Hilfe der Internetseite *archive.org* möglich, die eine Online-Bibliothek darstellt und unter anderem dazu dient, alte (archivierte) Versionen von unterschiedlichen Webseiten zu finden und damit zu arbeiten.[38] Dank *archive.org* kann die inhaltliche und visuelle Entwicklung der hier untersuchten Webseiten im Zeitverlauf verfolgt werden. Einen zusätzlichen Vorteil stellt die Tatsache dar, dass dadurch auch auf die nicht mehr existierende Webseite von TNK-BP problemlos zugegriffen werden kann.

Die Auswahl der vier oben genannten korporativen Akteure ist auf mehrere Faktoren zurückzuführen. Zum einen gehörten die ausgewählten Unternehmen zu Beginn der Untersuchung zu den größten Konzernen Russlands.[39] Gleichzeitig waren bzw. sind sie in der gleichen Tätigkeitsbranche tätig – in der Öl- und Gasindustrie, die zweifelsohne als der führende Industriezweig innerhalb der russischen Wirtschaft zu bezeichnen ist. Die Branchenzugehörigkeit der Konzerne führt auch dazu, dass Ihre Tätigkeit durch eine Vielfalt von Betriebsprozessen charakterisiert ist. Alle Unternehmen sind in mehreren operativen Bereichen aktiv – von der Prospektion und Förderung von natürlichen Ressourcen, über deren Verarbeitung und Transport, bis hin zum Vertrieb sowohl an korporative als auch an individuelle Kunden.

Gleichzeitig können aber auch einige wesentliche Unterschiede zwischen den ausgewählten Unternehmen ermittelt werden, die beispielweise folgende Aspekte betreffen – Unternehmensgröße, Eigentumsverhältnisse, geographische Präsenz, primäre Subbranche der Tätigkeit oder auch bestimmte wirtschaftspolitische Erscheinungen wie die Monopolstellung Gazproms, insbesondere was den Export von russischem Gas betrifft. So, sind Gazprom und Rosneft staatliche Konzerne, die anderen zwei – private, wobei TNK-BP zusätzlich ein russisch-britisches Joint Venture war. TNK-BP war vor allem in Russland und in der Ukraine tätig, die anderen drei sind auf der ganzen Welt stark präsent und gehören zu den global führenden Unternehmen innerhalb ihrer Tätigkeitsbranche. Ausgehend von der primären

---

[38] Vgl. www.archive.org/about.

[39] Sowohl damals als auch heute belegen Gazprom, Rosneft und Lukoil die ersten drei Plätze in den unterschiedlichen Rankings. TNK-BP wurde 2009 entweder auf Platz 5 oder auf Platz 6 geführt, abhängig vom gewählten Ranking – vgl. einerseits das russische Ranking «Эксперт-400» (http://raexpert.ru/ratings/expert400/2010/table1) und andererseits das amerikanische „Forbes Global 2000“ (http://www.forbes.com/lists/2009/18/global-09_The-Global-2000_Rank.html). Diese Diskrepanz ist für die vorliegende Untersuchung nicht von primärer Relevanz.

Subbranche ist Gazprom der Gasindustrie zuzuordnen, die restlichen drei Konzerne sollten grundsätzlich in den Erdölbereich eingeteilt werden. Allerdings, wie die Ergebnisse später zeigen werden, streben alle eine breite Diversifizierung der ökonomischen Tätigkeit an.[40] Auf eine detaillierte Beschreibung der Unternehmen wird hier verzichtet, da sie für die nachfolgende empirische Analyse nicht zwingend notwendig ist. Eine gute und ausführliche Übersicht über die Geschichte und Entwicklung der vier Konzerne sowie über deren Hauptfelder der operativen Tätigkeit findet sich z. B. bei Jonas Grätz[41] oder kann auch der jeweiligen Webseite entnommen werden. Wenn es notwendig erscheint, wird im Laufe der Untersuchung auf relevante Informationen über die ausgewählten Unternehmen explizit hingewiesen.

Die gerade erwähnten Aspekte und Unternehmenscharakteristika erlauben im Folgenden sowohl die Durchführung vergleichender Analysen als auch die mögliche Gewinnung generalisierender Schlussfolgerungen. Die Zugehörigkeit der Unternehmen zum wichtigsten Industriezweig der russischen Wirtschaft sowie ihre internationale Präsenz verwandeln sie in eine Art ökonomische Führungsakteure, von denen ein bestimmtes (kommunikatives) Verhalten erwartet wird. Besonderes Interesse stellt auch die Tatsache dar, dass aufgrund solcher Faktoren wie Staatseigentum oder eine zumindest vermutete Nähe zur russischen Staatsführung, die ausgewählten Konzerne über eine nicht unbedingt positive Reputation verfügen, vor allem, was das Image im Ausland betrifft.[42] Insbesondere in Bezug auf Gazprom hört die Kritik von Seiten Europas bis heute nicht auf.[43] Genau so wie im Jahre 2010, als die Untersuchung begann, ist auch heute dieses u. a. auch politische Problem äußert aktuell. Daher ist es sehr interessant zu sehen, wie die russischen Unternehmen ihr positives Image verbal sowie nonverbal zu konstruieren versuchen.

II.4 Sprachanalytisches Vorgehen

Die im Rahmen der Arbeit durchgeführte empirische linguistische Analyse verläuft auf mehreren Ebenen und behandelt sowohl semantische als auch pragmatische Aspekte der Kommunikation der ausgewählten russischen Konzerne. Die forschungsleitenden Fragen, die in der Einleitung formuliert wurden, setzen voraus,

[40] Vgl. Kapitel III.4.2.2.
[41] Vgl. Grätz (2013), S. 137-160.
[42] Vgl. u. a. Хоффманн (2014); Хоффманн (2017).
[43] Vgl. u. a. Götz (2012); Heinrich (2006).

dass zuerst die in den jeweiligen Mission Statement-Texten kommunizierten Themen inhaltsanalytisch ermittelt werden sollen. Also wird zunächst gefragt, welche thematischen Inhalte (Aspekte der Tätigkeit, handlungsleitende Werte und Prinzipien, Unternehmensqualitäten etc.) von den ausgewählten russischen Konzernen im Rahmen ihrer Selbstdarstellung angesprochen werden. Dabei werden in einem ersten Schritt die eher großräumigen Themen identifiziert wie beispielweise „Erschließung neuen Märkte“, „Diversifizierung der Tätigkeit“, „Umweltschutz“, „Sorge um die Mitarbeiter“ oder „Unterstützung der russischen Regionen“. Anschließend wird die sprachliche Realisierung der kommunizierten Inhalte untersucht, wobei sich die feinkörnige qualitative linguistische Analyse in erster Linie auf die lexikalische Ebene fokussiert.

Die Ergebnisse der durchgeführten qualitativen Untersuchung werden auch quantifiziert. Dabei wird die Häufigkeit des Vorkommens einer bestimmten sprachlichen Erscheinung mit ihrer Produktivität gleichgesetzt. Besonders oft vorkommende Phänomene oder Begriffe werden stärker unter die Luppe genommen. Aufgrund dessen, dass hier die explizite oder implizite positive Selbstpräsentation großer Unternehmen analysiert wird, findet im Rahmen der ganzen Arbeit die sprachliche Bewertung besondere Beachtung.[44] Die deontische Modalität sowie die unterschiedlichen Möglichkeiten ihrer verbalen Realisierung im Russischen werden in den Kapiteln III.3.3 sowie III.3.4 ausführlich behandelt, da sie für die Analyse der Firmenkodizes besonders relevant sind. Mit der Semantik sowie der diskursspezifischen Konzeptualisierung polysemer Begriffen wie „ответственность“ oder „эффективность“ beschäftigen sich u. a. die Kapitel III.3.3.2, III.3.4.2.4 sowie III.4.4. Auch die Bedeutung sowie die Verwendung weiterer Wertbegriffe, die im Unternehmensdiskurs ziemlich produktiv sind, wie z. B. „прозрачность“, „открытость“, „достоверность“ oder „честность“ werden im Axiologie-Teil der Arbeit näher erforscht.[45]

Um die Strategien der Selbstdarstellung der ausgewählten russischen Unternehmen detailliert zu untersuchen, lehnt sich das analytische Vorgehen an ein Modell, das von der österreichischen Linguistin Gerlinde Mautner entwickelt wurde und für ausführliche und mehrdimensionale qualitative Untersuchungen größerer Textmengen als besonders geeignet erscheint. Ihre Arbeit basiert auf den Traditionen der britischen „kritischen Linguistik“ bzw. der „kritischen Diskursanalyse“ (englisch *CDA*).[46] Trotz der Existenz gegensätzlicher Meinungen, verwendet Mautner beide Bezeichnungen synonym und argumentiert folglich, dass „wer Diskursanalyse pri-

---

[44] Vgl. weiter unten sowie ausführlich Kapitel III.4.3.

[45] Vgl. Kapitel III.4.3.4.

[46] Vgl. Mautner (2000), S. 33f.

mär linguistisch (statt primär soziologisch oder philosophisch betreibt), kann sie ohne Bedenken unter Linguistik subsumieren“[47]. Diese synonyme Verwendung wird auch hier übernommen. Und obwohl im Folgenden nicht eine kritische Diskursanalyse im engeren Sinne betrieben wird, d.h. ohne klaren Anspruch auf Bewertung gesellschaftlicher Kommunikation sowie ohne ausgeprägte aufklärerische und emanzipatorische Ambitionen[48], liefert diese Forschungsrichtung einige Annahmen und Impulse, die auch für die vorliegende Arbeit besonders relevant sind. So, spielen für sie der Kontext und die Anbindung an die außersprachliche Wirklichkeit eine entscheidende Rolle. Dabei wird „Bedeutung“ immer als „Bedeutung in einem bestimmten sozialen Kontext“ begriffen, da Diskurse im Kontext produziert werden und ohne die Berücksichtigung dieses Kontextes nicht verstanden werden können.[49] Darüber hinaus besagt eine der Grundannahmen der CDA, dass „neben Individuen auch Kollektive und Institutionen spezifische Meiningen und Wertvorstellungen durch ihre Sprachverwendung systematisch zum Ausdruck (bringen) bzw. diese propagieren“[50]. Und nicht zuletzt ist aufgrund ihrer sozialen Einbettung „die kritische Diskursanalyse für interdisziplinäres Vorgehen prädestiniert“[51]. Im Rahmen der kritischen Linguistik bezieht sich die Bezeichnung „kritisch“ vor allem „darauf, dass dieser Ansatz mit Hilfe linguistischer Analysen aufzudecken sucht, auf welche Weise soziale Identitäten und Rollen, sowie Meinungen, Einstellungen und Wertesysteme im Diskurs transportiert werden, ohne dass sich die Sprachbenützer notwendigerweise dessen bewusst sind“[52].

Bevor das analytische Modell präsentiert wird, an das sich die vorliegende Arbeit anlehnt, will ich noch auf die von den Germanisten Jürgen Spitzmüller und Ingo Warnke geäußerte Kritik an der CDA sowie insgesamt auf ihre im Jahre 2011 erschienene Einführung in die „Diskurslinguistik“ gesondert eingehen.[53] In ihrem Buch bieten die Autoren eine sehr detaillierte Übersicht über unterschiedliche Arbeiten, die in den letzten knapp dreißig Jahren auf dem Gebiet der linguistischen Diskursanalyse entstanden sind.[54] Spitzmüller/Warnke teilen die meisten Forscher und Arbeiten zwei großen „Streitlagern“ zu – dem „epistemologisch-diskurssemantischen“ und dem „kritisch-machtanalytischen“. Dabei besteht die zentrale

[47] Vgl. Mautner (2000), S. 36.

[48] Vgl. Spitzmüller / Warnke (2011), S. 97f.; Mautner (2000), S. 41; Kuße (2012b), S. 108.

[49] Vgl. Fairclough / Wodak (1997), S. 276; Mautner (2000), S. 33; Spitzmüller / Warnke (2011), S. 100.

[50] Vgl. Spitzmüller / Warnke (2011), S. 100.

[51] Vgl. Mautner (2000), S. 42.

[52] Vgl. Mautner (2000), S. 39.

[53] Vgl. Spitzmüller / Warnke (2011).

[54] Vgl. Spitzmüller / Warnke (2011), S. 78-120.

Differenz zwischen den beiden Lagern in der Frage, wie eine linguistische Diskursanalyse durchzuführen ist. Die Vertreter der ersten Richtung plädieren strikt dafür, dass sich eine linguistische Untersuchung ausschließlich auf die deskriptiv-analytische Beschreibung der Diskurse beschränken sollte. Hingegen verfolgen die meisten Vertreter des „kritisch-machtanalytischen" Ansatzes zusätzlich das Ziel, die diskursiven Phänomene zu bewerten und darüber hinaus auch aufklärerisch und emanzipatorisch zu wirken.[55] Spitzmüller/Warnke sind jedoch der Meinung, dass – trotz der immer noch vorhandenen „Grabenkämpfe" – keine so großen konzeptionellen Differenzen zwischen den Lagern existieren, und plädieren in ihrem Buch für eine „Kombination von Theoremen und Methoden beider diskursanalytischer Traditionen"[56]. Darauf aufbauend entwickeln sie ein sehr umfassendes analytisches Mehr-Ebenen-Modell, das als Grundlage diskurslinguistischer Untersuchungen dienen könnte. Mehrere ihrer Kategorien sind auch in dem Analysemodell zu finden, an das sich die vorliegende Untersuchung anlehnt.[57] Allerdings fokussiert sich die hier durchgeführte Mehr-Ebenen-Analyse primär auf Erscheinungen, die bei Spitzmüller/Warnke der ersten s. g. „intratextuellen Ebene" zugeordnet werden.[58]

Die oben angesprochene Kritik der Autoren an der Kritischen Diskursanalyse bezieht sich auf einige wesentliche Aspekte. Zunächst wird kritisiert, „dass viele Vertreter der CDA den selbst formulierten Anspruch, den eigenen Standpunkt kritisch zu reflektieren, in der Praxis nicht umsetzen"[59]. Somit bestünde die Gefahr, dass die ideologischen Präferenzen der Forscher ihre Ergebnisse stark beeinflussen könnten. Darüber hinaus wird auch die Fokussierung vieler Arbeiten auf „politisch-soziale Themen der Gegenwart" kritisiert, da dies eine Verabsolutierung des politisch-sozialen Diskurses der heutigen Zeit sowie die ständige Bestätigung der eigenen Resultate nach sich ziehen könnte. Dennoch sind Spitzmüller/Warnke überzeugt, dass die kritische Diskursanalyse wichtige analytische Impulse liefert, und übernehmen einige ihrer Konzepte, wenn sie die theoretischen und methodologischen Grundannahmen der von ihnen entwickelten Diskurslinguistik formulieren.[60]

Auch Gerlinde Mautner spricht manche der oben erwähnten Aspekte und Kritikpunkte offen an. So, sieht sie z. B. die emanzipatorische und aufklärerische Funktion von CDA-Arbeiten als deren wichtige Eigenschaft an, lehnt aber die radikale

---

[55] Vgl. Spitzmüller / Warnke (2011), S. 78-80; 97-104.

[56] Vgl. Spitzmüller / Warnke (2011), S. 80.

[57] Vgl. weiter unten.

[58] Vgl. Spitzmüller / Warnke (2011), S. 137-172; sowie das Modell-Layout auf S. 201.

[59] Vgl. Spitzmüller / Warnke (2011), S. 113.

[60] Vgl. Spitzmüller / Warnke (2011), S. 112-114, 117-118.

Forderung van Dijks nach einer primär normativen Diskursanalyse entscheidend ab.[61] Und obwohl ich mich im Folgenden an ein Modell aus dem „kritischen" Lager der linguistischen Diskursanalyse anlehne, ist die vorliegende Arbeit in erster Linie als eine deskriptiv-analytische Darstellung der russischen Unternehmenskommunikation zu verstehen, so wie dies bereits in der Einleitung angesprochen wurde. Das „kritische" Element bezieht sich vor allem darauf, mithilfe linguistischer Mittel zu zeigen, wie die ausgewählten russischen Unternehmen – bewusst oder unbewusst – ihre Ziele, Werte und Prioritäten auf den korporativen Webseiten kommunizieren.[62]

Wie Mautner in ihrer Arbeit detailliert präsentiert, bietet die kritische Diskursanalyse verschiedene Möglichkeiten zur Bildung von Analysekategorien. Im Laufe der letzten dreißig Jahre wurden mehrere Analysemodellen entwickelt, die teilweise stark von einander differieren. Dennoch können in einer Großzahl der Modelle einige Gemeinsamkeiten ermittelt werden, die auch für die vorliegende Arbeit relevant sind.[63] Zum einen bekennen sich die meisten Autoren zu der so genannten Mehr-Ebenen-Analyse, d.h. in die Untersuchung werden Phänomene sowohl auf Text- als auch auf Satz- und Wortebene miteinbezogen. Darüber hinaus konzentrieren sich die meisten einschlägigen Arbeiten auf bestimmte Erscheinungen, die „im Rahmen ‚kritischer' Sprachbetrachtung besondere Bedeutung zugemessen wird"[64], wie z. B. Passivierung oder Modalitäten.

Wie für viele der diskursanalytischen Modelle üblich, unterscheidet auch Gerlinde Mautner in ihrem Kategoriensystem zwischen den beiden kommunikativen Hauptbereichen „Inhalte" (Themen) und „Formen" (die sprachliche Realisierung dieser Themen). Dementsprechend fragt sie, welche Inhalte (Mautner nennt sie „Motive"[65]) von den Akteuren im Diskurs thematisiert sowie wie diese Inhalte sprachlich realisiert werden. Im Bereich der sprachlichen Realisierungsmittel wird ein sehr ausführlicher Kategorienkatalog entwickelt, der aus fünf Analysefeldern besteht – „Text", „Syntax", „Lexik", „Phonologie/Graphemik" sowie „Nonverbaler Modus". Dieser Katalog mit allen seinen Unterkategorien kann jedoch dem konkreten Forschungsvorhaben angepasst werden. Obwohl in der vorliegenden Arbeit – und in erster Linie dann, wenn die ermittelten modalen Konstruktionen untersucht werden – die Syntax ebenfalls berücksichtigt wird, fällt der analytische Fokus hier

---

[61] Vgl. Mautner (2000), S. 41-42. Zu van Dijk – vgl. auch Spitzmüller / Warnke (2011), S. 99.

[62] Vgl. auch weiter oben.

[63] Vgl. Mautner (2000), S. 77f.

[64] Vgl. Mautner (2000), S. 77-78.

[65] Im Folgenden wird auch in der vorliegenden Untersuchung der Begriff „Motiv" als Synonym zu „Thema" oder „Inhalt" verwendet.

vor allem auf die Ebenen „Text", „Nonverbaler Modus" und insbesondere auf „Lexik". Auf Textebene interessieren uns vor allem Aspekte wie Textumfang, Textstruktur sowie Textgliederung. Eine wichtige Rolle im Rahmen der Untersuchung spielt die Kategorie der deontischen Modalität, deren sprachliche Realisierungen bei der Analyse der handlungsregulierenden Firmenkodizes in den Kapiteln III.3.3 und III.3.4 ausführlich behandelt werden. Mautner ordnet die Modalität dem Syntax-Bereich zu, in der Linguistik wird dieser Kategorie – je nach Forschungsansatz – unterschiedlicher Status zugewiesen: von der Deutung als grammatische Kategorie bis zur Interpretation von Modalität als semantisch-pragmatischer und sprachlich-kognitiver Kategorie.[66] Im Bereich der Lexik steht eindeutig die Axiologie im analytischen Fokus (siehe auch gleich weiter unten), aber andere relevante Erscheinungen wie beispielwiese die Verwendung von Pronomen oder Schlagwörtern werden ebenfalls behandelt. Besondere Beachtung findet im Rahmen der Arbeit die Konzeptualisierung schwerer russischer Begriffe wie „ответственность", „долг" oder „эффективность". Auch der bei Mautner als „nonverbaler Modus" dargestellte Bereich ist für die vorliegende Untersuchung vom besonderen Interesse, da er visuelle Objekte wie Fotos, Graphiken, Farbenvariationen, Schriftgröße, Schriftschnitte usw. miteinbezieht, die bei der Analyse von Webseiten nicht vernachlässigt werden dürfen.[67]
Ausgehend von den anfangs formulierten Forschungsfragen sowie von den weiter oben präsentierten „kritischen" Annahmen ist im Rahmen der vorliegenden Arbeit das Phänomen der sprachlichen Bewertung gesondert zu erwähnen und zu untersuchen. Es wurde bereits angesprochen, dass bei ihrer Selbstdarstellung die Unternehmen ein bestimmtes korporatives Image zu konstruieren versuchen. Holger Kuße schreibt in diesem Zusammenhang, dass der ökonomische Diskurs „in großen Teilen auf die Rechtfertigung von Handlungen und Handlungsentscheidungen mit dem Ziel der positiven Selbstbewertung"[68] abzielt. Besonders bei der Formulierung von Texten der Sorte Mission Statement ist dieses Ziel leitend.[69] Also bezwecken die Konzerne mit ihren Mission Statements vor allem eine höchstmögliche Zustimmung bei den unterschiedlichen Adressaten der Unternehmenskommuni kation. Sprachlich können sie die angestrebte positive Selbstpräsentation direkt oder weniger direkt realisieren. D. h., wenn die Unternehmen über sich sowie über ihr Handeln erzählen, können sie zwischen „faktischer Beschreibung" und expliziter axiologischer Evaluierung ihrer Tätigkeit wählen. Da es sich aber um

[66] Vgl. u. a. Palmer (1988) sowie Krause (2007b).
[67] Vgl. Mautner (2000), S. 77-107.
[68] Vgl. Kuße (2007b), S. 167.
[69] Vgl. Kuße (2007b), S. 167.

Selbstdarstellung handelt, kann und wird die „faktische Beschreibung“ in vielen Situationen auch als implizite Wertung der thematisierten Sachverhalte interpretiert. Andererseits, ist eine explizite positive Selbstbewertung als eine Art Selbstlob zu verstehen, der jedoch nicht selten sozial oder kulturell sanktioniert werden kann.[70] Daher ist es interessant zu sehen, wie die ausgewählten russischen Unternehmen das Ziel der positiven Selbstbewertung verfolgen und umzusetzen versuchen. Diese Frage ist zwar in der ganzen Arbeit präsent, wird allerdings erst im Kapitel III.4.3 gesondert und ausführlich behandelt, damit dann die Ergebnisse des ganzen Axiologie-Bereichs in gewisser Weise zusammengefasst werden können.

Nachdem auf den letzten Seiten das Forschungsdesign der vorliegenden Arbeit präsentiert wurde, geht es im nächsten Hauptkapitel mit der Vorstellung und der Diskussion der ermittelten empirischen Ergebnisse weiter.

[70] Vgl. Ратмайр (2013), S. 9; Kuße (2007b), S. 168.

III Vorstellung und Diskussion der empirischen Ergebnisse

In den nächsten Kapiteln werden die empirischen Ergebnisse vorgestellt und ausführlich diskutiert. Dabei werden auch einige für die vorliegende Untersuchung besonders relevante theoretische Ansätze präsentiert und in die empirische Analyse eingegliedert. Dies passiert vor allem innerhalb der Abschnitte III.3 und III.4, in denen zunächst die theoriegeleitete Konzeptualisierung russischer Begriffe wie „ответственность“, „долг“ oder „обязанность“ behandelt und anschließend der Bereich der Axiologie aus semantischer und insbesondere aus pragmatischer Perspektive untersucht wird.
Kapitel III.1 und III.2 sind vergleichsweise kurz, Kapitel III.3 und III.4 sind um einiges länger. Dies ist in erster Linie auf den Umfang der darin analysierten Mission Statement-Texte zurückzuführen. Während der Existenzzweck sowie die unternehmerischen Grundwerte in der Regel mit ein paar Sätzen kommuniziert werden, widmen die ausgewählten russischen Konzerne den anderen beiden Komponenten – der Kommunikation der Verhaltensnormen sowie der korporativen Strategie – entweder umfangreiche Dokumente wie die hier untersuchten Ethikkodizes oder einige umfassende Rubriken ihrer Firmenwebseiten.
Die gerade angesprochene Differenz in dem Umfang der einzelnen Mission Statement-Komponenten spiegelt sich in gewisser Weise auch bei der Vorstellung der ermittelten Ergebnisse wider. In den ersten beiden empirischen Unterkapiteln III.1 und III.2 wird eher nach Unternehmen vorgegangen. D.h., nach einer knappen Einführung wird zunächst die jeweilige kommunikative Komponente pro einzelnes Unternehmen präsentiert. Am Ende werden dann die unternehmensübergreifenden Ergebnisse zusammengefasst. Aufgrund der Spezifik der Texte fokussiert sich dabei die linguistische Untersuchung in erster Linie auf die kommunizierten Themen sowie auf eine detaillierte Analyse der verwendeten Lexik. Bei den umfangreichen Kapiteln III.3 und III.4 wird stärker nach thematischen Bereichen sowie relevanten sprachlichen Erscheinungen vorgegangen. Zunächst werden Inhalte bzw. verbale Muster angesprochen, die von allen oder zumindest von den meisten Unternehmen häufig thematisiert bzw. verwendet werden. Die spezifischen Erscheinungen, die nur ein einzelnes Unternehmen betreffen, werden dann im Laufe der Analyse systematisch erwähnt. Auch bei der Analyse der Firmenkodizes (Kapitel III.3) sowie der korporativen ökonomischen Strategien (Kapitel III.4) wird die lexikalische Ebene intensiv untersucht. Allerdings stehen im Rahmen dieser Kapitel andere kommunikative Aspekte ebenfalls im analytischen Fokus wie beispielweise Textumfang und Textstruktur oder der visuelle Modus. Darüber hinaus werden innerhalb dieser Kapitel einige linguistische Ansätze aus dem Bereich der Pragmatik wie z. B. die Sprachakttheorie behandelt und stärker in die empirische Analyse miteinbezogen.

III.1 Unternehmerischer Existenzzweck

Als erstes wird untersucht, ob die ausgewählten russischen Unternehmen auf ihren Webseiten ein grundlegendes korporatives Leitbild kommunizieren, d.h. eine zentrale, relativ knapp formulierte Äußerung darüber, worin die Hauptaufgabe der unternehmerischen Tätigkeit besteht bzw. was aus Sicht der Unternehmensführung das Hauptzweck für die Existenz der Organisation darstellt.[1] Ein als verbale Botschaft formulierter Existenzzweck wird von drei der Konzerne ausdrücklich kommuniziert – Gazprom, Lukoil und Rosneft, wobei alle drei dafür das russische Schlagwort „миссия“ explizit verwenden.[2] Rosneft spricht in diesem Zusammenhang von „*предназначение компании*“ und Lukoil beginnt seine Mission mit der expressiven sprachlichen Formulierung „*мы созданы, чтобы*“ (vgl. weiter unten). Obwohl bei TNK-BP bis Mitte 2012 sogar eine spezielle R2[3] in der ersten Hauptrubrik „О компании“ unter dem Titel „Миссия и ценности“[4] existierte, wurden in dieser Rubrik ausschließlich die vier Grundwerte des Unternehmens deklariert. Auf die explizite Formulierung einer Mission wurde verzichtet, woraus geschlossen werden könnte, dass TNK-BP die unternehmerischen Grundwerte und die Mission gleichsetzten wollte. Bei der verbalen Darstellung der „миссия“ der drei anderen Unternehmen können neben einigen auffälligen inhaltlichen und formalen Ähnlichkeiten auch mehrere Unterschiede ermittelt werden – sowohl bei der Platzierung auf der Webseite, als auch bei den kommunizierten Inhalten, deren sprachlichen Realisierung und den angesprochenen korporativen Stakeholder.

---

[1] Vgl. Kapitel II.2.

[2] In der vorliegenden Arbeit wird ein Unterschied zwischen den Begriffen „Mission“ (deutsch) sowie „миссия“ (russisch) einerseits und dem Begriff „Mission Statement“ (abgeleitet aus dem Englischen) andererseits gemacht. Unter „Mission Statement“ wird hier das gesamte kommunikative Modell verstanden, das aus den vier im Kapitel II.2 bereits beschriebenen Komponenten besteht. Die Begriffe „Mission“ bzw. „миссия“ werden synonym verwendet und beziehen sich ausschließlich auf die erste Komponente des kommunikativen Modells – auf die Kommunikation des „unternehmerischen Existenzwecks“. Im Rahmen des Ashridge-Modells entspricht dies dem Begriff „purpose“ – vgl. ausführlich dazu Kapitel II.2.

[3] Zur Bezeichnungen der Rubriken sowie Unterrubriken der Webseiten – vgl. Kapitel II.2.

[4] Vgl. https://web.archive.org/web/20120521210535/http://www.tnk-bp.ru/company/mission/. Mitte 2012 wurde die Unterrubrik in „Корпоративные ценности“ umbenannt, womit der Name auch den darin kommunizierten Inhalten entspricht. Die Kommunikation der korporativen Grundwerte wird im Kapitel III.2 näher untersucht.

III.1.1 Platzierung auf der Webseite

Bei Lukoil ist die explizit deklarierte Mission am sichtbarsten auf der Seite platziert und somit auch am schnellsten von einem potentiellen Nutzer zu finden. Gleich die erste R2 der ersten Hauptrubrik „О компании“ trägt den Namen „Миссия компании“ [5] und enthält neben der Mission selbst, zwei weitere der primären Selbstdarstellung gewidmete Abschnitte, die kurz das Unternehmen und seine Ziele präsentieren – „Кто мы“ und „Наши цели“.[6] Sowohl aus dem inhaltlichen Aufbau und der Gliederung der Unterrubrik als auch aus der wörtlichen Bezeichnung des dritten Abschnitts „Наши цели“ kann angenommen werden, dass Lukoil seine Mission nicht als bloßes Ziel, sondern mehr als eine Art Berufung interpretieren haben will, da die einfachen Ziele ja in einem anderen Abschnitt genannt werden.
Auch die „миссия“ von Gazprom wird auf der Oberfläche der Webseite explizit deklariert. Das Unternehmen kreiert dazu zwar keine separate Rubrik, kommuniziert aber seine aus einem einzigen Satz formulierte Mission mehrmals innerhalb der ersten Hauptrubrik „О Газпроме“.[7] Einzig Rosneft entscheidet sich dafür, seine Mission ein wenig zu „verstecken“, indem das Unternehmen sie in einem Dokument zum Herunterladen („Кодекс деловой этики“) vorstellt, das allerdings in jeder Unterrubrik der ersten Hauptrubrik „О компании“ als Link mit relativ großem Bild sehr zentral erscheint (insgesamt 13 Mal) und kaum zu übersehen ist.[8]

III.1.2 Existenzzweck: Inhalte und sprachliche Realisierung

Wie aus den unten präsentierten Beispielen zu sehen sein wird, ist allen drei Missionen gemeinsam, dass sie das „Wohlergehen der Menschen bzw. der Gesellschaft“ als zentrales Anliegen der Unternehmenstätigkeit darstellen wollen. Der eindeutige Versuch, die soziale Komponente des unternehmerischen Handelns in den Vordergrund zu stellen, ist nicht zu übersehen. Bei Lukoil wird schließlich ausgesagt, dass das Unternehmen dafür existiert, um *„энергию природных ресурсов обратить во благо человека“*. Rosneft sieht seine Bestimmung in *„удовлетворение потребности общества в энергоресурсах“* und bei Gazprom geht es um *„обеспечении потребителей природным газом, другими видами энергоресурсов и продуктов*

---

[5] Vgl. http://lukoil.ru/static_6_5id_2106_.html.

[6] Der Abschnitt „Наши цели“ wird im Kapitel III.4.2.2 ausführlich behandelt.

[7] Vgl. weiter unten im Kapitel III.1.2.

[8] Vgl. http://www.rosneft.ru/about/. Der Kodex selbst wird im Kapitel III.3 ausführlich präsentiert. Vergleiche auch Abbildung 10 im Kapitel III.4.1.

их переработки". Gazprom bezeichnet zwar nicht den einzelnen Menschen oder die Gesellschaft allgemein als Hauptbenefaktiv seiner Tätigkeit, sondern „nur" die Konsumenten. Angesichts des Ausmaßes der Tätigkeit des russischen Gasmonopolisten ist jedoch die Bemühung deutlich spürbar, eine primär soziale Ausrichtung seines Handelns in den Mittelpunkt der Aussage zu rücken. Die drei Missionen lauten folgendermaßen:

- „*Мы созданы, чтобы энергию природных ресурсов обратить во благо человека*
  Способствовать в регионах деятельности Компании долгосрочному экономическому росту, социальной стабильности, содействовать процветанию и прогрессу, обеспечивать сохранение благоприятной окружающей среды и рациональное использование природных ресурсов
  Обеспечить стабильный и долгосрочный рост бизнеса, трансформировать ЛУКОЙЛ в лидирующую мировую энергетическую компанию. Быть надежным поставщиком углеводородных ресурсов на глобальном рынке энергопотребления"[9] (Lukoil)
- „*ОАО «Газпром» видит свою миссию в надежном, эффективном и сбалансированном обеспечении потребителей природным газом, другими видами энергоресурсов и продуктов их переработки.*"[10] (Gazprom)
- „*Инновационное, экологически безопасное и экономически эффективное удовлетворение потребности общества в энергоресурсах. Благодаря уникальной ресурсной базе, высокому технологическому уровню и команде профессионалов, приверженных своему делу, Компания обеспечивает устойчивый рост бизнеса и повышение доходов акционеров. Наша деятельность способствует социальной стабильности, процветанию и прогрессу регионов.*"[11] (Rosneft)

Die präsentierten Beispiele zeigen, dass neben der Platzierung auf der Internetseite weitere Unterschiede bei der expliziten Kommunikation der Missionen der drei Unternehmen festzustellen sind.

Lukoil entscheidet sich für eine relativ ausführliche verbale Darstellung seiner Mission, die aus einer Kernaussage (Satz 1) und ihrer impliziten sprachlichen Reformulierung besteht (Absätze 2 und 3). Die Kernaussage „*Мы созданы, чтобы*

---

[9] Vgl. http://lukoil.ru/static_6_5id_2106_.html.

[10] Vgl. http://www.gazprom.ru/about/.

[11] Vgl. http://www.rosneft.ru/attach/0/02/76/Kodeks_rus.pdf. Die Mission von Rosneft befindet sich auf Seite 4 des Ethikkodex.

энергию природных ресурсов обратить во благо человека" kann als die eigentliche Mission bezeichnet werden, die sehr abstrakt und mit hohem Pathos formuliert ist. Die folgenden Sätze erfüllen eine erklärende Funktion darüber, was mit der Kernäußerung gemeint ist. Vielleicht um die Wichtigkeit der zentralen Botschaft noch stärker zu betonen, sind sie rein formal abweichend von der sprachlichen Norm konstruiert. Obwohl beide als neue Absätze dargestellt werden, die dazu noch mit einem Großbuchstaben anfangen, sind sie syntaktisch gesehen Nebensätze, die ebenfalls mit der einleitenden sprachlichen Formel „*мы созданы, чтобы...*" indirekt eingeführt werden sollten. Diese formale Gliederung widerspiegelt sich auch in der inhaltlichen Struktur der gesamten Mission.

Absatz 2, der direkt nach der Kernaussage kommt, thematisiert sehr stark die soziale Ausrichtung des unternehmerischen Handelns. Laut Aussage sieht Lukoil eine seiner Hauptaufgaben als Organisation darin, zur allseitigen Wohlfahrt in den Regionen der korporativen Tätigkeit beizutragen. Sprachlich wird dies zum einen durch den Gebrauch verschiedener Verben wie „*способствовать*", „*содействовать*" und „*обеспечивать*" realisiert, die das Unternehmen als einen aktiven, engagierten und energisch mitwirkenden Akteur präsentieren sollten. Zum anderen – mithilfe einiger Schlagwörter wie „*стабильность*", „*процветание*", „*прогресс*" etc., die innerhalb der russischen Kultur als Basiswerte und Kollektivsymbole aufgefasst werden und daher bei den meisten Adressaten eine eindeutig positive Konnotation hervorrufen.[12] Die einzelnen Substantive werden häufig durch wertende Adjektive attribuiert und damit zusätzlich semantisch modifiziert – „*долгосрочному экономическому росту*", „*социальной стабильности*", „*благоприятной окружающей среды*". Beim letzten inhaltlichen Aspekt dieses Absatzes, nämlich „der rationalen Verwendung von natürlichen Ressourcen", wird die evaluierende Semantik der Aussage jedoch vollständig auf das spezifisch wertende Adjektiv „*рациональный*" verlagert und gleichzeitig auch ein Konzept implizit angesprochen, das heutzutage im Unternehmensdiskurs immer größere Bedeutung erfährt – die „Nachhaltigkeit".[13]

Im dritten und letzten Abschnitt der Mission von Lukoil werden dann stärker die ökonomischen Aspekte des unternehmerischen Handelns thematisiert. Es geht um „stabiles und langfristiges Geschäftswachstum" („*стабильный и долгосрочный рост бизнеса*"), eine angestrebte „weltweite Führerschaft in der Energetikbranche"[14] („*лидирующую мировую энергетическую компанию*") sowie um die

---

[12] Vgl. Fleischer (1997), S. 83f.; Рябов / Курбангалеева (2003), S. 333f.

[13] Zum Konzept „Nachhaltigkeit" – vgl. auch Kapitel III.4.3.5.

[14] Zum Thema „Energetik" und der damit verbundenen „Diversifizierung der Tätigkeit" – vgl. Kapitel III.4.2.2.

„Gewährleistung zuverlässiger Lieferungen auf den internationalen Märkten" („*надежным поставщиком углеводородных ресурсов на глобальном рынке энергопотребления*"). Im letzten Motiv – „die Zuverlässigkeit der Lieferungen" – ist eine gewisse soziale Komponente zwar spürbar, doch sind die dabei indirekt angesprochenen Stakeholder, nämlich die (internationalen) Kunden, eher geschäftlicher Natur. Auch die verwendete Lexik, wie beispielweise „*рынок*" oder „*потребление*", ist in erster Linie dem ökonomischen Diskurs zuzuordnen. Weitere Akteure, die bei einem vorausgesetzten Erfolg der kommunizierten Handlungen als Hauptbenefaktive impliziert werden, sind genauso dem Bereich der ökonomischen Stakeholder zuzurechnen – beispielweise wären dies die Aktionäre, die Investoren und die Unternehmensführung. Im Unterschied zum zweiten Absatz der Mission, erfüllen hier die wertenden Adjektive „*стабильный*", „*долгосрочный*", „*лидирующий*", „*надежный*" etc. nicht eine primär semantisch-spezifizierende Funktion, sondern sind fast ausschließlich die eigentlichen Träger der sprachlichen Evaluierung. Durch den (fast) redundanten Gebrauch der beiden quasiwertenden Attribute „*мировой*" und „*глобальный*" soll die angestrebte Weltdimension der unternehmerischen Tätigkeit zusätzlich unterstrichen werden.

Im Gegensatz zu Lukoil, entscheidet sich Gazprom für eine relativ knappe, aus einem einzigen Satz bestehende, Formulierung seiner Mission die allerdings drei Mal[15] auf der Oberfläche der Webseite erscheint – einmal gleich am Anfang der ersten Hauptrubrik „О Газпроме" [16] sowie weitere zwei Male innerhalb der Rubriken der zweiten Stufe „Газпром сегодня"[17] und „Маркетинг"[18]:

- „*ОАО «Газпром» видит свою миссию в надежном, эффективном и сбалансированном обеспечении потребителей природным газом, другими видами энергоресурсов и продуктов их переработки.*" (aktuelle Version der Mission von Gazprom – Stand Ende 2014)

Obwohl die Betonung einer primär sozialen Ausrichtung der Tätigkeit auch bei Gazprom deutlich spürbar ist, hat man hier, anders als bei Lukoil, nicht zuerst den Eindruck, die Mission einer Non-Profit-Organisation zu lesen. Dies wird u. a. auch durch die Auswahl der verwendeten Lexik erreicht – z. B. „потребители" bei Ga-

---

[15] Bis Anfang 2012 erschien die (alte Version der) Mission von Gazprom vier Mal auf der Webseite. Zusätzlich auch in der R3 „Разведка и добыча газа и нефти". Nach einem Umbau der Website im Jahre 2012 ist diese vierte Stelle verschwunden. Vgl. dazu weiter unten.

[16] Vgl. http://www.gazprom.ru/about/.

[17] Vgl. http://www.gazprom.ru/about/today/.

[18] Vgl. http://www.gazprom.ru/about/marketing/.

zprom im Vergleich zu „человек“ bei Lukoil. Wie dem Beispiel zu entnehmen ist, wird als Hauptaufgabe des Unternehmens die „Versorgung der Konsumenten“ dargestellt, die folgendermaßen als Hauptbenefaktive des unternehmerischen Handels präsentiert und auch explizit benannt werden. Aufgrund der Tatsache, dass Gazprom ein staatliches russisches Unternehmen darstellt, könnte diese eher altruistische Perspektive von einem Adressaten auch weniger skeptisch nachvollzogen werden. Die wichtigsten Eigenschaften der Versorgung mit den genannten Gütern sind aus Sicht von Gazprom „Effizienz/Effektivität“, „Zuverlässigkeit“ und „Balance“. Diese semantische Einschränkung wird sprachlich mithilfe der spezifisch wertenden Adjektive *„надежный“*, *„эффективный“*[19] und *„сбалансированный“* realisiert. Allerdings wurde im Untersuchungszeitraum die Mission von Gazprom sowohl sprachlich als auch inhaltlich geändert. Dies passierte im Rahmen eines größeren Umbaus der korporativen Webseite, der in der zweiten Hälfte von 2011 stattgefunden hat. Interessanterweise, erschienen beide Versionen der Mission über mehrere Monate parallel auf der Oberfläche der Webseite – die neue Mission befand sich ab dem Sommer 2011 in den drei zuvor genannten Rubriken und die alte konnte in der damaligen R2 „Разведка и добыча газа и нефти“[20] bis Januar 2012 gelesen werden. D. h., beide Versionen existierten in dieser Periode gleichzeitig und wurden somit auch gleichzeitig kommuniziert. Über die Ursachen dieser Erscheinung kann meines Erachtens nur spekuliert werden[21], trotzdem wäre ein potentieller Nutzer auf die alte Formulierung der Mission gestoßen, falls er in der genannten Periode zuerst die oben erwähnte Unterrubrik angeklickt hätte. Die alte Version lautete folgendermaßen:

- *„ОАО «Газпром» видит свою миссию в максимально эффективном и сбалансированном газоснабжении потребителей Российской Федерации, выполнении с высокой степенью надежности долгосрочных контрактов по экспорту газа.“* (alte Version der Mission von Gazprom – bis Ende 2011)

Wie an dem Beispiel zu erkennen ist, hat Gazprom in seiner Mission einiges modifiziert. Zwar sind hier immer noch die Konsumenten/Kunden die explizit angesprochenen Stakeholder, sie werden aber inhaltlich und auch syntaktisch in

[19] Zu den unterschiedlichen Konzeptualisierungen des Begriffs „эффективность“ im Russischen – vgl. Kapitel III.4.4.

[20] Vgl. https://web.archive.org/web/20120112065159/http://www.gazprom.ru/strategy/exploration/.

[21] Höchstwahrscheinlich handelt es sich dabei eher um ein Versäumnis des Webseiten-Administrators als um eine absichtliche kommunikative Strategie.

zwei Gruppen eingeteilt – die russischen und die ausländischen. Auch die attributiven Werte, die übrigens genauso in der neuen Version vorkommen, sind hier unterschiedlich verteilt. Die Versorgung der russischen Konsumenten soll effektiv bzw. effizient und ausbalanciert sein, bei den ausländischen Kunden spielt das Thema „Zuverlässigkeit" eine übergeordnete Rolle. Diese explizite Trennung könnte auf bestimmte Ereignisse wie die zwei Gaskrisen in den Jahren 2005/6 und 2008/9 zurückgeführt werden. Mithilfe der alten Formulierung wurde vermutlich beabsichtigt, den Aspekt der zuverlässigen Erfüllung der Exportverträge auch sprachlich besonders hervorheben. Dieses in erster Linie auch politische Problem ist im Jahre 2014 wieder äußerst aktuell und es wäre interessant zu sehen, ob sich in der Zukunft die Mission von Gazprom noch einmal ändern wird.
Sprachlich fällt auf, dass die alte Mission einige Begriffe wie „*экспорт*", „*долгосрочный*" und „*контракт*" enthält, die ihr eine stärker ausgeprägte marktwirtschaftliche Note verleihen. Dabei implizieren die wertenden Lexeme „*долгосрочный*" und „*надежность*" zwei wesentliche Aspekte, die Gazprom kommunizieren wollte. Zunächst sind die langfristigen Exportverträge, die das Unternehmen mit den ausländischen Kunden unterscheibt, aus finanzieller Sicht aber auch aufgrund der Planungssicherheit für Gazprom besonders wichtig. Dies wird seitens des Konzerns sowohl auf der Webseite als auch bei vielen Auftritten in den Medien ständig wiederholt. Durch die Kommunikation des Wertes „*надежность*" wird diese „Semantik der Sicherheit" besonders stark hervorgehoben und gleichzeitig auch als besonderer Nutzenvorteil für die Kunden verkauft. In der neuen Version ist nur das wertende Nomen geblieben, womit der Kundennutzen stärker in den Fokus rückt und die Mission dadurch sozialer gestaltet wird.
Auf der Ebene der sprachlichen Realisierung fällt noch auf, dass in der alten Variante der Gazprom-Mission die attributiven Werte graduiert werden. „Effizienz" und „Balance" nehmen auf der wertenden Skala einen Extremwert an, der mithilfe des adverbialen Spezifikators „*максимально*" sprachlich realisiert wird. Dass die Zuverlässigkeit der Exportlieferungen vom Unternehmen als sehr wichtig empfunden wird, sollte das Dimensionsadjektiv „*высокий*" unterstreichen. Im Unterschied zu Lukoil, wird in den beiden Versionen der Mission von Gazprom ein stark ausgeprägter Nominalstil bevorzugt, wobei die Tätigkeit des Unternehmens ausschließlich mithilfe adverbaler Nomen dargestellt wird – „*обеспечение*", „*газоснабжение*", „*выполнение*". Die russische Diskurslinguistin Julia Danjuschina bezeichnet den Gebrauch solcher Nominalisierungen als eine kommunikative Strategie des Irritierens des Adressaten, da sie im Vergleich zu finiten Verbformen zum einen nicht angeben, ob etwas bereits stattgefunden hat oder erst stattfinden wird, und zum anderen den konkreten Ausführer der Tätigkeit gewissermaßen

verschleiern. Im zweiten Fall spricht sie, insbesondere bei negativen Ereignissen, von einem intentionalen „Ablegen der korporativen Verantwortung“ („снятие ответственности“).[22] Das Konzept „Verantwortung“ wird auch in der vorliegenden Arbeit sehr ausführlich behandelt und es wird u. a. gezeigt, wie der russische Begriff im Unternehmensdiskurs konzeptualisiert wird, wie „Verantwortung übernommen, erkannt oder aber auch abgewälzt wird“.[23]
Angesichts dessen, dass Gazproms „миссия“ bisher einige Male geändert wurde[24], kann geschossen werden, dass das Unternehmen seine Mission weniger als eine absolute Berufung oder Bestimmung interpretiert, sondern mehr als eine Art strategisches Ziel im sozialen Bereich. Diese Vermutung wird zusätzlich durch die Tatsache gestärkt, dass Gazproms „миссия“ und „стратегическая цель“[25], bei dem es sich vor allem um ökonomische Aspekte der Firmentätigkeit handelt, einige Male nebeneinander auf der Webseite des Unternehmens erscheinen.[26]
Wie bereits erwähnt, wird die Mission von Rosneft ausschließlich in einem Dokument zum Herunterladen („Кодекс деловой этики“) explizit kommuniziert, das allerdings in allen 13 Unterrubriken der ersten Hauptrubrik „О компании“ als Bildlink sehr zentral erscheint und zusätzlich auch in der R2 „Корпоративная культура“ kurz präsentiert wird – *„В 2008 году в Компании был принят Кодекс деловой этики, в котором представлены миссия и ценности Компании,...“*[27]. Dies ist auch die einzige Stelle auf der Oberfläche der Webseite des Unternehmens, wo das Schlagwort „миссия“ verwendet wird. Im Vergleich zu den anderen zwei Missionen, nimmt die von Rosneft hinsichtlich des Umfangs einen Mittelwert an – drei relativ kurze Sätze, die in einem Absatz nacheinander platziert sind:

- *„Инновационное, экологически безопасное и экономически эффективное удовлетворение потребности общества в энергоресурсах. Благодаря уникальной ресурсной базе, высокому технологическому уровню и команде профессионалов, приверженных своему делу, Компания обеспечивает устойчивый рост бизнеса и повышение доходов акционеров. Наша деятельность способствует социальной стабильности, процветанию и прогрессу регионов.“* (Rosneft)

---

[22] Vgl. Данюшина (2011), S. 26-35.

[23] Vgl. Kapitel III.3.

[24] In den Jahresberichten aus der Zeit 2004-2006 erscheint sogar eine dritte Variante der Mission des Unternehmens.

[25] Das „strategische Ziel“ von Gazprom wird im Kapitel III.4.2.2 ausführlich analysiert.

[26] Dies ist der Fall in der Hauptrubrik „О Газпроме“ sowie in der Unterrubrik „Газпром сегодня“.

[27] Vgl. http://www.rosneft.ru/Development/culture/.

Der einleitende Nominalsatz kann aufgrund seiner Position sowie seiner absichtlich erzeugten verblosen Form als die eigentliche Mission des Unternehmens interpretiert werden, die mit einer imaginären sprachlichen Formel wie „Наша миссия - ...“ eingeführt werden könnte. Rosneft präsentiert folglich als Hauptzweck seiner Tätigkeit die „Befriedigung der Gesellschaftsbedürfnisse nach Energieressourcen“ – „*удовлетворение потребности общества в энергоресурсах*“. Somit ist auch hier der eindeutige Versuch nicht zu übersehen, eine primär soziale Orientierung des unternehmerischen Handelns zu vermitteln. Diese „Bedürfnisbefriedigung“ wird mithilfe einiger attributiver Werte semantisch spezifiziert und sollte laut Aussage innovativ, umweltfreundlich und ökonomisch effizient erfolgen. Die evaluierenden Attribute „*инновационный*“ und besonders „*экономически эффективный*“ verleihen dem kommunizierten sozialen Hauptzweck des Unternehmens eine gewisse ökonomische Einschränkung, die darauf hinweist, dass es sich letztendlich um einen wirtschaftlichen Akteur handelt, der um Umsatz- und Gewinnmaximierung bemüht sein sollte.

Diese argumentative Linie wird auch im nächsten Satz fortgesetzt, indem zwei weitere Unternehmensziele aus dem ökonomischen Bereich, nämlich „stabiles Geschäftswachstum“ („*устойчивый рост бизнеса*“) und „Erhöhung der Aktionäreinkünfte“ („*повышение доходов акционеров*“), in einer Zweck-Mittel-Relation mithilfe des finiten Verbes „*обеспечивает*“ als Faktum dargestellt werden. Die durch „*благодаря*“ explizit eingeführten „Mittel“, die zum Erreichen der Ziele beigetragen haben sollten, werden mithilfe einiger allgemein- und quasiwertender Lexeme als positive und teilweise einzigartige Merkmale des Unternehmens präsentiert – „*уникальной ресурсной базе*“, „*высокому технологическому уровню*“, „*команде профессионалов, приверженных своему делу*“.

Die angestrebte Faktizität des Kommunizierten, die nur Rosneft in seiner Mission so explizit betont, wird durch die Verwendung des finiten Verbs „*способствует*“ auch im letzten Satz fortgesetzt. Dabei werden ausschließlich soziale Aspekte des unternehmerischen Handelns thematisiert, die mithilfe von Schlagwörtern wie „*стабильность*“, „*процветание*“ und „*прогресс*“ sprachlich realisiert werden. Als Hauptbenefaktive werden in diesem dritten Satz die „russischen Regionen“ und somit alle dazu gehörenden Akteure dargestellt, womit eine Vielfältigkeit der angesprochenen Stakeholder angestrebt wird. Dies markiert einen Unterscheid zu dem vorherigen Satz, in dem explizit die Aktionäre als Nutznießer des korporativen Handelns bezeichnet werden.

Zum Schluss soll noch erwähnt werden, dass die Mission von Rosneft gewissermaßen eine Mischung aus den beiden zuvor analysierten Missionen darstellt. Bestimmte formale und inhaltliche Ähnlichkeiten mit den zentralen Botschaften der zwei anderen Unternehmen sind nicht zu übersehen, wobei die Analogien zu der Kommunikation von Lukoil eindeutig mehr sind. Beide Unternehmen strukturieren ihre explizit deklarierte Mission ähnlich – eine Kernaussage (die eigentliche, eher abstrakt formulierte Mission) gefolgt von der Thematisierung unterschiedlicher sowohl sozialer als auch ökonomischer Aspekte der unternehmerischen Tätigkeit. Allerdings entscheidet sich Lukoil dafür, zuerst die sozialen Motive zu kommunizieren, und Rosneft macht es genau umgekehrt – gleich nach der Kernaussage kommen die ökonomischen Motive wie „Geschäftswachstum" und „Erhöhung der Aktionäreinkünfte". Auch die kommunizierten Inhalte sowie deren sprachliche Realisierung weisen einige Ähnlichkeiten auf. Beide Unternehmen sehen ihre Bestimmung darin, zu der allgemeinen Wohlfahrt in den Regionen ihrer Tätigkeit beizutragen, und stellen das mithilfe einiger Schlagwörter verbal dar. Folglich sollten auch die gleichen Stakeholder implizit angesprochen werden. Ähnlich geschieht dies bei der Kommunikation der ökonomischen Motive – Lukoil bemüht sich um „*стабильный*", Rosneft um „*устойчивый рост бизнеса*", wobei Rosneft explizit die Aktionäre als Nutznießer der beschriebenen Aktivitäten darstellt, was bei Lukoil impliziert wird. Die Analogie zu der (neuen) Mission von Gazprom ist eher formaler Natur und besteht in der jeweils dreifachen bewertenden Attribuierung des Hauptzwecks der Unternehmenstätigkeit. Allerdings sind die von Rosneft kommunizierten attributive Werte wie „Innovationen" und „Effizienz" stärker dem ökonomischen Bereich zuzurechnen als die von Gazprom, bei dem es sich zusätzlich auch um zuverlässige und ausbalancierte Versorgung der Konsumenten handelt.

III.1.3 Statt einer Zusammenfassung

Die gerade ausführlich diskutierten Beobachtungen werden in der auf der nächsten Seite stehenden Tabelle knapp und übersichtlich zusammengefasst. Die einzelnen Spalten beziehen sich auf folgende Punkte:

- die zweite Spalte zeigt den Ort, an dem die Missionen vorgestellt werden, und gibt deren Umfang an
- in der dritten Spalte wird der primäre Existenzzweck des jeweiligen Unternehmens präsentiert, so wie dieser kommuniziert wird
- Spalte 4 fasst einige auffällige Besonderheiten bei der sprachliche Realisierung der thematisierten Inhalte kurz zusammen

- die letzte Spalte zeigt, welche Stakeholder im Rahmen der Missionen explizit angesprochenen Stakeholder bzw. wer ausdrücklich als Nutznießer der korporativen Tätigkeit dargestellt wird.

Unternehmen	Ort, Umfang	Existenzzweck	Realisierung	Stakeholder
Gazprom	Hauptrubrik „О Газпроме“ Ein Satz	*Versorgung der Konsumen-ten*	Explizite Wertungen	Konsumenten
Lukoil	Hauptrubrik „О компании“ Vier Sätze	*Das Wohl des Menschen*	Schlagwör-ter Explizite Wertungen	Mensch Regionen Russlands
Rosneft	Dokument zum Herunterladen „КДЭ“[28] Drei Sätze	*Befriedigung der Bedürf-nisse der Ge-sellschaft*	Schlagwör-ter Explizite Wertungen	Gesellschaft Aktionäre Regionen Russlands
TNK-BP	Keine explizite Mission			

Tabelle 1: Unternehmerischer Existenzzweck – Ergebnisse

[28] „Кодекс деловой этики“ – vgl. Textteil.

III.2 Explizite Wertedeklaration der russischen Unternehmen

Wie bereits im Kapitel II.2 dargestellt, wird in Anlehnung an das Ashridge-Modell die explizite Kommunikation der Unternehmenswerte als ein weiteres inhaltliches Element des korporativen Mission Statement ausgearbeitet. Daher wird bei der vorliegenden empirischen Analyse zunächst gefragt, ob unter Verwendung der Schlagwörter „*ценность/ценности*“ (deutsch „Wert/Werte“) die ausgewählten russischen Unternehmen ihre Grundwerte auf der Firmenwebseite explizit deklarieren.[1] Wenn ja, wo und in welcher Form dies geschieht, welche Werte als grundlegend für das unternehmerische Handeln vorgestellt werden sowie welche Akteure dabei direkt oder indirekt angesprochen werden. Darüber hinaus ist bei der expliziten Wertekommunikation von besonderem Interesse, ob und wie die Unternehmen ihre deklarierten Werte auch inhaltlich füllen, d.h. was verstehen sie unter Begriffe wie „*эффективность*“, „*ответственность*“, „*лидерство*“ usw., wie umfangreich sie diese Begriffe erklären sowie wie diese Erklärungen sprachlich realisiert werden.

Drei der vier für die Untersuchung ausgesuchten russischen Unternehmen kommunizieren ihre Werte explizit auf der Internetseite – TNK-BP, Lukoil und Rosneft. Einzig Gazprom verzichtet auf eine ausdrückliche Deklaration seiner Grundwerte, wobei das Schlagwort „*ценность*“ in diesem Sinne[2] ein einziges Mal auf der Webseitenoberfläche verwendet wird, und zwar in der Hauptrubrik „Карьера“:

- „*В «Газпроме» хорошо понимают, что коллектив компании — ее основная ценность. Поэтому в своей деятельности «Газпром» сле-*

[1] In diesem Kapitel wird ausschließlich die Kommunikation der Grundwerte der ausgewählten Unternehmen untersucht, die durch die explizite Verwendung der russischen Schlagwörter „*ценность/ценности*“ vollzogen wird. Deshalb beziehen sich alle in diesem Kapitel getroffenen Aussagen immer auf diese explizite Wertedeklaration. Die im Rahmen der vorliegenden Arbeit als nicht-deklarative Wertekommunikation bezeichnete Erscheinung wird im Kapitel III.4.3.4 ausführlich behandelt.

[2] Gemeint ist hier der Gebrauch von „*ценность/ценности*“ als Kommunikation entweder von grundlegenden handlungsleitenden Werteinstellungen und Überzeugungen des Unternehmens oder von (ideellen) Objekten der Außenwelt, die von besonders hoher Wichtigkeit für das langfristige Unternehmensdasein sind. Sprachliche Verwendungen von „*ценность*“ in Ausdrücken wie „*закупок и поставок товарно-материальных ценностей для ремонта объектов*“ (vgl. http://gazprom.ru/strategy/innovation/award/2006/), bei denen es um (materielle) Produkte oder Waren des alltäglichen Gebrauchs geht, werden hier nicht behandelt. Zum Wertbegriff – vgl. ausführlich auch Kapitel III.4.3.3.

дует высоким международным стандартам по вопросам социальной и кадровой политики.“[3]

Im oberen Beispiel wird der Wert „Personal“ bzw. das „Wohlergehen des Personals“ mithilfe des positiv konnotierten Sammelbegriffs „*коллектив*“ zunächst als unumstrittener Grundwert des Unternehmens kommuniziert und gleich danach als „handlungsleitender Maßstab“ dargestellt, der die korporative Tätigkeit im Bereich „Sozial- und Personalpolitik“ bestimmen soll.[4] Allerdings ist das angestrebte „Wohlergehen der Mitarbeiter“, das durch die „Erfüllung hoher internationaler Standards“ gewährleistet sein sollte, nicht als intrinsischer Wert im ethischen Bereich gedacht. Dieser Eindruck könnte nämlich entstehen, wenn die oben präsentierte Äußerung isoliert betrachtet wird. Wie einige weitere Beispiele in der an sich relativen kurzen Hauptrubrik zeigen, ist die Wertigkeit des Personals vielmehr extrinsisch-utilitaristisch motiviert und als wichtiges Mittel zum Erreichen der ökonomischen Ziele des Unternehmens angesehen und so auch mehrmals explizit kommuniziert.[5] Vergleiche folgende Beispiele:[6]

- *„Наш коллектив — это команда профессионалов, которая реализует стратегическую цель «Газпрома» — становление как одного из лидеров среди глобальных мировых компаний.“*
- *„Готовность и способность персонала плодотворно работать, развиваться, учиться новому — залог долгосрочного успеха «Газпрома».“*
- *„Мы приветствуем появление в своих рядах специалистов, чья энергия и профессиональные знания будут способствовать в достижении «Газпромом» своих амбициозных целей.“*

Bei ihrer expliziten Wertekommunikation weisen die drei anderen Unternehmen ausdrücklich auf den handlungsleitenden Charakter der deklarierten korporativen Grundwerte hin:

---

[3] Vgl. http://gazprom.ru/career.

[4] Zum Wertbegriff allgemein sowie zu der vor allem in sozialwissenschaftlichen Arbeiten thematisierte Funktion von Werten als „Maßstabe“, die individuelles, kollektives oder korporatives Handeln leiten – vgl. Kapitel III.4.3.3.

[5] Zur Unterscheidung „intrinsischer“ und „extrinsischer“ Werte – vgl. z. B. Zillig (1982), S. 49: „Intrinsische Werte liegen vor, wenn das Objekt an sich gut ist, extrinsische, wenn die Qualität des Objekts dadurch bedingt wird, daß das Objekt sich als Mittel zur Erreichung eines als positiv eingestuften Ziels eignet“.

[6] Vgl. http://gazprom.ru/career/.

- *„Ценности ТНК-ВР лежат в основе всех наших решений и направляют наши действия.“*[7] (TNK-BP)
- *„В основе деятельности нашей Компании лежат ее корпоративные ценности, которые позволяют вести бизнес в соответствии с высочайшими этическими стандартами.“*[8] (Lukoil)
- *„Эти представления (*u. a. die explizit deklarierten Werte – D.N.*) определяют образцы поведения, на которые должны ориентироваться все сотрудники Компании.“*[9] (Rosneft)

Wie aus den Beispielen ersichtlich wird, sind alle drei Unternehmen ziemlich bemüht, ihr Handeln so stark wie möglich als wertegeleitet zu präsentieren – nicht nur indem sie dies explizit behaupten, sondern auch in der Auswahl der sprachlichen Mittel.[10] Ausdrücke wie *„в основе“*, die beiden Allquantoren *„всех“* und *„все“*, der synthetisch gebildete Superlativ *„высочайшими“* oder die Verwendung der deontischen Notwendigkeitsmodalität *„должны ориентироваться“* – all das sind Mittel, mit deren Hilfe eine Äußerung kategorischer und überzeugender in den Augen eines Rezipienten aussehen sollte. Eine weitere Beobachtung ist ebenfalls interessant – Lukoil und TNK-BP präsentieren auch das Unternehmen als handelndes korporatives Subjekt und machen somit die gesamte Organisation und nicht nur einzelne Personen sowohl für erfolgreiches als auch für erfolgloses Handeln verantwortlich – *„наших решений и направляют наши действия“* (TNK-BP), *„в основе деятельности нашей Компании“*, *„вести бизнес“* (Lukoil). Im Unterschied dazu werden bei Rosneft ausdrücklich die Mitarbeiter als handelnde Akteure benannt, womit indirekt die Verantwortung für das Handeln auf das Individuum als Teil des

---

[7] Vgl. https://web.archive.org/web/20130320072206/http://www.tnk-bp.ru/company/mission/.

[8] Vgl. http://lukoil.ru/materials/doc/documents/lukoil_corp_code.pdf.

[9] Vgl. http://www.rosneft.ru/attach/0/02/76/Kodeks_rus.pdf.

[10] Es sollte gleich an dieser Stelle erwähnt werden, dass seit der Entstehung seines Ethikkodex („Кодекс корпоративной этики“) in der zweiten Hälfte von 2012 auch bei Gazrpom eine Art explizite Wertekommunikation vorhanden ist. Im ersten Abschnitt des Kodex werden neben der unternehmerischen Mission und dem strategischen Ziel auch die korporativen Grundwerte ausdrücklich deklariert. Im Unterscheid zu der Kommunikation der anderen drei Konzerne, handelt es sich bei Gazprom aber weniger um die Deklaration von (ideellen) Grundüberzeugungen der Organisation, sondern viel mehr um konkretere Aufforderungen an die eigenen Mitarbeiter. Ein Beispiel soll dies verdeutlichen: *„**бережливость** – ответственный и бережный подход к использованию активов Общества, к собственному рабочему времени и рабочему времени других работников;“*. Daher wird diese Erscheinung im Rahmen des nächsten Kapitels III.3 behandelt, in dem die korporativen Kodizes sowie die darin formulierten Regel und Prinzipien ausführlich untersucht werden.

Unternehmens übertragen wird. [11] Sprachlich wird dies durch den Ausdruck „*должны ориентироваться*" realisiert, der deontische Notwendigkeit[12] impliziert und zusätzlich der Übertragung der Verantwortung von der korporativen auf die individuelle Ebene dient. Somit könnte, spekulativ vermutet, bei eventuellen negativen Ereignissen der menschliche Faktor als Rechfertigung für ein den Unternehmenswerten nicht entsprechendes Handeln instrumentalisiert werden.

III.2.1 Platzierung auf der Webseite

Von den Unternehmen, die sich zu einer expliziten Wertedeklaration online entschließen, kommuniziert nur TNK-BP seine Hauptwerte auf der Seitenoberfläche - in einer extra dafür kreierten R2 „Миссия и ценности" der ersten Hauptrubrik „О компании", in der jedoch, trotz der Benennung, ausschließlich die vier Grundwerte und keine explizite Mission deklariert werden.[13] Sowohl Rosneft als auch Lukoil entscheiden sich dafür, ihre korporativen Grundwerte in eigenem „Кодекс деловой этики" darzustellen – ein Dokument zum Herunterladen, das u. a. als „*внутренний документ компании*" auf der Seite präsentiert wird. [14] Vermutlich wollen beide Akteure somit zwei Aspekte ausdrücklich hervorheben. Zum einen versuchen sie, die ethische Komponente der kommunizierten handlungsleitenden Werte zu akzentuieren. Zum anderen weisen sie darauf hin, dass ihre Grundwerte in dieser explizit-deklaratorischen Art vor allem nach innen, d.h. innerhalb des Unternehmens, zu vermitteln sind. Wie wir jedoch im Kapitel III.3 sehen werden, sind auch die korporativen Kodizes durchaus als Instrument der externen unternehmerischen Selbstdarstellung aufzufassen.
Bei der Platzierung und der Präsentation der entsprechenden Kodizes auf den Webseiten können bei beiden Unternehmen bedeutende Unterscheide festgestellt werden. Rosneft versucht seinen Kodex so sichtbar wie möglich zu machen, indem es ihn in jeder Unterrubrik der ersten R1 „О компании" als relativ großer Bildlink direkt unter der Unterrubrikübersicht positioniert (insgesamt 13 Mal). [15] Darüber

---

[11] Zu den Konzepten „Pflicht", „Verpflichtung" und „Verantwortung" sowie zu deren sprachlichen Realisierung im Russischen – vgl. Ausführlich Kapitel III.3.3 sowie III.3.4. Im Rahmen dieser Kapitel wird auch die Übertagung der Verantwortung von der korporativen auf die individuelle Ebene ausführlich behandelt – vgl. vor allem Kapitel III.3.4.2.2.

[12] Zur deontischen Modalität – vgl. Kapitel III.3.3.1.

[13] Vgl. dazu Kapitel III.1.

[14] Vgl. http://www.rosneft.ru/Investors/corpgov/ (Rosneft); http://lukoil.ru/static_6_5id_287_.html (Lukiol). Ausführlich zu den einzelnen Kodizes – vgl. Kapitel III.3.

[15] Vgl. http://www.rosneft.ru/about/. Vergleiche auch Abbildung 10 im Kapitel III.4.1.

hinaus wird er auch in der R2 „Корпоративная культура“[16] der Hauptrubrik „Устойчивое развитие“ kurz vorgestellt. Dagegen würde ein potentieller Interessent deutlich mehr Zeit brauchen, ohne die Suchhilfe den „Кодекс деловой этики“ auf Lukoils Internetseite zu finden. Er befindet sich nämlich als PDF-Link und eine Art R3 in der R2 „Внутренние документы Компании“, die als eine der acht Unterrubriken der zweiten Hauptrubrik „Корпоративное управление“ aufgeführt wird.[17] Zusätzlich wird der Kodex von Lukoil insgesamt nur dreimal auf der ganzen Internetseite erwähnt – einmal mit einem einzigen Satz in der Unterrubrik der zweiten Stufe „История компании“[18] sowie in zwei Nachrichten vom 19.08.2010[19] und vom 20.05.2011[20] in der R2 „Пресс-релизы“, wobei nur die erste Nachricht ausschließlich der Präsentation des Kodexes gewidmet ist.

III.2.2 Explizit deklarierte Wertbegriffe

Neben einigen Ähnlichkeiten wie z. B. dem relativ hohen Abstraktionsgrad der kommunizierten Wertbegriffe, können bei der expliziten Wertedeklaration der drei Unternehmen mehrere sowohl formelle als auch inhaltliche Unterschiede festgestellt werden. Auf seiner Internetseite deklariert TNK-BP vier Hauptwerte, die das unternehmerische Handeln leiten sollten, Lukoil seinerseits sechs und Rosneft – acht, die allerdings jeweils zu zweit in vier Gruppen zusammengeführt werden. Während TNK-BP und Rosneft die Unternehmenswerte bzw. Wertgruppen jeweils mit einem einzigen Satz relativ knapp präsentieren und erklären, bemüht sich Lukoil um eine vergleichsweise ausführliche „Definition“ seiner kommunizierten Grundwerte, indem pro Werterklärung zwischen drei und sechs teilweise längere Sätze konstruiert werden. Im Folgenden wird zunächst die Kommunikation des jeweiligen Unternehmens gesondert detailliert untersucht. Dabei wird auch der visuelle Modus vergleichsweise ausführlich behandelt. Am Ende des Kapitels werden die Ergebnisse sowohl in Textform als auch tabellarisch zusammengefasst.

Bei der expliziten Wertekommunikation online von TNK-BP können zwei wichtige, an sich zusammenhängende Aspekte ermittelt werden, die einen wesentlichen Unterschied zu der Wertedeklaration der anderen Unternehmen markieren. Erstens

[16] Vgl. http://www.rosneft.ru/Development/culture/.
[17] Vgl. http://lukoil.ru/static_6_5id_287_.html.
[18] Vgl. http://lukoil.ru/static.asp?id=241.
[19] Vgl. http://lukoil.ru/press.asp?id=2368.
[20] Vgl. http://lukoil.ru/press.asp?id=2820.

findet diese Kommunikation auf der Seitenoberfläche in der extra dafür geschaffenen Unterrubrik der zweiten Stufe „Миссия и ценности“ bzw. „Корпоративные ценности“ [21] statt. Diese R2 wird neben einigen weiteren Unterrubriken wie „Кратко о Компании“, „Стратегия“ oder „История ТНК-ВР“ in der ersten Hauptrubrik „О компании“ platziert, die primär der Selbstdarstellung des Unternehmens vor einer breiteren Öffentlichkeit dient.[22] Somit werden auch die in der Rubrik deklarierten unternehmerischen Grundwerte an diese breite Öffentlichkeit direkt adressiert und nicht eher indirekt, indem man sie als interne Angelegenheit „verpackt“, wie dies in den Ethikkodizes bei Lukoil und Rosneft der Fall ist.[23]
Im Vergleich zu anderen Rubriken der Internetseite von TNK-BP enthält die Unterrubrik „Миссия и ценности“ relativ wenig Text. Sie besteht aus insgesamt fünf Sätzen – aus dem oben bereits präsentierten einführenden Satz und den in vier Punkten explizit deklarierten und erklärten Unternehmenswerten:[24]

- **„Ценности ТНК-ВР лежат в основе всех наших решений и направляют наши действия.**
  1. Лидерство
  Мы понимаем **Лидерство** *как способность поставить ясные, амбициозные цели и вести за собой к их достижению*
  2. Результативность
  Мы понимаем **Результативность** *как постоянное достижение поставленных целей – наиболее эффективным способом и с учетом возможных рисков*
  3. Безопасность
  Мы понимаем **Безопасность** *как ведение бизнеса без угрозы жизни людей и окружающей среде, без чрезвычайных ситуаций*
  4. Добросовестность
  Мы понимаем **Добросовестность** *как честное и ответственное отношение к себе, своей работе, коллегам, обществу в целом и окружающей среде*“

Beim Anblick des Rubriklayouts kann angenommen werden, dass das Unternehmen mit einer Kombination aus verbalen und visuellen Mitteln den Rezipienten auf die

---

21 Zur Umbenennung dieser Rubrik im Jahre 2012 – vgl. Kapitel III.1.

22 Vgl. Abbildung 3 weiter unten.

23 Vgl. dazu III.2.1

24 Um die Besonderheiten der Kommunikation besser aufzuzeigen, wird hier der visuelle Modus wie im Original angegeben.

hier kommunizierten Inhalte besonders aufmerksam machen will. Der einführende Satz, der das unternehmerische Handeln als ausschließlich wertegeleitet präsentiert, sowie die jeweilige zweifache Bezeichnung der axiologischen Werte *„лидерство“*, *„результативность“*, *„безопасность“* und *„добросовестность“* werden durch Fettschrift hervorgehoben. Die Grundwerte werden nicht nur als vier Punkte und eine Art Werteverzeichnis aufgelistet, sondern zusätzlich auch unterstrichen. Der restliche Text wird wiederum durch Kursivschrift wiedergegeben, die sonst sehr selten in den anderen Rubriken der Webseite zu finden ist. Zusätzlich werden durch den Einsatz mehrerer Schriftschnitte (kursiv, fett, unterstrichen) unterschiedliche Stufen der Auffälligkeit der Kommunikationsinhalte erreicht, wodurch der Eindruck entsteht, dass das Unternehmen bestimmten Textpassagen eine größere kommunikative Bedeutung zuschreibt als anderen. Da diese besonders hervorstechen, scheint für TNK-BP die Wahrnehmung der vier Wertbegriffe als Punkteüberschriften am wichtigsten zu sein. Auf diese wird die Aufmerksamkeit der Rezipienten gelenkt, indem sie sowohl fettgedruckt als auch unterstrichen dargestellt wird. Auf einer zweiten Stufe werden Inhalte „nur“ durch fettgedruckte Schrift realisiert – der einführende Satz sowie die wörtliche Bezeichnung der axiologischen Werte bei deren Erklärung. Und letztlich wird die Erklärung selbst bzw. die „inhaltliche Füllung“ der kommunizierten Werte durch Kursivschrift dargestellt. So eine hohe Frequenz und Vielfalt der verwendeten Schriftschnitte[25] kann nirgendwo sonst auf der korporativen Internetseite beobachtet werden. Somit unternimmt TNK-BP einen eindeutigen Versuch, das Kommunizierte als sehr wichtig zu präsentieren und dies zusätzlich auch visuell stark zu betonen. Zur Illustration der letzten Ausführungen wird auf der nächsten Seite ein Screenshot der Unterrubrik präsentiert.

---

[25] Es geht hier um unterschiedliche schriftliche Varianten der Wiedergabe eines Textes und nicht um andere Arten nonverbaler Kommunikation wie Fotos, Tabellen, Grafiken etc.

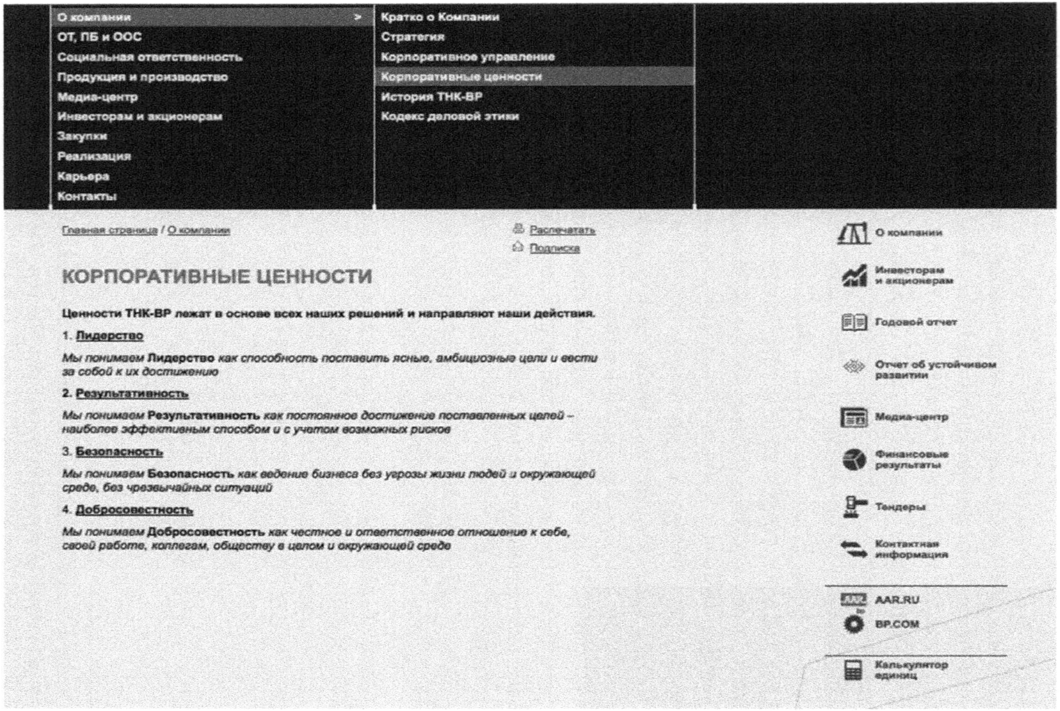

Abb. 3 TNK-BP, Explizite Wertekommunikation

Inhaltlich thematisieren die deklarierten Grundwerte sowohl ökonomische als auch soziale Aspekte des unternehmerischen Handelns, wobei die so dargestellte Reihenfolge eine deutliche Steigerung der sozial-ethischen Komponente aufweist. Die ersten zwei Werte – „Führerschaft" und „Resultativität" – beziehen sich stärker auf den wirtschaftlichen Bereich der Unternehmenstätigkeit. Dies wird durch die Verwendung mehrerer sprachlicher Marker unterstrichen, die eher für den ökonomischen Diskurs typisch sind – neben den Oberbegriffen „*лидерство*" und „*резултативность*" kommen jeweils zweimal „*достижение*" und „*цель*" und einmal „*эффективный*", „*способ*" und „*риск*" vor. Die semantische Verbindung zwischen den ersten beiden Wertbegriffen ist das vom Unternehmen angestrebte teleologische „Zielerreichen", das sowohl in „1." als auch in „2." erwähnt wird. Dabei bedeutet „*лидерство*" für TNK-BP zusätzlich auch „die Fähigkeit zur klaren und ambitionierten Zielsetzung", was durch die Verwendung der spezifisch wertenden Adjektive „*ясный*" und „*амбициозный*" verbalisiert wird. Dagegen impliziert „*резултативность*" die möglichst „maximale Effizienz des Handelns"[26], die auf der positiven Skala einen Extremwert annimmt, der mithilfe des attributiven Spezifikators „*постоянное*" und des spezifisch wertenden analytischen „booster"[27] „*наиболее эффективным*" sprachlich realisiert wird. Im Unterschied dazu wird das Negative – die „eventuellen Risiken" – durch den Gebrauch von „*возможный*" bedeutend abgeschwächt, da „*возможный*" nur „mittlere Wahrscheinlichkeit", die vorletzte Stufe der Wahrscheinlichkeitsmodalität nach Adamec, ausdrückt.[28]

Die unter „3." und „4." deklarierten Grundwerte „*безопасность*" und „*добросовестность*" rücken stärker die sozialen Aspekte der unternehmerischen Tätigkeit in den Vordergrund. Unter „Sicherheit" versteht das Unternehmen eine „Führung des Geschäfts", bei der „Menschenleben und Umwelt geschützt" und „Notfälle vermieden" werden sollten. Es fällt allerdings auf, dass bei der Kommunikation dieser inhaltlichen Motive nicht etwa das Positive, sondern die „Abwesenheit des Negativen" („*угроза*", „*чрезвычайный*") angestrebt wird, deren sprachliche Realisierung durch die zweifache Verwendung der Präposition „*без*" erfolgt. Somit wird eine zusätzliche stilistische Wirkung der Äußerung erreicht, da auch der Hauptwert „*безопасность*" eine verbale Konstruktion darstellt, die mit Hilfe der Präposition „*без*" und eines negativ konnotierten Nomens („*опасность*") gebildet wird. Als Gegensatz dazu wird das streng axiologisch Positive gleich in der wörtlichen Bezeichnung des letzen Grundwertes unter „4." realisiert.

---

[26] Zu den Begriffen „результативность" und „эффективность" sowie deren Konzeptualisierung im Unternehmensdiskurs – vgl. ausführlich Kapitel III.4.4.

[27] Vgl. Bolinger (1972), S. 149-153; Freidhof (1991), S. 48.

[28] Vgl. Адамец (1978), S. 112ff.

„*Добросовестность*" impliziert für TNK-BP „ehrliches und verantwortliches Verhalten" gegenüber „der eigenen Person, der eigenen Arbeit, den Kollegen, der Gesellschaft und der Umwelt". Sprachlich fällt auf, dass bei seiner „Wertedefinition" das Unternehmen, wie vorher in „1." und „2.", weiterhin spezifisch wertende Adjektive wie „*честный*" und „*ответственный*" verwendet, die allerdings als Marker eines ethischen Diskurses hier den sozialen Aspekt der kommunizierten Werte zusätzlich unterstreichen.
In den letzten beiden Punkten werden auch bestimmte Stakeholder des Unternehmens explizit benannt und teilweise stärker konkretisiert – die Menschen, deren Leben von der Unternehmenstätigkeit eventuell gefährdet wird („*без угрозы жизни людей*"), die Mitarbeiter geteilt in „die eigene Person" und „die Kollegen" („*к себе, своей работе, коллегам*") und die Gesellschaft als Ganzes („*обществу в целом*"). Im Unterschied dazu werden in den ersten beiden Punkten keine Personen oder Gruppen explizit dargestellt, die vom angestrebten unternehmerischen Handeln einen Nutzen ziehen sollten. Da aber die unter „1." und „2." deklarierten Werte sich eher auf die ökonomischen Aspekte der Tätigkeit beziehen, kann angenommen werden, dass die indirekt angesprochen Stakeholder der Gruppe angehören, die vom wirtschaftlichen Erfolg des Unternehmens direkt profitiert. Weiterhin fällt auf, dass TNK-BP sich als sehr verantwortungsbewusst im Bereich des Umweltschutzes präsentieren will, da die Thematik zweimal in der Unterrubrik vorkommt, nämlich in „3." und in „4." – „*ведение бизнеса без угрозы…окружающей среде*", „*честное и ответственное отношение к… окружающей среде*".
Eine weitere Beobachtung soll zum Schluss noch erwähnt werden – jede Werteerklärung fängt bei TNK-BP mit der explizit-performativen Formel „*мы понимаем…*" an. Dies impliziert, dass für das Unternehmen Werte, philosophisch gesehen, nicht etwas objektiv Seiendes und Unveränderliches sind, sondern mit dem subjektiven Wünschen und Wollen eines Handelnden stark verbunden sind.[29] Die damit zusammenhängende linguistisch-pragmatische Implikation ist, dass, indem bei der Kommunikation ein Äußerungssubjekt („*мы*") und ein mentales Verb („*понимаем*") explizit verwendet werden, die Äußerung als subjektive, weniger kategorische Meinung vorgestellt wird, die abweichende Interpretation der gleichen Werte zulässt.[30]

Im Unterschied zu TNK-BP, werden die Grundwerte von Rosneft nicht auf der Seitenoberfläche, sondern in einem Dokument zum Herunterladen deklariert – im

---

[29] Vgl. dazu u. a. Woldt (2010), S. 16.
[30] Vgl. Арутюнова (1988), S. 109 f.; Вольф (1985), S. 108 f.; Nikolov (2008), S. 22-24.

„Кодекс деловой этики“.[31] Im zweiten Abschnitt des Kodex, der den Titel „*Философия Роснефти*“ trägt, werden neben den Werten auch die Mission, die Vision sowie die ethischen Prinzipien des Unternehmens nacheinander explizit kommuniziert.[32] Somit ist Rosneft der einzige von den vier Akteuren, der in seiner Onlinepräsentation nicht nur den Begriff der „Unternehmensphilosophie“ verwendet, sondern diese auch ausdrücklich ausformuliert.[33] Holger Kuße versteht unter Unternehmensphilosophien „alle programmatischen Äußerungen über Ziele und Werte eines Unternehmens“ [34] und stellt bei seiner Analyse fest, dass unternehmensübergreifend alle Philosophien etwas Gemeinsames haben – bei ihrer Formulierung „dürfen sich wertorientiertes Handeln, ökonomischer Vorteil und gesellschaftlicher Nutzen nicht widersprechen“[35]. Somit kommt er zum Schluss, dass „es in der Selbstdarstellung eines Unternehmens keinen Bruch zwischen der Orientierung an Werten und an Zwecken geben darf“[36]. Die so dargestellten Richtungen der Handlungsorientierung entsprechen im Großen und Ganzen der in der vorliegenden Untersuchung durchgeführten Unterscheidung von ökonomischen und sozialen Dimensionen der Unternehmenstätigkeit. Bei seiner Selbstdarstellung betont Rosneft ausdrücklich, dass die explizit formulierte Unternehmensphilosophie die Basis für den „Кодекс деловой этики“ bildet:

- „*В основе Кодекса лежит философия Компании, сформулированная в ее миссии, видении, корпоративных ценностях и принципах: предназначение Компании; цели, к которым она стремится; качества, которыми необходимо руководствоваться при достижении целей.*“[37]

Inhaltlich entsprechen die von Rosneft in seiner „Philosophie“ kommunizierten Motive größtenteils den gerade präsentierten Beobachtungen von Holger Kuße. Sowohl bei der im Kapitel I.1.2 analysierten Mission des Unternehmens, als auch bei der Kommunikation seiner Grundwerte, Vision und ethischen Prinzipien, aus denen der Rest des zweiten Kodexabschnitts besteht, werden die ökonomischen und sozia-

---

[31] Vgl. auch Kapitel III.2.1.

[32] Die Mission wird im Kapitel III.1 präsentiert, der Kodex selbst wird im Kapitel III.3 ausführlich untersucht.

[33] Der Begriff „философия“ in diesem Sinne wird auch vier Mal auf der Internetseite von TNK-BP verwendet; auf eine explizite Deklaration einer „Unternehmensphilosophie“ wird jedoch verzichtet.

[34] Vgl. Kuße (2007a), S. 155.

[35] Vgl. Kuße (2007a), S. 155.

[36] Vgl. Kuße (2007a), S. 155.

[37] Vgl. http://www.rosneft.ru/attach/0/02/76/Kodeks_rus.pdf, Seite 4 im Kodex.

len Aspekte des unternehmerischen Handelns als ineinander greifende Komponente eines gesamten Ganzen vorgestellt.
In einigen formellen Punkten ähnelt die explizite Wertedeklaration von Rosneft der von TNK-BP. Beide Unternehmen präsentieren ihre Grundwerte verbal relativ knapp und bedienen sich zusätzlicher visueller Mittel, um einen potentiellen Rezipienten auf die kommunizierten Inhalte besonders aufmerksam zu machen. Rosneft verwendet dabei drei unterschiedliche Farben und drei unterschiedliche Schriftschnitte. Die Überschrift „*Корпоративные ценности*“ sowie die wörtliche Bezeichnung der Wertbegriffe werden durch Fettschrift hervorgehoben, wobei „*Корпоративные ценности*“ durch die im Kodex für Überschriften vorgesehene dunkelbraune Farbe und die Werte durch eine hellbraune visuell wiedergegeben werden. Zusätzlich werden die Wertbegriffe ausschließlich mit Großbuchstaben ausgeschrieben, was sowohl im Kodex als auch auf der ganzen Internetseite eher die Ausnahme darstellt. Der restliche Text wird farblich wie schriftmäßig mithilfe der für den Großteil des „Кодекс деловой этики“ üblichen Variante realisiert. Durch die Farben- und Schriftschnittvielfalt werden auch hier, genauso wie bei TNK-BP, unterschiedliche Stufen der Auffälligkeit der Kommunikationsinhalte erreicht[38]:

- „**Корпоративные ценности**
  ПРОФЕССИОНАЛИЗМ И СОВЕРШЕНСТВОВАНИЕ как условия успешного выполнения наших обязательств перед заинтересованными сторонами;
  РЕЗУЛЬТАТИВНОСТЬ И ДОБРОСОВЕСТНОСТЬ как постоянные ориентиры для наших действий и как гарантии нашей высокой репутации;
  ИНИЦИАТИВНОСТЬ И ОТВЕТСТВЕННОСТЬ как способы обеспечения развития и конкурентоспособности Компании;
  ДОВЕРИЕ И УВАЖЕНИЕ как основа конструктивного взаимодействия и взаимной поддержки“[39]

Wie zu sehen ist, deklariert Rosneft acht Grundwerte, die jeweils zu zweit in vier Gruppen zusammengeführt werden. Dies ist allerdings nicht der einzige Punkt, bei dem sich die Wertekommunikation von Rosneft von der der anderen Unternehmen ziemlich stark unterscheidet. Sowohl die Wertbegriffe selbst als auch die dazu

---

[38] Visueller Modus ähnlich wie im Original. Ob die hier mit Hilfe von Microsoft Word so wiedergegeben Farben hundertprozentig dem Original entsprechen, kann nicht garantiert werden.
[39] Vgl. http://www.rosneft.ru/attach/0/02/76/Kodeks_rus.pdf. Seite 4 im Kodex.

gehörenden sprachlichen Formulierungen sind an Abstraktion fast nicht zu überbieten. Die Wertvorstellungen werden dabei weniger als Ausgangspunkt oder als Endziel des korporativen Handelns dargestellt, sondern in erster Linie als Mittel („*условия*“, „*способы*“) für einen, im nachfolgenden Text beschriebenen, angestrebten Endzustand präsentiert, sowie einmal gleichzeitig als Handlungsmaßstab („*ориентиры для наших действий*“) und als Reputationsgarantie („*гарантии нашей высокой репутации*“). Somit werden die Wertbegriffe durch die anschließenden verbalen Äußerungen nicht semantisch gefüllt und lassen einem potentiellen Adressaten viel Raum für Interpretationen offen. Zudem fällt auf, dass obwohl die Erscheinung Stakeholder als solche am Anfang explizit genannt („*перед заинтересованными сторонами*“) und zum Schluss auch impliziert wird („*конструктивного взаимодействия и взаимной поддержки*“), keine einzige Gruppe von Akteuren als Benefaktiv der Unternehmenstätigkeit ausdrücklich konkretisiert wird.

Die bereits erwähnte extrinsische Beschaffenheit der kommunizierten Werte kommt gleich bei der ersten Gruppe zum Ausdruck, indem „Professionalität“ und „Weiterentwicklung“ als Bedingungen für die „erfolgreiche Pflichtenerfüllung gegenüber der korporativen Anspruchsgruppen“ genannt werden. Die für den wirtschaftlichen Diskurs charakteristischen Begriffe „*профессионализм*“, „*совершенствование*“ und „*успех*“, hier durch den teleologisch wertenden Adjektiv „*успешный*“ sprachlich realisiert, werden als Mittel zum Erreichen eines Endziels präsentiert, nämlich die Erfüllung der Unternehmensaufgaben. Die Aufgaben selbst werden allerdings nicht weiter definiert. Durch die Verwendung des Begriffs „*обязательства*“, der dem Bereich der deontischen Notwendigkeit zuzuordnen ist, bezeichnet Rosneft seine Aufgaben als „Verpflichtungen“ gegenüber nicht näher konkretisierten Stakeholdern und markiert somit eine Erscheinung, die im Rahmen der hier untersuchten Unternehmenskommunikation sehr selten zu beobachten ist. Nämlich, dass die Konzerne auch sich selbst in die Pflicht nehmen. In der Regel agieren fast ausschließlich die individuellen Unternehmensangehörigen als Subjekte der explizit kommunizierten Verpflichtungen und somit als potentielle Träger von Sanktionen bei Verletzung ihrer Pflichten. Diese Besonderheit der Selbstdarstellung der ausgewählten russischen Unternehmen wird jedoch später in der Arbeit ausführlich behandelt.[40]

Die zuvor angesprochene konzeptuelle und begriffliche Diskursmischung ist bei der Darstellung der zweiten Wertgruppe besonders deutlich zu beobachten. Das von Rosneft angestrebte Verschmelzen wirtschaftlicher und sozialer Aspekte der Tätigkeit zu einem harmonischen Ganzen wird kommunikativ verwirklicht, indem der

---

[40] Vgl. Kapitel III.3.4.2.1.

ökonomische Wert „*результативность*" zusammen und somit gleichrangig mit dem ethischen Wert „*добросовестность*" als Maßstäbe für das gesamte Handeln des Unternehmens sowie als Garantie für seine Reputation präsentiert werden („*как постоянные ориентиры для наших действий и как гарантии нашей высокой репутации*"). Durch den Gebrauch der beiden quasiwertenden Adjektive „*постоянный*" und „*высокий*", die im ersten Fall den Extremwert und im zweiten den oberen Bereich der Bewertungsskala anzeigen, soll die Überzeugungskraft der Äußerung zusätzlich gestärkt werden, wobei die „hohe Reputation des Unternehmens" sogar als Faktum dargestellt wird. Bei der Darstellung der vier Werte ist noch die für Rosneft untypische Verwendung des Possessivpronomens „*наш*" zu vermerken, das gleich dreimal in den ersten zwei Äußerungen vorkommt – „*наших обязательств*", „*наших действий*" und „*нашей высокой репутации*". Diese Verwendung birgt einige interessante Implikationen in sich (wie z. B. die Verbindung der korporativen und der individuellen Ebene oder die kommunikative Verschleierung des Handlungssubjekts) und wird später in der Arbeit in einem gesonderten Kapitel näher analysiert.[41] Zusätzlich sehen einige Diskursforscher darin ein Versuch des Unternehmens, das sonst ausschließlich mithilfe von „*компания*", „*Роснефть*" und die entsprechenden Possessivpronomina in der dritten Person Singular auf sich Bezug nimmt, eine engere persönlichere Beziehung zum Leser herzustellen.[42] Die Leser könnten in diesem Fall auch die eigenen Mitarbeiter sein.

Die letzten vier explizit deklarierten Grundwerte „*инициативность*", „*ответственность*", „*доверие*", und „*уважение*" haben wieder extrinsischen Charakter, da sie als Mittel zum Erreichen weiterer erstrebenswerter Zustände vorgestellt werden. Und während sich „*инициативность*" noch auf den Bereich des reinen betrieblichen Wirtschaftens beziehen könnte, betonen die anderen drei Wertbegriffe eindeutig die sozial-ethische Dimension der Unternehmenstätigkeit. Im Gegensatz dazu thematisieren die im nachfolgenden Text kommunizierten Endziele stärker die ökonomischen Aspekte des unternehmerischen Handelns und setzen somit die für die Selbstdarstellung von Rosneft in diesem Abschnitt charakteristische Mischung der inhaltlichen Motive weiter fort. So werden „(Eigen)Initiative" und „Verantwortung" als Mittel für die „Gewährleistung der Entwicklung und der Konkurrenzfähigkeit des Unternehmens" angesehen und „Vertrauen" und „Achtung" als „Grundlage eines konstruktiven Zusammenwirkens und gegenseitiger Unterstützung". Verbal wird diese Mischung so manifestiert, dass Begriffen wie „*ответственность*", „*доверие*", und „*уважение*", die grundsätz-

---

[41] Vgl. Kapitel III.3.4.2.5.

[42] Vgl. Fowler / Kress (1979), S. 201f.; Fairclough (2001), S. 106-107; Mautner (2000), S. 65f.; Pollach (2003), S. 29-30.; Pollach (2005), S. 296.

lich dem ethischen Diskurs entstammen, solche wie „*развитие*", „*конкурентоспособность*", „*конструктивный*" und „*взаимодействие*" gegenüberstehen, die eher als Marker des wirtschaftlichen Diskurs zu bezeichnen sind. Durch die Ausdrücke „*конструктивного взаимодействия*" und „*взаимной поддержки*" wird implizit das Vorhandensein bestimmter, jedoch nicht näher konkretisierter Gruppen von Akteuren angesprochen, die für das Funktionieren des Unternehmens eine wichtige Rolle spielen. Ein wenig konkreter wird es bei der dritten Wertgruppe – indem explizit als Endziele des unternehmerischen Handelns rein ökonomische Motive dargestellt werden („*обеспечения развития и конкурентоспособности Компании*"), werden als Hauptbenefaktive der Tätigkeit solche Stakeholder impliziert, die aus dem wirtschaftlichen Erfolg des Unternehmens einen direkten Nutzen ziehen würden.

Genau so wie Rosneft, präsentiert auch Lukoil die Unternehmenswerte in seinem „Кодекс деловой этики".[43] In einigen Punkten unterscheidet sich jedoch die explizite Wertekommunikation von Lukoil relativ stark von der der anderen Unternehmen. Mit seinen 58 Seiten und 16 Hauptkapiteln ist der Kodex von Lukoil mit Abstand der umfangreichste unter den Kodizes der vier untersuchten Konzerne.[44] Die Grundwerte des Unternehmens werden im dritten Kapitel „Миссия и ценности Компании" präsentiert, das direkt nach den einführenden Kapiteln „Обращение Президента ОАО «ЛУКОЙЛ» В. Ю. Алекперова" und „Введение" platziert ist. Der Abschnitt „Миссия и ценности Компании" ist vier Seiten lang – die ersten zwei dienen der allgemeinen Selbstdarstellung des Unternehmens, auf den anderen zwei Seiten werden die unternehmerischen Grundwerte deklariert und relativ ausführlich „definiert".[45] Somit ist schon der erste Punkt angesprochen, der auch gleich den Hauptunterschied zwischen der expliziten Wertekommunikation von Lukoil einerseits und Rosneft und TNK-BP andererseits markiert. Indem jedem präsentierten Wert eine vergleichsweise detaillierte Erklärung folgt, die kürzeste mit 43 Wörtern bei „*Персонал*" und die längste mit 112 Wörtern bei „*Экологичность*", werden nicht nur die entsprechenden Wertbegriffe inhaltlich gefüllt, sondern es wird auch ein für diese Selbstdarstellungsform relativ hoher Konkretisierungsgrad erreicht. Folglich erscheinen die kommunizierten Themen einem Rezipienten auch „greifbarer" und verständlicher als dies zum Beispiel bei Rosneft der Fall ist.

---

43 Vgl. http://lukoil.ru/materials/doc/documents/lukoil_corp_code.pdf; siehe auch III.2.1.

44 Vgl. dazu ausführlich Kapitel III.3.1.

45 Vgl. Abbildung 4 weiter unten.

In Sachen visueller Modus ist Lukoil zwar auch bemüht, seine explizite Wertedeklaration durch Farben- und Schriftschnittvariation hervorzuheben, setzt aber im Vergleich zu den anderen Unternehmen nicht auf eine zu große Vielfalt der angewendeten Mittel. Nach dem bereits erwähnten ersten zweiseitigen Teil des Kapitels „Миссия и ценности Компании“ werden die sechs Grundwerte durch die fettgedruckte rotfarbige Überschrift „*Основополагающими корпоративными ценностями Компании являются:*“[46] mitten im Text eingeführt und nacheinander in unterschiedlichen Absätzen präsentiert. Jeder Absatz hat als eigene Überschrift den entsprechenden Wertbegriff, der seinerseits durch Fettschrift visuell hervorgehoben wird. Der restliche Text, der zur semantischen Klärung der Begriffe beiträgt, wird durch die für den Kodex übliche Schriftvariante wiedergegeben. Zur Verdeutlichung wird ein Screenshot der Seiten acht und neun des korporativen Kodex von Lukoil gezeigt:

[46] Vgl. Abb. 4 weiter unten sowie Seite 8 des Kodex.

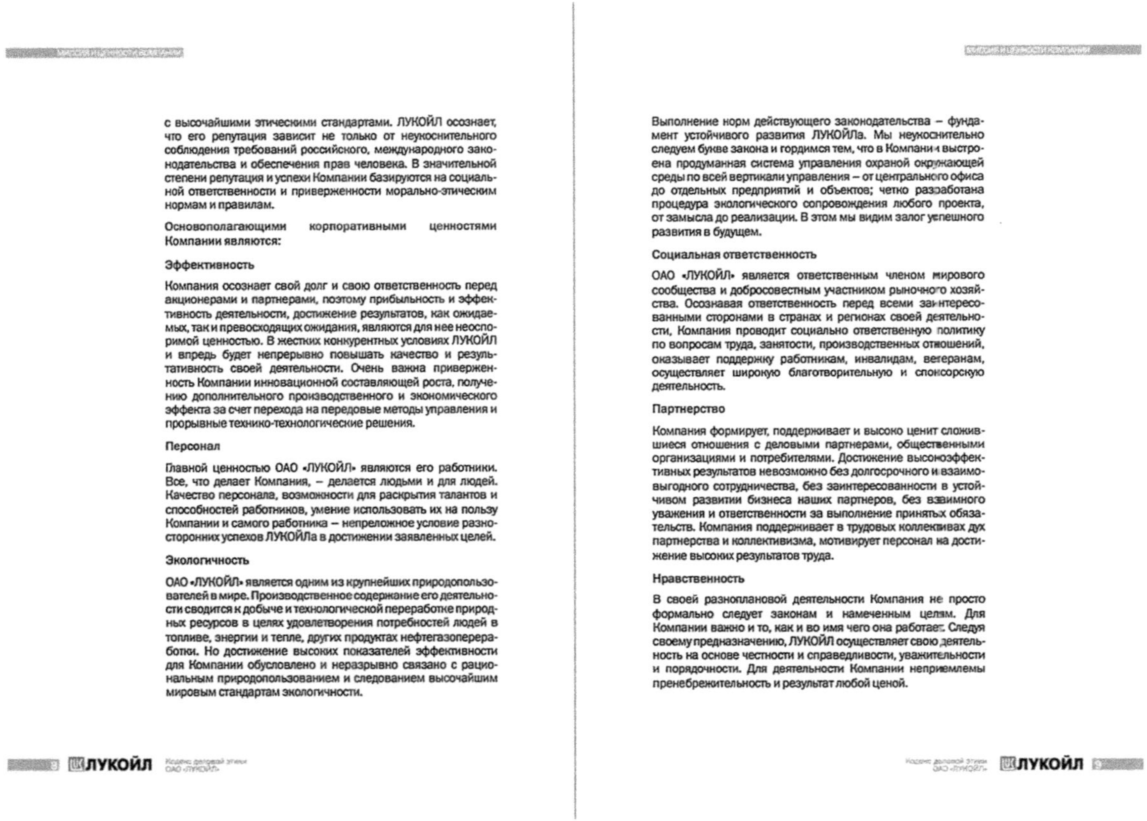

с высочайшими этическими стандартами. ЛУКОЙЛ осознает, что его репутация зависит не только от неукоснительного соблюдения требований российского, международного законодательства и обеспечения прав человека. В значительной степени репутация и успехи Компании базируются на социальной ответственности и приверженности морально-этическим нормам и правилам.

Основополагающими корпоративными ценностями Компании являются:

Эффективность

Компания осознает свой долг и свою ответственность перед акционерами и партнерами, поэтому прибыльность и эффективность деятельности, достижение результатов, как ожидаемых, так и превосходящих ожидания, являются для нее неоспоримой ценностью. В жестких конкурентных условиях ЛУКОЙЛ и впредь будет непрерывно повышать качество и результативность своей деятельности. Очень важна приверженность Компании инновационной составляющей роста, получению дополнительного производственного и экономического эффекта за счет перехода на передовые методы управления и прорывные технико-технологические решения.

Персонал

Главной ценностью ОАО «ЛУКОЙЛ» являются его работники. Все, что делает Компания, – делается людьми и для людей. Качество персонала, возможности для раскрытия талантов и способностей работников, умение использовать их на пользу Компании и самого работника – непреложное условие разносторонних успехов ЛУКОЙЛа в достижении заявленных целей.

Экологичность

ОАО «ЛУКОЙЛ» является одним из крупнейших природопользователей в мире. Производственное содержание его деятельности сводится к добыче и технологической переработке природных ресурсов в целях удовлетворения потребностей людей в топливе, энергии и тепле, других продуктах нефтегазопереработки. Но достижение высоких показателей эффективности для Компании обусловлено и неразрывно связано с рациональным природопользованием и следованием высочайшим мировым стандартам экологичности.

Выполнение норм действующего законодательства – фундамент устойчивого развития ЛУКОЙЛа. Мы неукоснительно следуем букве закона и гордимся тем, что в Компании выстроена продуманная система управления охраной окружающей среды по всей вертикали управления – от центрального офиса до отдельных предприятий и объектов; четко разработана процедура экологического сопровождения любого проекта, от замысла до реализации. В этом мы видим залог успешного развития в будущем.

Социальная ответственность

ОАО «ЛУКОЙЛ» является ответственным членом мирового сообщества и добросовестным участником рыночного хозяйства. Осознавая ответственность перед всеми заинтересованными сторонами в странах и регионах своей деятельности, Компания проводит социально ответственную политику по вопросам труда, занятости, производственных отношений, оказывает поддержку работникам, инвалидам, ветеранам, осуществляет широкую благотворительную и спонсорскую деятельность.

Партнерство

Компания формирует, поддерживает и высоко ценит сложившиеся отношения с деловыми партнерами, общественными организациями и потребителями. Достижение высокоэффективных результатов невозможно без долгосрочного и взаимовыгодного сотрудничества, без заинтересованности в устойчивом развитии бизнеса наших партнеров, без взаимного уважения и ответственности за выполнение принятых обязательств. Компания поддерживает в трудовых коллективах дух партнерства и коллективизма, мотивирует персонал на достижение высоких результатов труда.

Нравственность

В своей разноплановой деятельности Компания не просто формально следует законам и намеченным целям. Для Компании важно и то, как и во имя чего она работает. Следуя своему предназначению, ЛУКОЙЛ осуществляет свою деятельность на основе честности и справедливости, уважительности и порядочности. Для деятельности Компании неприемлемы пренебрежительность и результат любой ценой.

Abb. 4 Lukoil, Explizite Wertekommunikation

Bevor die grundlegenden Werte präsentiert werden, betont Lukoil noch mal ausdrücklich, dass sowohl seine Reputation als auch seine wirtschaftlichen Erfolge nicht nur von einem gesetzestreuen unternehmerischen Handeln abhängen, sondern in hohem Maße auch von der Orientierung dieses Handelns an bestimmten sozialen und ethischen Standards:

- „*ЛУКОЙЛ осознает, что его репутация зависит не только от неукоснительного соблюдения требований российского, международного законодательства и обеспечения прав человека. В значительной степени репутация и успехи Компании базируются на социальной ответственности и приверженности морально-этическим нормам и правилам.*“[47]

Die Grundwerte selbst werden in der nachstehender Reihenfolge deklariert – „*Эффективность*“, „*Персонал*“, „*Экологичность*“, „*Социальная ответственность*“, „*Партнерство*“ und „*Нравственность*“. Mit „*Эффективность*“ präsentiert Lukoil direkt am Anfang einen Wert, der ausschließlich die ökonomische Dimension der Unternehmenstätigkeit thematisiert und verfolgt bei seiner Wertekommunikation somit eine etwas andere Strategie als bei der expliziten Darstellung seiner Mission, bei der zuerst die sozialen und erst dann die wirtschaftlichen Aspekte des korporativen Handelns angesprochen werden.[48] Unter „*Эффективность*“ versteht Lukoil folgendes:

- „***Эффективность***
Компания осознает свой долг и свою ответственность перед акционерами и партнерами, поэтому прибыльность и эффективность деятельности, достижение результатов, как ожидаемых, так и превосходящих ожидания, являются для нее неоспоримой ценностью. В жестких конкурентных условиях ЛУКОЙЛ и впредь будет непрерывно повышать качество и результативность своей деятельности. Очень важна приверженность Компании инновационной составляющей роста, получению дополнительного производственного и экономического эффекта за счет перехода на передовые методы управления и прорывные технико-технологические решения.“[49]

---

[47] Vgl. Seite 8 des Kodex.
[48] Vgl. dazu Kapitel III.1.2.
[49] Vgl. Seite 8 des Kodex.

Gleich im ersten Satz werden als unumstrittene („*неоспоримый*“) und somit als objektiv gegebene Unternehmenswerte „Gewinn“, „Effizienz“ und „Effektivität der Tätigkeit“ deklariert. Ihre Wertigkeit wird von Lukoil allerdings ziemlich uneigennützig begründet. Die an sich rein ökonomischen Ziele „*прибыльность и эффективность деятельности*“ sowie „*достижение результатов, как ожидаемых, так и превосходящих ожидания*“ werden nicht als selbstverständlich für das erfolgreiche Funktionieren eines Unternehmens angestrebt, sondern als „Pflicht“ und „Verantwortung“ [50] gegenüber der explizit genannten Stakeholder „Aktionäre“ und „Partner“ präsentiert. Somit wird teilweise impliziert, dass, durch das Erreichen dieser Ziele, der Nutzen für die angesprochenen Akteure größer sein wird als für Lukoil selbst. Diese altruistische Perspektive wird durch die Verwendung der dem ethischen Diskurs immanenten Begriffe „*долг*“ und „*ответственность*“ zusätzlich sprachlich unterstrichen.

Ohne dabei bestimmte Stakeholder explizit zu benennen, thematisiert Lukoil im Weiteren eher ökonomische Aspekte seiner Tätigkeit. Zuerst wird behauptet, dass trotz der aus Sicht eines Marktakteurs als Negativum zu bewertenden „harten Konkurrenzbedingungen“, das Unternehmen „auch in der Zukunft die Qualität und Resultativität der Tätigkeit ununterbrochen erhöhen wird“. Die verbale Konstruktion „*и впредь будет непрерывно повышать*“ birgt mehrere Implikationen in sich. Durch den quasiwertenden adverbialen Spezifikator „*непрерывно*“ wird die „Qualitäts- und Resultativitätserhöhung“ als Extremwert semantisch markiert; „*и впредь*“ impliziert, dass diese „ununterbrochene Erhöhung“ schon in der Vergangenheit immer stattfand; mithilfe der Formulierung „*будет...повышать*“ wird dies gleichzeitig auch als Faktum in der Zukunft dargestellt, womit die Überzeugungskraft der Äußerung gesteigert werden sollte.

Zum Schluss werden die korporativen Innovationen als „eine der Kernkomponenten des angestrebten Unternehmenswachstums“ positiv bewertet und gleichzeitig als notwendiges Mittel dargestellt, das zu diesem Wachstum beitragen sollte. Dies wird zunächst durch eine relativ komplexe zweifach bewertende Genitiv-Dativ-Nominalkonstruktion sprachlich verwirklicht („*очень важна приверженность Компании инновационной составляющей роста*“), bei der die durch „*приверженность*“ realisierte positive Bewertung der „Innovationskomponente“ zusätzlich mithilfe von „*очень важна*“ intensiviert wird. Bei der nachfolgenden verbalen Reformulierung macht die explizite Verwendung des Mittel-Indikators „*за счет*“ allerdings deutlich, dass die Bestrebung nach der Innovationen vor allem extrinsisch motiviert ist. Die in der Bezugsaussage „*инновационной*

---

[50] Zu den Konzepten „Pflicht“ und „Verantwortung“ im Unternehmensdiskurs – vgl. ausführlich Kapitel III.3.3 sowie III.3.4.

составляющей роста“ thematisierten Inhalte „*рост*“ und „*инновации*“ werden in der Reformulierungsaussage als „*получению дополнительного производственного и экономического эффекта*“ sowie „*перехода на передовые методы управления и прорывные технико-технологические решения*“ wiedergegeben und durch „*за счет*“ kausal miteinander verknüpft. Die sprachliche Evaluierung wird dabei mithilfe dreier Attributen realisiert – durch „*передовые*“ und „*прорывные*“ werden Objekte im Bereich der Innovationen positiv bewertet, durch „*дополнительный*“ – das zusätzliche Wachstum, das durch diese Objekte entstehen würde. Die Verwendung derartiger verbaler Reformulierungen weist zudem darauf hin, dass Lukoil bemüht ist, durch den Einsatz unterschiedlicher kommunikativer Verfahren die präsentierten Wertbegriffe mit konkreterem Inhalt zu füllen und somit ein wenig verständlicher für einen Rezipienten zu gestalten.
Der zweite vom Unternehmen explizit deklarierte Wert ist „*Персонал*“, der allerdings mit zwei kurzen und einem längeren Satz vergleichsweise knapp „definiert“ wird:

- „***Персонал***
Главной ценностью ОАО «ЛУКОЙЛ» являются его работники. Все, что делает Компания, – делается людьми и для людей. Качество персонала, возможности для раскрытия талантов и способностей работников, умение использовать их на пользу Компании и самого работника – непреложное условие разносторонних успехов ЛУКОЙЛа в достижении заявленных целей.“[51]

Direkt am Anfang werden die Mitarbeiter zum „obersten Unternehmenswert“ erklärt, wobei zunächst nicht ganz klar wird, worin genau die hohe Wertigkeit der Mitarbeiter besteht. Sprachlich wird die Äußerung mit Hilfe des wertenden Adjektivs „*главный*“ realisiert, dessen Semantik das Maximum der hierarchischen Werteskala von Lukoil anzeigt. Im Weiteren wird das gesamte Handeln, sogar die Existenz des Unternehmens, verbal durch den Allquantor „*все*“ ausgedrückt, als ausschließlich vom Personal abhängig dargestellt. Die Mitarbeiter, im zweiten Satz zweimal mit „*люди*“ bezeichnet, repräsentieren einerseits das Unternehmen selbst („*Все, что делает Компания, – делается людьми*“) und werden anderseits als Orientierungsmaßstab und gleichzeitig Hauptbenefaktive der Unternehmenstätigkeit bezeichnet („*Все, что делает Компания, – делается…для людей*“). Dabei wird eine gewisse Ambiguität erreicht, da das zweite „*люди*“ auch die Kunden oder sogar noch uneigennütziger den Menschen allgemein implizieren könnte. Es wird an

[51] Vgl. Seite 8 des Kodex.

die Mission von Lukoil erinnert, bei der als Existenzgrund vom Unternehmen das „*благо человека*“ genannt wird.[52] Erst die Argumentation im letzten Satz macht deutlich, dass die Mitarbeiter vor allem deshalb so wertvoll sind, weil sie zum Erreichen der ökonomischen Ziele des Unternehmens beitragen.[53] Als „unumstößliche Bedingung“ für dieses Zielerreichen wird die „Qualität des Personals“ sowie die bestehenden „Möglichkeiten, diese Qualität zu entfalten und zum Nutzen des Unternehmens sowie des einzelnen Mitarbeiters einzusetzen“ („*умение использовать их на пользу Компании и самого работника*“). Somit wird letztendlich auch hier, genau so wie vorher bei Gazprom, die Wertigkeit des Personals extrinsisch motiviert, indem die Mitarbeiter vor allem als Mittel zur Nutzenmaximierung des Unternehmens angesehen werden.

Es fällt auf, dass in diesem relativ kurzen Abschnitt drei unterschiedliche Lexeme zur Bezeichnung der Mitarbeiter verwendet werden – jeweils zweimal „*персонал*“ und „*люди*“ und dreimal „*работник(и)*“. Dabei markieren das aus dem betriebswirtschaftlichen Diskurs stammende „*персонал*“ und der philanthropische Begriff „*люди*“ die beiden Pole eines Mitarbeiter-Kontinuums und das eher neutralere „*работник(и)*“ erfüllt dabei eine Verknüpfungsfunktion. In den ersten beiden kürzeren Sätzen, bei denen es um die verbale Explikation des Unternehmenswertes, um die Orientierung sowie um die Hauptbenefaktive des unternehmerischen Handelns geht, werden die Mitarbeiter als „*работники*“ und „*люди*“ bezeichnet („*Главной ценностью ОАО «ЛУКОЙЛ» являются его работники. Все, что делает Компания, – делается людьми и для людей*“). Gleich danach, als es sich eher um wirtschaftliche Konzepte wie „*качество*“ und „*польза*“ handelt oder das Erreichen der ökonomischen Ziele von Lukoil thematisiert wird, treten „*работник(и)*“ und „*персонал*“ zusammen auf. Die Auswahl des betriebswirtschaftlichen Begriffs „*персонал*“ für die Überschrift des ganzen Abschnittes signalisiert zusätzlich, dass die Mitarbeiter eher als Instrument für den Unternehmenserfolg betrachtet werden. Ob sie auch diejenigen Stakeholder sind, die vom angestrebten Erfolg am meisten profitieren werden, wie dies am Anfang des Absatzes behauptet wird, ist eher fraglich.

---

[52] Vgl. Kapitel III.1.2.

[53] Die Unternehmensziele werden in der R2 „Миссия компании“ deklariert (vgl. III.1.1) und werden bei der Analyse der korporativen „*Strategie*“ im Kapitel III.4.2 genauer untersucht. Sie beziehen sich jedoch auf rein ökonomische Aspekte des unternehmerischen Handelns wie „*создание новой стоимости, поддержание высокой прибыльности и стабильности своего бизнеса, обеспечение акционеров высоким доходом на инвестированный капитал*“.

Nachdem in den ersten beiden Punkten vor allem die ökonomischen Ziele des Unternehmens wie Gewinn, Effektivität, Wachstum etc. sowie die zu deren Erreichen notwendigen Mittel wie „Innovationen“ und „Mitarbeiter“ kommuniziert werden, deklariert Lukoil als nächstes mit „Экологичность“ einen Wert, der grundsätzlich soziale Aspekte der Unternehmenstätigkeit thematisiert:

- „***Экологичность***
  ОАО «ЛУКОЙЛ» является одним из крупнейших природопользователей в мире. Производственное содержание его деятельности сводится к добыче и технологической переработке природных ресурсов в целях удовлетворения потребностей людей в топливе, энергии и тепле, других продуктах нефтегазопереработки. Но достижение высоких показателей эффективности для Компании обусловлено и неразрывно связано с рациональным природопользованием и следованием высочайшим мировым стандартам экологичности. Выполнение норм действующего законодательства – фундамент устойчивого развития ЛУКОЙЛа. Мы неукоснительно следуем букве закона и гордимся тем, что в Компании выстроена продуманная система управления охраной окружающей среды по всей вертикали управления – от центрального офиса до отдельных предприятий и объектов; четко разработана процедура экологического сопровождения любого проекта, от замысла до реализации. В этом мы видим залог успешного развития в будущем.“[54]

Gleich am Anfang des Absatzes wird ein eher allgemeines inhaltliches Motiv als Tatsache kommuniziert – „Lukoil ist weltweit einer der größten Nutzer natürlicher Ressourcen“. Was auf den ersten Blick als reine Beschreibung oder sogar als Bezeichnung eines negativen Sachverhaltes erscheint, könnte jedoch als positive Quasibewertung intendiert sein. Der als „booster“ realisierte Dimensionsadjektiv „*крупнейший*“ sowie die Formulierung „*в мире*“ implizieren, dass Lukoil in seiner Branche eins der größten globalen Unternehmen darstellt, was aus Sicht eines marktwirtschaftlichen Akteurs durchaus positiv zu bewerten ist. Damit allerdings kein falscher Eindruck entsteht, geht die Argumentation im nächsten Satz so weit, dass die komplette ressourcenintensive Produktionstätigkeit des Unternehmens, die eindeutig dem ökonomischen Bereich der Tätigkeit zuzuordnen ist, als Mittel zum Erreichen eines übergeordneten Zieles aus dem sozialen Bereich präsentiert wird. Mit Hilfe des expliziten Indikators „*в целях*“ wird sehr altruistisch „*удовлетворе-*

[54] Vgl. Seiten 8-9 des Kodex.

ния потребностей людей в топливе, энергии и тепле, других продуктах нефтегазопереработки“ als Hauptzweck des unternehmerischen Handelns kommuniziert, dem alles andere untergeordnet sein sollte. Obwohl streng genommen nur die Kunden Lukoils von der beschriebenen Produktionstätigkeit direkt profitieren können, werden durch „*люди*“ alle Menschen als Hauptbenefaktive explizit dargestellt, womit die soziale Dimension dieses Handelns zusätzlich sprachlich unterstrichen sein soll.

In ähnliche Richtung geht die argumentative Linie auch im dritten Satz weiter, in dem ausgesagt wird, dass die angestrebte hohe Effizienz der Tätigkeit nur unter zwei Bedingungen stattfinden darf - „rationale Ressourcenverwendung“ und „Befolgung höchster internationaler ökologischer Standards“. Durch „*обусловлено*“ und „*неразрывно связано*“ werden die beiden sozialen Motive „ökologische Nachhaltigkeit“ und „freiwilliges Einhalten von Ökonormen“ dem ökonomischen Wert „Эффективность“ nicht nur gleichgesetzt, sondern als unbedingte Voraussetzung für dessen Realisierung präsentiert. Mit Hilfe der beiden extremwertsemantischen Lexeme, des Superlativs „*высочайший*“ und des adverbialen Spezifikators „*неразрывно*“, sowie des Adjektivs „*мировой*“, das die Weltdimension der eingehaltenen Standards betont, soll die persuasive Kraft der ganzen Äußerung zusätzlich gestärkt werden. Ein wenig unlogisch erscheint zunächst die Einführung des dritten Satzes durch die Konjunktion „*но*“, die in der Regel einen Gegensatz ausdrückt, der hier unmittelbar nicht existiert, da die beiden ersten Sätzen mit dem nachfolgenden dritten argumentativ nicht direkt verknüpft sind. Die einleitende Formulierung „*но достижение высоких показателей эффективности*“ bezieht sich allerdings auf die im ersten Wertabschnitt „Эффективность“ kommunizierten ökonomischen Ziele des Unternehmens. Somit wird die explizite Wertekommunikation von Lukoil, trotz ihrer Einteilung in mehreren Absätzen mit jeweils fettgedruckten Überschriften, als ein zusammenhängender Text wiedergegeben. Dies soll implizit auch darauf hinweisen, dass die sozialen und ökonomischen Unternehmenswerte nicht getrennt voneinander gelten, sondern als eine harmonische Einheit existieren und parallel befolgt werden – eine Auffassung, die, wie bereits angesprochen wurde, als Grundlage zeitgenössischer Unternehmensphilosophien agieren sollte.[55]

Nachdem die vorher beschriebenen Aspekte „rationale Ressourcenverwendung“ und „Befolgen höchster internationaler Ökostandards“ als freiwillige Eigeninitiative dargestellt werden, präsentiert Lukoil im Folgenden die eigentlich gebotene „Gesetzestreue“ als „Fundament der nachhaltigen Entwicklung des Unternehmens“ – „*Выполнение норм действующего законодательства – фундамент устойчи-*

[55] Vgl. weiter oben bei der Diskussion der expliziten Wertekommunikation von Rosneft.

вого развития ЛУКОЙЛа". Somit entsteht zunächst der Eindruck, dass Lukoil in einer ungewöhnlich ehrlichen Art behauptet, deswegen die Umwelt zu schützen, weil es gesetzlich vorgeschrieben ist. Dieser Eindruck, den der Konzern in dieser Form sicher nicht erwecken wollte, wird durch die nachfolgende Argumentation teilweise bestätigt. Inhaltlich wird als Ausgangspunkt der umweltschützenden Maßnahmen des Unternehmens fast ausschließlich die obligatorische Gesetzesbefolgung vorgestellt („*Мы неукоснительно следуем букве закона и гордимся тем, что в Компании выстроена продуманная система управления охраной окружающей среды…*"). Sprachlich wird jedoch durch die Verwendung des Personalpronomens „*мы*" sowie der beiden spezifisch evaluierenden Lexeme – des emotional wertenden Verbs „*гордиться*" und des intellektuell wertenden Adjektivs „*продуманный*", die Arutjunova unter „психологические оценки" subsumiert [56] – eine persönlichere Einstellung zur Umweltschutzproblematik signalisiert, die weit mehr umfassen soll, als nur das Einhalten von Gesetzen. Auch die nachstehenden, für die Wertekommunikation Lukoils charakteristischen Konkretisierungen und impliziten Reformulierungen („*…по всей вертикали управления – от центрального офиса до отдельных предприятий и объектов; четко разработана процедура экологического сопровождения любого проекта, от замысла до реализации.*") sollen als zusätzlicher Hinweis agieren, dass der Umweltschutz nicht nur eine gesetzliche Verpflichtung darstellt, sondern eine Aufgabe, die dem Unternehmen naheliegt. Allerdings, wird am Ende des Abschnitts mit einem etwas allgemein formulierten Satz die gesamte vorher beschriebene Umweltschutzpolitik als „Gewährleistung der Unternehmensentwicklung in der Zukunft" präsentiert – „*В этом мы видим залог успешного развития в будущем*". Somit wird das soziale Motiv des Umweltschutzes auch als extrinsisches Mittel und eine Art „Kaution" („*залог*") für die erfolgreiche zukünftige Entwicklung des Unternehmens dargestellt, worunter generell positive Erscheinungen aus dem Bereich der betriebswirtschaftlichen Tätigkeit verstanden werden.

Bevor es mit der Wertekommunikation von Lukoil weitergeht, will ich an dieser Stelle noch die oben angesprochene Erscheinung kurz thematisieren. Insgesamt fällt bei der Analyse der korporativen Webseiten auf, dass die ausgewählten russischen Unternehmen im Rahmen ihrer Kommunikation sehr oft die Bereiche „Umweltschutz" und „Gesetzesbefolgung" argumentativ miteinander verknüpfen. Somit entsteht häufig der Eindruck, dass sie nur aufgrund gesetzlicher Vorschriften umweltschützende Maßnahmen und Politiken initiieren. So, fängt beispielsweise

---

[56] Vgl. Арутюнова (1984), S. 75-76 sowie Kapitel III.4.3.1.

der Textabschnitt „Окружающая среда и социальная ответственность" aus der zentralen Unterrubrik „Газпром сегодня" folgendermaßen an:

- *„«Газпром» в своей деятельности руководствуется принципом строгого соблюдения норм международного и российского природоохранного законодательства. В компании утверждена Экологическая политика, которая основана на обеспечении сбережения ресурсов, максимальном снижении негативного влияния на окружающую среду и действиях по сохранению климата."* [57] (Gazprom)

Und auch die dabei angesprochene „Ökologische Politik" des Unternehmens („Экологическая политика"), die als eine R2 innerhalb der Hauptrubrik „Охрана природы" ausführlich präsentiert wird, soll ausschließlich auf der russischen Verfassung sowie auf diversen föderalen, nationalen und internationalen Gesetzen und normativen Dokumenten basieren:

- *„Экологическая политика ОАО «Газпром» основана на Конституции Российской Федерации, федеральных законах и иных нормативных правовых актах Российской Федерации, международных нормативно-правовых документах в области охраны окружающей среды и рационального использования природных ресурсов"*[58] (Gazprom)

Nicht nur bei Lukoil und Gazprom, sondern auch bei den anderen russischen Unternehmen sieht es ähnlich aus. Gleich am Anfang der Unterrubrik „Экология, охрана труда и промышленная безопасность" ist bei Rosneft die erste unten präsentierte Äußerung zu lesen. Das zweite Beispiel stammt aus einer R2 der Hauptrubrik „Политика ОТ, ПБ и ООС" von TNK-BP:

- *„В области промышленной безопасности, охраны труда и защиты окружающей среды НК «Роснефть» руководствуется требованиями российского законодательства и нормами международного права."*[59] (Rosneft)
- *„Компания в соответствии с применимым законодательством в области охраны труда (ОТ), промышленной безопасности (ПБ) и*

[57] Vgl. http://www.gazprom.ru/about/today/.

[58] Vgl. http://www.gazprom.ru/nature/ecology/.

[59] Vgl. http://rosneft.ru/Development/HealthSafetyandEnvironment/.

> *охраны окружающей природной среды (ООС) стремится к уменьшению негативного воздействия производственной деятельности на здоровье работников, окружающую природную среду (...).*“[60] (TNK-BP)

Ein erster Vergleich mit der Umweltschutz-Kommunikation westeuropäischer Konzerne aus der Öl- und Gasbranche lässt den Schluss zu, dass so eine explizite Begründung des korporativen ökologischen Engagements mit der geltenden Gesetzgebung als spezifische kommunikative Erscheinung der russischen Unternehmen zu bezeichnen ist. Sicherlich gibt es auch in den Ländern Westeuropas strenge normative Regeln, die das unternehmerische Handeln im Bereich des Umweltschutzes regulieren sollen. Allerdings findet man auf den korporativen Webseiten von deutschen oder österreichischen Firmen kaum derartige Argumentationen. Weder im Verhaltenskodex des österreichischen Ölkonzerns OMV[61] noch auf der Webseite des deutschen Unternehmens Wintershall[62] wird die ökologische Tätigkeit der Konzerne vor allem mit dem Befolgen von Gesetzen begründet. Und auch auf der russischen Webseite des global agierenden Konzerns Schell[63] finden sich keine expliziten kausalen Verknüpfungen zwischen den umweltschützenden Maßnahmen des Unternehmens und den geltenden rechtlichen Normen. Das gilt sowohl für den als PDF-Dokument präsentierten „Кодекс деловой этики“[64] als auch für die Rubrik auf der Seitenoberfläche „Охрана окружающей среды“[65]. Die durchaus interessante Beobachtung, dass dies bei den russischen Unternehmen anders ist, könnte als forschungsleitende Frage weiterer einschlägiger Untersuchungen dienen, bei denen z. B. interkulturelle Aspekte der Unternehmenskommunikation erforscht werden.

Mit einem Begriff, der in den letzten Jahrzehnten in Bezug auf das Handeln profitorientierter Organisationen ziemlich inflationär und mehrdeutig verwendet

---

[60] Vgl. https://web.archive.org/web/20130420222230/http://www.tnk-bp.ru/hse/standards/.

[61] Vgl. http://www.omv.at/SecurityServlet/secure?cid=1255739972843&lang=de&swa_id=1217614934373.5723&swa_site=wps.vp.at.

[62] Vgl. http://www.wintershall.com/umwelt-gesellschaft/umwelt-und-nachhaltigkeit/umweltschutz.html.

[63] Vgl. http://www.shell.com.ru/.

[64] Vgl. http://s03.static-shell.com/content/dam/shell-new/local/global-content-packages/corporate/sgbp-english-2014.pdf.

[65] Vgl. http://www.shell.com.ru/environment-society/environment.html.

wird[66], präsentiert Lukoil seinen nächsten grundlegenden Wert – die „soziale Verantwortung". Wie der Name schon klarstellt, geht es dabei um die explizite kommunikative Darstellung der sozialen Dimension des unternehmerischen Handelns. Dabei ist von besonderem Interesse, wie Lukoil seine soziale Verantwortung interpretiert sowie welche aus Sicht des Unternehmens die wichtigsten Aspekte dieser Verantwortung sind:

- „***Социальная ответственность***
  ОАО «ЛУКОЙЛ» является ответственным членом мирового сообщества и добросовестным участником рыночного хозяйства. Осознавая ответственность перед всеми заинтересованными сторонами в странах и регионах своей деятельности, Компания проводит социально ответственную политику по вопросам труда, занятости, производственных отношений, оказывает поддержку работникам, инвалидам, ветеранам, осуществляет широкую благотворительную и спонсорскую деятельность."[67]

Der Absatz fängt mit einer explizit wertenden Aussage an, die sprachlich zwar kategorisch formuliert wird, inhaltlich jedoch ziemlich abstrakt erscheint. Dabei stellt sich das Unternehmen als „verantwortungsbewusstes Mitglied der Weltgesellschaft" sowie „gewissenhafter Teilnehmer der Marktwirtschaft" eindeutig positiv dar – „*ОАО «ЛУКОЙЛ» является ответственным членом мирового сообщества и добросовестным участником рыночного хозяйства*". Dieses pathetisch formulierte Bekenntnis lässt sich zunächst als implizite Erinnerung an die Präambel der russischen Verfassung interpretieren („*Мы, многонациональный народ Российской Федерации, (...) исходя из ответственности за свою Родину перед нынешним и будущими поколениями, сознавая себя частью мирового сообщества, (...).*"[68]) und somit – ähnlich wie die gerade beschriebene argumentative Verknüpfung von Umweltschutz und Gesetzesbefolgung – als eine spezifische kommunikative Erscheinung innerhalb des russischen Wirtschaftsdiskurses einordnen.

Lukoil unterscheidet also zwei Hauptbereiche der Unternehmenstätigkeit – einerseits ganz allgemein die „Welt", der soziale Bereich des unternehmerischen Han-

---

[66] Vgl. Karmasin / Weder (2008), S. 69 f. Zum russischen Begriff „ответственность" allgemein sowie zu dessen Konzeptualisierungen im Unternehmensdiskurs – vgl. ausführlich Kapitel III.3.3.2 sowie III.3.4.2.4.

[67] Vgl. Seite 9 des Kodex.

[68] Vgl. http://www.constitution.ru/index.htm.

delns, und andererseits der „Markt", der Bereich des reinen Wirtschaftens, wobei durch die Reihenfolge der kommunizierten Inhalte und die Verwendung der koordinierenden Konjunktion „*и*" indirekt angedeutet wird, dass beide Bereiche für das Unternehmen gleich wichtig sind[69]. Zusätzlich verwendet Lukoil bei seiner positiven Selbstdarstellung zweimal ethische Bewertungen – als Weltmitglied präsentiert er sich mit „*ответственный*" und als Marktteilnehmer mit „*добросовестный*". Mithilfe von „*добросовестный*" wird jedoch die ethische Dimension des reinen betrieblichen Wirtschaftens nicht nur stark markiert, sondern zunehmend in den Vordergrund gerückt. Also kommuniziert das Unternehmen in seinen beiden Tätigkeitsbereichen ausschließlich ethische Werte wie „Verantwortung" und „Gewissenhaftigkeit" als grundlegend für das Handeln und konstruiert somit ein Selbstbild, das die sozialen Leistungen als primär und die ökonomischen als sekundär vorstellt, was bei einer gewinnorientierten privaten Organisation ein wenig eigenartig erscheint.

Im Weiteren werden vergleichsweise knapp die Aspekte sowie die Hauptbenefaktive der sozialen Verantwortung dargestellt. Zunächst deklariert Lukoil ausdrücklich, dass ihm die „Verantwortung gegenüber allen Anspruchsgruppen in den Ländern und Regionen der Tätigkeit bewusst" sei, wobei durch den Ausdruck „*в странах и регионах своей деятельности*" die gleiche regionale Einschränkung der betroffenen Stakeholder erreicht wird, wie bei der Thematisierung der sozialen Motive in der explizit kommunizierten Mission des Unternehmens.[70] Der Allquantor „*все*" in der Äußerung „*осознавая ответственность перед всеми заинтересованными сторонами...Компания проводит*" impliziert, dass in der nachfolgenden Ausführung zumindest alle wichtigen Aspekte der sozialen Tätigkeit von Lukoil sowie die davon begünstigten Akteure benannt werden. Insgesamt unterscheidet das Unternehmen zwei Hauptbereiche seiner sozialen Verantwortung – zum einen die „sozial verantwortliche Politik zu Fragen der Arbeits- und Produktionsverhältnisse sowie der Beschäftigung" („*проводит социально ответственную политику по вопросам труда, занятости, производственных отношений*") und zum anderen „Sponsoring und Wohltätigkeit" („*осуществляет широкую благотворительную и спонсорскую деятельность*"). Der erste Bereich bezieht sich vor allem auf Fragen zur Mitarbeiterpolitik, wobei nicht nur das bereits beschäftigte Personal, sondern auch potentielle zukünftige Arbeitnehmer implizit angesprochen werden. Dabei wird mit „*производственные отношения*"

---

[69] Zur Bedeutung sowie zu den Verwendungsweisen der russischen Konjunktion „и" – vgl. Kuße (1998), S. 194-201 sowie S. 233-252.

[70] Vgl. Kapitel III.1.2.

die interne Regulierung dieser Mitarbeiterpolitik gemeint[71] und nicht der abstraktere Begriff der Marxistischen Wirtschaftstheorie.[72] Der zweite Bereich thematisiert die Sponsoring- und Wohltätigkeit des Unternehmens, die durch das quasiwertende Dimensionsadjektiv „*широкий*“ zusätzlich positiv evaluiert und intensiviert wird. Zwischen der Kommunikation der beiden Hauptfelder der sozialen Verantwortung werden drei Gruppen von Akteuren explizit benannt, die vom Unternehmen direkt unterstütz werden sollten – die Mitarbeiter, die Invaliden und die Veteranen („*оказывает поддержку работникам, инвалидам, ветеранам*“). Obwohl sich die drei Stakeholdergruppen den oben beschriebenen Bereiche eigentlich zuordnen lassen – die Unterstützung der Mitarbeiter gehört zur Personalpolitik, die Unterstützung der Veteranen und Invaliden zur Wohltätigkeit – werden sie ausdrücklich erwähnt und somit als Hauptbenefaktive des sozialen unternehmerischen Handelns zusätzlich hervorgehoben.
Im Unterschied zu den letzten beiden Abschnitten präsentiert Lukoil bei der expliziten Kommunikation seines nächsten Grundwertes „Партнерство“ wieder stärker die ökonomische Dimension der Unternehmenstätigkeit:

- ***„Партнерство***
  Компания формирует, поддерживает и высоко ценит сложившиеся отношения с деловыми партнерами, общественными организациями и потребителями. Достижение высокоэффективных результатов невозможно без долгосрочного и взаимовыгодного сотрудничества, без заинтересованности в устойчивом развитии бизнеса наших партнеров, без взаимного уважения и ответственности за выполнение принятых обязательств. Компания поддерживает в трудовых коллективах дух партнерства и коллективизма, мотивирует персонал на достижение высоких результатов труда.“[73]

Dabei bezieht sich der Wert „Partnerschaft“ bei Lukoil sowohl auf externe als auch auf interne Aspekte der Tätigkeit des Unternehmens. Bei den externen geht es um die Beziehungen zu Anspruchsgruppen, die außerhalb der Organisation angesiedelt sind. Es werden drei Gruppen von Stakeholdern explizit benannt – die Geschäftspartner, die Kunden und die gesellschaftlichen Organisationen, von denen die ersten zwei grundsätzlich dem ökonomischen Bereich zugeordnet werden können. Diese

---

[71] Vgl. dazu Teil I des Sozialen Kodex („Социальный кодекс“) von Lukoil – http://lukoil.ru/static_6_5id_262_.html.

[72] Vgl. Marx / Engels (1971), S. 8-9.

[73] Vgl. Seite 9 des Kodex.

Beziehungen werden vom Unternehmen zweifach positiv bewertet. Zum einen direkt durch die Verwendung der explizit performativen Formel „*ценит*“, die vom adverbialen Spezifikator „*высоко*“ zusätzlich intensiviert wird. Zum anderen indirekt durch die Aneinanderreihung der drei Aktivverben („*формирует, поддерживает и высоко ценит*“), die das Bemühen Lukoils signalisieren sollten, diese Partnerschaften aufrechtzuerhalten.
Die besondere Wertigkeit der externen Stakeholderbeziehungen wird mit der Argumentation im zweiten Satz erläutert – sie stellen nämlich eine unentbehrliche Bedingung für das Erreichen der ökonomischen Ziele des Unternehmens dar – „*Достижение высокоэффективных результатов невозможно без…*“. Dabei wird diese Unentbehrlichkeit sprachlich mithilfe des stark kategorischen Prädikativs „*невозможно*“ realisiert, das das Maximum der „Skala der Unmöglichkeit“ anzeigt. Somit wird ein zweites Mal, das erste war bei der Deklaration von „Экологичность“[74], explizit ein intratextueller Bezug auf den erstkommunizierten Wert „Эффективность“ genommen. Daraus kann geschlossen werden, dass die „Effizienz der Tätigkeit“ –nicht nur aufgrund der ausgewählten kommunikativen Reihenfolge – in der Wertehierarchie des Unternehmens weit oben anzusiedeln ist. Während bei „Экологичность“ die „hocheffizienten Ergebnisse“ mit dem „Umweltschutz“ noch gleichgesetzt werden, sind sie hier als Endziel des Handelns präsentiert und die Partnerschaft mit den externen Anspruchsgruppen als Mittel zum dessen Erreichen dargestellt.
Drei Hauptaspekte der externen Stakeholderbeziehungen werden von Lukoil ausdrücklich angesprochen – „langfristige und gegenseitig vorteilhafte Zusammenarbeit“, „Interessiertheit für die stabile Entwicklung des Geschäfts der Partner“ und „gegenseitige Achtung und Verantwortung für das Halten übernommener Verpflichtungen“. Die ersten zwei beziehen sich vor allem auf die Kontakte zu den Geschäftspartnern, beim dritten werden die teilnehmenden Akteure nicht näher konkretisiert. Dabei kann bei den kommunizierten Inhalten eine klare Steigerung der sozialen Komponente der Unternehmenstätigkeit festgestellt werden. Während bei „*долгосрочного и взаимовыгодного сотрудничества*“ der ökonomische Nutzen für Lukoil noch explizit mit einbezogen wird, steht bei „*заинтересованности в устойчивом развитии бизнеса наших партнеров*“ eindeutig der Nutzen der Geschäftspartner im Vordergrund. Und in der Äußerung „*взаимного уважения и ответственности за выполнение принятых обязательств*“ wird die wirtschaftliche Dimension des Handelns gar nicht direkt thematisiert. Diese inhaltliche Steigerung der sozialen Komponente wird durch die Auswahl der sprachlichen Mittel zusätzlich unterstrichen. Sowohl die am Anfang

[74] Vgl. weiter oben.

der Äußerung verwendeten wertenden Adjektive „*долгосрочный*", „*взаимовыгодный*", „*устойчивый*" als auch die Nomen „*сотрудничество*", „*развитие*" und „*бизнес*" sind grundsätzlich als Marker des ökonomischen Diskurses zu bezeichnen. Die danach angesprochenen axiologischen Werte „*ответственность*" und „*уважение*" sowie der positiv konnotierte Ausdruck „*выполнение принятых обязательств*" betonen dagegen viel stärker die ethische Seite der beschriebenen Beziehungen.

Nachdem Lukoil anfangs ausschließlich die externen Aspekte kommuniziert, wird „*Партнерство*" im letzten Satz des Abschnittes als ein Wert innerhalb der Organisation präsentiert, der sich vor allem auf die Mitarbeiterverhältnisse bezieht. Dabei werden im ersten Teil des Satzes soziale und im zweiten eher ökonomische Inhalte thematisiert und implizit miteinander verknüpft. Mit hohem Pathos wird zunächst die Mitarbeiterbelegschaft als eine Sphäre dargestellt, in der der „Geist der Partnerschaft und des Kollektivismus" herrscht („*Компания поддерживает в трудовых коллективах дух партнерства и коллективизма,...*"), wobei das Personal als „*трудовой коллектив*" bezeichnet wird, eine aus sowjetischer Zeit stammende sprachliche Formulierung. Die Wertbegriffe „*партнерство*" und „*коллективизм*" werden meines Erachtens synonym verwendet und können unterschiedliche Assoziationen hervorrufen. Eine davon wäre, dass sich die Mitarbeiter bei der Verfolgung des gemeinsamen Ziels gegenseitig unterstützen und dabei den Erfolg des Kollektivs wichtiger als den Erfolg des Einzelnen verspüren sollten. Eine mögliche Interpretation, die ebenfalls an die Verhältnisse während der sozialistischen Periode erinnert. Durch den zweiten Teil der Parataxe, in dem das Subjekt „*компания*" weggelassen wird, entsteht der Eindruck, dass das zuvor beschriebene partnerschaftliche Arbeitsklima im Unternehmen weitgehend als utilitaristisches Mittel zur Steigerung der Arbeitsproduktivität gedacht ist („..., *мотивирует персонал на достижение высоких результатов труда*"). Die angestrebte hohe Arbeitsleistung bringt naturgemäß ökonomische Vorteile für Lukoil mit sich. Dabei fällt auf, dass bei der Kommunikation der implizierten ökonomischen Vorteile die Mitarbeiter mit dem Begriff „*персонал*" und nicht mit „*трудовой коллектив*" bezeichnet werden.

Wie aus der wörtlichen Bezeichnung erschlossen werden könnte, thematisiert Lukoil bei der expliziten Deklaration des letzen Grundwertes „Нравственность" fast ausschließlich die sozial-ethische Dimension seiner Tätigkeit und präsentiert dabei mehrere moralische Werte als grundlegend für das unternehmerische Handeln:

- ***„Нравственность***
  В своей разноплановой деятельности Компания не просто формально следует законам и намеченным целям. Для Компании важно и то, как и во имя чего она работает. Следуя своему предназначению, ЛУКОЙЛ осуществляет свою деятельность на основе честности и справедливости, уважительности и порядочности. Для деятельности Компании неприемлемы пренебрежительность и результат любой ценой.“[75]

Vor der expliziten Deklaration seiner ethischen Werte, weist Lukoil indirekt und möglicherweise auch unbewusst auf die in der einschlägigen Literatur beschriebene Dreiteilung der korporativen Verantwortung in „organisatorische“, „legale“ und „moralische“ hin. Grundsätzlich werden die ersten zwei Typen als obligatorisch und der letztere als freiwillig für das Handeln profitorientierter Organisationen aufgefasst. [76] Die beiden Aspekte der Tätigkeit „Befolgen der Gesetze“ (legale Verantwortung) und „Verfolgen der gesetzten ökonomischen Ziele“ (organisatorische Verantwortung), die aufgrund rechtlicher oder institutioneller Vorgaben als Pflicht gegenüber unterschiedlichen Stakeholdern wie Aktionäre, Investoren, Staat, Kunden oder auch Mitarbeiter gelten, werden als Selbstverständlichkeit dargestellt. Darüber hinaus wird mithilfe des Ausdrucks „*не просто формально*“ ein solches Handeln als eher mangelhaft markiert und dadurch implizit negativ evaluiert. Also präsentiert sich das Unternehmen im Weiteren als ein Akteur, dem auch die ethischen Aspekte wichtig sind, wobei durch die Konjugation „*и*“ in der sprachlichen Formulierung „*важно и то*“ die moralische Verantwortung zumindest als gleichwertig den anderen beiden Verantwortungstypen vorgestellt wird.
Bevor die handlungsleitenden ethischen Werte aufgezählt werden, nimmt Lukoil mit Hilfe der beiden expressiven Ausdrücke „*во имя чего она работает*“ und „*следуя своему предназначению*“ einen indirekten Bezug auf seine explizit formulierte Mission [77] und rückt somit die soziale Dimension der Unternehmenstätigkeit noch stärker in den Vordergrund. Dadurch soll auch der Eindruck verstärkt werden, dass die zuvor kommunizierten organisatorischen und legalen Aspekte vom Unternehmen als sekundär verstanden werden wollen und die Bestimmung bzw. der Hauptzweck von Lukoil als Organisation („*во имя чего*“, „*предназначение*“) in der Aufrechterhaltung der Moralität bestehen soll. Gleich danach werden die durch einen hohen Abstraktionsgrad geprägten ethischen Werte „Ehrlichkeit“, „Gerechtig-

---

[75] Vgl. Seite 9 des Kodex.

[76] Vgl. Lenk (1994), S. 251; Kuße (2008), S. 22.

[77] Die Mission von Lukoil lautet: „*Мы созданы, чтобы энергию природных ресурсов обратить во благо человека*“; Vgl. dazu Kapitel II.1.2.

keit“, „Achtung“ und „Anständigkeit“ als grundlegend für das unternehmerische Handeln dargestellt – „…*„ЛУКОЙЛ осуществляет свою деятельность на основе честности и справедливости, уважительности и порядочности*“. Dabei soll noch vermerkt werden, dass die erstgenannten Wertbegriffe „*честность*“ und „*справедливость*“ in der Hierarchie der positiven russischen Kollektivsymbolik einen relativ hohen Platz einnehmen[78] und „*порядочность*“ laut einer Studie aus den Jahren 2001/02 zu den Basiswerten der russischen Gesellschaft zählt.[79]
Im letzen Satz präsentiert Lukoil als einziges der drei Unternehmen bei seiner Wertedeklaration auch zwei „Antiwerte“ wie „Achtungslosigkeit“ und „Ergebnisse um jeden Preis“ – „*Для деятельности Компании неприемлемы пренебрежительность и результат любой ценой*“. Auffällig ist die sprachlich realisierte Ablehnung der beiden negativen Sachverhalte durch das Prädikat „*неприемлемы*“, das den Bereich der (In)Akzeptanz markiert und somit eventuelle negative Erscheinungen nicht ausdrücklich ausschließt oder kategorisch verbietet.[80] Im Gegensatz dazu werden die Positiva durch die Verwendung verschiedener sprachlicher Mittel meistens viel kategorischer kommuniziert und nehmen häufig einen Extremwert an, was bei „*неприемлемы*“ nicht Fall ist. Evaluativ werden die beiden „Antiwerte“ unterschiedlich verwirklicht. Während beim spezifisch wertenden Nomen „*пренебрежительность*“, der mit dem zuvor deklarierten positiven Wert „*уважительность*“ einen Gegensatzpaar bildet, die negative Evaluierung bereits in der Wortsemantik explizit realisiert wird, ist die Ablehnung in der quasi wertenden Formulierung „*результат любой ценой*“ mithilfe rein deskriptiver Lexeme manifestiert. Mit dem letztgenannten Ausdruck wird auch eine Handlungsnorm formuliert, die sich von den vorher präsentierten positiven Werten ableiten lässt – die angestrebten (ökonomischen) Ergebnisse sind nur dann zulässig, wenn sie den ethischen-moralischen Unternehmenswerten nicht widersprechen. Somit wird ein weiteres Mal der ökonomische Nutzen von Lukoil als direkt abhängig von nicht-ökonomischen Faktoren dargestellt.

III.2.3 Fazit

Im Folgenden werden noch einmal die signifikanten Ähnlichkeiten und Unterschiede bei der gerade präsentierten expliziten Wertekommunikation kurz

---

[78] Vgl. Fleischer (1997), S. 97.

[79] Vgl. Рябов / Курбангалеева (2003), S. 338-339.

[80] Zur deontischen Notwendigkeit, ihrer Realisierung im Russischen sowie der dabei implizierten Wichtigkeit der kommunizierten Themen – vgl. u. a. Kapitel III.3.3.1.1 sowie III.3.4.1.

zusammengefasst. Im Anschluss daran werden die ermittelten empirischen Ergebnisse in tabellarischer Form knapp und übersichtlich vorgestellt.

Von den vier für die Untersuchung ausgewählten russischen Unternehmen verzichtet nur Gazprom auf eine explizite Wertedeklaration im engeren Sinne. TNK-BP und Rosneft deklarieren und erklären ihre Grundwerte bzw. Wertgruppen relativ knapp, Lukoil dagegen vergleichsweise ausführlich. Die beiden erstgenannten Unternehmen bedienen sich dabei einer größeren Anzahl visueller Mittel wie Schriftschnitte (fettgedruckt, kursiv, unterstrichen) und Farben. Bei Lukoil ist der visuelle Modus nicht so stark ausgeprägt.

Kein einziger Begriff kann ermittelt werden, der bei allen untersuchten Unternehmen als Überschrift und somit explizite wörtliche Bezeichnung eines Grundwertes vorkommt. Allerdings werden bestimmte Werte in unterschiedlicher Art und Weise von jedem der Unternehmen thematisiert. So kommunizieren TNK-BP und Rosneft das eher ökonomische „Результативность“ als handlungsleitenden Hauptwert, der bei Lukoil nur einen Aspekt des Grundwertes „Эффективность“ darstellt. Umgekehrt wird bei TNK-BP „Результативность“ vor allem als „maximale Effizienz beim Erreichen der gesetzten Ziele“ definiert und bei Rosneft dient die „Resultativität“ zusammen mit der „Gewissenhaftigkeit“ als Maßstab für das gesamte unternehmerische Handeln und als Reputationsgarantie. Neben „Результативность“ versteht Lukoil unter „Эффективность“ zusätzlich die „Qualität der Tätigkeit“ und die „Innovationen“, zwei thematische Motive, die in dieser Komponente des Mission Statements nur von Lukoil ausdrücklich kommuniziert werden.

„Добросовестность“ ist ein weiterer Wert, der von allen drei Unternehmen thematisiert wird – bei TNK-BP und Rosneft als Hauptwert und bei Lukoil als attributiver Wert unter „Социальная ответственность“. „Добросовестность“ bedeutet für TNK-BP vor allem „Ehrlichkeit“ und „Verantwortung“ gegenüber „Kollegen, Gesellschaft und Umwelt“ und Lukoil präsentiert sich explizit als „*добросовестным участником рыночного хозяйства*“, womit betont wird, dass sogar beim rein betrieblichen Wirtschaften die ethische Komponente führend wäre. Teilweise wird dies von den anderen zwei Unternehmen ebenso impliziert, da sie sich auch ein Gewissen zuschreiben, das ein ausschließlich profitorientiertes Handeln nicht erlaubt.

Die bereits erwähnte „Verantwortung“ kommt ebenfalls bei allen Akteuren vor, jedoch ziemlich unterschiedlich realisiert. Bei TNK-BP – als attributiver Wert, der das Verhalten gegenüber den im letzten Absatz erwähnten Stakeholdern reguliert. Bei Rosneft wird „ответственность“ als Grundwert kommuniziert, der ein Mittel für das Erreichen bestimmter angestrebter Endzustände aus dem ökonomischen Bereich darstellen soll – „*способ(ы) обеспечения развития и конкурентоспособно-*

сти Компании". Indem einer der Grundwerte „Социальная ответственность" heißt, wird bei Lukoil stärker die soziale Dimension der korporativen Verantwortung in den Vordergrund gerückt. Zwei große Bereiche der sozialen Verantwortung werden unterschieden - „Fragen der Arbeits- und Produktionsverhältnisse sowie der Beschäftigung" und „Sponsoring und Wohltätigkeit", wobei zusätzlich drei Gruppen von Stakeholdern explizit genannt werden – Mitarbeiter, Veteranen und Invaliden. Außerdem trägt das Unternehmen laut Aussage Verantwortung gegenüber den Aktionären und Geschäftspartnern, womit auch der organisatorische Typ der korporativen Verantwortung explizit angesprochen wird.

Die Mitarbeiter werden bei der Wertekommunikation ebenso von allen ausgewählten Unternehmen thematisiert. Lukoil und Gazprom bezeichnen die Mitarbeiter sogar als höchsten Unternehmenswert – *„Главной ценностью ОАО «ЛУКОЙЛ» являются его работники.*"; *„В «Газпроме» хорошо понимают, что коллектив компании — ее основная ценность.*" – wobei Lukoil das „Personal" nicht nur als Grundwert kommuniziert, sondern zunächst auch als Hauptbenefaktiv der unternehmerischen Tätigkeit präsentiert. Allerdings wird aus den restlichen Beispielen klar, dass die Mitarbeiter vor allem deswegen besonders wertvoll sind, weil sie zum Erreichen der ökonomischen Ziele der beiden Unternehmen bedeutend beitragen. Von TNK-BP wird das Personal in Gestalt von der „eigenen Person und den Kollegen" explizit erwähnt, bei Rosneft werden die Mitarbeiter nur implizit angesprochen, in dem die „erfolgreiche Pflichtenerfüllung gegenüber allen Anspruchsgruppen" als eines der Hauptziele der Organisation vorgestellt wird.

Einige Werte kommen bei jeweils zwei der ausgewählten Unternehmen vor. So kommuniziert Lukoil „Экологичность" als Grundwert und widmet ihm mit 112 Wörtern die umfangreichste Beschreibung. TNK-BP präsentiert sich auch als stark umweltbewusst, indem er die Thematik gleich zweimal in der an sich relativ kurzen Unterrubrik anspricht. Einzig Rosneft erwähnt den Umweltschutz bei seiner expliziten Wertekommunikation mit keinem einzigen Wort. „Честность" wird ebenso von zwei der Akteure thematisiert – bei TNK-BP als einer der beiden Aspekte von *„добросовестность*" und bei Lukoil als einer der vier ethischen Werte unter *„нравственность*", die das unternehmerische Handeln leiten sollten. Ein weiterer dieser vier Werte, nämlich *„уважение*", wird bei Rosneft sogar als Grundwert deklariert und zusammen mit *„доверие*" als „Grundlage eines konstruktiven Zusammenwirkens und gegenseitiger Unterstützung" präsentiert – und somit indirekt als Grundlage der Beziehungen zu nicht näher konkretisierten Partnern. Die „Partnerschaft" selbst wird bei Lukoil als Hauptwert kommuniziert, wobei externe und interne Aspekte von „Партнерство" unterschieden werden – einerseits die positiven Beziehungen zu Anspruchsgruppen, die außerhalb des Unternehmens angesiedelt sind (Geschäftspartner, Kunden, gesellschaftliche" Organisationen) und andererseits „der Geist der Partnerschaft und des Kollektivismus", der innerhalb der Organisation herrschen sollte.

Bestimmte Werte werden nur von jeweils einem der Unternehmen ausdrücklich deklariert. So kommen, ein wenig überraschend, das bereits erwähnte „*доверие*" ausschließlich bei Rosneft und „*справедливость*" ausschließlich bei Lukoil vor. Wertbegriffe wie „*профессионализм*", „*совершенствование*", „*инициативность*" werden lediglich von Rosneft explizit kommuniziert. Der Grundwert „*лидерство*" erscheint nur bei TNK-BP und das obwohl das Unternehmen in jeder Hinsicht der kleinste der vier Akteure war und in keinem Ranking eine Führungsposition innehatte. Genau so kann auch der Begriff „*безопасность*" nur bei TNK-BP ermittelt werden.

Als letztes werden einige weitere auffällige unternehmensspezifische Erscheinungen nochmal knapp zusammengefasst. So ist bei TNK-BP der nonverbale Modus bei der expliziten Wertekommunikation so stark ausgeprägt, dass kein einziges Wort mit der Schrift wiedergegeben wird, die für den Rest der Webseite charakteristisch ist. Außerdem werden alle Grundwerte mit der explizit-performativen Formel „*мы понимаем...*" eingeführt und erklärt, womit das Unternehmen auf die Subjektbezogenheit der Werte ausdrücklich hinweist und somit implizit auch darauf, dass unterschiedliche Interpretationen der gleichen Wertbegriffe möglich sind. Bei der Wertedeklaration selbst werden einige spezifisch wertende Adjektive verwendet, die zur semantischen Füllung der kommunizierten Grundwerte beitragen.

Dies ist bei Rosneft anders – sowohl die einzelnen Grundbegriffe als auch der dazu gehörende Text sind an Abstraktion fast nicht zu überbieten. Dabei werden auch keine konkreten Stakeholdergruppen explizit erwähnt. Im Unterschied zu den anderen Unternehmen werden bei Rosneft die abstrakten Wertbegriffe durch die nachfolgenden verbalen Formulierung nicht „definiert", sondern erfüllen eine unterstützende Funktion – sie werden nämlich vor allem als Mittel zum Erreichen anderer angestrebter Ziele präsentiert. All dies lässt einem Rezipienten viel Raum für Interpretationen offen.

Umgekehrt setzt Lukoil bei seiner Werteerklärung auf vergleichsweise viel Text, was zur relativ hohen Konkretisierung der kommunizierten Inhalte führt. Einen Beitrag dazu leisten auch einige vom Unternehmen extra vollzogenen sprachlichen Reformulierungen. Darüber hinaus verwendet Lukoil bei seiner Wertekommunikation mehrere spezifische und deskriptive Bewertungen in Form von Adjektiven, Nomen, Adverbien und sogar Verben. Besonders die adverbialen Spezifikatoren sowie einige quasiwertende Dimensionsadjektive werden sehr oft als Extremwert realisiert. Zusätzlich werden viele unterschiedliche Akteure wie Aktionäre, Mitarbeiter, Geschäftspartner, Kunden, gesellschaftliche Organisationen etc. als Stakeholder des Unternehmens identifiziert und explizit benannt. Dabei bezeichnet Lukoil die eher ökonomischen Stakeholder – die Mitarbeiter und die Kunden – mehrmals als „*люди*“, ein Lexem, das grundsätzlich nicht als Marker des ökonomischen Diskurses verstanden wird.

Zum Schluss sollen auf der nächsten Seite einige Kernergebnisse der expliziten Wertedeklaration der ausgewählten russischen Unternehmen knapp und übersichtlich in tabellarischer Form zusammengefasst werden. Die einzelnen Spalten der Tabelle beziehen sich auf folgende Punkte:

die zweite Spalte zeigt den Ort auf der Webseite, an dem die Unternehmenswerte explizit kommuniziert werden sowie den Umfang der jeweiligen Wertedeklaration

- in Spalte drei werden noch einmal die von jedem Unternehmen explizit deklarierten Wertbegriffe aufgezählt
- in der vierten Spalte wird gezeigt, welche korporativen Stakeholder im Rahmen der Wertekommunikation explizit angesprochen werden bzw. welche Akteure ausdrücklich als Benefaktive der Unternehmenstätigkeit vorgestellt werden.

Unternehmen	Ort und Umfang	Grundwerte	Stakeholder
TNK-BP	Spezielle Unterrubrik *Корпоративные ценности* Vier Sätze	*Лидерство* *Результативность* *Безопасность* *Добросовестность*	Mensch Mitarbeiter Gesellschaft
Rosneft	Dokument zum Herunterladen: *Кодекс деловой этики* Vier Sätze	*Профессионализм* *Совершенствование* *Результативность* *Добросовестность* *Инициативность* *Ответственность* *Доверие* *Уважение*	Alle Stakeholder
Lukoil	Dokument zum Herunterladen: *Кодекс деловой этики* Zwei Seiten	*Эффективность* *Персонал* *Экологичность* *Социальная ответственность* *Партнерство* *Нравственность*	Aktionäre Geschäftspartner Mitarbeiter Menschen Invaliden Veteranen Kunden
Gazprom	Keine explizite Wertedeklaration im engeren Sinne		

Tabelle 2: Explizite Wertekommunikation der ausgewählten russischen Unternehmen - Ergebnisse

III.3 Kommunikation von Verhaltensnormen

Im Rahmen des Ashridge-Modells wird als drittes Hauptelement eines korporativen Mission Statement die Kommunikation der in einem Unternehmen geltenden Verhaltensnormen bezeichnet,[1] die u. a. als „policies and behavior patterns that guide how the company operate“ definiert werden.[2] Alle für die vorliegende Analyse ausgesuchten russischen Unternehmen präsentieren auf ihren Webseiten mehrere normative Dokumente, die sowohl das Handeln des Unternehmens als korporativer Akteur als auch das Verhalten bestimmter individueller Stakeholder regulieren sollten. Neben dem obligatorischen „Statut“ („устав“), der vor allem die finanzwirtschaftlichen Aktivitäten („финансово-хозяйственная деятельность“) sowie den juridischen Status der jeweiligen Aktiengesellschaft bestimmt, werden mehrere weitere Schriftstücke wie „Politiken“ („политики“), „Bestimmungen“ („положения“), „Kodizes“ („кодексы“) etc. auf den korporativen Webseiten vorgestellt. Die meisten werden entweder als Text auf der Seitenoberfläche oder als Dokument zum Herunterladen präsentiert und beziehen sich grundsätzlich auf spezifische Bereiche der Firmentätigkeit. So sind mehrere „Bestimmungen“ und „Politiken“ wie „Положение о дивидендной политике“ (Rosneft, Lukoil), „Положение об информационной политике“ (Rosneft), „Политика управления персоналом“ (Lukoil), „Положение о раскрытии информации“, „Дивидендная политика“ (Gazprom) usw. als PDF-Dokumente zum Herunterladen an unterschiedlichen Stellen der jeweiligen Internetseite zu finden. Weiteren „Politiken“, die für die unternehmerische Selbstdarstellung anscheinend eine noch wichtigere Rolle spielen, werden ganze Rubriken gewidmet. So erscheint z. B. Gazproms „Экологическая политика АОА «Газпром»” als Unterrubrik der zweiten Stufe in der R1 „Охрана природы“[3] und Lukoil deklariert hohes soziales Engagement, indem seine „Социальная политика“ auf der Webseite sogar als eine der Hauptrubriken aufgeführt wird[4].
Da es im Rahmen der vorgenommenen Untersuchung nicht möglich ist, alle diese normativen Deklarationen detailliert zu analysieren, geht es mir in diesem Unterkapitel darum, ein Dokument auszuwählen, das „am breitesten“ das Handeln des jeweiligen Unternehmens beschreibt und reguliert – d. h. es wird nach dem Schriftstück gesucht, das im Vergleich zu allen anderen die meisten Aspekte der

---

[1] Vgl. ausfühlich dazu Kapitel II.2.
[2] Vgl. Chun / Davies, (2001), S. 319.
[3] Vgl. http://gazprom.ru/nature/ecology/.
[4] Vgl. www.lukoil.ru.

Firmentätigkeit zum Thema macht.[5] Nach einer genauen Durchsicht aller auf den Webseiten vorgestellten Dokumente fiel die Wahl auf folgende fünf:[6]

- „Кодекс деловой этики ОАО "ЛУКОЙЛ"" (Lukoil)
- „Деловой кодекс", „Кодекс деловой этики" (TNK-BP)
- „Кодекс деловой этики" (Rosneft)
- „Кодекс корпоративной этики ОАО «Газпром»" (Gazprom)

Bevor die inhaltliche und sprachliche Analyse der ausgewählten Kodizes durchgeführt wird, will ich noch die Vorgehensweise sowie die Kriterien der Auswahl kurz vorstellen. Dies ist notwendig, da bei den meisten Unternehmen mindestens zwei Dokumente existieren, die mehrere Bereiche der Tätigkeit thematisieren und gleichzeitig Verhaltensregeln innerhalb dieser Bereiche aufstellen. So kann bei Gazprom und Rosneft neben den oben genannten Kodizes jeweils ein weiterer relativ vielseitig regulierender Kodex gefunden werden - „Кодекс корпоративного поведения"[7] (Rosneft) und „Кодекс корпоративного управления (поведения)"[8] (Gazprom). Ihre Existenz ist auf den im Jahre 2001/02 in Russland erschienenen „Кодекс корпоративного поведения" zurückzuführen, der von der russischen Regierung mit einem explizit deklarierten Ziel verabschiedet wurde – die Steigerung des Zuflusses inländischer und ausländischer Investitionen in die heimische Wirtschaft.[9] Daher werden in diesem vom Staat ausdrücklich als Empfehlung[10] dargestellten Dokument eher betriebswirtschaftliche Aspekte der Unternehmenstätigkeit thematisiert – die Organe der Unternehmensführung, deren Besetzung und Aufgaben; Schutz der Rechte und Interessen der Aktionäre; Dividendenpolitik; Informationspolitik usw. Dabei wird immer wieder die ethische Dimension des Handelns betont, das Unternehmen wird aber ausschließlich als Marktteilnehmer behandelt. Außerdem wird trotz seines Empfehlungscharakters der von der Regierung verfasste „Кодекс" nahezu eins zu eins von den beiden staatlichen Unternehmen inhaltlich übernommen und, obwohl nicht „kopiert" und auf der Webseite platziert, auch von den privaten fast als eine Art Gesetz interpretiert. Das

---

[5] Eine Ausnahme stellt TNK-BP dar. Bei diesem Unternehmen werden zwei Dokumente für die Analyse ausgewählt, die Erklärung folgt auf den nächsten Seiten.

[6] Die Links zu dem jeweiligen Kodex werden im nächsten Unterkapitel III.3.1 vorgestellt.

[7] Vgl. http://rosneft.ru/Investors/corpgov/.

[8] Vgl. http://gazprom.ru/investors/documents/.

[9] Vgl. http://www.fcsm.ru/ru/legislation/corp_management_study/corp_codex/.

[10] Vgl. „... *общество может разработать свой собственный кодекс корпоративного поведения в соответствии с рекомендациями настоящего Кодекса или включить отдельные его положения в свои внутренние документы.*".

ist am folgenden Beispiel aus einer Pressemitteilung von Lukoil aus dem Jahr 2011 zu sehen:

- *„В состав Совета директоров входит 2 исполнительных директора, 2 неисполнительных директора (включая председателя Совета директоров), 7 членов Совета директоров соответствуют критериям независимых директоров, установленным Кодексом корпоративного поведения, одобренным на заседании Правительства Российской Федерации 28 ноября 2001 года и рекомендованным Федеральной комиссией по рынку ценных бумаг Российской Федерации.*“[11]

Aus dem oben Skizzierten sowie aus dem Grund, dass die meisten im „Кодекс корпоративного поведения“ der beiden Unternehmen angesprochene Aspekte der Firmentätigkeit auch in ihren Ethikkodizes thematisiert werden, ist nur der jeweilige Ethikkodex Gegenstand der detaillierten empirischen Analyse in diesem Kapitel.
Ein wenig anders sieht es bei TNK-BP aus. Hier werden zwei Kodizes ausführlich untersucht, wobei die Begründung dieses Vorgehens relativ simpel ist – was die anderen Unternehmen in einem Kodex kommunizieren, nämlich einerseits abstrakt und allgemein die Hauptziele, Werte und Prioritäten des Unternehmens zu deklarieren und andererseits ziemlich konkrete Verhaltensregel aufzustellen, wird dies von TNK-BP in zwei unterschiedlichen Dokumenten gemacht. Während „Деловой кодекс”, der manchmal auf der Webseite auch „Кодекс деловой практики“ genannt wird, eher generell die Hauptfelder und -aufgaben des unternehmerischen Handelns beschreibt, werden im „Кодекс деловой этики“ vor allem „greifbare“ Verhaltensnormen formuliert. Somit ist möglicherweise auch die Tatsache zu erklären, dass gewisse inhaltliche Motive wie „Umweltschutz“ nur in einem Kodex erscheinen und andere wie „Annahme von Geschenken“ ausschließlich in dem anderen. Mehrere Themen kommen in beiden Kodizes vor, meistens allerdings unterschiedlich akzentuiert. Die grobe inhaltliche Struktur sowie einige andere Merkmale wie Umfang, Form, Zeitpunkt der Entstehung der Kodizes usw. werden im nächsten Unterkapitel ausführlicher diskutiert.
Bevor dies passiert, soll an dieser Stelle noch eine mögliche Unterscheidung zwischen „Verhaltenskodex“ und „Ethikkodex“ angesprochen werden, die für diese Untersuchung zwar nicht zentral ist, aber in der einschlägigen Literatur nicht selten diskutiert wird. Manche Autoren plädieren dafür, strikt zwischen „codes of conduct/practice“ und „codes of ethics“ zu unterscheiden und argumentieren wie

---

[11] Vgl. http://www.lukoil.ru/press.asp?id=2820.

Milton-Smith, der die Thematik eher unter einer normativen Perspektive untersucht, folgendermaßen:

- „Whereas a code of ethics will generally express the values that the organization aspires to uphold, the code of conduct outlines the behavior needed to practice them in a particular context."[12]

Viele Wissenschaftler, zu denen auch der Verfasser der vorliegenden Arbeit zählt, teilen diese Auffassung nicht, zumindest was die Empirie angeht.[13] Dies ist sowohl an mehreren bereits durchgeführten Untersuchungen als auch an den Ergebnissen dieser empirischen Analyse zu belegen. So findet man z. B. bei Betsy Stevens eine ausführliche Übersicht der Arbeiten zu „corporate ethical codes" aus den Jahren 1980-2004, bei der neben Definitionen, Zielen und Funktionen der Kodizes auch die Hauptthemen aufgelistet sind, die in diesen Dokumenten vorkommen.[14] Ein Vergleich mit den Ergebnissen von Barmeyer und Davoine, die in ihrer Studie die „codes of conduct" vieler in Deutschland und Frankreich agierender Firmen analysiert haben, zeigt, dass die in den beiden „Kodextypen" kommunizierten Themen größtenteils identisch sind.[15] Auch die Befunde der vorliegenden Arbeit demonstrieren, dass die hier untersuchten Schriftstücke, die überwiegend als „Ethikkodizes" präsentiert werden, neben Wertekommunikation sehr wohl auch konkrete Handlungsregeln formulieren – einerseits werden in fast allen Kodizes die korporativen „Missionen" oder die unternehmerischen Grundwerte explizit deklariert, andererseits werden aber auch sehr viele konkrete Regeln kommuniziert, die das Verhalten der angesprochenen Subjekte in unterschiedlichen Situationen regulieren sollen.[16] Daher ist m. E. die von einigen Autoren geforderte strikte typologische Unterscheidung nicht nachvollziehbar. Zwar haben, wie oben zu sehen ist, drei der hier ausgewählten Unternehmen sowohl explizit kreierte „Verhaltens-" als auch „Ethikkodizes", diese Erscheinung ist allerdings bei Gazprom und Rosneft auf spezifische Gegebenheiten in Russland zurückzuführen und bei TNK-BP werden die Inhalte eher umgekehrt thematisiert, als dies im oberen Zitat dargestellt wird – im „Деловой кодекс" werden vor allem die Grundprinzipien des Unternehmens kommuniziert und im „Кодекс деловой этики" werden in erster

[12] Vgl. Milton-Smith (1999), S. 23.

[13] Vgl. u. a. Pollach (2003), S. 39; Donaldson (1992) S. 61; Sanderson / Varner (1984), S. 28-29.

[14] Vgl. Stevens (2008), S. 601-602.; Stevens (1994), S. 65-67.

[15] Vgl. Barmeyer / Davoine (2008), S. 53.

[16] Vgl. die empirische Analyse in den nächsten Kapiteln, u. a. auch die Tabellen in III.3.2, in denen die thematische Gliederung der hier untersuchten Kodizes präsentiert wird.

Linie greifbare Verhaltensregeln formuliert.[17] Dass bei den russischen Unternehmen die meisten Dokumente, die das unternehmerische Handeln am breitesten beschreiben und regulieren, „Кодекс деловой/ корпоративной этики" genannt werden, ist ein interessantes Ergebnis. Es soll aber noch einmal betont werden, dass die explizite Benennung nicht das ausschlaggebende Kriterium für die Auswahl der Dokumente ist.

In der einschlägigen Literatur werden den Unternehmenskodizes mehrere Funktionen und Ziele zugeschrieben. Einerseits sind dies die (explizite) Kommunikation einer Firmenphilosophie, die Deklaration der grundlegenden Unternehmenswerte und der darauf basierenden Normen und Standards, die das konkrete Handeln von bestimmten Akteuren in bestimmten Bereichen regulieren sollten, damit letztendlich alles zusammen zu der Entstehung einer Organisationskultur beitragen kann.[18] Dies wird auch von den hier ausgewählten Unternehmen ziemlich oft so kommuniziert:

- „*В основе Кодекса лежит философия Компании, сформулированная в ее миссии, видении, корпоративных ценностях и принципах: предназначение Компании; цели, к которым она стремится; качества, которыми необходимо руководствоваться при достижении целей.*" (Rosneft, S. 4)
- „*Кодекс деловой этики – важный инструмент создания устойчивой корпоративной культуры и стройной системы корпоративных ценностей.*" (Lukoil, S. 2)
- „*Кодекс корпоративной этики (далее - Кодекс) ОАО «Газпром» (далее – «Общество») закрепляет корпоративные ценности Общества, а также определяет основанные на них и принятые в Обществе наиболее важные правила делового поведения.*" (Gazprom, S. 1)
- „*Настоящий Кодекс деловой этики (далее – Кодекс) представляет собой заявление Компании о приверженности высоким этическим стандартам. Настоящий Кодекс определяет ключевые принципы и правила этичного поведения для Компании и всех ее работников.*" (TNK-BP, „Кодекс деловой этики", S. 3)

Von vielen Forschern werden die Kodizes zudem auch als zentrale PR-Dokumente und führende Instrumente der Firmenpräsentation angesehen, die zur Verbesserung

---

[17] Vgl. die Tabellen in III.3.2.

[18] Vgl. Pollach (2003), S. 39; Sanderson / Varner (1984), S. 29; Stevens (2008), S. 601-602; Langlois / Schlegelmilch (1990), S. 522f.

der Reputation der jeweiligen Organisation dienen sollten.[19] Zu den primären Zielen des Kodex kommt also ein weiteres hinzu – die von den Unternehmen zum Zwecke der Imagepflege praktizierte Selbstdarstellung. Und zwar sowohl vor internen Stakeholdern wie Mitarbeiter, die gleichzeitig als Hauptadressaten der formulierten Verhaltensnormen aufzufassen sind, als auch vor einer breiten an der Unternehmenstätigkeit interessierten Öffentlichkeit. Letzteres kann aus der Platzierung dieser Dokumente auf den „externen" unternehmerischen Webseiten geschlossen werden. Die angestrebte Reputationspflege wird in den Kodizes auch relativ oft kommuniziert, jedoch grundsätzlich als sekundäres Ziel dargestellt bzw. als natürliche Folge des strikten Einhaltens der vom Unternehmen selbst aufgestellten Regel:

- „*Репутация и будущие успехи Компании в значительной мере зависят от соблюдения не только требований закона, но и высоких этических стандартов.*" (Rosneft, S. 3)
- „*В значительной степени репутация и успехи Компании базируются на социальной ответственности и приверженности морально-этическим нормам и правилам.*" (Lukoil, S. 8)
- „*Компания придает большое значение защите и укреплению своей репутации и стремится выстраивать внешние взаимоотношения со сторонними организациями в соответствии с принципами, установленными Кодексом деловой практики.*" (TNK-BP, „Кодекс деловой этики", S. 9)

Einzig Gazprom bezeichnet „Image" explizit als einen der grundlegenden Unternehmenswerte und fordert seine Mitarbeiter ausdrücklich auf, unterschiedliche Strategien zur Konstruktion eines positiven unternehmerischen Images anzuwenden:

- „*имидж – использование приемов и стратегий, направленных на создание позитивного мнения об Обществе*" (Gazprom, S. 4)

Wie die unterschiedlichen Ziele der Kodizes verfolgt und praktisch realisiert werden, wird in den nachstehenden Unterkapiteln ausführlich behandelt. Bevor die detaillierte inhaltliche und sprachliche Analyse der ausgewählten Kodizes in den Kapiteln III.3.3 und III.3.4 erfolgt, werden zuerst in den nächsten zwei Unterkapiteln einige formale Eigenschaften dieser Dokumente sowie deren „grobe" themati-

[19] Vgl. u. a. Sanderson / Varner (1984), S. 29; Munro (1997), S. 97; Pollach (2003), S. 17-18 sowie S. 39; Stevens (2008), S. 601-602.

sche Gliederung vorgestellt. Es wird also einerseits danach gefragt, wo sich auf der jeweiligen Webseite der entsprechende Kodex befindet, wie umfangreich er ist, wie stark visuelle Mittel bei dessen Gestaltung verwendet werden, wann er erschienen ist usw. Zudem wird im Abschnitt III.3.2 die verzeichnismäßige Aufteilung der Kodizes tabellarisch dargestellt und somit gleichzeitig gezeigt, wie die Schriftstücke inhaltlich aufgebaut sowie welche Aspekten der Unternehmenstätigkeit und welche Stakeholder am stärksten thematisiert werden, indem ihnen ganze Kodexkapitel gewidmet werden.

III.3.1 Formale Eigenschaften der untersuchten Kodizes

Alle Kodizes sind als PDF-Datei auf der entsprechenden korporativen Internetseite zu finden, wobei bei der Entscheidung für deren Platzierung generell zwei Muster zu erkennen sind. Beim ersten werden die Dokumente – relativ gut „versteckt" – nur in einer der thematisch eher konkreteren Rubriken präsentiert. So befindet sich Gazproms „Кодекс корпоративной этики" ausschließlich in der R2 „Нормативные документы" der Hauptrubrik „Акционерам и инвесторам"[20] und der Kodex von Lukoil „liegt" lediglich in der Unterrubrik der zweiten Stufe „Внутренние документы Компании" in der R1 „Корпоративное управление"[21]. Somit grenzen die beiden Unternehmen explizit nicht nur den Erscheinungsort begrifflich ein, sondern auch die primären (Online-)Adressaten dieser Kodizes – der Kodex wird ausdrücklich als internes, normatives Dokument dargestellt, den Gazprom in erster Linie an die Aktionäre und Investoren und Lukoil vor allem an die interne Stakeholder kommunizieren haben will. Ganz anders verhält sich TNK-BP, indem beide für die Analyse ausgewählte Schriftstücke in der allgemeinen Hauptrubrik „О компании" platziert und somit an eine breite Öffentlichkeit direkt adressiert werden. „Деловой кодекс" ist als Link in der inzwischen umbenannten R2 „Корпоративные ценности" zu finden[22] und für den „Кодекс деловой этики", der während des Untersuchungszeitraums auf der Internetseite erschienen ist, wurde sogar eine eigene Unterrubrik der zweiten Stufe mit dem gleichen Namen extra kreiert[23]. Zusätz-

[20] Vgl. http://gazprom.ru/investors/documents/.

[21] Vgl. http://www.lukoil.ru/static_6_5id_287_.html.

[22] Vgl. https://web.archive.org/web/20130320072206/http://www.tnk-bp.ru/company/mission/. Die R2 „Миссия и ценности" wurde im Laufe des Untersuchungszeitraums in „Корпоративные ценности" umbenannt. Inhaltlich sieht sie aber genau so aus wie vor der Umbenennung und sogar der „alte" Name ist immer noch im Link enthalten, wie man leicht erkennen kann. Vgl. dazu auch Kapitel III.1.

[23] Vgl. https://web.archive.org/web/20130530141150/http://www.tnk-bp.ru/company/codeks/.

lich wird er, zumindest bis Mitte 2013, durch eine verlinkte Abbildung sogar auf der Hauptseite des Unternehmens vorgestellt.[24] Ähnlich sieht es auch bei Rosneft aus – zwar ist sein „Кодекс деловой этики“ einmal auch in der R2 „Устав и внутренние документы“ der R1 “Акционерам и инвесторам“ neben vielen anderen normativen Dokumenten als PDF-Link in einer Tabelle aufgelistet[25], er wird aber vor allem in der Hauptrubrik „О компании“ präsentiert, und dabei sehr sichtbar und auffällig[26]. Er erscheint nämlich ganze dreizehn Mal als relativ großes Bild ziemlich zentral in allen Unterrubriken der Rubrik, die funktional am stärksten der unternehmerischen Selbstdarstellung vor einem erweiterten Publikum dient. Somit verfolgt Rosneft eine ähnliche Präsentationsstrategie seines Ethikkodex wie TNK-BP und grenzt den Adressatenkreis eigentlich nicht explizit ein. Dies ist u. a. auch daran zu sehen, dass im Unterschied zum thematisch eher eingeschränkten[27] „Кодекс корпоративного поведения“ des Unternehmens, der nur bei der Auflistung der normativen Dokumente in der Hauptrubrik “Акционерам и инвесторам“ zu finden ist, der „Кодекс деловой этики“ auch mehrmals in der primären Selbstdarstellungsrubrik erscheint. Unter dem Aspekt der Darstellung auf der Seitenoberfläche sind also die Kodizes von Rosneft und TNK-BP viel präsenter als die von Gazprom und Lukoil.

In Sachen Umfang und visuelles Design haben die russischen Unternehmen bei der Gestaltung ihrer Kodizes ziemlich heterogene Vorstellungen. Mit seinen 60 Seiten ist Lukoils „Кодекс деловой этики“ mit Abstand der längste von allen, wobei durch den absolut identischen Aufbau der jeweils vier Seiten langen Hauptkapitel[28] einerseits eine gewisse Symmetrie entsteht, andererseits wird somit nonverbal die Botschaft kommuniziert, dass für Lukoil alle Bereiche der Firmentätigkeit gleich wichtig sind. Vergleicht man nur die jeweilige Seitenzahl, sind die Kodizes der anderen Unternehmen drei bis vier Mal kürzer – Gazroms Kodex hat 17 Seiten, der von Rosneft 18 und die beiden Dokumente von TNK-BP haben eine Gesamtlänge von fast 16 Seiten[29]. Was die Wörterzahl angeht, ist der Unterschied allerdings nicht so groß. Mit ca. 7000 Wörtern beschreibt und reguliert Lukoil sein Handeln immer noch deutlich umfassender als die anderen, die Kodizes von Gazprom und Rosneft sind aber mit jeweils ca. 4500 Lexemen nicht so viel kürzer, wie die Seitenzahl

---

[24] Vgl. https://web.archive.org/web/20130530132911/http://www.tnk-bp.ru/.

[25] Vgl. http://rosneft.ru/Investors/corpgov/.

[26] Vgl. http://rosneft.ru/about/. Vergleiche auch Abbildung 10 im Kapitel III.4.1.

[27] Siehe weiter oben im Kapitel III.3.1.

[28] Nur die ersten zwei Einführungskapitel sowie der Schlusskapitel sind jeweils zwei Seiten lang. Vgl. die verzeichnißmäßige Darstellung der Kodizes im nächsten Abschnitt der Arbeit.

[29] Der allgemeinere „Деловой кодекс“ ist ca. 4 Seiten lang und der konkretere „Кодекс деловой этики“ – 12.

suggerieren könnte. Einzig TNK-BP kommuniziert seine Verhaltensnormen ein wenig knapper und kommt in seinen beiden Kodizes auf ca. 3000 Wörter[30].

Das eher disproportionale Verhältnis zwischen den oben genannten Seiten- und Wörterzahlen in den Kodizes der untersuchten Unternehmen ist vor allem auf einige Aspekte der kommunikativen Strategie von Lukoil zurückzuführen. Zum einen setzt das Unternehmen sehr stark auf visuelle Mittel - vor allem Fotos und Farbe.[31] Fast in jedem Kapitel wird ein zum präsentierten Thema passendes Foto angefügt, das von der Größe ungefähr so viel Platz wie der gesamte Text einnimmt. Zum anderen werden am Ende jedes Kapitels auf jeweils einer Seite relativ konkrete „positive" und „negative" Verhaltensnormen für die Mitarbeiter formuliert. Zur Veranschaulichung werden diese beiden Verfahren mithilfe zweier Screenshots bildlich vorgestellt:

[30] „Деловой кодекс" – ca. 1000 Wörter, „Кодекс деловой этики" – ca. 2000 Wörter

[31] Dies steht, übrigens, in einem extremen Kontrast zu den Rubriken der korprativen Webseite, bei denen wenig Farbe und fast keine Fotos vorkommen.

ОХРАНА ОКРУЖАЮЩЕЙ СРЕДЫ

Охрана окружающей среды

В своей деятельности Компания не только гарантирует полное и безусловное соблюдение всех требований действующего законодательства в области охраны природы, здоровья людей, но и всячески старается минимизировать влияние негативных факторов на людей, природные ресурсы и окружающую среду.

Принципы обеспечения эколого-экономического равновесия между производством и безопасностью окружающей среды составляют основу деятельности Компании и позволяют минимизировать финансовые и репутационные риски, выявлять проблемные вопросы на ранних стадиях и принимать наиболее эффективные решения.

Осознавая свою ответственность перед обществом, Компания рассчитывает на понимание работниками сложности и масштабности стоящих перед ней задач. Вклад Компании в сохранение благоприятной окружающей среды нацелен на:

- сокращение негативного воздействия на окружающую среду во всех сегментах бизнеса;
- увеличение коэффициента утилизации нефтяного газа;
- применение принципа «нулевого сброса» при разработке шельфовых месторождений;
- выпуск более экологичной продукции;
- рациональное использование природных ресурсов, как вовлекаемых в производство, так и находящихся в регионах деятельности Компании.

Для решения этих задач в ЛУКОЙЛе создана и успешно функционирует сертифицированная на соответствие требованиям стандарта ISO 14001 система управления охраной окружающей среды. Данная система построена в соответствии с действующим законодательством Российской Федерации и основана на лучшей отечественной и зарубежной практике.

Компания открыта к диалогу с общественностью и другими заинтересованными сторонами по вопросам охраны окружающей среды и рационального природопользования.

34 ЛУКОЙЛ Кодекс деловой этики ОАО «ЛУКОЙЛ»

Кодекс деловой этики ОАО «ЛУКОЙЛ» ЛУКОЙЛ 35

Abb. 5 Lukoil, „Кодекс деловой этики“, Kapitel „Охрана окружающей среды“

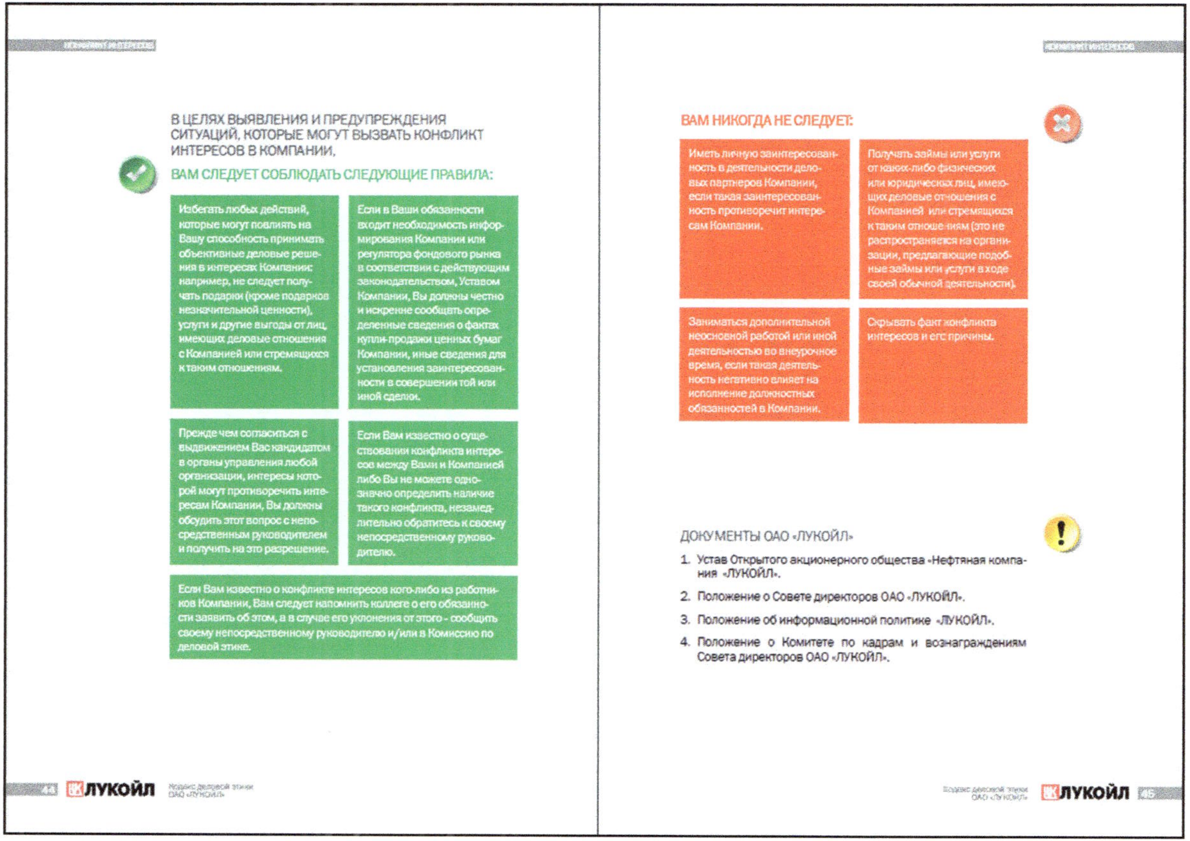

КОНФЛИКТ ИНТЕРЕСОВ

В ЦЕЛЯХ ВЫЯВЛЕНИЯ И ПРЕДУПРЕЖДЕНИЯ СИТУАЦИЙ, КОТОРЫЕ МОГУТ ВЫЗВАТЬ КОНФЛИКТ ИНТЕРЕСОВ В КОМПАНИИ,

ВАМ СЛЕДУЕТ СОБЛЮДАТЬ СЛЕДУЮЩИЕ ПРАВИЛА:

Избегать любых действий, которые могут повлиять на Вашу способность принимать объективные деловые решения в интересах Компании; например, не следует получать подарки (кроме подарков незначительной ценности), услуги и другие выгоды от лиц, имеющих деловые отношения с Компанией или стремящихся к таким отношениям.

Если в Ваши обязанности входит необходимость информирования Компании или регулятора фондового рынка в соответствии с действующим законодательством, Уставом Компании, Вы должны честно и искренне сообщать определенные сведения о фактах купли-продажи ценных бумаг Компании, иные сведения для установления заинтересованности в совершении той или иной сделки.

Прежде чем согласиться с выдвижением Вас кандидатом в органы управления любой организации, интересы которой могут противоречить интересам Компании, Вы должны обсудить этот вопрос с непосредственным руководителем и получить на это разрешение.

Если Вам известно о существовании конфликта интересов между Вами и Компанией либо Вы не можете однозначно определить наличие такого конфликта, незамедлительно обратитесь к своему непосредственному руководителю.

Если Вам известно о конфликте интересов кого-либо из работников Компании, Вам следует напомнить коллеге о его обязанности заявить об этом, а в случае его уклонения от этого - сообщить своему непосредственному руководителю и/или в Комиссию по деловой этике.

44 ЛУКОЙЛ Кодекс деловой этики ОАО «ЛУКОЙЛ»

ВАМ НИКОГДА НЕ СЛЕДУЕТ:

Иметь личную заинтересованность в деятельности деловых партнеров Компании, если такая заинтересованность противоречит интересам Компании.

Получать займы или услуги от каких-либо физических или юридических лиц, имеющих деловые отношения с Компанией или стремящихся к таким отношениям (это не распространяется на организации, предлагающие подобные займы или услуги в ходе своей обычной деятельности).

Заниматься дополнительной неосновной работой или иной деятельностью во внеурочное время, если такая деятельность негативно влияет на исполнение должностных обязанностей в Компании.

Скрывать факт конфликта интересов и его причины.

ДОКУМЕНТЫ ОАО «ЛУКОЙЛ»

1. Устав Открытого акционерного общества «Нефтяная компания «ЛУКОЙЛ».
2. Положение о Совете директоров ОАО «ЛУКОЙЛ».
3. Положение об информационной политике «ЛУКОЙЛ».
4. Положение о Комитете по кадрам и вознаграждениям Совета директоров ОАО «ЛУКОЙЛ».

Кодекс деловой этики ОАО «ЛУКОЙЛ» ЛУКОЙЛ 45

Abb. 6 Lukoil, „Кодекс деловой этики“, Kapitel „Конфликт интересов”

Abbildung 5 stammt aus dem Abschnitt „Охрана окружающей среды“ (S. 34-35) und Abbildung 6 aus „Конфликт интересов” (S. 44-45). Neben den Fotos auf dem ersten Bild ist noch so etwas wie Kommentar zu sehen, der eigentlich eine Wiederholung von bestimmten Textpassagen aus dem oben bereits Kommunizierten darstellt. Solche Wiederholungen kommen in jedem Kapitel neben den Fotos vor und sollen vermutlich die besondere Wichtigkeit des doppelt geäußerten Inhalts signalisieren. Abbildung 6 zeigt, wie die letzen beiden Seiten jedes thematischen Kapitels aussehen. Hier werden die eher „greifbaren“ Handlungsregeln aufgestellt sowie am Ende die existierenden normativen Dokumente vorgestellt, die sich auf den gerade präsentierten Aspekt der Unternehmenstätigkeit beziehen. Wie zu sehen ist, setzt Lukoil auch bei der Regelformulierung sehr stark auf visuelle kommunikative Mittel. Neben der eindeutigen „Ampelsymbolik“ – grün für das „richtige“ und somit geforderte und rot für das „falsche“ und verbotene Verhalten, werden weitere Zeichen wie ein grünes „Check“, ein rotes „X“ oder ein „!“ zusätzlich verwendet und alle Überschriften ausschließlich mit Großbuchstaben wiedergegeben. Somit sollte m. E. sowohl die Bedeutsamkeit dieser Regel unterstrichen als auch deren persuasive Kraft verstärkt werden.

Eine ganz andere Strategie wählt Gazprom bei der Kommunikation des Kodex, indem das Unternehmen bei seiner Gestaltung nicht nur auf das eher übliche Inhaltsverzeichnis, sondern fast vollständig auf besondere visuelle Mittel verzichtet, die das verbal Kommunizierte irgendwie ergänzen oder modifizieren. Drei eher unwesentliche und relativ konventionelle Verfahren können ermittelt werden - die Titel der einzelnen Kodexkapitel sind fettgedruckt und mit Großbuchstaben ausgeschrieben, die als Aufforderungen an die Mitarbeiter kommunizierten Unternehmenswerte sowie die vom Unternehmen geschätzten Qualitäten der Mitarbeiter werden bei ihrer Aufzählung fettgedruckt und die Wertbegriffe auch noch kursiv wiedergegeben. Jeweils ein Beispiel soll dies verdeutlichen:

- „**5. СОВМЕСТНАЯ РАБОТА РОДСТВЕННИКОВ**“ (Überschrift des fünften Kapitels, in dem die Zusammenarbeit von Verwandten reguliert wird; S. 8)
- „***открытость к диалогу*** – открытый и честный обмен информацией, готовность совместно выработать оптимальное решение;“ (einer der Grundwerte des Unternehmens und seine inhaltliche Füllung; S. 4)
- „**компетентность** –
  глубокие и всесторонние знания по специальности;
  высокий профессионализм;
  умение строить отношения с партнерами и коллегами;

владение смежными специальностями и наличие знаний в смежных областях“ (eine der geschätzten Qualitäten der Mitarbeiter und deren semantischer Gehalt aus Sicht des Unternehmens; S. 5)

Zwar werden durch die Fett- und vor allem durch die Kursivschrift die aufgezählten Grundwerte sowie die positiven Eigenschaften, die beim Personal erwartet werden, vom Rest des Textes visuell hervorgehoben, diese wenigen Stellen ändern nichts an der Tatsache, dass der Kodex von Gazprom eher wie ein „устав” oder ein Ausschnitt aus einem Gesetzbuch aussieht und visuell fast nichts Gemeinsames mit dem Kodex von Lukoil hat, der viel mehr wie eine Werbebroschüre konzipiert ist.
Bemerkenswert ist die völlig unterschiedliche Gestaltung der beiden Kodizes von TNK-BP. Der kürzere und allgemein-abstrakte „Деловой кодекс“ erinnert von der äußeren Erscheinungsform her sehr stark an den Kodex von Gazprom, ist jedoch noch „einfacher“ gestaltet, indem der visuelle Modus bei ihm vollständig fehlt.[32] Mit Ausnahme einiger immer in einer neuen Zeile formatierter Aufzählungen, gibt es keine einzige Stelle, die irgendwie aus dem Textfluss visuell heraussticht. Man kann zwar die fünf thematischen Hauptabschnitte des Dokuments ermitteln, die sind aber weder verzeichnismäßig als einzelne Kapitel voneinander getrennt, noch sind deren Überschriften wenigstens durch Fettschrift vom Rest des Textes hervorgehoben, womit der „Деловой кодекс“ von TNK-BP ziemlich unübersichtlich wirkt. Somit steht er im extremen Gegensatz zum viel später auf der Webseite präsentierten „Кодекс деловой этики“ des Unternehmens, der stärker auf die Vermittlung von bestimmten konkreteren Verhaltensregel abzielt. Dieser hat gleich am Anfang ein Inhaltsverzeichnis, die einzelnen Kapitel sind nicht nur durch deren Nummerierung erkennbar von einander getrennt, zudem werden mehrere verschiedene Schriftschnitte und Schriftgrößen verwendet. Der visuell-kommunikative Modus wird hier noch durch einige farbenreichen Stellen und zwei Fotos bzw. Bilder erweitert, wobei das erste, auf dem ein Mitarbeiter am Ölhahn dreht, ganz groß als Titelseite des Dokuments dargestellt wird. Somit, obwohl nicht so fotos- und farbenintensiv, ähnelt der Ethikkodex von TNK-BP in Sachen visuelle Kommunikation viel mehr dem Kodex von Lukoil als den anderen beiden bereits vorgestellten Dokumenten. Zwei Screenshots der beiden Kodizes von TNK-BP sollen auf der nächsten Seite diese Unterschiede verdeutlichen. Abbildung 7 zeigt den „Деловой кодекс“ und Abbildung 8 den „Кодекс деловой этики“:

[32] Vgl. Abbildung 7 weiter unten.

Настоящий Деловой кодекс (в дальнейшем именуемый — Кодекс) содержит описание стандартов поведения, которые позволят реализовать основные цели и принципы деятельности ТНК-ВР. В Кодексе излагаются базовые принципы корпоративного управления ТНК-ВР, обязательные для выполнения всеми сотрудниками компании.

Принципы, изложенные в Кодексе, являются соединением методов ведения бизнеса трех компаний-предшественниц — ТНК, СИДАНКО и ВР.

Настоящий Кодекс разработан для ясного и понятного изложения стратегических целей компании и предъявляемых ею требований, призванных служить основой для оценки профессиональной деятельности.

ТНК-ВР надеется, что все сотрудники компании, независимо от должности и места работы, будут хорошо знать и соблюдать положения настоящего Кодекса.

Данный Кодекс не противоречит кодексам и иным подобным документам, принятыми на сегодняшний день в ТНК и СИДАНКО — они остаются в силе до особых распоряжений.

Кодекс согласован и скорректирован руководителями высшего звена компании и состоит из трех уровней:
На первом уровне представлены пять Программных обязательств, в общих чертах излагающих стратегическую концепцию деятельности компании;
В рамках второго уровня разработаны Политики компании, в которых более подробно описываются пути реализации Программных обязательств. Они устанавливают рамки приемлемой практики для всех сфер деятельности ТНК-ВР, а также поясняют, что можно ожидать от сотрудничества с ТНК-ВР;
На третьем уровне представлены Протоколы, Производственные процедуры и Инструкции, в которых, в частности, подробно описывается выполнение Политик

Abb. 7 TNK-BP, Ausschnitt aus „Деловой кодекс“

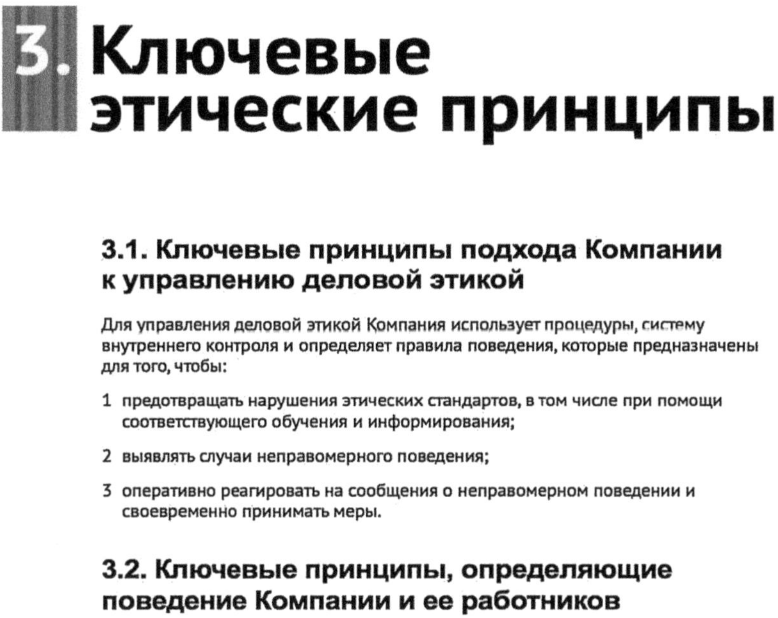

3. Ключевые этические принципы

3.1. Ключевые принципы подхода Компании к управлению деловой этикой

Для управления деловой этикой Компания использует процедуры, систему внутреннего контроля и определяет правила поведения, которые предназначены для того, чтобы:

1 предотвращать нарушения этических стандартов, в том числе при помощи соответствующего обучения и информирования;

2 выявлять случаи неправомерного поведения;

3 оперативно реагировать на сообщения о неправомерном поведении и своевременно принимать меры.

3.2. Ключевые принципы, определяющие поведение Компании и ее работников

Abb. 8 TNK-BP, „Кодекс деловой этики“, Kapitel 3

In gewisser Hinsicht kombiniert Rosnefts „Кодекс деловой этики“ in sich die formalen Merkmale der beiden davor präsentierten Typen visueller Gestaltung, wobei eine Nähe eher zu den Kodizes besteht, die durch eine stärkere Verwendung visueller Mittel gekennzeichnet sind. Das Dokument enthält überhaupt keine Bilder oder Fotos und ist hinsichtlich der Farbenvariation eher sparsam entworfen. Braun ist die Hauptfarbe des Kodex und sie wird in einigen Nuancen eingesetzt, um bestimmte, für die Selbstdarstellung anscheinend besonders wichtige Inhalte zu unterstreichen. So sind z. B. die grundlegenden Werte sowie die vier ethischen Prinzipien des Unternehmens in Hellbraun wiedergegeben und zusätzlich mit Großbuchstaben ausgeschrieben. [33] Das Dokument hat eine Deckseite, ein Inhaltsverzeichnis, die Haupt- sowie die Unterkapitelüberschriften sind immer fettgedruckt, womit der Kodex insgesamt ziemlich übersichtlich ist.

[33] Vgl. dazu die explizite Wertedeklaration von Rosneft in Kapitel III.2.2

Bevor die gerade präsentierten Ergebnisse knapp in einer Tabelle zusammengefasst werden, will ich noch auf das Erscheinungsdatum der untersuchten Kodizes hinweisen und einige damit verbundene Überlegungen vorstellen. Mit ziemlicher Genauigkeit kann ausgesagt werden, dass eines der ältesten für die vorliegende Analyse ausgewählten Dokumente Rosnefts „Кодекс деловой этики" ist, der am 31.12.2008 vom Unternehmensvorstand in Kraft gesetzt worden ist.[34] Der Kodex von Lukoil ist vom 20.07.2010 und der von Gazprom vom 30.07.2012.[35] Alle drei sind seit ihrem Entstehen bzw. bei Rosneft während des gesamten Untersuchungszeitraums auf der jeweiligen korporativen Internetseite präsent. Wann genau die beiden Kodizes von TNK-BP verabschiedet wurden, ist leider nicht möglich zu ermitteln, da das Datum weder auf den Dokumenten selbst noch irgendwo auf der Webseite ausdrücklich genannt wird. Ausgehend von einigen Unternehmensnachrichten aus der Rubrik „Медиа-центр" kann geschossen werden, dass „Деловой кодекс" schon im Jahre 2004 existiert hat und daher der älteste von allen Verhaltenskodizes ist.[36] Der war auch seit dem Beginn dieser empirischen Untersuchung auf der Webseite zu finden. Ganz anders sieht es beim „Кодекс деловой этики" von TNK-BP, da dieser erst im September 2012 in der für ihn extra kreierten Unterrubrik erschienen ist. Der Text der Unterrubrik fängt folgendermaßen an:

- „*Впервые на внешнем сайте ТНК-ВР размещен принятый в Компании Кодекс деловой этики, представляющий собой заявление Компании о приверженности высоким этическим стандартам.*"

Aus der Aussage kann nur festgestellt werden, dass der Ethikkodex erst jetzt auf der „externen" Seite platziert wird. Über die Gründe, wie lange er bereits existiert hat, und, falls doch etwas länger, warum er bis September 2012 nicht offiziell präsentiert wurde, kann nur spekuliert werden. Allerdings ist aus der gängigen Unternehmenspraxis sowie aus den Beobachtungen im Rahmen der vorliegenden Arbeit zu entnehmen, dass die meisten Dokumente dieser Art heutzutage relativ schnell auf die Internetseite gelangen, nicht zuletzt zum Zwecke der positiven unternehmerischen Selbstdarstellung. Daher kann unter gewissen Umständen

[34] Ob das Dokument wirklich am Silvester verabschiedet worden ist, kann nicht genau überprüft werden, auf der Deckseite steht folgendes - „*Утвержден решением Совета директоров НК «Роснефть» 31 декабря 2008 г.*". Wahrscheinlich wird damit gemeint, dass die im Kodex aufgestellten Regeln seit dem 01.01.2009 gelten sollen.

[35] Bei Gazprom steht das Datum auf der ersten Seite rechts oben, bei Lukoil ganz am Ende des Dokuments - auf Seite 58, rechts unten.

[36] Vgl. http://tnk-bp.ru/center/media/2004/07/5775/.

vermutet werden, dass zwischen dem Zeitpunkt des Entstehens der beiden Kodizes von TNK-BP ganze acht Jahre liegen könnten. Dies ist jedoch eher eine Vermutung und kann nicht unbestritten belegt werden.[37]

Festzuhalten bleibt, dass mit Ausnahme von TNK-BP die anderen russischen Unternehmen erst in den letzten 7-8 Jahren solche Dokumente verabschiedet haben, die die unterschiedlichsten Aspekte der Firmentätigkeit beschreiben und dabei das Verhalten von korporativen, kollektiven und individuellen Akteuren regulieren sollten. Zwar hatten Gazprom und Rosneft seit 2002 bzw. 2006 ihren jeweiligen „Кодекс корпоративного поведения", die Gründe dafür wurden aber oben schon genannt. Außerdem thematisieren diese beiden ersten Kodizes v. a. ökonomische Aspekte des unternehmerischen Handelns sowie die Rechte und Pflichten einzelner Stakeholder wie Aktionäre oder Führungskräfte. Die Tatsache, dass die meisten für die vorliegende Untersuchung ausgesuchten Dokumente erst ab 2008/09 erschienen sind, könnte leicht die Interpretation hervorrufen, dass deren Erscheinung mit dem Ausbruch der globalen Finanzkrise etwas zu tun haben könnte. Allerdings glaube ich viel mehr daran, dass diese Kodizes in ihrer thematischen Breite eher das (zumindest verbal) angestrebte stärkere Einbinden des Stakeholder-Ansatzes in die russische Organisationskultur repräsentieren sollten. Damit wollen sich die russischen Unternehmen ganz im Sinne des modernen „unternehmensphilosophischen Zeitgeistes" als sozial engagierte Akteure zeigen, die nicht nur an Profit und das Wohlergehen der Shareholder denken. Um dies mit absoluter Sicherheit behaupten zu dürfen, sollten zunächst im Rahmen einer breit angelegten vergleichenden Studie die Kodizes vieler internationaler Unternehmen (diachronisch) untersucht werden. Jedoch lassen die Ergebnisse der einzelnen am Anfang des Kapitels III.3 präsentier-

[37] Nachdem im Oktober 2012 „Деловой кодекс" von der unternehmerischen Webseite verschwunden war, habe ich mehrmals mit der Presseabteilung von TNK-BP Kontakt per Telefon aufgenommen, um sowohl das Verschwinden des einen Kodex als auch alle meine offenen Fragen zu den beiden Kodizes zu stellen. Eine Mitarbeiterin des Unternehmens hat mir versichert, dass trotz seines momentanen Fehlens online, das sie auf technische „Umstrukturierungen" zurückgeführt hatte, der „Деловой кодекс" immer noch im Unternehmen gilt und bald wieder auf der Internetseite erscheinen wird. Zusätzlich hat sie mir erzählt, dass der neue Kodex den alten nicht ersetzt, sondern ergänzt, was auch meine Vermutung und gleichzeitig Auswahlkriterium war. Den genauen Zeitpunkt des Entstehens von „Кодекс деловой этики" konnte die Mitarbeiterin nicht benennen, vermutete aber, dass er im Jahre 2012 verabschiedet wurde. Für die vorliegende Analyse ist aber vor allem wichtig, dass beide Kodizes gleichzeitig gelten, was u. a. auch daran festzustellen ist, dass man sich an mehreren Stellen im neuen Kodex auf den alten bezieht. Festzuhalten bleibt, dass „Деловой кодекс" über den ganzen Untersuchungszeitraum Teil der Webseite war und „Кодекс деловой этики" erst im September 2012 online präsentiert wurde.

ten Arbeiten im Bereich Ethik- und Verhaltenskodizes so eine Vermutung durchaus zu.

Das interessante Phänomen, dass alle ab 2008 erschienenen Dokumente explizit „Ethikkodizes“ genannt werden, könnte vielleicht auf die aktuelle Wirtschaftskrise zurückgeführt werden. Auf jeden Fall wird es der positiven unternehmerischen Selbstdarstellung nicht schaden, wenn in schwierigen Zeiten, die von dem „falschen“ Handeln der großen internationalen Korporationen gezeichnet sind, das „Richtige“ schon im Titel des Dokuments kommuniziert wird. Damit könnte im Falle von TNK-BP auch das viel spätere Erscheinen des „Кодекс деловой этики“ erklärt werden, der die im „Деловой кодекс“ schon stark präsente ethische Thematik weiter ausführt.

Bevor die inhaltliche Aufteilung der einzelnen Kodizes im nächsten Unterkapitel detailliert präsentiert wird, sollen auf der nächsten Seite zunächst die gerade vorgestellten empirischen Ergebnisse in tabellarischer Form knapp zusammengefasst werden. Die Legende der verwendeten Abkürzungen befindet sich direkt unter der Tabelle, die aus insgesamt sechs Spalten besteht. Die ersten beiden bezeichnen das jeweilige Unternehmen sowie den Namen des ausgesuchten Dokumenten. In der dritten Spalte wird gezeigt, wo sich der Kodex auf der Webseite befindet. Die Spalten vier und fünf präsentieren den Umfang der Kodizes mit Seiten- und Wörterzahl sowie den ganz groben Aufbau der Dokumente. In der letzten Spalte wird nochmal kurz zusammengefasst, ob bzw. welche visuelle kommunikative Mittel bei der Gestaltung der Kodizes verwendet werden.

	Name	Platzierung	Umfang	Struktur	Visuell
L	*Кодекс деловой этики*	PDF-Link in der R2 „Внутренние документы Компании“	60 Seiten ca. 7000 Wörter	Titelseite Inhaltsverzeichnis 16 Hauptkapitel	viele Fotos insgesamt farbenreich
R	*Кодекс деловой этики*	Abbildung in allen Unterrubriken der R1 „О компании“	17 Seiten ca. 4500 Wörter	Titelseite Inhaltsverzeichnis 5 Hauptkapitel mit Unterkapiteln	keine Fotos wenig Farbe
T	*Деловой кодекс*	PDF-Link in der R2 „Корпоративные ценности“	ca. 4 Seiten ca. 1000 Wörter	keine Titelseite kein Inhaltsverz. keine Kapitelunterteilung	visueller Modus fehlt vollständig
T	*Кодекс деловой этики*	R2 in R1 „О компании“ Abb. auf der Hauptseite	12 Seiten ca. 2000 Wörter	Titelseite Inhaltsverzeichnis 6 Hauptkapitel mit Unterkapiteln	zwei Bilder; farbige Stellen
G	*Кодекс корпоративной этики*	PDF-Link in R2 „Нормативные документы“	18 Seiten ca. 4500 Wörter	Titelseite kein Inhaltsverzeichnis 18 Hauptkapitel	nonverbaler Modus fehlt fast vollständig

Tabelle 3: Formale Eigenschaften der untersuchten Kodizes

Abkürzungen: U – Unternehmen; L – Lukoil; R – Rosneft; T – TNK-BP; G – Gazprom; R1 – Hauptrubrik/Rubrik der ersten Stufe; R2 – Unterrubrik der zweiten Stufe

III.3.2 Thematische Gliederung der Kodizes

In diesem Abschnitt wird die verzeichnismäßige Struktur der ausgewählten Kodizes dargestellt und dabei in erster Linie gefragt, wie die Dokumente inhaltlich gegliedert sind sowie welchen Aspekten der Firmentätigkeit und welchen Stakeholdern überschriftmäßig ganze Kodexkapitel gewidmet werden. Dadurch wollen die Unternehmen natürlich bestimmte Themen und/oder Akteure ausdrücklich hervorheben – zum einen ausgewählte Bereiche ihrer Tätigkeit, in denen die strikte Regelbefolgung besonders wichtig ist, und zum anderen die Akteure, die im Zuge der unternehmerischen Aktivitäten stärkere Beachtung finden. All dies unterstützt selbstverständlich auch die positive Selbstdarstellung der Organisationen, und zwar sowohl vor einem breiten Publikum als auch und besonders vor den extra in den Kapitelüberschriften erwähnten Stakeholdern. Für ein besseres Verständnis der nachfolgenden Ausführungen soll zuerst auf den nächsten Seiten der nach Kapiteln eingeteilte Aufbau der untersuchten Kodizes tabellarisch vorgestellt werden.

Обращение Президента ОАО «ЛУКОЙЛ» В. Ю. Алекперова
Введение
Миссия и ценности Компании
Отношения с акционерами
Отношения с инвесторами
Отношения с работниками
Отношения с государственными органами и общественными организациями
Охрана труда, промышленная безопасность
Личная безопасность
Охрана окружающей среды
Раскрытие информации и инсайдеры
Конфликт интересов
Отношения с деловыми партнерами
Сохранение активов Компании
Соблюдение Кодекса деловой этики и ответственность за его нарушение
Комиссия по деловой этике

Tabelle 4: Lukoil, „Кодекс деловой этики“, Kapitelverzeichnis

Введение
1. Миссия и корпоративные ценности
2. Взаимоотношения общества и работников, охрана труда
3. Защита окружающей среды
4. Конфликт интересов
5. Совместная работа родственников
6. Подарки
7. Использование активов и ресурсов Общества. Обращение с информацией
8. Отношение с конкурентами и контрагентами
9. Отношения с акционерами и инвесторами
10. Взаимоотношения с государством и обществом
11. Противодействие коррупции
12. Отношения с подконтрольными юридическими лицами
13. Корпоративный имидж и стиль
14. Требования к личному поведению
15. Механизм применения кодекса
16. Ответственность
17. Заключительные положения
Приложение

Tabelle 5: Gazprom, „Кодекс корпоративной этики“, Kapitelverzeichnis[38]

[38] Die Nummerierung der thematischen Abschnitte wird nur dann angegeben, wenn die einzelnen Kapitel bzw. Unterkapitel von den Unternehmen selbst mit Nummern versehen werden. Dies ist bei den Kodizes von Gazprom und Rosneft sowie beim „Кодекс деловой этики“ von TNK-BP der Fall.

I. Введение
II. Философия Роснефти
III. Стандарты делового поведения
3.1. Взаимодействие Компании с ее дочерними и зависимыми обществами (ДО)
3.2. Правила делового поведения сотрудников между собой и во взаимоотношениях с внешними сторонами
3.2.1. Взаимная ответственность Компании и ее сотрудников
3.2.2. Общие правила взаимодействия в Компании
3.2.3. Дополнительные правила для руководителей и должностных лиц Компании и ее ДО
3.2.4. Защита собственности и ресурсов Компании
3.2.5. Охрана труда, техника безопасности и защита окружающей среды
3.2.6. Соблюдение конфиденциальности
3.2.7. Действия в ситуации конфликта интересов
3.2.8. Подарки или иная выгода
3.2.9. Ведение финансовой отчетности и управленческого учета
3.3. Взаимоотношения Компании и внешних заинтересованных сторон
3.3.1. Акционеры и инвесторы
3.3.2. Российское общество
3.3.3. Государство
3.3.4. Деловые партнеры
3.3.5. Конкуренты
IV. Применение Кодекса
4.1. Соблюдение норм Кодекса
4.2. Система исполнения
V. Заключительные положения
5.1. Принятие Кодекса
5.2. Изменение и дополнение Кодекса

Tabelle 6: Rosneft, „Кодекс деловой этики“, Kapitelverzeichnis

1 Общие положения
2 Применение Кодекса
3 Ключевые этические принципы
3.1 Ключевые принципы подхода Компании к управлению деловой этикой
3.2 Ключевые принципы, определяющие поведение Компании и ее работников
4 Правила этичного поведения
4.1 Противодействие взяточничеству, коррупции и стимулирующим платежам за упрощение формальностей
4.2 Управление конфликтами интересов
4.3 Деловые подарки, развлечения и гостеприимство
4.4 Органы государственной власти и сообщества
4.4.1 Взаимодействие с органами государственной власти
4.4.2 Участие в жизни общественности
4.4.3 Участие в политической деятельности
4.4.4 Выплаты государственным органам
4.5 Внешние связи
4.6 Честная конкуренция
4.7 Операции с использованием инсайдерской информации
4.8 Защита активов Компании и финансовая целостность
4.8.1 Интелектуальная собственность, конфиденциальность
4.8.2 Система внутреннего контроля и аудита
5 Пропаганда добросовестности на рабочем месте
6 Мониторинг и обзор результатов деятельности
Приложение. Глоссарий

Tabelle 7: TNK-BP, „Кодекс деловой этики“, Kapitelverzeichnis

Einführender Teil
Этика ведения бизнеса
Сотрудники
Отношения со сторонними организациями
Безопасность, охрана здоровья и окружающей среды
Контроль и финансы

Tabelle 8 TNK-BP, „Деловой Кодекс", Kapitelverzeichnis[39]

Wie zu sehen ist, werden die Kodizes nicht identisch aufgebaut. Einige wie die von Gazprom und Lukoil bestehen ausschließlich aus Hauptkapiteln, bei anderen wird eine Tiefenstruktur kreiert, indem Unterkapitel der ersten und der zweiten Stufe eingeführt werden – bei Rosneft und im „Кодекс деловой этики" von TNK-BP. Man könnte behaupten, dass die beiden letztgenannten Unternehmen in den Abschnitten mit mehreren Unterkapiteln[40] die konkreten Verhaltensregeln in ausgewählten Handlungsbereichen kommunizieren sowie ihre wichtigsten Stakeholder ansprechen und in den restlichen Abschnitten eher allgemeine Aspekte der Firmentätigkeit thematisieren. Letztere Unterscheidung ist eigentlich auch bei Gazprom und Lukoil zu beobachten, allerdings wird diese nicht durch eine explizite Unterteilung der Kapitel markiert. Somit können in den untersuchten Dokumenten inhaltlich zwei Kapiteltypen unterschieden werden. Einerseits – die thematisch konkreteren Abschnitte, in denen bestimmte Aspekte der Unternehmenstätigkeit, die involvierten Akteure sowie die in der Organisation geltenden greifbaren Verhaltensnormen präsentiert werden. Und andererseits – die eher allgemeinen Abschnitte, in denen die Kodizes selbst, deren Ziele und Funktionen, die grundlegenden Werte und Prinzipien des Unternehmens, die Mechanismen der Umsetzung des Kodex etc. dargestellt werden. Der zweiten Gruppe gehören also Kapitel wie „Введение", „Общие положения", „Применение кодекса", „Ключевые этические принципы", „Миссия и ценности Компании" usw. an. Zu der ersten Gruppe, die logischerweise umfangreicher ist, zählen dementsprechend solche Kapitel wie „Отношения с акционерами", „Конфликт интересов", „Подарки или иная выгода", „Сотрудники" oder „Выплаты государственным органам".

Oben wurde bereits festgestellt, dass bei allen ausgewählten Unternehmen „Ethik" als thematisches Aushängeschild der verhaltensregulierenden Kodizes fungiert –

[39] Der „Деловой кодекс" von TNK-BP ist an sich nicht explizit in Kapiteln gegliedert, trotzdem kann man bei ihm so etwas wie einen einführenden Teil ermitteln, nach dem dann die fünf Hauptbereiche der Unternehmenstätigkeit als „Quasikapitel" präsentiert werden.

[40] Bei Rosneft wäre das Hauptkapitel III., bei TNK-BP Hauptkapitel 4.

vier Mal erscheint der wertende Begriff im Titel der Dokumente und ein weiteres Mal wird „Этика ведения бизнеса“ als einer der fünf Hauptaspekte der Firmentätigkeit im „Деловой кодекс” von TNK-BP dargestellt. Sowohl einige der allgemeinen als auch mehrere der konkreten Kapitel kommen ebenso bei allen oder wenigstens bei drei der vier Unternehmen vor.[41] So haben alle Kodizes eine „Einführung“ oder zumindest einen einführenden Teil, die meisten enthalten auch allgemeine Schlussbestimmungen und/oder die vorgesehenen Mechanismen der Anwendung bzw. der Einhaltung des jeweiligen Kodex. Drei der Unternehmen – Lukoil, Gazprom und Rosneft – deklarieren darin explizit auch ihre Mission und die grundlegenden Unternehmenswerte, wobei Gazprom und Lukoil dafür extra ein gleichnamiges Kapitel kreieren und Rosneft dies im Hauptabschnitt „II. Философия Роснефти“ tut. Im gleichen Abschnitt, der in dieser Form nur bei Rosneft vorkommt, präsentiert das Unternehmen neben einer kurzen Vision auch seine ethischen Grundprinzipien, die als eine Art zweite, jedoch viel konkreter formulierte, „Wertedeklaration“ aufzufassen sind. Solche „ethische Schlüsselprinzipien“ werden auch von TNK-BP im „Кодекс деловой этики“ kommuniziert, allerdings deutlich präsenter, da sie als eigenes Hauptkapitel des Dokuments aufgeführt werden. Weitere erwähnenswerte Punkte allgemeinen Charakters kommen entweder vereinzelt oder in maximal zwei der Kodizes ausdrücklich als Hauptabschnitte vor. So wird bei Lukoil und Gazprom der Begriff der „Verantwortung“ explizit in der Kapitelüberschrift kommuniziert, wobei hier eher „das traditionelle, am Akt des Antwortens gegenüber einer Verantwortungsinstanz orientiere GERICHTSMODELL“[42] der Verantwortung gemeint ist. Somit werden direkt auch die damit zusammenhängenden möglichen Sanktionen für „verantwortungsloses“ Handeln angesprochen, was an der Formulierung Lukoils deutlich zu sehen ist – „*Соблюдение Кодекса деловой этики и ответственность за его нарушение*“.[43] Zwei der Kodizes haben einen Anhang – bei Gazprom ist er eine zusätzliche schriftliche Verpflichtung der Führungskräfte zum strikten Einhalten der aufgestellten Regel[44], bei TNK-BP stellt der Anhang ein „Глоссарий“ dar, der die anscheinend wichtigsten Begriffe definieren soll, die im Kodex vorkommen. Als letzte besondere Erscheinung unter den allgemeinen Kapiteln soll hier Vagit Alekperovs einführende

[41] Wenn es darum geht, ob die Unternehmen in ihren Dokumenten bestimmte Themen und/oder Akteure ansprechen, werden hier die beiden sich ergänzenden Kodizes von TNK-BP grundsätzlich als eine Einheit aufgefasst. Wie bisher, wird auch im Weiteren auf relevante Unterschiede zwischen den beiden Dokumenten sowie auf interessante Besonderheiten des jeweiligen Kodex explizit hingewiesen.

[42] Vgl. Kuße (2015); sowie Kuße (2012a), S. 303-308; Kuße (2014), S. 111f.

[43] Das Konzept „Verantwortung“ wird im nächsten Kapitel ausführlich behandelt.

[44] Die „Dimensionen der Verpflichtung“ werden ebenfalls im nächsten Kapitel diskutiert.

Ansprache erwähnt werden, die als solche nur bei Lukoil zu finden ist. Die zwei Seiten lange persönliche Botschaft des Firmenpräsidenten, die teilweise sehr pathetisch formuliert ist, soll dem Kodex eine menschliche Note verleihen, wodurch das Dokument auf den ersten Blick weniger als ein striktes Regelmanifest aussieht, sondern vielmehr eine Mischung aus einer Werbebroschüre des Unternehmens und einem Teambuilding-Heft darstellt.

Die konkreteren Kodexkapitel könnten generell danach unterschieden werden, ob sie in ihren Überschriften eher gewisse Aspekte der Unternehmenstätigkeit wie „Umgang mit Informationen", „Kontrolle und Finanzen", „Umweltschutz" etc. oder aber die unterschiedlichen Stakeholder des Unternehmens wie z. B. „Aktionäre" oder „Geschäftspartner" ausdrücklich zum Thema machen. So eine Unterscheidung ist allerdings bedingt und nur in Bezug auf die explizite Benennung der einzelnen Abschnitte möglich, da bei der Darstellung der meisten Bereiche des unternehmerischen Handelns oft auch bestimmte Akteure impliziert werden. Trotzdem ist es interessant zu sehen, ob durch die lexikalische Auswahl in den Kapitelnamen ihrer Dokumente die russischen Unternehmen eher ausgewählte Aspekte der Firmentätigkeit oder konkrete Stakeholder explizit hervorheben.

Wenig überraschend ist das Ergebnis, dass alle Unternehmen in mehreren Kapiteln ihrer Kodizes direkt oder indirekt die „Mitarbeiter" als zentrale Stakeholder identifizieren und ansprechen, wobei mindestens ein Abschnitt jedes Kodex die Begriffe „*работники*" oder „*сотрудники*" schon im Titel enthält. Diese Erscheinung ist sowohl auf die Spezifik der untersuchten Dokumente als auch auf die heterogene Rolle der Mitarbeiter im Rahmen des unternehmerischen Handelns zurückzuführen. Sie sind einerseits die Hauptadressaten der in den Kodizes aufgestellten Regeln und somit zu einem bestimmten Verhalten verpflichtete Subjekte, die das abstrakte Wesen „Unternehmen" in seiner Interaktion mit anderen Akteuren repräsentieren. Gleichzeitig sind die Mitarbeiter aber selbst Stakeholder, die von der Tätigkeit des korporativen Akteurs „Unternehmen" sehr stark betroffen sind. D. h. das unternehmerische Handeln kann generell als individuelles, auf der Ebene des einzelnen Mitarbeiters, oder als abstrakteres korporatives Handeln dargestellt werden. Im zweiten Fall sind die Mitarbeiter stärker als Stakeholder der Organisation mit ihren Rechten, Pflichten und Privilegien verstanden, die als individuelle Subjekte vom korporativen Akteur „Unternehmen" losgelöst sind, was auch an solchen Überschriften wie „Отношения с работниками" gut zu sehen ist. Auch ohne den Text gelesen zu haben ist es relativ klar, dass Kapitel wie z. B. „Охрана труда" oder „Личная безопасность" ebenfalls Themen ansprechen, die sich vor allem auf das Firmenpersonal beziehen. In der vorliegenden Untersuchung und besonders bei der Analyse der Firmenkodizes ist diese mehrdimensionale

Beziehung „Unternehmen - Mitarbeiter“ von besonderem Interesse, da das Unternehmen bei seiner verbalen Selbstdarstellung die Wahl hat, das Handeln sowohl als individuelles als auch als korporatives zu präsentieren. Vor allem ist dabei interessant zu ermitteln, wer in den Kodizes in welchen Situationen und Bereichen als handelndes Subjekt mit all seinen Aufgaben und Verpflichtungen vorgestellt wird, wer wofür Verantwortung übernimmt und nicht zuletzt, wer bei „falschem“ Handeln zur Verantwortung gezogen werden könnte. Auf diese Problematik gehe ich im nächsten Kapitel näher ein.

Auch weitere, v. a. externe, Anspruchsgruppen werden von fast allen Unternehmen in den Kapitelüberschriften ihrer Kodizes mehr oder weniger direkt angesprochen. So widmen Gazprom, Lukoil und Rosneft den „Geschäftspartnern“ ganze Kodexabschnitte und bei TNK-BP gehören „деловые партнеры“ zu den Akteuren, die im Hauptkapitel „Отношения со сторонними организациями“ des „Деловой Кодекс” besonders akzentuiert werden. Noch häufiger und präsenter werden von den russischen Unternehmen die Beziehungen zum Staat bzw. zu den staatlichen Organisationen thematisiert. Dies wäre aufgrund der Eigentumsverhältnisse bei Gazprom und Rosneft zu erwarten, jedoch wird von beiden die besondere Rolle des Staates kaum betont. Nur Rosneft erwähnt diese am Anfang des entsprechenden Kapitels ganz knapp in einer eher merkwürdige Äußerung, in der die Staatsbeteiligung als „indirekt“ und nur als „Kapitalanteil“ dargestellt wird, um somit vermutlich die politische Entscheidungsdimension abzuschwächen – *„...в связи с косвенным участием Российской Федерации в капитале Компании и стремится быть образцом правовых и этических обязательств...*“ (S. 13). Auch die zwei privaten Unternehmen und besonders TNK-BP schenken in einigen ihrer Kodexabschnitten den Beziehungen zum Staat größere Aufmerksamkeit. Bemerkenswert ist auch die teilweise sehr stark gekoppelte Thematisierung der Stakeholder „Staat“ und „Gesellschaft“. Drei der Unternehmen – Gazprom, Lukoil und TNK-BP im „Кодекс деловой этики“ – akzentuieren die Beziehungen zu den beiden im Titel des jeweils selben Hauptkapitels, wobei TNK-BP dann wenigstens in gesonderten Unterkapiteln die Themen weiter behandelt. Nur Rosneft trennt beide Bereiche schärfer, indem das Unternehmen dafür zwei verschiedene Kapitel „Российское общество“ und „Государство“ im Abschnitt 3.3 „Взаимоотношения Компании и внешних заинтересованных сторон“ kreiiert.

Weitere Anspruchsgruppen, die ziemlich oft ausdrücklich angesprochen werden, sind die Aktionäre und die Investoren, die zu den streng ökonomischen Stakeholdern jeder Aktiengesellschaft gehören. Vermutlich, um deren Wichtigkeit zu unterstreichen, widmet Lukoil jeder dieser Gruppen sogar ein eigenes Hauptkapitel, Rosneft und Gazprom begnügen sich damit, die Beziehungen zu den beiden im glei-

chen Abschnitt zu beschreiben und zu regeln. Ein wenig überraschend ist die Tatsache, dass bei TNK-BP diese eigentlich zentralen Stakeholder jedes globalen Marktakteurs nicht nur ohne gesondertes Kapitel bleiben, sondern die Aktionäre und Investoren auch mit keinem einzigen Wort in den beiden Dokumenten des Unternehmens explizit erwähnt werden. Dass diese zwei Anspruchsgruppen für TNK-BP doch wichtig sind, bestätigt die Existenz einer ziemlich ausführlichen Hauptrubrik der Webseite mit dem gleichen Namen.[45] Wieso aber TNK-BP die Aktionär- und Investorenbeziehungen in den Verhaltenskodizes nicht ausdrücklich beschreibt und reguliert oder sie wenigstens kurz erwähnt, bleibt unklar.
Auch der Faktor „Konkurrenz" wird von den ausgewählten russischen Unternehmen oft in den Überschriften der Dokumente angesprochen, allerdings unterschiedlich kommuniziert und akzentuiert. Während die aufgrund ihrer Eigentumsstruktur in Russland eigentlich (fast) konkurrenzlosen Rosneft und besonders Gazprom die Beziehungen zu den „Konkurrenten" als Stakeholder und somit auch konkrete marktwirtschaftliche Akteure in speziellen Kodexabschnitten präsentieren, beschäftigt sich TNK-BP in seinem „Кодекс деловой этики" eher mit der Erscheinung „Konkurrenz" an sich und plädiert mithilfe des attributiven Wertes „честность" schon im Titel des entsprechenden Kapitels für „ehrliche Konkurrenz" – „Честная конкуренция". Rosneft widmet den Konkurrenten ein ganzes Unterkapitel im oben bereits erwähnten Abschnitt 3.3., in dem das Unternehmen seine Beziehungen zu den fünf anscheinend wichtigsten externen Anspruchsgruppen beschreibt. Gazprom macht es ein wenig unkonventionell und thematisiert die Verhältnisse zu den Konkurrenten, den eigentlichen „Gegenspielern", und zu den Geschäftspartnern im selben Kapitel – „8. Отношение с конкурентами и контрагентами", wobei „контрагент" im (Wirtschafts-) Russischen im Gegensatz zum deutschen „Kontrahent" ausschließlich „Geschäftspartner" und nicht „Rivale" heißt. Diese Erscheinung könnte auf die Monopolstellung von Gazprom sowohl im Inland als auch bei den russischen Gasexporten zurückgeführt werden. Das eigentliche Fehlen einer Konkurrenz im marktwirtschaftlichen Sinne führt vielleicht dazu, dass in der Vorstellung Gazproms die Begriffe „конкурент" und „контрагент" verschmolzen sind. Lukoil dagegen beschäftigt sich in seinem Kodex mit dem Thema nicht so ausführlich wie die anderen und erwähnt die „Konkurrenz" einige Male ziemlich knapp, wobei wieder wie bei TNK-BP v. a. der Aspekt der „ehrlichen Konkurrenz", der die privaten Unternehmen anscheinend stärker beschäftigt, im Fokus steht - „*Компания выступает за честную конкурентную борьбу...*" (S. 46).

[45] Vgl. https://web.archive.org/web/20130522224501/http://www.tnk-bp.ru/investors/.

Erwähnenswert ist noch die Tatsache, dass die korporativen „Kunden/Konsumenten“, die in den expliziten Missionen der Unternehmen noch als die wichtigsten Stakeholder dargestellt wurden[46], kein gesondertes Kapitel in den Kodizes bekommen. Zwar kommen „клиенты“ und „потребители” gelegentlich in den Texten vor, können aber in ihrer Erscheinungsfrequenz nicht mit anderen Anspruchsgruppen wie z. B. die Aktionäre konkurrieren. Zudem werden die Kunden meistens als „Geschäftspartner“ und nicht wie in den Missionen v. a. als „Menschen“ präsentiert. Die eher knappe Thematisierung der Konsumenten könnte jedoch mit der Art der untersuchten Dokumente und zugleich mit dem Typ der ausgewählten Unternehmen zusammenhängen, da es sich hier in erster Linie um Verhaltensregeln für die Mitarbeiter handelt, die einen weniger intensiven Kontakt zu den (End)Kunden haben, wie beispielweise die Mitarbeiter einer Bank oder eines Einzelhandelsgeschäfts.

Bei den Kapiteln, die überschriftmäßig nicht konkrete Akteure, sondern primär bestimmte Aspekte der Firmentätigkeit thematisieren, können sowohl ein paar allgemeine Tendenzen als auch einige interessante unternehmensspezifische Besonderheiten ermittelt werden. Die bei allen russischen Unternehmen vorkommenden Abschnitte „Arbeits-“ bzw. „Gesundheitsschutz“, die sich grundsätzlich auf das Wohlergehen der Mitarbeiter als Stakeholder beziehen, wurden oben bereits erwähnt. Teilweise werden diese Themen mit den eher allgemeineren Aspekten „Betriebssicherheit“ und „Umweltschutz“ im selben Abschnitt behandelt, wobei nur Gazprom und Lukoil ein gesondertes Kapitel „Защита/Охрана окружающей среды“ haben. Dabei ist „Betriebssicherheit“ eigentlich das Motiv, das alle diese Kapitel inhaltlich verbindet. Bei „Betriebssicherheit“ und „Umweltschutz“ geht es natürlich in erster Linie direkt oder indirekt um das Erhalten einer sauberen Umwelt. Gleichzeitig wird aber in den Texten auch das Wohlergehen, u. a. die Gesundheit, diverser individueller oder kollektiver Akteure angestrebt - Mitarbeiter, Kunden, die Einwohner der Regionen der Tätigkeit, die russische Gesellschaft als Ganzes etc. Somit wird in diesen thematischen Abschnitten mithilfe solcher Oberbegriffe wie „охрана“, „защита“ „безопасность“ explizit als eine der obersten Prioritäten der Unternehmen die „Bewahrung positiver (sozialer) Werte“ wie „Umwelt“, „Gesundheit“ und sogar „Menschenleben“ kommuniziert.

Diese „Schutz- und „Sicherheitssemantik“ zieht sich gleichsam wie ein roter Faden durch die meisten weiteren Kapitel der untersuchten Kodizes, wobei sie sprachlich teilweise schon in den Überschriften realisiert wird. So regeln alle Unternehmen den Umgang mit den eigenen Ressourcen, Aktiva und Eigentum in extra dafür kreierten Kapiteln, die größtenteils den „Schutzaspekt“ im Titel explizit enthalten:

---

[46] Vgl. Kapitel III.1.2.

- „Сохранение активов Компании“ (Lukiol)
- „Защита собственности и ресурсов Компании“ (Rosneft)
- „Защита активов Компании и финансовая целостность“ (TNK-BP, „Кодекс деловой этики“)

Aber auch in anderen Kapiteln, die zwar sprachlich unterschiedlich formuliert sind, dennoch bei allen Unternehmen explizit vorkommen, ist die „Sicherheits- und Schutzsemantik“ sehr stark impliziert. Es geht um die Abschnitte, in denen Themen wie „Umgang mit (Insider) Informationen“ oder „Interessenskonflikt“ behandelt werden. Dabei stehen grundsätzlich die Interessen und Rechte des korporativen Akteurs „Unternehmen“ sowie mancher enger ökonomischer Stakeholder wie Aktionäre und Investoren im Mittelpunkt. Zusätzlich wird ziemlich streng geregelt, wie man mit vertraulichen Informationen umgehen sollte, um den Ansprüchen solch wichtiger Gruppen gerecht zu werden. Das Thema „Vertraulichkeit“, in dessen Semantik „Sicherheit“ und „Schutz“ ebenfalls als zentrale Bausteine enthalten sind, kommt jedoch nur in zwei Kodizes als Kapitelüberschrift ausdrücklich vor – in „3.2.6. Соблюдение конфиденциальности“ bei Rosneft und in „4.8.1 Интелектуальная собственность, конфиденциальность“ bei TNK-BP im „Кодекс деловой этики“.
Weitere Aspekte, die relativ oft schon im Titel der Dokumente angesprochen werden, sind die „Annahme von Geschenken“ und das eher allgemeinere, aber dennoch mit den „Geschenken“ inhaltlich stark zusammenhängende, Thema „Korruption“. Außer Lukoil, der dies übrigens auch an einigen Stellen im Kodex erwähnt, widmen alle Unternehmen der „Annahme von Geschenken im Rahmen der Geschäftstätigkeit“ ein gesondertes Kapitel, wobei Rosneft und TNK-BP diesen ganzen Bereich viel weiter fassen, indem sie die materiell gedachten „Geschenke“ durch „sonstigen Nutzen“, „Gastfreundschaft“ und „Unterhaltung“ ergänzen:

- „Подарки“ (Gazprom)
- „Подарки или иная выгода“ (Rosneft)
- „Деловые подарки, развлечения и гостеприимство“ (TNK-BP, „Кодекс деловой этики“)

Das allgemeinere Thema „Korruption“ wird zwar in allen Kodizes behandelt, kommt explizit aber nur in zwei der Kapitelüberschriften bei Gazprom und TNK-BP vor und soll natürlich bekämpft werden. Zusätzlich hebt TNK-BP zwei Aspekte der Korruption im Titel ausdrücklich hervor, da sie vermutlich aus Sicht des Unternehmens die wichtigsten Probleme auf diesem Gebiet besonders in Russland darstellen – „Bestechlichkeit“ und „stimulierende Zahlungen zur Erleichterung der Formalitäten:

- „Противодействие коррупции“ (Gazprom)
- „Противодействие взяточничеству, коррупции и стимулирующим платежам за упрощение формальностей“ (TNK-BP, „Кодекс деловой этики“)

Ein letzter Aspekt, der von mindestens zwei der Unternehmen explizit im Titel eines Kapitels kommuniziert wird, gehört stärker zum Bereich der betriebswirtschaftlichen Tätigkeit einer Aktiengesellschaft. Es handelt sich um die Themen „Kontrolle“, „Finanzen“ und „Berichterstattung“. Dabei sind dies die einzigen Themen, die in beiden Kodizes von TNK-BP als Kapitelüberschrift vorkommen, was die Wichtigkeit dieses Bereichs für das Unternehmen signalisieren sollte:

- „Ведение финансовой отчетности и управленческого учета“ (Rosneft)
- „Контроль и финансы“ (TNK-BP, „Деловой кодекс“)
- „Система внутреннего контроля и аудита“ (TNK-BP, „Кодекс деловой этики“)

Es gibt auch einige Themen, die in den Kapitelüberschriften der Kodizes ausschließlich von einem der ausgewählten Akteure kommuniziert werden, wobei dies fast immer Gazprom ist. So reguliert das Unternehmen ziemlich ausführlich in einem ganzen Abschnitt seines Dokuments die „Zusammenarbeit von Verwandten“ - „5. Совместная работа родственников“. Die Thematik wird auch von Lukoil im Kapitel „Отношение с работниками“ angesprochen und somit als Teil der Mitarbeiterpolitik aufgefasst. Allerdings wird diesem Aspekt, der von den beiden Unternehmen sowohl positiv als „трудовая династия“ als auch negativ als „протекционизм“ im Text vorgestellt und behandelt wird, kein gesondertes Kapitel wie bei Gazprom gewidmet.

Gazprom ist auch das einzige Unternehmen, das in zwei, wenn auch relativ kurzen, extra dafür kreierten Kapiteln sich direkt mit seinem Image beschäftigt – in „13. Корпоративный имидж и стиль“ und „14. Требования к личному поведению“. Im ersten Abschnitt thematisiert Gazprom dies explizit schon im Titel, wobei im Text vor allem positive Eigenschaften der Mitarbeiter aufgezählt werden, die zu einer hohen Firmenreputation führen sollten:

- *„Каждый работник Общества участвует в создании положительного имиджа Общества и укрепляет его репутацию своим безупречным деловым поведением, элементами которого являются подобающий внешний облик работника и стиль его делового общения.*"

Im zweiten Kapitel kommuniziert Gazprom ausschließlich negative und somit „nicht erlaubte" potentielle Handlungen seiner Angestellten wie *„публичных высказываний, которые представляют работу Общества или работу в Обществе в неверном, искаженном свете*", *„употребления наркотиков"*, *„употребления алкоголя на рабочем месте*" etc. und verpflichtet die Mitarbeiter explizit mithilfe der deontischen Notwendigkeit dazu, solche Handlungen zwecks Erhaltung des positiven Unternehmensimage zu vermeiden:

- *„Работники должны воздерживаться от действий, способных прямо или косвенно негативно отразиться на имидже и репутации Общества.*"

Auch TNK-BP kreiert extra ein thematisches Kapitel, das bei den restlichen Unternehmen in dieser Form nicht existiert – „5 Пропаганда добросовестности на рабочем месте" im „Кодекс деловой этики". Zwar wird „Gewissenhaftigkeit" auch in den anderen Kodizes relativ oft sowohl als axiologischer als auch als attributiver Wert an unterschiedlichen Stellen in den Dokumenten kommuniziert, jedoch nur von TNK-BP so ausdrücklich als besonders wichtiger handlungsleitender Wert dargestellt. Dass „добросовестность" sowohl am Arbeitsplatz und somit eher intern, aber auch ganz allgemein beim Handeln von TNK-BP eine besondere Rolle spielen sollte, bezeugt auch die Tatsache, dass „Gewissenhaftigkeit" einen der vier grundlegenden Unternehmenswerte darstellt, die im Kapitel III.1.2 des empirischen Teil bereits untersucht wurden.

Nachdem in diesem Unterkapitel die eher „grobe" thematische Gliederung der untersuchten Kodizes vorgestellt wurde, wird im nächsten umfangreichen Abschnitt eine detaillierte linguistische Analyse vorgenommen. Dabei wird u. a. gezeigt, wie Verpflichtung und Verantwortung verbal zugeschrieben werden, welche Akteure als verpflichtende und verpflichtete Subjekte präsentiert werden, wer wofür Verantwortung übernimmt und wer zur Verantwortung gezogen wird. Zudem wird ermittelt, welche inhaltlichen Aspekte am häufigsten in den Kodexkapiteln vorkommen, d. h. was sind die wichtigsten Ziele, Werte und Prioritäten der Unternehmen sowie welche Hauptaufgaben und -verpflichtungen die Mitarbeiter übernehmen sollten. Und natürlich, wie das alles sprachlich realisiert wird, wobei sich einer der

Analyseschwerpunkte auf die wertende Komponente der Äußerungen beziehen wird.

III.3.3 Die konkreten Handlungsregeln

III.3.3.1 Dimensionen der Verbindlichkeit

Wie im Kapitel III.3.2 bereits gezeigt, haben alle Kodizes eine Einleitung („введение") bzw. einen einführenden Teil, in dem grundsätzlich der Inhalt, die Ziele und die Funktionen des jeweiligen Kodex relativ knapp präsentiert sowie dessen Adressaten direkt oder indirekt angesprochen werden. Einige Beispiele, vor allem zum Inhalt und zu den Zielen der Kodizes, wurden schon in III.3.1 vorgestellt, weitere Äußerungen, die stärker die Hauptadressaten sowie deren Aufgaben thematisieren, sollen an dieser Stellen zusätzlich gezeigt werden[47]:

(1) „*В связи с этим мы разработали и внедрили Кодекс деловой этики – свод норм и правил индивидуального и коллективного поведения всех без исключения работников компании «ЛУКОЙЛ».*" (Lukoil, S. 2)
(2) „*Кодекс деловой этики Открытого акционерного общества «Нефтяная компания «ЛУКОЙЛ» (далее – Кодекс) является сводом наиболее важных правил делового поведения Компании и ее работников…*" (Lukoil, S. 4)
(3) „*Следование стандартам деловой этики обязательно для членов Совета директоров, Правления и ревизионной комиссии ОАО «ЛУКОЙЛ», а также для всех работников Компании.*" (Lukoil, S. 5)
(4) „*Кодекс является внутренним (локальным) документом, обязательным для соблюдения всеми руководителями, должностными лицами и сотрудниками Компании.*" (Rosneft, S. 3)
(5) „*В Кодексе излагаются базовые принципы корпоративного управления ТНК-ВР, обязательные для выполнения всеми сотрудниками компании.*" (TNK-BP 1, S. 1)[48]
(6) „*Все сотрудники, работающие в ТНК-ВР, обязаны строго соблюдать все положения данных обязательств.*" (TNK-BP 1, S. 1)
(7) „*Настоящий Кодекс определяет ключевые принципы и*

---

[47] Fettgeduckt durch den Autor der vorliegenden Arbeit.

[48] Um nicht jedes Mal die Namen der beiden Kodizes von TNK-BP auszuschreiben, wird in diesem Unterkapitel und dabei besonders bei den präsentierten Beispielen die folgende Abkürzungen verwendet: TNK-BP 1 – „Деловой кодекс" und TNK-BP 2 – „Кодекс деловой этики".

правила этичного поведения для Компании и всех ее работников.“ (TNK-BP 2, S. 3)

(8) „*Работники в силу заключенного ими трудового договора обязаны придерживаться правил этичного поведения и соблюдать Корпоративный стандарт Компании «Нормы деловой этики», который охватывает все принципы и правила, установленные настоящим Кодексом.*

Требования настоящего Кодекса, установленные в отношении работников, обязательны также для членов органов управления Компании.“ (TNK-BP 2, S. 4)

Wie zu sehen ist, besteht die deklarierte Hauptaufgabe der untersuchten Kodizes darin, bestimmte verbindliche Regel für korporatives, kollektives und individuelles Handeln aufzustellen, wobei diese „Verbindlichkeit“ sprachlich unterschiedlich realisiert wird. Zudem variieren die Anzahl und die Art der angesprochenen Akteure. Dies sind teilweise nur die Firmenmitarbeiter – vorgestellt als Einheit („*все работники/сотрудники*“) – wie in den Beispielen (1), (5) und (6), oder die Mitarbeiter als individuelle Subjekte einerseits und das Unternehmen als korporativer Akteur andererseits wie in (2) und (7), oder aber wieder nur die Unternehmensangehörigen unterteilt diesmal in „einfache (Mit)Arbeiter“ und „Führungskräfte“ wie in (3), (4) und (8). Die Verbindlichkeit der aufgestellten Regeln verpflichtet die angesprochenen Akteure zu einem bestimmten Handeln, wobei die verbale Realisierung dieser „Verpflichtung“ auf verschiedener Weise stattfinden kann. Ganz allgemein will ich zunächst zwei Typen der Verpflichtung unterscheiden, die sich naiv-sprachlich und modalitätsgetreu aus den präsentierten Äußerungen ableiten lassen. Zum einen – die „explizite bzw. deontische Verpflichtung“, in den Beispielen oben mithilfe solcher Lexeme wie „*обязательно/ы*“, „*обязательный*“, „*обязан*“ sprachlich realisiert, die allesamt als Marker der deontischen Notwendigkeit aufzufassen sind. Und zum anderen – die „implizite“ bzw. „assertorische Verpflichtung“, bei der zwar auf explizite deontische Operatoren verzichtet, jedoch pragmatisch das gleiche Ziel verfolgt wird – die angesprochenen Subjekte sollen zu einem bestimmten Handeln bewegt werden. In den vorgestellten Beispielen ist dies trotz der reinen Indikativ-Form der Äußerungen offensichtlich, da die Verwendung solch stark verhaltensregulierender Nomen wie „*норма, правило, принцип, положение*“ die implizit verpflichtende Botschaft ziemlich klar rüberbringt, besonders wenn sie von extremwertsemantischen Ausdrücke wie „*всех без исключения*“, „*наиболее важных*“ etc. unterstützt wird. Dass die implizite Verpflichtung nicht immer so direkt realisiert wird, sehen wir später an mehreren Beispielen.

Also durch ihre Kodizes, die sie selber kreiert haben, verpflichten die russischen Unternehmen vor allem sich selbst und/oder ihre Angehörigen zu gewissen an sich positiv markierten Handlungen[49] in den Hauptbereichen der Firmentätigkeit, die in III.3.2 bereits präsentiert wurden. Dabei ist es einerseits interessant zu sehen, was zum Objekt der Pflicht deklariert wird sowie wer von den thematisierten Akteuren in welchen Situationen als handelndes, direkt oder indirekt verpflichtetes Subjekt dargestellt wird – das Unternehmen als korporativ Handelnder oder aber Vertreter einzelner Stakeholdergruppen. Darüber hinaus ist aus semantischer und pragmatischer Sicht von besonderem Interesse, wie die Übernahme und Auferlegung dieser „Verpflichtungen" sprachlich realisiert wird.

III.3.3.1.1 Die Modalität der Notwendigkeit. Struktur und Semantik der *Pflicht* und die *explizite deontische Verpflichtung*

Wie im letzten Kapitel gezeigt, wird die Verbindlichkeit der im Unternehmen geltenden Regeln sehr oft ganz direkt als „Pflicht" bzw. „Verpflichtung" der jeweiligen handelnden Subjekte kommuniziert. Das Konzept „Pflicht" gehört zum Bereich der deontischen Notwendigkeit (russisch „деонтическая неоходимость/ деонтическое долженствование").[50] Adamec definiert die deontische Notwendigkeit als „требование говорящего осуществить содержание пропозиции"[51], somit gehört „Pflicht", wie Holger Kuße konstatiert, „immer in die Sphäre des Sollens"[52]. Bei der Modalität der Notwendigkeit (russisch „модальность долженствования") wird grundsätzlich zwischen epistemischer und ontologischer Notwendigkeit differenziert. Innerhalb der uns hier interessierenden ontologischen Notwendigkeit wird eine Unterscheidung zwischen aletischer (objektiver) und deontischer Notwendigkeit gemacht.[53] Adamec bezeichnet die aletische als „констатация наличия объективных факторов, вынуждающих осуществление содержания пропозиции"[54] und Bulygina/Šmelev definieren beide Typen folgendermaßen: „Алетическое долженствование связано с обективными потенциями реального мира, деонтическое – с нормативным и ненормативным

[49] Dazu gehört erstmal auch das Unterlassen einer aus der Perspektive des Äußerungssubjekts „negativen" Handlung.

[50] Vgl. Булыгина / Шмелев (1997), S. 235f.; Frolova (2009), S. 217.

[51] Vgl. Адамец (1978), S. 128.

[52] Vgl. Kuße (2015).

[53] Vgl. Булыгина / Шмелев (1997), S. 233f.; Адамец (1978), S. 126f.

[54] Vgl. Адамец (1978), S. 126.

поведением“[55]. Mit einem von Adamec vorgebrachten Beispiel für objektive Notwendigkeit soll der Unterschied der beiden Typen gezeigt werden:

- „Любое тело, брошенное вверх со скоростью ниже первой космической, должно упасть на Землю.“[56]

Allerdings, wie Bulygina/Šmelev treffend vermerken, gibt es Äußerungen bei denen beide Interpretationen möglich wären, so dass der Adressat gewisse Kontextinforamtionen braucht, um die Botschaft korrekt zu verstehen. Sie zeigen dies an dem Beispiel „Учителям должны повысить жалованье“, das bei aletischer Deutung so viel heißen könnte wie – „es wurde beschlossen, dass das Lehrergehalt erhöht wird und beim normalen Verlauf der Dinge, wird dies auch passieren“.[57] Bei deontischer Interpretation wird allerdings ausgesagt, dass „по оценке говорящего, учителям выплачивают слишком низкое жалованье и следует его повысить“[58]. Da sich in den untersuchten Kodizes kaum Beispiele für objektive Notwendigkeit finden, spielt diese Unterscheidung für die vorliegende Analyse eine untergeordnete Rolle. Wichtig dagegen sind zwei zentrale Erkenntnisse, die aus dem bereits Gesagten gewonnen werden. Zum einen ist die deontische Modalität sehr eng mit dem Begriff der „Norm“ verbunden, nach der sich das Verhalten der Subjekte orientieren sollte. Zum anderen kann sie dem Bereich der (sprachlichen) Wertung zugeordnet werden, was unter anderem auch die russische Linguistin Elena M. Vol'f feststellt – „аксиологическая модальность сложными способами связана с модальностью долженствования“[59]. Die zweite Frage wird später in diesem Kapitel behandelt.
Bulygina/Šmelev unterscheiden für das Russische im Bereich der deontischen Notwendigkeit streng zwischen den Konzepten „долг“ (im Deutschen „Pflicht“) und „обязанность” (deutsch eher „Verpflichtung“) und kritisieren die entsprechenden Wörterbucheinträge, die beide Lexeme synonym verwenden.[60] Andere Autoren, die sich mit dem Thema beschäftigt haben, ermitteln ebenfalls die synonyme Verwendung der beiden Begriffe in Lexika aus der Sowjetzeit.[61] Auch in aktuelleren Wörterbüchern wird die Erklärung von „долг“ mit „обязанность“ beibehalten,

---

[55] Vgl. Булыгина / Шмелев (1997), S. 234.
[56] Vgl. Адамец (1978), S. 126.
[57] Vgl. Булыгина / Шмелев (1997), S. 235.
[58] Vgl. Булыгина / Шмелев (1997), S. 235.
[59] Vgl. Вольф (2002), S. 122.
[60] Vgl. Булыгина / Шмелев (1997), S. 238ff.
[61] Vgl. Frolova (2009), S.217; Kuße (2015).

wie am folgenden Beispiel aus „Большой толковый словарь русского языка" (kurz „БТС") aus dem Jahre 1998 zu sehen ist:

- „ДОЛГ (…) 1. Обязанность перед кем-, чем-л. (родиной, народом, семьёй и т. п.) (…) *Человек (люди) долга* (человек, люди, честно и безупречно выполняющие свои обязанности) (…) Быть в долгу *у кого (перед кем)*. Быть обязанным кому-л. в чём-л.[62]

Der letzte Teil des Beispiels verweist auch auf die andere (eigentlich die ursprüngliche) Bedeutung des Begriffs im Russischen – „Schuld/Schulden", oft als „Geldschuld" verstanden, die auch eine Pluralverwendung des Substantivs erlaubt – „долги". Uns interessiert hier allerdings nur die Bedeutung von „долг" als (moralische) „Pflicht", die nur in der Singularform des Nomen möglich ist. Bulygina/Šmelev kritisieren solche Definitionen und behaupten, dass hinter den Begriffen „долг" und „обязанность" unterschiedliche Konzepte stehen, wobei sie dies vor allem an dem sprachlichen Verhalten der beiden Nomen im Russischen feststellen.[63] Sie sehen „долг" als „моральную норму, существующую независимо от воли его носителя или каких-либо посторонних лиц"[64] und markieren somit den klaren Unterschied zu „обязанность" als „нечто условное, определяемое социальными конвенциями, связанное с местом в социальной структуре"[65]. In Anlehnung an die beiden russischen Autoren spricht Holger Kuße von „Pflicht" als „absolute Norm (im Russischen *долг*, im Deutschen *Pflicht*) und als relative soziale Norm in einem bestimmten sozialen Zusammenhang (im Russischen *обязанность / обязательство*, im Deutschen *Pflicht, Verpflichtung*)"[66]. Bulygina/Šmelev führen ihre Ausführungen fort und stützen ihre These u. a. dadurch, dass sie verschiedene mögliche und nicht-mögliche Kollokationen der beiden Begriffe im Russischen vorstellen[67]:

- „Человек становиться носителем обязанности в результате специального акта *возложения* на него или *принятия* им обязанности."

[62] Vgl. БТС (1998).
[63] Vgl. Булыгина / Шмелев (1997), S. 233 sowie S. 238.
[64] Vgl. Булыгина / Шмелев (1997), S. 238.
[65] Vgl. Булыгина / Шмелев (1997), S. 238.
[66] Vgl. Kuße (2015).
[67] Vgl. Булыгина / Шмелев (1997), S. 238. Kursiv im Original; die kursiv geschriebenen Wörter sind die möglichen/nicht-möglichen Kollokationspartner der russischen Nomen.

- „Долгом нельзя кого-либо *обременить*, его нельзя *принимать на себя*, как *принимают обет* или *берут обязательства.*"
- „Свои обязанности надо просто *знать* (…), долг важно *осознавать* или *чувствовать* (поэтому столь важную роль играет *чувство долга*), (…)"

Im oben bereits zitierten „БТС" finden sich folgende Definitionen der beiden eher dem deutschen „Verpflichtung" entsprechenden Lexeme im Russischen:

- ОБЯЗАННОСТЬ (…) 1. То, что входит в круг действий, поступков, обязательных для выполнения (согласно закону, общественным требованиям, внутреннему побужденую) (…) Определённый круг действий, связанных с исполнением какой-л. должности. *Служебные обязанности.*[68]
- ОБЯЗАТЕЛЬСТВО (…) 1. Обещание или договор, подлежащие безусловному выполнению. *Государственное, политическое о.*[69]

Wie zu sehen ist, differieren in einigen Punkten die Einträge aus den Wörterbüchern mit dem Konzeptualisieren der Pflicht in der analytischen (sprach)wissenschaftlichen Literatur. Vor allem wird von den zitierten russischen Autoren die synonyme Verwendung der Begriffe abgelehnt. Wenn die Rede von „долг" ist, sehen sie eine absolute (moralische) Notwendigkeit, die vom Subjekt der Pflicht unabhängig von seinem Willen anerkannt und angenommen werden sollte. Bei „обязанность", „обязательство" etc. handele das Subjekt der Pflicht bzw. Verpflichtung immer in einem sozialen Rahmen, dessen Konventionen das Verhalten des Subjekts maßgeblich bestimmen. Teilweise werden diese Überlegungen auch von „БТС" direkt oder indirekt bestätigt. So sind bei der Definition von „долг" für Instanz der Pflicht („перед кем/чем?") als Beispiele „Heimat, Volk, Familie" angegeben, die für viele Menschen einen hohen, ideellen und absoluten Wert darstellen. Bei „обязанность" sind soziale Erscheinungen wie „Gesetzgebung", „gesellschaftliche Ansprüche" oder „Dienstverhältnisse" explizit genannt, jedoch geht es dabei auch um „inneren Antrieb", der genauso gut auch zu „долг" passen würde. Grundsätzlich stellt sich natürlich die Frage, ob handelnde Subjekte außerhalb eines bestimmten sozialen Rahmens überhaupt existieren. Da es mir jedoch zum einen nicht primär um solche (sprach)philosophischen Überlegungen geht und zum anderen sich hier aufgrund der Spezifik der Untersuchung – Art der involvier-

---

[68] Vgl. *БТС (1998).*
[69] Vgl. *БТС (1998).*

ten Akteure sowie deren Aktionen und Interaktionen in einem bestimmten sozialen Kontext – eher um „sozial-relative Verpflichtungen" und nicht um „absolute Pflicht" handelt, soll die Darstellung an diesem Punkt erst mal beendet werden. Festzuhalten bleibt, dass es divergierende Wahrnehmungen und Interpretationen der russischen Begriffe für „Pflicht" und „Verpflichtung" gibt und dass sich hinter diesen Begriffen unterschiedliche Konzepte verbergen könnten oder, was hier wichtiger ist, dass diese Konzepte für die Selbstdarstellung der Unternehmen produktiv ausgenutzt werden könnten. Auf die demagogische Kraft des Nomen „долг" verweisen übrigens auch Bulygina/Šmelev.[70]

Ich spreche in der vorliegenden Untersuchung von *„expliziter deontischer Verpflichtung*" immer dann, wenn verbale Äußerungen vollzogen werden, die aufgrund ihres propositionalen Gehalts ausdrücklich dem Bereich der deontischen Notwendigkeit (russisch „поле деонтического долженствования") zugeordnet werden können. D. h. wenn mithilfe solcher sprachlicher Mittel wie „долг, обязанность, обязательство, должен, обязан, обязательный, следует, надо, неодходимо" etc. ein Subjekt zu einem bestimmten Handeln explizit verpflichtet wird. Daher verwende ich bei meiner Analyse die deutschen Begriffe „Pflicht" und „Verpflichtung" als Synonyme und fokussiere mich v. a. auf den Gebrauch der entsprechenden russischen Lexeme.

Das bereits Gesagte sowie die vorgestellten Zitate aus Lexika und wissenschaftlicher Literatur haben indirekt darauf hingewiesen, dass es sich bei „Pflicht" bzw. „Verpflichtung" um eine Aktantenstruktur mit einigen obligatorischen und fakultativen Elementen handelt, die auf der sprachlichen Oberfläche nicht selten impliziert sind. Diese Struktur kann sowohl aus der sichtbaren Valenz der entsprechenden russischen Lexeme als auch aus dem Konzeptualisieren der Begriffe innerhalb eines bestimmten sozialen Rahmens rekonstruiert werden. So wird stets ein Subjekt der Pflicht („чей долг/чья обязанность?") als ihr Träger und Erfüller vorausgesetzt, auch wenn dieses sprachlich nicht immer explizit realisiert werden muss, was u. a. an den Beispiele aus „БТС" zu sehen ist. Beim Begriff „долг" steht nicht nur in der Definition von „БТС", sondern auch bei den zitierten russischen Autoren oft ein „Subjekt des Nutzens" („долг перед кем?") im Vordergrund.[71] Bulygina/Šmelev bezeichnen diese Subjekte als „для тех, кому выгодно или угодно то, что требуется долгом"[72] und markieren somit eine enge Verbindung zur Vol'fs Bezeichnung „Benefaktiv" im Bereich der sprachlichen Bewertung – „тот субъект, для которого предмет или событие имеют

---

[70] *Vgl.* Булыгина / Шмелев (1997), *S. 239.*

[71] *Vgl.* Булыгина / Шмелев (1997), *S. 237;* Frolova (2009), S. 217.

[72] *Vgl.* Булыгина / Шмелев (1997), *S. 237.*

ценность“[73]. Bei „обязанность“ bzw. „обязательство” wird dagegen das Objekt der Pflicht von „БТС“ stärker akzentuiert, wobei grundsätzlich bestimmte Handlungen als Verpflichtungsobjekte präsentiert werden. In Anlehnung an Kant führt Holger Kuße den Begriff „Auferlegungsinstanz“ der Pflicht ein und spricht somit ein weiteres Element der Pflichtstruktur an.[74] Diese Instanz kann zwar, muss aber nicht mit dem oben erwähnten „Subjekt des Nutzens“ übereinstimmen. Somit ergibt sich eine mindestens dreigliedrige Struktur der Pflicht, die Olga Frolova so formuliert:

- *„Долг S1 (кого?) S2 (перед кем?) S3 (в чём?).“*[75]

Wie gesagt, sind sich die meisten Autoren bei S1 als Subjekt der Pflicht und bei S3 als ihr Objekt eigentlich einig, nur S2 wird teilweise anders interpretiert – einmal eher als Nutznießer bzw. Benefaktiv des durch die Verpflichtung geforderten Handelns und ein zweites Mal als eine Art abstrakte oder konkrete Instanz, die dem Subjekt eine bestimmte Verpflichtung auferlegt. Zumindest für den Bereich der Unternehmenskommunikation, und besonders bei der Analyse der Firmenkodizes als eine Art Sammlung der vom Unternehmen aufgestellten verhaltensregulierender Regeln, kann diese Struktur so modifiziert werden, dass alle bereits erwähnten Elemente ihren Platz finden:

- *S1* bleibt als Träger und Erfüller der Pflicht bestehen, wird aber auch neben *Subjekt der Pflicht/Verpflichtung* auch *verpflichtetes Subjekt* genannt; d. h. S1 ist das Subjekt, das zu einem bestimmten Handeln verpflichtet ist;
- *S2* dagegen nenne ich *verpflichtendes Subjekt* und markiere somit die semantische Nähe zu der *„Instanz“*, die dem handelnden Akteur S1 eine konkrete Verpflichtung auferlegt;
- *S3* bleibt das *Objekt der Verpflichtung* – das, was gemacht werden sollte;
- *S4* ist das *Subjekt des Nutzens bzw.* der *Benefaktiv*, d. h. das Subjekt, das vom geforderten Handeln einen Nutzen ziehen könnte; der Benefaktiv wird sprachlich nicht immer explizit realisiert, kann jedoch im Unternehmenskontext oft erschlossen werden.

Diese Elemente können natürlich auch zusammenfallen. So verpflichtet sich bei S1=S2 ein Subjekt selbst zu einem bestimmten Verhalten und bei S2=S4 ist die Auferlegungsinstanz auch gleich Benefaktiv der Verpflichtung. Bei S1=S2=S4 ist

---

[73] Vgl. Вольф (2002), S. 76f.

[74] Vgl. Kuße (2015).

[75] Vgl. Frolova (2009), S.217.

ein Akteur der Träger einer Verpflichtung, die er sich selbst auferlegt und vom geforderten Ergebnis auch selber profitiert. Somit erscheint auf den ersten Blick die Pflicht/Verpflichtung immer als „auferlegt“, auch wenn das verpflichtete mit dem verpflichtenden Subjekt übereinstimmen. Im Folgenden wird bei S1=S2 von einer „*(selbst) übernommenen Verpflichtung*“ die Rede sein, was meistens dann der Fall ist, wenn das Unternehmen als S1 agiert, und bei S1≠S2 werde ich von einer „*auferlegten Verpflichtung*“ sprechen. Es wird auch gezeigt, dass unterschiedliche Kombinationen möglich sind, bei denen ein oder mehrere Elemente der Pflichtstruktur verbal expliziert werden oder aber implizit bleiben. Grundsätzlich ist das Objekt der Verpflichtung, meist in Form von bestimmen Handlungen, fast immer explizit genannt. An dieser Stelle sollen ein paar Beispiele vorgestellt werden, die die letzten Ausführungen anschaulicher machen:

- „*В своей профессиональной деятельности все сотрудники должны соблюдать нормы и правила, установленные Компанией.*“ (Rosneft, S. 15)
- „*Компания обязывает каждого сотрудника:*
всегда соблюдать правила техники безопасности и нормы охраны труда, поддерживать безопасные условия на рабочих местах; (...)“ (Rosneft, S. 10)
- „*ОАО «ЛУКОЙЛ» взяло на себя обязательства по обеспечению такого уровня промышленной безопасности производственных объектов и безопасности труда, при котором риск возникновения аварий и несчастных случаев минимален и соответствует современному уровню развития техники и технологии, а также развития общества.*“ (Lukoil, S. 26)
- „*Компания добросовестно выполняет свои контрактные обязательства перед деловыми партнерами и требует того же от них.*“ (Rosneft, S. 14)

Da generell der korporative Akteur „Unternehmen“ als Verfasser und Adressant der verhaltensregulierenden Kodizes präsentiert wird, liegt es nahe, dass dieser ziemlich oft auch die Auferlegungsinstanz bzw. das verpflichtende Subjekt (S2) darstellt, das sich selbst oder andere Akteure (S1) zu einem bestimmten Handeln verpflichtet. In den ausgewählten Beispielen ist das jeweilige Unternehmen als S2 sogar auf Äußerungsebene jedes Mal ausdrücklich realisiert. Dies ist in den untersuchten Texten zwar nicht immer der Fall, die Unternehmen können jedoch häufig als die implizierte Auferlegungsinstanz interpretiert werden. Als verpflichtetes Subjekt (S1) werden in den ersten beiden Beispielen die Mitarbeiter dargestellt, dann zwei Mal das Unternehmen selbst und einmal die Geschäftspartner. Im letzten Beispiel ist die selbst übernommene Verpflichtung des Unternehmens fast schon implizit sprachlich realisiert, die Partner dagegen werden durch das explizit verbindliche „требовать“ stärker aufgefordert, die „vertraglichen Verpflichtungen zu erfüllen“, die hier als Objekt der Pflicht (S3) kommuniziert werden. Die weiteren Objekte sind einmal ganz allgemein „das von den Mitarbeitern (S1) geforderte Einhalten der vom Unternehmen (S2) aufgestellten Normen und Regel“ sowie gewisse notwendige und somit angestrebte Maßnahmen in den Bereichen „Betriebssicherheit“ und „Arbeitsschutz“. Benefaktive (S4) werden nur im letzten Beispiel explizit genannt – die Geschäftspartner, wobei dafür die für dieses Ziel produktivste russische Präposition ausgesucht wird - „перед“. Implizit agiert u. a. das Unternehmen selbst in der ersten und der letzten Äußerung als Subjekt des Nutzens, womit in diesen Fällen die Instanz und der Benefaktiv der Verpflichtung in eins fallen. In den anderen zwei Beispielen können die Mitarbeiter als implizierte Hauptnutznießer der geforderten Handlungen aufgefasst werden, da sie von Aspekten wie „Betriebssicherheit“ und „Arbeitsschutz“ unmittelbar profitieren. Somit werden die Mitarbeiter im zweiten Beispiel gleichzeitig als die von der Instanz Unternehmen zu einem bestimmten Handeln explizit verpflichteten Subjekte dargestellt und implizit als die Subjekte, die von diesem Handeln den größten Nutzen ziehen.

III.3.3.1.2 Die *implizite Verpflichtung*. Primäre und sekundäre Adressaten der Kodizes

Wie oben bereits erwähnt, ist die in den untersuchten Texten kommunizierte „Pflicht/Verpflichtung“ der thematisierten Akteure ziemlich oft implizit sprachlich realisiert. Somit wird u. a. den verpflichteten Subjekten die Verbindlichkeit der im Unternehmen geltenden Verhaltensnormen eher indirekt kommuniziert, d. h. ohne die explizite Verwendung sprachlicher Operatoren, die dem Bereich der deontischen Notwendigkeit zugeordnet werden. Diese, aus der Perspektive der primären Adressaten der Kodizes gesehen, weniger kategorische und somit eher „schwächere“ Verpflichtung nenne ich „implizite bzw. assertorische Verpflichtung“. Einige Beispiele sollen dies veranschaulichen:

(9) „*Каждый работник Общества:*

- *руководствуется положениями Кодекса и правилами поведения, имеющими отношение к его работе; (...)*

- *соблюдает иные правила поведения, а также ограничения, указанные в Кодексе.*“ (Gazprom, S. 2-3)

(10) „*Работники всегда сообщают о ставших им известных случаях коррупции или взяточничества своему непосредственному руководителю или по телефону горячей линии, указанному на официальном сайте Компании.*“ (TNK-BP 2, S. 6)

(11) „*Со своей стороны ДО*[76] *Компании:*

- *обеспечивают поддержание и повышение собственной эффективности и всей Компании в целом в рамках своей ответственности и полномочий;(...)*“ (Rosneft, S. 7)

(12) „*Общество гарантирует работникам защиту от любых форм дискриминации, как это определено действующим законодательством Российской Федерации и нормами международного права.*“ (Gazprom, S. 5)

(13) „*При этом Компания обеспечивает равный доступ всех представителей инвестиционного сообщества к информации о Компании и заботится о том, чтобы исключить эксклюзивный доступ отдельных групп инвесторов к данной информации.*“ (Lukoil, S. 15)

(14) „*Компания ожидает от деловых партнеров принятия и соблюдения принципов и правил, аналогичных тем, которые изложены в настоящем Кодексе.*“ (TNK-BP 2, S. 4)

(15) „*Компания ожидает от всех руководителей уважительного отношения к сотрудникам и их правам.*“ (Rosneft, S. 9)

(16) „*ТНК-ВР надеется, что все сотрудники компании, независимо от должности и места работы, будут хорошо знать и соблюдать положения настоящего Кодекса.*“ (TNK-BP 1, S. 1)

Für eine differenzierte und gleichzeitig kontextadäquate Analyse nicht nur der beiden Verpflichtungstypen und deren sprachliche Realisierung, sondern auch der meisten in den Dokumenten kommunizierten Inhalte, ist vor allem aus kommunikativ-pragmatischer Sicht eine weitere Unterscheidung der Adressaten der Firmenkodizes in primäre und sekundäre sinnvoll. Als *primäre Adressaten* bezeichne ich die Akteure, die in einem bestimmten Textabschnitt bzw. von einer konkreten Äußerung direkt angesprochen werden – das sind die („einfachen“) Mitarbeiter in (9), (10), (12) und (16); die Tochtergesellschaften in (11); die Investoren in (13); die Geschäftspartner in (14) sowie die Führungskräfte in (15). Diese agieren dann meistens entweder als die zu einem bestimmten Verhalten

[76] „ДО – дочерные и зависимые общества“ (S. 7 des Kodex) – d. h. die Tochtergesellschaften des Unternehmens.

implizit verpflichteten Akteure (S1) oder als die Subjekte, die vom beschriebenen Handeln profitieren sollten (S4) – wie z. B. die Mitarbeiter in (12) oder die Investoren in (13). Als *sekundäre Adressaten* hingegen verstehe ich die restlichen Rezipienten der in den Kodizes thematisierten Inhalte, die aus unterschiedlichen Gründen an der Unternehmenstätigkeit interessiert sein können, durch die einzelnen Aussagen jedoch nicht direkt angesprochen werden. Dies können z. B. Journalisten, Vertreter von NGOs, engagierte Bürger oder aber auch Aktionäre, Geschäftspartner, Konkurrenten usw. sein. Abhängig von einer konkret vollzogenen Äußerung können somit bestimmte Stakeholder des Unternehmens in einer Situation als primäre und in einer anderen als sekundäre Adressaten interpretiert werden.

Obwohl so eine Unterscheidung nicht immer eindeutig erfolgen kann, ist sie m. E. gerade bei der Untersuchung der unternehmerischen Verhaltenskodizes mit ihrer Doppelfunktion relevant. Einerseits fordern sie als halbinterne Regelmanifeste unterschiedliche korporative und individuelle Akteure (primäre Adressaten) zu einem bestimmten Handeln auf. Andererseits sind sie PR-Instrumente, die für eine positive Darstellung des gesamten Unternehmens vor einer breiten Öffentlichkeit (sekundäre Adressaten) sorgen sollten. Angesichts dessen, wer als Rezipient der Kommunikation verstanden wird, sind die illokutive Kraft und der beabsichtigte Effekt der vollzogenen Äußerungen unterschiedlich zu interpretieren. So klingen deontische Verpflichtungen wie „все руководители должны/обязаны…“, „вам всегда следует…“ und besonders explizite Verbote wie „работникам/ сотрудникам запрещается...“ für die primären Adressaten viel kategorischer und somit verbindlicher als die meisten impliziten.[77] An den Beispielen (14) – (16), wo die Pflicht der Geschäftspartner, Führungskräfte und Mitarbeiter als „Erwartung“ und „Hoffnung“ kommuniziert wird, ist das eindeutig zu sehen. Auch die restlichen Äußerungen, bei denen die implizite Verpflichtung der Subjekte durch einen reinen Indikativ realisiert wird, werden aufgrund ihrer feststellenden Form von den angesprochenen Akteuren vermutlich als nicht so stark verpflichtend wahrgenommen wie die entsprechenden deontischen Aussagen. Die Pflichtsubjekte (Mitarbeiter, Tochtergesellschaften etc.) sind als solche zwar ausdrücklich genannt, die nicht explizit auffordernde Verbalisierung der Äußerungen lässt sie jedoch weniger absolut erscheinen. Dagegen könnte bei den sekundären Adressaten die assertorische Form des Kommunizierten, wie beispielweise in (9), eine ganz andere Wirkung erzeugen. Indem die beschriebenen Sachverhalte als Tatsachen und nicht als normativ angestrebte Zustände darstellt werden, sollten die Äußerungen bei den sekundären Rezipienten kategorischer und überzeugender klingen als explizit deontische Deklarationen. Formulierungen wie „должен, обязан, следует” und so-

[77] Vgl. dazu ausführlich auch ab Kapitel III.3.4.1.

gar „запрещено“ drücken zwar eine starke, absolute Verpflichtung aus, auf der sprachlichen Oberfläche markieren sie jedoch nur eine strenge Forderung und keine „reale Tatsache“, die bei einer Assertion impliziert werden.
Die oben vorgestellten Beispiele (9) – (16) präsentieren einige Modelle der sprachlichen Realisierung impliziter Verpflichtungen, die in den untersuchten Dokumenten vorkommen. Dabei werden mehrere Akteure thematisiert, die abhängig von der Äußerung in der bereits beschriebenen Pflichtstruktur unterschiedliche Aktantenrollen annehmen. Als die zu einem bestimmten Verhalten verpflichteten Subjekte (S1) agieren die „einfachen“ Mitarbeiter in (9) und (10), alle Firmenmitarbeiter in (16), die Führungskräfte in (15), die Geschäftspartner in (14), die Tochtergesellschaften in (11) und das Unternehmen selbst in (12) und (13). Diese Akteure sind in allen Beispielen auch auf der sprachlichen Ebene explizit verbalisiert, und zwar nach einem für implizite Aufforderungen im Russischen eher konventionellen syntaktischen Muster – entweder als Satzsubjekte oder als Genitivobjekte wie in (14) und (15). Die Verpflichtung auferlegende Instanz (S2) ist in allen Fällen das jeweilige Unternehmen, ausdrücklich wird diese jedoch nur in den Äußerungen (14) – (16) verbal realisiert, bei denen die Pflicht von S1 als „Hoffnung“ bzw. „Erwartung“ und somit pragmatisch „am schwächsten“ vermittelt wird. In den Beispielen (12) und (13) handelt es sich also um eine (selbst) übernommene Verpflichtung des Unternehmens als korporativer Akteur und in den restlichen Beispielen um eine auferlegte Verpflichtung. Die thematisierten Pflichtobjekte, die auf Äußerungsebene immer expliziert werden, sind unterschiedlichster Natur – von relativ allgemeinen Handlungen wie „kennen, annehmen, einhalten der jeweiligen Kodexbestimmungen“ (9, 14, 16) bis eher konkreteren Forderungen und Versprechen in den Bereichen „Korruptionsbekämpfung“ (10), „Effektivitätssteigerung“ (11), „Schutz vor Diskriminierung“, „Zugang zu (wichtigen) Informationen“ (13) oder „respektvolle Haltung gegenüber («untergebenen») Mitarbeitern“. Benefaktive (S4) werden nur in einigen der Aussagen explizit genannt. In (11) sind sowohl das Unternehmen als auch seine Tochtergesellschaften von der implizit geforderten und zugleich durch den Verbmodus aber als Faktum dargestellten „Effektivitätssteigerung“ als Subjekte des Nutzens dargestellt. Hier fallen also gleichzeitig Instanz und Benefaktiv sowie Pflichtsubjekt und Benefaktiv zusammen, womit ein Bild konstruiert wird, bei dem durch die indirekte Verbalisierung der normativen Forderung die Pflichtkomponente fast unerkennbar bleibt und dafür ausschließlich der Nutzen aller Beteiligten in den Mittelpunkt der Äußerung rückt. Auch die „einfachen“ Mitarbeiter in (12) und (15) sowie die Investoren in (13) werden ausdrücklich als Stakeholder dargestellt, die vom beschriebenen Verhalten der Pflichtsubjekte (Unternehmen,

Führungskräfte) einen direkten Nutzen ziehen werden. In den restlichen Beispielen wird kein Benefaktiv explizit benannt, jedoch könnte das jeweilige Unternehmen als Hauptnutznießer bei Handlungen wie „Einhalten der Kodexbestimmungen“ oder „Meldung von Korruptionsfällen“ interpretiert werden.

III.3.3.2 Das Konzept *Verantwortung*

III.3.3.2.1 Verpflichtungscharakter der *Verantwortung*. Struktur der *Verantwortung*

Wie im letzten Unterkapitel ausführlich gezeigt, existieren mehrere Möglichkeiten, im Rahmen verhaltensregulierender Dokumente eine Verpflichtung indirekt sprachlich zu vollziehen. Eine besondere Form der impliziten Verpflichtung, die von den russischen Unternehmen in ihren Kodizes relativ oft realisiert wird, ist die Zuschreibung (Übernahme oder Auferlegung) von „Verantwortung“.

„Verantwortung“ (russisch „ответственность“) ist ein komplexer Begriff, der sowohl diskurs- als auch länderübergreifend in den letzten Jahrzehnten geradezu inflationär verwendet wird, was vor allem auf dessen unterschiedlichen Konzeptualisierungen zurückgeführt werden kann. Der hoch frequente Gebrauch des Begriffs ist zum einen dadurch bedingt, dass „Verantwortung“ in (fast) allen Lebensbereichen und Kulturkreisen einen hohen positiven Wert darstellt.[78] Somit können bestimmte Akteure sich und das eigene Handeln als „verantwortungsvoll“ und somit als gut und richtig präsentieren, wobei auf die Konkretisierung einzelner Aspekte und Maßnahmen nicht selten verzichtet wird. Dies führt zusätzlich dazu, dass viele Rezipienten unter „Verantwortung“ zwar wenig Konkretes verstehen, dafür aber die Zuschreibung von Verantwortung in der Regel als etwas Positives wahrnehmen. Vor allem in der Politik und in der Wirtschaft wird dieser „Effekt der Verantwortung“ produktiv ausgenutzt, indem die handelnden Subjekte ständig bemüht sind, „Verantwortung zu zeigen“, „Verantwortung zu übernehmen“ oder ihr Handeln als „verantwortlich“ zu bezeichnen. Man erinnert sich gleich an die facettereiche und teilweise nahezu grenzenlose Übernahme „sozialer Verantwortung“, die bei der Selbstdarstellung jedes großen Unternehmens heutzutage nicht wegzudenken ist.

„Verantwortung“ ist auch sehr eng mit dem Konzept „Pflicht“ verbunden, wobei „Pflicht“ sowohl als semantischer Teilaspekt als auch als inhaltlicher Kern der „Verantwortung“ interpretiert wird. Diese Deutungsdifferenz könnte auf mehrere

---

[78] Vgl. u. a. Kuße (2008), S. 16 f.; Kuße (2012a); Kuße (2015).

Faktoren zurückgeführt werden – von unterschiedlichen Akzenten bei der Konzeptualisierung der jeweiligen Begriffe bis zu Besonderheiten in den Sprachsystemen, in denen diese Begriffe vorkommen. Sie ist für die vorliegende Analyse allerdings nicht von primärem Interesse. Wichtig ist dagegen, dass Lexeme wie „ответственность, ответственный" einerseits und „долг, обязательство, обязанность" andererseits inhaltlich sehr eng zusammenhängen. Die semantische Nähe zwischen Verantwortung und Pflicht bzw. Verpflichtung wird in der einschlägigen Literatur sehr oft thematisiert und zwar sowohl in Nachschlagwerken wie Enzyklopädien oder Wörterbüchern, als auch in analytischen wissenschaftlichen Arbeiten.[79]

So sind im „БТС" (1998) folgende Definitionen der vom Verb „отвечать" abgeleiteten russischen Nomen und Adjektiv zu finden[80]:

- ОТВЕТСТВЕННОСТЬ, -и; ж. 1. к Ответственный (3-4 зн.). *О. работника* (…) 2. Необходимоть давать отчёт в своих действиях, поступках и т.п.; обязанность отвечать за их возможные последствия. *О. за сына, за семью, за поддержание провопорядка. О. перед самим собой, перед обществом. Брать, принимать на себя о. (...) Нести о. за кого-, что-л. (...) Возложить на кого-л. о. (офиц.). Чувство, мера ответственности. Привлекать к ответственности. (...)* 3. Серьёзность, важность чего-л. (…)
- ОТВЕТСТВЕННЫЙ, (…) 1. Такой, который несёт ответственность за кого-, что-л. (…) *Считать себя ответственным за свои поступки.* 2. *только полн.* Облечённый правами и обязанностями в осуществении какой-л. деятельности, в руководстве делами. *О. работник (...) О. редактор книги.* 3. Отличающийся высокоразвитым чувством долга, ответственности, добросовестно относящийся к своим обязанностям. *О. человек* // Связанный с пониманием важности чего-л., ответственности за чего-л. *О-ое отношение к делу.* 4. Существенно важный, очень серьёзный. *О. момент. О-ая работа. О-ое поручение.* (…) < Ответственно, *нареч.* (3 зн.) *О. относиться к делу. Вести себя отвественно.* (…)

Auch in älteren Wörterbuchern aus der Sowjetzeit sind ähnliche Definitionen des russischen Nomen zu finden:

---

[79] Vgl. u. a. Frolova (2009), S. 217-218; Jonas (1979), S. 174 f.; Kuße (2012a), S. 305-308; Kuße (2015).

[80] Vgl. *БТС (1998)*.

- ОТВЕТСТВЕННОСТЬ, и, *ж.* 1. Возлагаемое на кого-либо или взятое кем-либо обязательство отчитываться в каких-нибудь своих действиях и принять на себя вину за возможные их последствия.[81]

Aus den vorgestellten Beispielen können einige inhaltliche Aspekte der russischen Begriffe „ответственность“ und „ответственный“ ermittelt werden. Zum einen - die bereits erwähnte mehrdimensionale semantische Verbindung zur „Pflicht/Verpflichtung“, die in der letzten Definition aus ССРЛЯ (1959) am deutlichsten zu sehen ist. Der Verpflichtungscharakter der Verantwortung wird u. a. als „Rechenschaft für begangene Taten ablegen sowie sich für deren eventuelle (*negative – D. N.*) Folgen verantworten“ oder „mit hohem Pflichtgefühl den eigenen Verpflichtungen nachgehen“ dargestellt. Zum anderen werden in beiden Definitionen von „БТС“ Aspekte wie „Wichtigkeit“ oder „Gewissenhaftigkeit“ thematisiert, die sich, insbesondere bei adverbialer Realisierung („ответственно“), stärker auf die wertende Funktion von „Verantwortung“ beziehen.
Die Beispiele weisen relativ deutlich auch auf die Aktantenstruktur des Begriffs hin – Subjekte tragen Verantwortung für Objekte und könnten bei negativen Folgen zur Rechenschaft gezogen werden. Und wenn man vom jeweiligen Verb ausgeht (russisch „отвечать“, deutsch „verantworten“), das in beiden Sprachsystemen als Ursprungslexem agiert und in dieser Bedeutung sich zunächst auf Gerichtssituationen bezogen hatte[82], sieht die Beziehung folgendermaßen aus: ein Subjekt verantwortet einen Sachverhalt gegenüber einer Instanz.[83] Diese dreigliedrige Struktur aus Subjekt, Objekt und Instanz, die für mehrere europäischen Sprachen typisch ist, wird durch die Konsequenzen ergänzt, die sich bei einer Verletzung der Verantwortung für das Subjekt ergeben.[84] Dabei stellen im Deutschen die Konsequenzen kein obligatorisches Merkmal des Begriffs dar, im Russischen dagegen sind sie ein fester Bestandteil der Aktantenstruktur, da „ответственность im Russischen im Unterschied zum deutschen Verantwortung polysem ist und die Bedeutung HAFTUNG einschließt“[85]. Also, wenn im Russischen die Rede von „ответственность“ ist, können dabei viel öfter auch die semantischen Aspekte „Haftung“ und „Konsequenzen“ impliziert werden, auch wenn diese nicht explizit auf Äußerungsebene realisiert sind. Ausgehend vom Verb „отвечать“ schlägt die russische Linguistin Olga Frolova folgende Struktur der Verantwortung vor:

---

[81] Vgl. ССРЛЯ (1959).
[82] Vgl. Frolova (2009), S. 213-214; Kuße (2012a), S. 299-300.
[83] Vgl. Kuße (2012a), S. 303f.
[84] Vgl. Kuße (2012a), S. 303f.; Frolova (2009), S. 215.
[85] Vgl. Kuße, (2015).

- *„S1 отвечает S2 перед кем? S3 за что? кого?, S4 чем?“*[86]

S1 ist bei Frolova das Subjekt der Verantwortung („субъектный партисипант“), S3 - ihr Objekt („предмет ответственности“) und S4 – die Art der möglichen Konsequenzen („характер ущерба при неудаче“). Dabei können S1 und S3 sowohl persönlicher („человек, ребенок“) als auch unpersönlicher („государство, работа“) Natur sein. Das gleiche gilt auch für S2, das Frolova „Benefaktiv“ nennt und als Beispiele dafür „родители, государство, закон, Бог, общество, собственная совесть“ angibt. Im Falle von S1=S2, und zwar wenn „der Mensch“ als S1 und „sein Gewissen“ als S2 agieren, argumentiert sie, dass *„совесть* выступает как инструмент контроля, помещенный внутрь человека“[87]. In diesem Fall, wie übrigens auch bei den meisten ihrer Beispiele, tritt S2 jedoch nicht als „Benefaktiv“ im Sinne von „Subjekt des Nutzens“ auf, sondern als eine Art Instanz, vor der sich das Subjekt (S1) verantworten sollte. Daher spreche ich mit Holger Kuße, der die anderen Komponenten der Begriffsstruktur (S1, S2, S4) analog interpretiert, bei S2 von Verantwortungsinstanz[88] und verwende, wie bis jetzt, die Bezeichnung „Benefaktiv“ für Akteure, die von bestimmten Handlungen oder Zuständen einen bestimmten Vorteil ziehen könnten.

Je nach Forschungsinteresse und Schwerpunktsetzung werden die einzelnen Komponenten der Verantwortungsstruktur unterschiedlich interpretiert und akzentuiert.[89] So definiert z. B. der deutsche Philosoph Hans Jonas in seinem Hauptwerk „Das Prinzip Verantwortung“ Verantwortung als „die als Pflicht anerkannte *Sorge* um ein anderes Sein“[90], womit er zum einen den Verpflichtungscharakter der Verantwortung ausdrücklich hervorhebt und zum anderen das Objekt der Verantwortung in den Mittelpunkt rückt.[91] Franz Josef Wetz und Holger Kuße weisen zudem darauf hin, dass im Verantwortungsmodell von Hans Jonas „die Verantwortungsobjekte zugleich jene Instanz sind, gegenüber der das Verantwortungssubjekt sich zu verantworten hat“[92] oder wie Wetz dies formuliert, fallen bei Jonas *„dasjenige, wofür wir verantwortlich sind, und dasjenige, wovor wir verantwortlich sind, zusammen“*[93]. Also, können je nach wissenschaftlichem Interesse, Konzeptualisierung des Begriffs oder aber auch aufgrund von

[86] Vgl. Frolova (2009), S. 215.
[87] Vgl. Frolova (2009), S. 215-216.
[88] Vgl. Kuße (2008), S. 16 f.; Kuße (2012a), S. 300 f.; Kuße (2014), S. 111f.
[89] Eine Übersicht findet sich bei Kuße (2012a), S. 305-306.
[90] Vgl. Jonas (1978), S. 391.
[91] Vgl. Kuße (2012a), S. 306.
[92] Vgl. Kuße (2012a), S. 306.
[93] Vgl. Wetz (2005), S. 116 - zitiert nach Kuße (2012a), S. 306.

Besonderheiten in den Sprachsystemen die Semantik und Struktur von „Verantwortung“ ein wenig variieren, was bei nicht deskriptiven Lexemen nicht selten der Fall ist. Über die Hauptkomponenten der Aktantenstruktur wie Subjekt, Objekt und Instanz sowie über wesentliche inhaltliche Merkmale der Verantwortung wie z. B. ihren Verpflichtungscharakter oder ihren Status als Werbegriff stimmen die meisten theoretischen Ansätze weitgehend überein.
Aufgrund ihrer semantischen Nähe können bei „Verantwortung“ und „Pflicht/ Verpflichtung“ auch vergleichbare Begriffsstrukturen konstruiert werden, was für die vorliegende empirische Analyse einen zusätzlichen Vorteil mit sich bringt, da hier die Zuschreibung von Verantwortung in vielen Fällen als implizite Verpflichtung interpretiert wird. Daher wird in Anlehnung an die im Kapitel III.3.3.1.1 dargestellte Struktur der Pflicht und an die gerade sowie weiter unten präsentierten Verantwortungskonzepte eine Aktantenstruktur der Verantwortung ausarbeitet, die bei dem konkreten Untersuchungsgegenstand der Beantwortung der gestellten Forschungsfragen am adäquatesten dienen könnte:

- *S1* bleibt das *Verantwortungssubjekt*, d. h. der eigentliche Träger der Verantwortung;
- *S2* ist die *Instanz*, vor der sich S1 verantworten sollte; diese wird allerdings, ähnlich wie bei „Pflicht“, in bestimmten Fällen als *Auferlegungsinstanz* aufgefasst;
- *S3* ist das *Objekt der Verantwortung*, das wofür S1 Verantwortung hat;
- *S4* ist der *Benefaktiv* bzw. das *Subjekt des Nutzens*;
- *S5* sind die *Konsequenzen*, die für S1 bei Verletzung der Verantwortung folgen könnten.

Der Benefaktiv (S4), der bei Frolova als S2 auftritt und mit der Instanz der Verantwortung gleichgesetzt wird, ist hier als eine Art zusätzliche analytische Hilfskategorie verstanden, deren Einführen in die Aktantenstruktur aus Sicht der „traditionellen Verantwortungstheorie“ zwar nicht absolut notwendig, allerdings aus mehreren Gründen für die vorliegende Arbeit sinnvoll ist. So eine Auffassung der Verantwortungsstruktur, die von den bereits präsentierten Konzepten ein wenig abweicht, ist jedoch nicht neu und wurde bereits von Hans Lenk folgendermaßen beschrieben:

- „Die Grobsituation der Verantwortlichkeit ist, dass ich in einer bestimmten Situation als Träger der Verantwortung *gegenüber* einem Adressaten oder einem Betroffenen Verantwortung übernehme *für* ein Etwas, d. h. ein Ereignis,

> ein Objekt, ein Ergebnis meiner Handlung oder für eine Handlung selber, die ich z. B. dem Adressaten gegenüber ausführe; dabei bin ich verantwortlich *vor* einer Instanz, die z. B. die Verantwortlichkeit generell und die konkrete Verantwortung in diesem Fall bewertet, beurteilt. Diese «richtende» oder die Beurteilung zumessende Instanz kann eine reale oder eine ideale Instanz sein; sie mag eine reale Person sein, der gegenüber ich verpflichtet bin, zu *antworten*, mich zu rechtfertigen; sie kann Gott sein, die Gesellschaft, die Menschheit, oder es kann das Recht sein, z. B. vertreten in Gestalt von Richtern sein, es kann das eigene Gewissen sein."[94]

Nach einer kurzen Reformulierung des Ganzen stellt Lenk die Komplexität des Verantwortungsbegriffs anerkennend schließlich fest: „Wenn man das komplexe Gefüge nun im Einzelnen differenziert darstellen will, dann gerät man zunächst in analytische und dimensionale Schwierigkeiten."[95]
Trotz der bestehenden Gefahr, übernehme ich die von Lenk vorgeschlagene Modifizierung der Begriffsstruktur als „*Verantwortung gegenüber jemandem für Etwas vor einer Instanz*", da diese bereits auf sprachlicher Ebene die explizite Ermittlung eines Benefaktivs als Adressat der Verantwortung erlaubt, der für die vorliegende Untersuchung eine zentrale Kategorie darstellt. Eine zusätzliche Schwierigkeit, die möglicherweise den Zusammenfall von Instanz und Benefaktiv bei Frolova erklären könnte, stellt die russische Sprache dar. Während im Deutschen dank des Präpositionsgebrauchs schon auf Äußerungsebene unterschieden werden kann, ob die Instanz und somit eher eine „Gerichtssituation" oder der Benefaktiv und somit stärker der „Fürsorgecharakter der Verantwortung"[96] verbal akzentuiert wird, ist dies im Russischen nicht auf den ersten Blick eindeutig. Den deutschen Formulierungen „*Verantwortung vor*" für die Bezeichnung der Instanz und „*Verantwortung gegenüber*" für die Bezeichnung des Benefaktivs entspricht im Russischen nur „*ответственность перед*", womit der sprachliche Ausdruck nicht direkt auf das Modell der Verantwortung hinweist, wie dies im Deutschen der Fall sein könnte. In einem möglichen Satz wie „Все сотрудники несут ответственность перед компанией за выполнение своих обязанностей." können tatsächlich Instanz und Benefaktiv zusammenfallen, wie dies von Frolova angenommen wird, wobei hier aufgrund der konkreten russischen Sprachformel „*нести* ответственность перед кем...за что" der Fokus stärker auf die Instanz und die

[94] Vgl. Lenk (1998), S. 273.
[95] Vgl. Lenk (1998), S. 273.
[96] Vgl. dazu die Modelle der „Verantwortung" im nächsten Unterkapitel.

möglichen Konsequenzen bei Verantwortungsverletzung liegt.[97] Somit wird in erster Linie eine „Gerichtssituation“ dargestellt, in der das Unternehmen vor allem als die explizit verbalisierte Instanz agiert, vor der sich seine Mitarbeiter als Verantwortungssubjekte bei „falschem“ Verhalten verantworten sollten. Allerdings kann das Unternehmen auch als das Subjekt des Nutzens interpretiert werden, das vom „richtigen“ Verhalten der Mitarbeiter am meisten profitieren wird. Wie die Beispiele später zeigen werden, ist der Zusammenfall von Instanz und Benefaktiv der Verantwortung, zumindest in der vorliegenden Untersuchung, nicht als die dominierende Formel zu bezeichnen. Die explizite Ermittlung eines Benefaktivs als möglicher Adressat der Verantwortung und somit als autonomer Teil deren Struktur, ist zudem für die weitere Analyse des Verantwortungsbegriffs wichtig.

III.3.3.2.2 Modelle der Verantwortung

Ausgehend von der verbalen Realisierung der drei Hauptkomponenten der Aktantenstruktur (Subjekt, Objekt, Instanz) arbeitet Holger Kuße drei miteinander verbundene Modelle von „Verantwortung“ aus, die er „*Entscheidungsmodell*“, „*Fürsorgemodell*“ und „*Gerichtsmodell*“ nennt. Diese Modelle unterscheidet er vor allem danach, welcher der drei Komponenten im Fokus einer bestimmten Äußerung liegt.[98] Als ursprünglich bezeichnet Kuße „das traditionelle, am Akt des Antwortens gegenüber einer Verantwortungsinstanz orientierte Gerichtsmodell (*Verantwortung ist ANTWORTEN können / müssen*)“[99], dessen Grundzüge Alexander Haardt schon in den theoretischen Arbeiten von Michail Bachtin findet.[100] Auch Olga Frolova weist darauf hin, dass im Russischen das adverbale Nomen „ответственность“ relativ spät entstanden ist und seine ursprüngliche Deutung mit „процедурой юридического дознания, которое проводилось в форме *призывания к ответу*“ verbunden wurde.[101] Oder mit den Worten von A. Haardt, der sich mit dem Verantwortungsmodell von Bachtin auseinandersetzt: „Rede und Antwort für das Getane zu stehen, ist dasjenige, was von demjenigen erwartet wird, der für sein Handeln zur Verantwortung gezogen wird“.[102] Also, wenn im Fokus einer bestimmten Äußerung stärker die Verantwortungsinstanz, die nicht unbedingt explizit be-

---

[97] Vgl. dazu ausführlich Kapitel III.3.4.2.4.
[98] Vgl. Kuße (2012a), S. 304f.;
[99] Vgl. Kuße (2015).
[100] Vgl. Alexander Haardt (2011), S. 63.
[101] Vgl. Frolova (2009), S. 213;
[102] Vgl. Alexander Haardt (2011), S. 63.

nannt werden muss, oder die im Russischen meist implizierte Haftung der Subjekte für die begangenen Taten sowie die beim Verletzen der Verantwortung erwarteten (negativen) Konsequenzen liegen, wird „Verantwortung" vor allem nach dem „Gerichtsmodell" konzeptualisiert. Wie die meisten analytischen Modelle, sind auch diese drei als Idealkonstruktionen zu verstehen, die in reiner Form auf Äußerungsebene eher selten zu ermitteln sind. D. h. dass in einer bestimmten Äußerung gleichzeitig mehrere Modelle vorkommen können, von denen eins als dominant interpretiert werden kann oder aber alle als gleichrangig in ihrer Präsenz aufgefasst werden. Trotzdem finden sich in den untersuchten Kodizes mehrere Beispiele mit klarer Explikation des Gerichtsmodells der „Verantwortung", wobei einige davon sogar als Überschriften der Hauptkapitel kommuniziert werden, wie dies in III.3.2 bereits kurz präsentiert wurde:

- „*Соблюдение Кодекса деловой этики и ответственность за его нарушение*" (Lukoil, S. 54)
- „*Ответственность*" (Gazprom, S. 17)

„Ответственность" kann in den vorgestellten Beispielen, inbesondere bei Lukoil, als „Haftung" ins Deutsche übersetzt werden. Somit kommt eindeutig das „Gerichtsmodell der Verantwortung" zum Vorschein und es wird schon auf Titelebene ausdrücklich betont, dass beim Nicht-Einhalten der Kodexbestimmungen die Verantwortungssubjekte zur Rechenschaft gezogen werden und mit negativen Konsequenzen rechnen sollten. Obwohl in den Überschriften die Subjekte nicht explizit genannt werden, sind diese relativ leicht zu erschließen – die Mitarbeiter des Unternehmens als Hauptadressaten der Kodizes. Die Verantwortungssubjekte werden im weiteren Text zwar sowohl von Lukoil als auch von Gazprom direkt angesprochen, die beiden Unternehmen setzen jedoch unterschiedliche Akzente bei ihrer „Haftungskommunikation". In einem relativ kurzen Kapitel erwähnt Gazprom kein einziges Mal mehr den Begriff „ответственность". Dafür wird dieser vom Unternehmen mit Inhalt gefüllt, indem die unterschiedlichen Sanktionen beim „fehlerhaften" Verhalten der Subjekte penibel aufgezählt sowie mehrere interne und externe Instanzen, u. a. die russische Gesetzgebung, explizit benannt werden. Als Verantwortungsubjekte agieren hier vor allem die „einfachen" Mitarbeiter, sprachlich realisiert durch „работник", und als interne Instanzen die Führungskräfte sowie die Kontrollorgane des Unternehmens:

- „*Руководитель Общества по собственной инициативе, по предложению Комиссии по корпоративной этике или по инициативе непосредственного руководителя работника, допустившего нарушение Кодекса, принимает решение о применении соответствующих санкций, в том числе общественного порицания, публичного осуждения путем публикаций в средствах информации Общества (на внутреннем информационном портале Общества, в корпоративной газете Общества, на информационных досках или др.), лишения частично или полностью премий в соответствии с внутренними документами Общества, а при наличии в действиях (бездействии) работника признаков дисциплинарного проступка – также и мер дисциплинарного взыскания в соответствии с Трудовым кодексом Российской Федерации.*“ (Hauptkapitel „16. Ответственность“; Gazprom, S. 17)

Lukoil dagegen legt mehr Wert darauf, die einzelnen Gruppen des Firmenpersonals („einfache“ Mitarbeiter, Direktoren, Führungskräfte etc.) als Verantwortungssubjekte differenziert zu erwähnen, ohne dabei weder konkrete Instanz noch konkrete Sanktionen direkt zu benennen. Trotzdem wird auch hier „Verantwortung“ vor allem nach dem „Gerichtsmodell“ verbalisiert und durch das explizit deontische „обязан“ ausdrücklich mit „Verpflichtung“ verbunden:

- „*Таким образом, каждый работник, член Совета директоров, Правления и Ревизионной комиссии Компании обязан неукоснительно соблюдать требования Кодекса и нести ответственность за свое этическое поведение.*“ (Lukoil, S. 55)

Wenn das Verantwortungsobjekt ins Zentrum einer bestimmten Äußerung rückt, spricht Holger Kuße vom „Fürsorgemodell“ der Verantwortung. Dabei kann „Verantwortung für etwas“ in „Sorge um etwas“ umgewandelt und als „ursprünglichste Form, (...), die Verantwortung von Eltern für ihre Kinder, m. a. W.: die Fürsorge“[103] bezeichnet werden. Somit ist „Verantwortung“ vor allem als *„für Andere / Anderes sorgen können / müssen*“[104] zu verstehen. In Anlehnung an A. Haardt zeigt Kuße, dass bereits bei Michail Bachtin „das Gerichtsmodell in das Fürsorgemodell der Verantwortung überführt wird“, da für Bachtin der Inhalt des Begriffs neben „Rede und Antwort für das Getane zu stehen“ auch „eigenes Tun und dessen intendierte und nicht intendierte Folgen und die Wirkungen, die es bei anderen Handelnden auslösen kann“[105] umfasst. Wie oben bereits angesprochen, verbindet auch

[103] Vgl. Kuße (2012a), S. 306.
[104] Vgl. Kuße (2015).
[105] Vgl. Kuße (2012a), S. 305; Haardt (2011), S. 63.

Hans Jonas beide Modelle, wobei er das „Wofür“ (das Objekt) mit dem „Wovor“ (der Instanz) gleichsetzt. Beide Modelle der Verantwortung sind also in gewisser Weise eng miteinander verknüpft, indem u. a. das „Für Etwas“ beim Nicht-Erfüllen der Verantwortung zu „Vor Etwas“ führen könnte. Je nach Auffassung werden auch die Komponenten der Verantwortungsstruktur bei verschiedenen Autoren ein wenig divergent präsentiert und akzentuiert – bei Olga Frolova fallen Instanz und Benefaktiv zusammen, bei Hans Jonas Objekt und Instanz, bei Holger Kuße Benefaktiv und Objekt[106], um nur einige zu nennen. Alle diese Auffassungen sind durchaus plausibel und nachvollziehbar. Angesichts der gestellten Forschungsfragen ist in der vorliegenden Arbeit jedoch eine relativ scharfe Trennung sowohl der drei Modelle als auch der einzelnen Elemente der Verantwortungsstruktur sinnvoll und anzustreben. Diese wird v. a. auf Basis der realisierten sprachlichen Äußerungen vollzogen, wobei auch kontextuelles Wissen bei der Interpretation der Ergebnisse eine entscheidende Rolle spielt. Einige Beispiele sollen dies verdeutlichen:

(17) „*Компания видит свою ответственность перед сотрудниками в том, чтобы:*

- *обеспечивать стабильную и достойную заработную плату, условия труда, соответствующие нормам законодательства; (...)*” (Rosneft, S. 8)

(18) „*Компания осознает свой долг и свою ответственность перед акционерами и партнерами, поэтому прибыльность и эффективность деятельности, достижение результатов, как ожидаемых, так и превосходящих ожидания, являются для нее неоспоримой ценностью.*“ (Lukoil, S. 8)

(19) „*Все сотрудники ТНК-ВР несут ответственность за выполнение требований, связанных с безопасностью, охраной здоровья и окружающей среды во всех регионах деятельности компании.*“ (TNK-BP1, S.3)

In den vorgestellten Beispielen werden sowohl die bereits angesprochenen Komponenten der Begriffsstruktur direkt oder indirekt sprachlich realisiert als auch kommen alle drei Modelle der Verantwortung zum Vorschein. Explizit tritt in allen Äußerungen das Verantwortungssubjekt auf – in den ersten beiden das Unternehmen als korporativer Akteur, in der letzten die Mitarbeiter – daher kann dieser auch unproblematisch als solcher ermittelt werden. Der Rest bedarf einer kurzen Erklärung. Die Mitarbeiter in (17) sowie die Aktionäre und Partner in (18) werden als Subjekte dargestellt, die von den nachfolgend beschriebenen Handlungen einen

[106] Vgl. Kuße (2012a), S. 319.

direkten Nutzen ziehen werden, daher agieren diese als Benefaktive. Die Handlungen selbst – „die Gewährleistung eines stabilen und würdigen Arbeitslohns sowie Arbeitsbedingungen“ in (17) und „Gewinn, Effektivität und Resultativität der Tätigkeit“ in (18) werden hier als Objekte der Verantwortung aufgefasst und sind analysetechnisch vom Benefaktiv losgelöst zu betrachten. Natürlich hängen Objekt und Benefaktiv sehr eng miteinander zusammen und können, wie Kuße dies macht, als Einheit interpretiert und unter dem Oberbegriff „Objekt der Verantwortung“ subsumiert werden.[107] In einer möglichen, wenig konkretisierenden Äußerung wie „Компания осознает свою ответственность перед всеми заинтересоваными сторонами.“ fallen tatsächlich Objekt und Benefaktiv der Verantwortung in Gestalt der Stakeholder eines Unternehmens zusammen. Man könnte den Benefaktiv auch als eine Art Unterkategorie der Hauptkategorie „Objekt“ bezeichnen. In der vorliegenden Untersuchung werden beide jedoch stärker differenziert, da wichtig ist, ob bestimmte Stakeholder auf Äußerungsebene explizit oder implizit als Nutznießer des beschriebenen Handelns präsentiert werden. Somit ist es u. a. möglich, aus explizit kommunizierten Objekten der Verantwortung implizierte Benefaktive abzuleiten. So wie beispielsweise in (19), wo nur die Objekte der Verantwortung direkt thematisiert werden – „Maßnahmen in den Bereichen Sicherheit, Gesundheits- und Umweltschutz“, die einzelnen Benefaktive dabei jedoch unausgesprochen bleiben. Von Aspekten wie „Sicherheit“ und „Gesundheitsschutz“ sollten allerdings auch die Mitarbeiter stark profitieren, womit diese vom Unternehmen gleichzeitig als explizit realisierte Subjekte der Verantwortung und als implizierte Subjekte des Nutzens dargestellt sind. Die ausdrückliche Unterscheidung von Objekt und Benefaktiv der Verantwortung ist auch deswegen nicht weiter problematisch, da beide als Marker des „Fürsorgemodells“ agieren.

So wie teilweise bei Olga Frolova, könnten die Mitarbeiter, Aktionäre und Partner in (17) und (18) auch als eine Art (informelle) „Instanz“ interpretiert werden, vor der sich der korporative Akteur Unternehmen verantworten sollte. Oder wie bei Hans Jonas als Instanz und Objekt der Verantwortung gleichzeitig.[108] Hier wird allerdings so scharf wie möglich zwischen Instanz, Objekt und Benefaktiv unterscheiden, damit zum einen Besonderheiten bei der Thematisierung der Stakeholder des Unternehmens und zum anderen die Konzeptualisierung der Verantwortungsmodelle besser ermittelt werden können. Ein eindeutiges Beispiel für Instanz liegt u. a. in der oben präsentierten Äußerung aus Gazproms Hauptkapitel „Ответственность“ vor. Bei den Beispielen (17) und (18) kann in (17) das Gesetz als explizit verbalisierte Instanz interpretiert werden, vor der Rosneft seine

[107] Vgl. Kuße (2012a), S. 319.

[108] Für beide Interpretationen siehe weiter oben.

Lohn- und Arbeitspolitik verantwortet. Trotz Instanz in (17) sowie explizite Subjekte in (17) und (18), wird aufgrund der stärkeren Fokussierung auf Benefaktive und Objekt in beiden Äußerungen die „Verantwortung“ der Subjekte vor allem nach dem „Fürsorgemodell“ konzeptualisiert. Somit wird das langfristige Wohlergehen der drei angesprochenen Stakeholdergruppen als ein zentrales Anliegen des jeweiligen Unternehmens kommuniziert. Diesen Typ der „Verantwortung“ nennt Hans Lenk „generelle Verantwortung für langfristige Handlungsdispositionen und –folgen“ und unterscheidet ihn von der „positiven bzw. negativen Kausalhandlungsverantwortung“.[109]

Beispiel (19) stellt einen interessanten Fall dar. Hier werden Subjekt und Objekt der Verantwortung explizit verbalisiert und somit in gewisser Weise akzentuiert. Die Verantwortungsinstanz, die zwar nicht direkt als solche bezeichnet wird, ist im Regelfall das Unternehmen selbst. Dies ist sprachlich der verwendeten possessiven Genitivrelation „Все сотрудники ТНК-ВР“ zu entnehmen, kontextuell aus der üblichen sozialbedingten Gestaltung der Beziehung „Unternehmen – Mitarbeiter“ sowie aus der Spezifik der hier untersuchten Textsorte ableitbar. Und obwohl die Instanz in (19) sprachlich im Hintergrund bleibt, wird in dieser Äußerung „Verantwortung“ eher nach dem „Gerichtsmodell“ konzeptualisiert. Dies ist v. a. auf die russische Formulierung *„нести ответственность за что“* [110] zurückzuführen, die auf Valenzebene zwar auch Subjekt und Objekt der Verantwortung hervorhebt, semantisch jedoch sehr stark „Haftung“, (potentielle) „Schuld“ und somit auch (potentielle) Konsequenzen bei Verletzung der „Verantwortung“ akzentuiert. Das ist u. a. an den zuvor zitierten Definitionen aus den russischen sowie sowjetischen Wörterbüchern deutlich zu sehen. Indem man die Mitarbeiter als Verantwortungssubjekte und somit „Entscheidungsträger“[111] und die beschriebenen Maßnahmen wie z. B. „Umweltschutz“ als „Objekte der Fürsorge“ versteht, könnte man behaupten, dass in (19) alle drei Modelle der Verantwortung gleich stark zum Vorschein kommen. Allerdings wird hier aufgrund der sprachlichen Formulierung v. a. das „Gerichtsmodell“ akzentuiert, die anderen beiden könnten dann als präsent, aber hierarchisch untergeordnet aufgefasst werden. Dabei dient die explizite sprachliche Hervorhebung der Mitarbeiter als Subjekte der Verantwortung eher dazu, bestimmte Akteure zu benennen, die beim Nicht-Erfüllen der gestellten Forderungen zur Rechenschaft gezogen werden.[112]

[109] Vgl. Lenk (1998), S. 275; Lenk (1994), S. 248.

[110] Vgl. dazu auch Kapitel III.3.4.2.4.

[111] Dazu gleich weiter unten.

[112] Zur „subjektbezogenen Zuschreibung von Verantwortung“ vgl. ausführlich Kapitel III.3.4.2.4

Mit der Thematisierung des Verantwortungssubjekts kommen wir zum letzten Modell der Verantwortung, das von Holger Kuße ausgearbeitet wurde – das „Entscheidungsmodell“. Aus dem traditionellen Grundmuster „ein Akteur verantwortet einen Sachverhalt vor einer Instanz“ ist sichtbar, dass bei „Verantwortung“ (fast) immer ein intentional handelndes Subjekt vorausgesetzt wird.[113] Die zentrale Rolle des Subjekts bei der Konzeptualisierung des Verantwortungsbegriffs ist u. a. daran zu sehen, dass in vielen Sprachen „*Verantwortung* (...) sehr häufig in zweigliedrigen Konstruktionen des Typs *Verantwortung eines Aktanten X für einen Sachverhalt Y*“[114] vorkommt. Während Instanz oder Konsequenzen bei der Verbalisierung der „Verantwortung“ auf Äußerungsebene also fehlen könnten, sind meistens Subjekt und Objekt zumindest formal explizit realisiert. Gerade im Russischen wird aufgrund sprachspezifischer Besonderheiten das Verantwortungssubjekt nicht nur vorausgesetzt, sondern auch (fast) immer explizit verbalisiert.[115] Und wenn dieses Subjekt und sein intentionales Handeln ins Zentrum einer bestimmten Äußerung gerückt werden, ist „Verantwortung“ v. a. nach dem „Entscheidungsmodell“ konzeptualisiert und somit auch als „*Entscheiden können / müssen*“ zu verstehen.[116] Da die anderen zwei Modelle „die Entscheidungsfähigkeit zur Handlung beim Verantwortungssubjekt voraussetzen“[117], ist für Holger Kuße das „Entscheidungsmodell“ grundlegend. Dessen Relevanz wird zwar in gewisser Weise begrenzt, wenn „Verantwortung“ vor allem als „Verpflichtung“ interpretiert wird[118], trotzdem spielt gerade bei der Unterscheidung von „Verantwortung“ und „Pflicht/ Verpflichtung“ das „Entscheidungsmodell“ eine wichtige Rolle.
In Anlehnung an Kant bezeichnet Kuße die „Pflicht“ als „passive Nötigung“, die „immer in die Sphäre des Sollens gehört“[119]. Im Unterschied dazu „partizipiert *Verantwortung* gleichermaßen an der Modalität des Sollens und des Wollens“.[120] Daher können zwar beide nach dem „Gerichtsmodell“ und dem „Fürsorgemodell“ konzeptualisiert werden, aufgrund ihres Merkmals der „passiven Nötigung“, das

---

[113] Vgl. Kuße (2012a), S. 302.

[114] Vgl. Kuße (2012a), S. 300.

[115] Im Gegensatz zum Deutschen, sind im Russischen Formulierungen mit „ответственный“ in prädikativer Funktion als „verantwortlich“ im Sinne von „verursachen“, bei denen kein handelndes Subjekt explizit verbalisiert wird, nicht möglich. Vgl. den Titel eines Artikels aus dem Portal *Infomed online*: „Rauchen für Herztodesfälle verantwortlich.“ (http://www.infomed.ch/screen_template.php?articleid=758&screenissueid=199).

[116] Vgl. Kuße (2015).

[117] Vgl. Kuße (2012a), S. 305.

[118] Vgl. Kuße (2012a), S. 306.

[119] Vgl. Kuße (2015).

[120] Vgl. Kuße (2015).

„Pflicht“ als „von außen auferlegter Zwang“[121] erscheinen lässt, kann sie jedoch nicht nach dem „Entscheidungsmodell“ erfolgen.[122] Anders sieht es bei „Verantwortung“ aus – auch wenn das Verantwortungssubjekt nicht unbedingt im Fokus einer Äußerung liegt und daher „Verantwortung“ nicht primär bzw. nicht ausschließlich nach dem „Entscheidungsmodell“ konzeptualisiert wird, signalisiert in vielen Fällen die Zuschreibung von „Verantwortung“, dass dem handelnden Subjekt eine gewisse „Entscheidungskompetenz“ zugesprochen wird, die bei der Verbalisierung von „Pflicht/Verpflichtung“ in der Regel fehlt. Anhand einiger Beispiele soll dieser Unterschied sowie die daraus folgenden Implikationen erläutert werden:

(19*) „Все сотрудники ТНК-ВР должны выполнять требования, связанные с безопасностью, охраной здоровья и окружающей среды во всех регионах деятельности компании.“
(20) „*Все сотрудники, работающие в ТНК-ВР, обязаны строго соблюдать все положения данных обязательств.*“ (TNK-BP1, S. 1)
(20*) „Все сотрудники, работающие в ТНК-ВР, несут ответственность за строгое соблюдение всех положений данных обязательств.“
(21) „*Работникам Компании строго запрещается использовать инсайдерскую информацию в своих или чужих целях.*“ (TNK-BP2, S. 9)
(21*) „Работники несут ответственность за использование инсайдерской информации в своих или чужих целях.“
(22) „*Все этические принципы одинаково значимы для Компании. При принятии решений должен соблюдаться баланс всех принципов без каких-либо предпочтений или очередности.*“ (Rosneft, S. 5)
(22*) „Все этические принципы одинаково значимы для Компании. При принятии решений несется ответственность за соблюдение баланса всех принципов без каких-либо предпочтений или очередности.“

Die mit einem „*“ gekennzeichneten Äußerungen (19*) – (22*) sind von mir erstellte sprachliche Transformationen der Originalbeispiele (19) – (22), bei denen ein Versuch unternommen wird, deontische Formulierungen („explizite Verpflichtung“) durch Ausdrücke mit „нести ответственность“ zu ersetzen oder wie beim Paar (19)/(19*) umgekehrt. In der obigen Abfolge sind die Originalbeispiele also

[121] Vgl. Kuße (2015).
[122] Vgl. Kuße (2015).

ohne „*" und wie üblich in der Arbeit kursiv wiedergegeben.[123] Mithilfe der transformierten Äußerungen sowie der Beispiele (17) und (18) sollen einige semantische, pragmatische und auch syntaktisch-stilistische Unterschiede bei der Kommunikation „expliziter Verpflichtung" einerseits und der Zuschreibung von „Verantwortung", interpretiert als „implizite Verpflichtung" andererseits, anschaulicher gemacht werden.

Bei den Beispielpaaren (19)/(19*) und (20)/(20*) wurden jeweils „несут ответственность за выполнение требований" (19) in „должны выполнять требования" (19*) sowie „обязаны строго соблюдать" (20) in „несут ответственность за строгое соблюдение" (20*) transformiert. Diese für das Russische völlig akzeptablen sprachlichen Umwandlungen implizieren zwar einige pragmatisch-kommunikative Unterschiede, die weiter unten angesprochen werden, ändern aber nicht grundlegend den eigentlichen Sinn der Äußerungen. Die thematisierten Subjekte („сотрудники") sind bzw. wären zu einem gewissen Verhalten (z. B. „das Einhalten der Kodexbestimmungen") aufgefordert – in (19) und (20*) implizit durch „нести ответственность", in (19*) und (20) explizit mithilfe der deontischen Marker „должны" und „обязаны".

Der Sinn ändert sich jedoch, wenn man wie in (21)/(21*) versucht, ein explizites Verbot („строго запрещается"), das als eine kategorische deontische Verpflichtung aufzufassen ist, durch Zuschreibung „verpflichtender Verantwortung" zu ersetzen. Naturgemäß ist beim Verbot die Ausführung der beschriebenen Handlungen („использовать инсайдерскую информацию в своих или чужих целях"), die hier formal als Satzsubjekt vorkommen, strengst untersagt. Die umgewandelte Äußerung (21*) könnte unter bestimmten Umständen sogar als eine Art „Erlaubnis" interpretiert werden. Dabei wäre das „Verwenden von Insiderinfos" nicht ausdrücklich verboten, bei diesem „Verwenden" sollten aber die angesprochenen Akteure die „richtigen Entscheidungen" treffen, womit wieder das Subjekt der Verantwortung als „Entscheidungsträger" stärker akzentuiert wäre. Diese Akzentuierung wäre auch auf syntaktischer Ebene bemerkbar, da im Falle der „Zuschreibung von Verantwortung" die Mitarbeiter als Satzsubjekte agieren würden und nicht als Dativobjekte, wie beim expliziten Verbot in (21).

[123] Das Originalbeispiel (19) wurde oben bereits präsentiert. Wegen der besseren Übersicht wird das Beispiel hier noch einmal in der Fußnote platziert:
(19) „*Все сотрудники ТНК-ВР несут ответственность за выполнение требований, связанных с безопасностью, охраной здоровья и окружающей среды во всех регионах деятельности компании.*" (TNK-BP1, S.3).

In (22) werden die zu einem Handeln aufgeforderten (eigentlich persönlichen) Subjekte gar nicht ausdrücklich genannt, womit die explizite Verpflichtung unpersönlich kommuniziert wird („должен соблюдаться баланс"). Der Fokus liegt hier auf dem Pflichtobjekt „Balance aller Prinzipien", das als Satzsubjekt realisiert ist. Solche Konstruktionen expliziter Verpflichtungen sind für das Russische nicht untypisch. Man denkt an Formulierungen mit „надо, необходимо, следует" etc., bei denen das verpflichtete Subjekt entweder als syntaktisches Dativobjekt (z. B. „вам надо…") verbalisiert wird oder wie in (22) sowie im nachfolgenden Beispiel auf Äußerungsebene vollkommen fehlt: *„Все деловые подарки и случаи гостеприимства, превышающие установленные лимиты, должны регистрироваться и предварительно одобряться."* [124] Eine unpersönliche Umwandlung wie in (22*), bei der kein Verantwortungssubjekt vorkäme, wäre im Russischen grammatikalisch zwar nicht falsch, wird aber in der Regel sehr selten verwendet. So erbringt z. B. „Национальный корпус русского языка" bei „несется ответственность" überhaupt keine Treffer[125] und die Suche bei „Яндекс" findet 652 Einträge[126]. Zum Vergleich – der subjektanzeigende Ausdruck „несут ответственность" ergibt bei „Яндекс" ca. drei Millionen Treffer und im russischen Nationalkorpus 122. Somit wird die besondere Rolle des Subjekts bei der verpflichtenden Zuschreibung von „Verantwortung" im Unterschied zur direkten deontischen Verpflichtung noch mal betont.

Festzuhalten bleibt, dass die Zuschreibung von „Verantwortung" ein intentional handelndes Subjekt mit seiner „Entscheidungskompetenz" voraussetzt. Und auch wenn diese „Verantwortung" in ihrer implizit verpflichtenden Funktion realisiert wird, ist sie vor allem als „Verpflichtung, in einer bestimmten Situation die *richtige Entscheidung* zu treffen" zu verstehen. Bei der Kommunikation expliziter Pflicht/Verpflichtung hingegen, ist die *„richtige Entscheidung"* vom verpflichtenden Subjekt (S2) mithilfe deontischer Operatoren bereits auf Äußerungsebene vorgegeben. Somit wird einem explizit verpflichteten Subjekt (S1), im Gegensatz zum (implizit verpflichteten) Verantwortungssubjekt, keine „Entscheidungskompetenz" und somit, wenn auch eingeschränkt, keine „Entscheidungsfreiheit" zugesprochen. Dieser Unterschied kann an den Beispielpaaren (19)/(19*) und (20)/(20*) gesehen werden. In den Beispielen (17) – (19) sowie (20*) wird „Verantwortung" vor allem in ihrer implizit verpflichtenden Funktion realisiert. Wenn man die zuvor getroffene Unterscheidung zwischen einer „(selbst) übernommenen" (S1=S2) und einer „auferlegten" Verpflichtung auf die „verpflichtende Verantwortung" über-

---

[124] Vgl. TNK-BP2, S. 7.

[125] Vgl. http://ruscorpora.ru/search-main.html.

[126] Vgl. http://yandex.ru - die Suche erfolgte im Februar 2013.

trägt, handelt es sich bei (17) und (18) um eine „(selbst) übernommene Verantwortung“ des Unternehmens gegenüber Mitarbeitern, Aktionären und Partnern und bei (19) und (20*) um eine „auferlegte Verantwortung“, bei der das Unternehmen die Instanz darstellt, die in diesem Fall sowohl als Verantwortungs- als auch als Auferlegungsinstanz zu verstehen ist. Die Mitarbeiter sind dabei als implizit verpflichtete Verantwortungssubjekte präsentiert, denen im Unterschied zur expliziten Verpflichtung eine gewisse „Entscheidungsfreiheit“ zumindest auf Äußerungsebene zugesprochen wird.

III.3.3.2.3 Erscheinungsformen und Funktionen der *Verantwortung* in den untersuchten Kodizes

Aufgrund seiner Polysemie kann der russische Begriff „ответственность“ vollständig mit „Haftung“ gleichgesetzt werden, wie einige Beispiele im letzten Abschnitt gezeigt haben. Dabei wird „Verantwortung“ nach dem „Gerichtsmodell“ konzeptualisiert. Die thematisierten Subjekte werden ausschließlich als „Haftungssubjekte“ präsentiert, die bei Verletzung ihrer „Verantwortung“ zur Rechenschaft gezogen werden und mit negativen Konsequenzen rechnen sollten. Axiologisch gesehen wird somit für alle Beteiligte eine negative Gasamtsituation dargestellt.

Darüber hinaus erfüllt die „Übernahme oder Auferlegung von Verantwortung“ auch die Funktion „impliziter Verpflichtung (mit Entscheidungskompetenz)“, wie dies bereits an mehreren Beispielen präsentiert wurde. Damit werden die angesprochenen Verantwortungssubjekte indirekt zu einem bestimmten Handeln aufgefordert, wobei abhängig von der konkreten Äußerung unterschiedliche axiologische Interpretationen möglich sind. In der Regel ist das Objekt einer „implizit verpflichtenden Verantwortung“, genau so wie eigentlich ein Pflichtobjekt, aus Sicht eines bestimmten Äußerungssubjekts als Positivum aufzufassen. Wenn ausgesagt wird, dass etwas notwendig ist bzw. passieren sollte, wird der konkret geforderte Sachverhalt vom Sprecher grundsätzlich positiv bewertet – so wie beispielsweise in (22) die „Beachtung der Balance aller Prinzipien bei einer Entscheidungsfindung“ aus der Perspektive des Unternehmens positiv evaluiert wird. Auch die Gewährleistung der Verantwortungsobjekte in (19) – „*выполнение требований, связанных с безопасностью, охраной здоровья и окружающей среды*“ wird von TNK-BP als etwas Positives verstanden. Allerdings rückt die einleitende Formulierung „*Все сотрудники ТНК-ВР несут ответственность*

за“ auch die semantischen Komponenten „Haftung“, (potentielle) „Schuld“[127] sowie (potentielle) „Sanktionen bei Verantwortungsverletzung“ stark in den Fokus, womit die ganze Äußerung eine negative Färbung erfährt. Eindeutig positiv ist dagegen die in (18) dargestellte Situation, bei der das Unternehmen eine „verinnerlichte Verantwortung“ gegenüber seinen Stakholdern „Partner“ und „Aktionäre“ empfindet und somit als eine Art „Fürsorgesubjekt“ agiert. Aufgrund der sprachlichen Auswahl liegen im Fokus dieser Äußerung nicht „Sanktionen“ oder „Haftung“, sondern das „langfristige Wohlergehen“ der genannten Stakeholder. Durch die Übernahme oder Auferlegung „verpflichtender Verantwortung“ können also sowohl positive als auch teilweise negative Situationen dargestellt werden.
Die letzte Verwendungsform von „ответственность“, „ответственный“ etc., die in den Kodizes oft zum Vorschein kommt, ist die bereits am Anfang des Kapitels erwähnte „Zuschreibung positiver Verantwortung“. Diese primär wertende Funktion der „Verantwortung“ ist mit ihrem Status eines allgemein anerkannten positiven Wertes verbunden und dient u. a. dazu, die thematisierten Subjekte als „gut“ sowie ihr Handeln als „gut und richtig“ darzustellen. Gewissermaßen erfüllen auch die anderen Verwendungen von „Verantwortung“ eine evaluierende Funktion, wie dies oben bereits gezeigt wurde. Diese ist jedoch als sekundär zu bezeichnen. Bei der „implizit verpflichtenden Verantwortung“ z. B. steht ihr „Verpflichtungscharakter“ stärker im Fokus, der bei der „positiv wertenden Verantwortung“ in den Hintergrund gerät. An zwei Beispielen soll dieser Unterschied veranschaulicht werden:

- „*Осознавая ответственность перед всеми заинтересованными сторонами в странах и регионах своей деятельности, Компания проводит социально ответственную политику по вопросам труда, занятости, производственных отношений, оказывает поддержку работникам, инвалидам, ветеранам, осуществляет широкую благотворительную и спонсорскую деятельность.*“ (Lukoil, S. 9)
- „*Компания стремится обеспечивать и поддерживать высокое качество своей продукции и услуг, честно и последовательно выполнять договорные обязательства, открыто и ответственно осуществлять корпоративное управление.*” (Rosneft, S. 5)

Im ersten Beispiel werden zwei Funktionen von „Verantwortung“ realisiert. Dabei kann, ohne dass der Grundsinn des Satzes verändert wird, das Nomen „ответственность“ problemlos durch „долг“ ersetz werden.[128] Somit wird in der

[127] Vgl. ausführlich Kapitel III.3.4.2.4.
[128] Im Beispiel (18) kommen beide Nomen sogar nebeneinander vor.

ersten Verwendung „Verantwortung" als „Pflicht" des Unternehmens „gegenüber allen Stakeholdern in den Regionen der Tätigkeit" verstanden. Die zweite, attributive Verwendung erfüllt dagegen vor allem eine evaluierende Funktion und soll die Sozialpolitik von Lukiol als „gut" präsentieren, womit die Firmenpolitik direkt und das Unternehmen als Initiator dieser Politik indirekt positiv bewertet werden. Das gleiche Muster ist auch beim anderen Beispiel zu beobachten. Indem Rosneft eine „verantwortungsvolle" und somit „gute Unternehmensführung" anstrebt, wird implizit auch das Unternehmen selbst aufgewertet. Zu dieser Aufwertung des handelnden Subjekts tragen natürlich auch die anderen in der Äußerung aufgezählten attributiven Werte wie z. B. „Ehrlichkeit" („честно") oder „Transparenz" („открыто") bei, die sich nicht direkt auf das Unternehmen selbst, sondern auf sein Handeln beziehen. Dies unterstützt natürlich die positive Selbstdarstellung und sollte vielleicht weniger selbstlobend klingen als eine direkte positive Selbstbewertung des Unternehmens als korporativer Akteur wie im folgenden Beispiel:

- „*ОАО «ЛУКОЙЛ» является ответственным членом мирового сообщества и добросовестным участником рыночного хозяйства.*" (Lukoil, S. 9)

Hier erfüllt „ответственный" vor allem seine „primär evaluierende Funktion" und wird zusätzlich durch das semantisch sehr nahe[129] spezifisch wertende Adjektiv „добросовестный" ergänzt und unterstützt. Beide Wertattribute beziehen sich direkt auf das Unternehmen als korporativer Akteur und dienen somit der direkten positiven Selbstaufwertung. Somit können die Unternehmen zwei, miteinander zwar verbundene, aber doch unterschiedliche Strategien der positiven Selbstdarstellung verwenden – direkte Aufwertung des Subjekts Unternehmen durch die Zuschreibung attributiver Werte oder indirekte durch die verbale Darstellung positiver Handlungen bzw. Handlungsabsichten.

Somit ergeben sich die drei in den Kodizes meist ermittelten Verwendungen der russischen Lexeme „ответственность", „ответственный", „ответственно" etc. – 1. ausdrücklich als bzw. gleichgesetzt mit „Haftung"; 2. als „implizite Pflicht/Verpflichtung", die „Haftung" und „Konsequenzen" stark akzentuieren kann, aber nicht muss und 3. als axiologisch oder attributiv realisierter Wert, der v. a. zur Aufwertung bestimmter Akteure dienen könnte. Das Konzept „Verantwortung" wird auch in den nächsten Abschnitten oft thematisiert, noch mal ausführlich wird es vor allem in den Kapiteln behandelt, bei denen die handelnden Subjekte im Fokus der Analyse stehen.

---

[129] Vgl. Frolova (2009), S. 220-221 sowie die Wörterbuchdefinitionen in III.3.3.2.1.

Nachdem auf den letzten Seiten beide für die nachfolgende Analyse zentralen Konzepte „Pflicht“ und „Verantwortung“ ausführlich besprochen wurden, werden in den nächsten Unterkapiteln die in den Kodizes ermittelten empirischen Ergebnisse detailliert präsentiert und diskutiert. Zunächst wird auf der Ebene der thematisierten Objekte ein Versuch deren „Hierarchisierung“ unternommen, die aufgrund der vollzogenen sprachlichen Äußerungen ermittelt werden könnte. Danach fokussiert sich die empirische Analyse stärker auf die angesprochenen Handlungssubjekte und zeigt, wie die Zuschreibung von „Pflicht“ und „Verantwortung“ im Rahmen der Kodizes erfolgt sowie welche interessante Auffälligkeiten dabei zu beobachten sind.

III.3.4 Diskussion der empirischen Ergebnisse

III.3.4.1 Objektebene

In den letzten Unterkapiteln wurden unterschiedliche Aspekte der in den ausgewählten russischen Unternehmen geltenden Verhaltenskodizes dargestellt und analysiert. Wie bereits erwähnt, erfüllen die Fimenkodizes zwei Hauptfunktionen, die in gewisser Weise mit einander verknüpft sind. Zum einen stellen sie eine Sammlung verbindlicher Regel und Standards für korporatives und individuelles Handeln dar, zum anderen sind sie führende Instrumente der unternehmerischen Selbstdarstellung.

Eine enge Verknüpfung zwischen diesen beiden Funktionen liegt auf der Ebene der thematisierten Pflichtobjekte und Benefaktive. Es wurde gezeigt, dass die Verbindlichkeit der aufgestellten Verhaltensstandards sprachlich unterschiedlich realisiert wird – gewisse Sachverhalte werden ausdrücklich als „deontische Pflicht/Verpflichtung“ der handelnden Subjekte präsentiert, andere dagegen „nur“ als „Objekte der Verantwortung“, „der Erwartung“, „der Garantie“ oder z. B. als „angestrebtes Ziel“, m. a. W., als „Objekte der impliziten Verpflichtung“ dargestellt. Mithilfe der vorgenommenen pragmatisch bedingten Unterscheidung zwischen „expliziter/deontischer“ und „impliziter“ Verpflichtung“ lässt sich daher eine *Graduierung der Absolutheit der kommunizierten Verbindlichkeit* feststellen. D. h., dass explizit deontische Äußerungen grundsätzlich kategorischer und verbindlicher sind als implizit verpflichtende Formulierungen. Sie drücken eine aus Sicht des Äußerungssubjekts absolute Notwendigkeit der Umsetzung der geforderten Sachverhalte aus. Diese kategorische Notwendigkeit lässt die explizit geforderten Sachverhalte wichtiger und wertvoller für das Äußerungssubjekt erscheinen als andere – etwas, das ausdrücklich als „долг“, „обязанность“, „обязательство“ oder mithilfe deontischer Modalauxiliare wie „должен“, „обязан“, „следует“, „надо“ „необходимо“ etc. als „explizite Verpflichtung“ präsentiert wird, erscheint für das Äußerungssubjekt unentbehrlicher und dadurch wichtiger als etwas, das als „Hoffnung“, „Erwartung“ oder „Zielsetzung“ kommuniziert wird. Somit ergeben sich zunächst zwei große Bereiche, die als beide Pole einer *Skala der Verbindlichkeit* interpretiert werden können. Dem ersten Bereich kann all das zugeordnet werden, was als „explizite Verpflichtung“ und dem zweiten das, was als „implizite Verpflichtung“ kommuniziert wird. Auch innerhalb dieser Bereiche kann die Verbindlichkeit des Geäußerten unterschiedlich kategorisch realisiert werden. So ist innerhalb der „impliziten Verpflichtung“ die „Zuschreibung verpflichtender Verantwortung“ wie in (19) verbindlicher als die Kommunikation einer „Erwartung“ wie in (14). Trotz der engen semantischen Nähe zwischen „долг“ und „обязанность“ einerseits und „ответственность“ andererseits, gehört die „verpflichtende Verantwortung“ zum Bereich der „impliziten Verpflichtung“. Dies ist sowohl auf die äußerliche lexikalische Form („ответственность“ ist rein formal kein sprachlicher Marker der deontischen Notwendigkeit) als auch auf das bereits erwähnte Aspekt der „Entscheidungskompetenz“ zurückzuführen, das bei „verpflichtender Verantwortung“ präsent ist und bei „expliziter Verpflichtung“ in der Regel fehlt. Durch das Absprechen jeglicher „Entscheidungsfreiheit“ der Pflichtsubjekte wird ein Pflichtobjekt als unbedingt notwendig und somit als wichtiger für das Unternehmen markiert als ein Verantwortungsobjekt, bei dessen Gewährleistung den Verantwortungssubjekten erlaubt ist, die „richtigen Entscheidungen“ selbstständig zu treffen.

Somit ergeben sich einige qualitative Ausprägungen und Grade der expliziten und impliziten Verbindlichkeit, wobei oben auf der Skala die unterschiedlichen Realisierungen „deontischer Verpflichtung“ zu verorten sind und ganz unten Äußerungen mit „Hoffnungs-“ oder „Erwartungsmodalität“. Die „verpflichtende Verantwortung“ ist im oberen Bereich der „impliziten Verpflichtung“ zu positionieren – sie drückt eine stärkere Verbindlichkeit als beispielsweise eine „Zielsetzung“ oder „Erwartung“, aber eine schwächere als die meisten „expliziten Verpflichtungen“. Die so beschriebene *Graduierung der Absolutheit der kommunizierten Verbindlichkeit* erlaubt auch die Ermittlung einer möglichen *Hierarchisierung in der Wichtigkeit und Wertigkeit bestimmter Tätigkeitsaspekte*. D. h., wenn bei der Beschreibung und Regulierung bestimmter Bereiche der Unternehmenstätigkeit oder der Beziehungen zu gewissen Stakeholdern die Aufgaben der handelnden Subjekte weitgehend als „explizite Pflicht/Verpflichtung“ kommuniziert werden, signalisieren die Unternehmen durch ihre sprachliche Auswahl den besonderen Stellenwert der thematisierten Tätigkeitsbereiche und/oder Akteure. Es ist daher von primärem Interesse, welche Aspekte des unternehmerischen Handelns wie oft als „explizite Pflicht/Verpflichtung" dargestellt und somit als besonders wichtig für das jeweilige Unternehmen markiert werden. Somit wird die vorgenommene qualitative *Hierarchisierung der thematisierten Objekte* auch durch die frequentielle Erscheinung der kommunizierten Inhalte sowohl unternehmensübergreifend als auch unternehmensspezifisch quantitativ unterstützt. Die ermittelten Ergebnisse werden in den nächsten Unterkapiteln ausführlich präsentiert.

III.3.4.1.1 *Долг* und *обязанность/обязательство* als Marker der deontischen Notwendigkeit

Als erstes werde ich die von Bulygina/Šmelev thematisierte und hier in III.3.3.1.1 vorgestellte konzeptuelle Unterscheidung zwischen den russischen Begriffen „долг" einerseits (verstanden als absolute moralische Norm) und „обязанность/обязательство" andererseits (verstanden als relative Norm in einem sozialen Zusammenhang) noch einmal aufgreifen. Als eindeutige Indikatoren der „deontischen Notwendigkeit" (russisch „поле деонтического долженствования"[130]) unterstreichen diese Nomen die besondere Wichtigkeit der thematisierten Pflichtobjekte, wobei durch die ethisch-moralische Auffassung von „долг" zusätzlich die objektive und unumstrittene Geltung dieser Objekte als absolute Handlungsnormen beansprucht wird.
Grundsätzlich ist davon auszugehen, dass Unternehmen zweckorientierte korporative Akteure darstellen, die in einem bestimmten sozialen Raum agieren, dessen Konventionen das unternehmerische Handeln entscheidend bestimmen. Daher handelt es sich bei den Aktionen eines Unternehmens sowie bei den Interaktionen zwischen dem Unternehmen und seinen unterschiedlichen Anspruchsgruppen eher um sozial-relative Verpflichtungen im Sinne von „обязанность" und weniger um absolute Pflicht im Sinne von „долг".[131] Trotzdem ist es interessant zu sehen, ob, und wenn ja, welche Aspekte der Unternehmenstätigkeit ausdrücklich als „долг" und somit als moralische Pflicht präsentiert werden. Durch die Darstellung als „долг", als eine Art absolute Handlungsnorm, werden solche Aspekte natürlich qualitativ besonders hervorgehoben.
Das Nomen „долг" kommt in den untersuchten Texten vergleichsweise selten vor – drei Mal bei Lukoil und einmal bei Rosneft. Eine Äußerung von Lukoil wurde

[130] Vgl. Булыгина / Шмелев (1997), S. 235 f.
[131] Vgl. ausführlich dazu Kapitel III.3.3.1.1.

schon als Beispiel (18) im Kapitel III.3.3.2.2 präsentiert[132], die restlichen folgen weiter unten[133]:

- „*ПРИНЦИП 1*
  ОБЕСПЕЧЕНИЕ ПРИБЫЛЬНОСТИ И ЭФФЕКТИВНОСТИ
  Компания рассматривает прибыльность и эффективность своей деятельности как свой долг перед акционерами и всеми заинтересованными сторонами и использует все доступные ей законные средства для его выполнения.“ (Rosneft, S. 5)
- „*Рассматривать право доступа к инсайдерской информации как высокое доверие и долг сберегать сведения, распространение которых может повлечь существенное изменение стоимости ценных бумаг.*“ (Lukoil, S. 40)
- „*Долг инсайдера – ставить интересы акционеров и инвесторов выше своих инвестиционных интересов.*“ (Lukoil, S. 41)

Trotz der eher seltenen Verwendung von „долг“, ist die kontextuelle Einbettung des Nomen sehr auffällig. Als Objekt der absoluten Pflicht werden sowohl von Lukoil als auch von Rosneft einmal allgemein „Gewinn“ und „Effektivität der unternehmerischen Tätigkeit“ dargestellt. Diese beiden streng ökonomischen Aspekte werden somit als absolute und unumstrittene Unternehmenswerte dargestellt, wobei Lukoil dies auch zusätzlich unterstreicht, indem das Unternehmen „Эффективность“ als einen seiner explizit deklarierten Grundwerte präsentiert.[134] Ähnlich, obwohl nicht so direkt, geht auch Rosneft vor – „ОБЕСПЕЧЕНИЕ ПРИБЫЛЬНОСТИ И ЭФФЕКТИВНОСТИ“ ist das erste der vier „ethischen Prinzipien“ des Unternehmens, die im Hauptkapitel „II. Философия Роснефти“ direkt nach der expliziten Wertedeklaration kommuniziert werden.
Ein zweiter, mit dem ersten jedoch stark zusammenhängender Aspekt der Tätigkeit, der von Lukoil explizit als „долг“ präsentiert wird, ist „die Verteidigung der Interessen seiner Aktionäre und Investoren“. Dies ist im letzten Beispiel auch direkt so kommuniziert, im vorletzten ist es aus der vollzogenen Äußerung leicht abzulei-

---

[132] Beispiel (18) wird wegen besserer Übersicht noch einmal in dieser Fußnote präsentiert: „*Компания осознает свой* ***долг*** *и свою ответственность перед акционерами и партнерами, поэтому прибыльность и эффективность деятельности, достижение результатов, как ожидаемых, так и превосходящих ожидания, являются для нее неоспоримой ценностью.*“ (Lukoil, S. 8)

[133] Fettgedruckt durch den Autor.

[134] Vgl. Lukoil, S. 8 sowie Kapitel III.2.2.

ten, da die beiden genannten Anspruchsgruppen von Kursschwankungen der Wertpapiere am meisten betroffen sind. Somit werden die Investoren und besonders die Aktionäre, die auch auf Äußerungsebene ganze drei Mal als Hauptbenefaktive der absoluten Pflicht expliziert werden, von beiden Unternehmen als zwei der wichtigsten, wenn nicht die wichtigsten Stakeholdergruppen sprachlich markiert.

Wie erwähnt, können die drei bereits ausführlich vorgestellten Modelle, die von Holger Kuße ursprünglich für das Konzept „Verantwortung" ausarbeitet wurden, mit gewissen Einschränkungen[135] auch bei anderen, semantisch und begriffsstrukturell nahen Konzepten wie z. B. „Pflicht/Verpflichtung" oder „Gerechtigkeit" operationalisiert werden.[136] Dabei kann „Pflicht", wie bereits vermerkt, entweder nach dem „Gerichtsmodell" oder dem „Fürsorgemodell" konzeptualisiert werden. Im ersten Fall stehen die eher subjektbezogenen Komponenten „Schuld", „Haftung" und „Sanktionen" bei Pflichtverletzung im Fokus einer Äußerung, im zweiten vor allem die „als Pflicht empfundene Sorge um ein Objekt". In den vorgestellten Beispielen wird „долг" ausschließlich nach dem „Fürsorgemodell" konzeptualisiert, wobei ins Zentrum (fast) aller Äußerungen das langfristige Wohlergehen der genannten Stakeholder gerückt wird. Auch die kommunizierten Pflichtobjekte wie „Gewinn", „Effektivität der Tätigkeit" oder „Schutz von Informationen" („сберегать сведения") werden direkt oder indirekt auf den langfristigen Nutzen dieser Anspruchsgruppen bezogen. Somit präsentieren die Unternehmen sich als engagierte „Fürsorgesubjekte" und das Wohl der Aktionäre und Investoren als ihr ganz besonderes Anliegen. Es werden insgesamt positive Zustände konstruiert, bei denen Lukoil und Rosneft als „pflichtbewusst" und „fürsorglich" erscheinen und zumindest in den Augen der angesprochenen Stakeholder eine Aufwertung erfahren sollten. Negative Elemente wie eventuelle „Sanktionen", mit denen die Pflichtsubjekte bei Verletzung ihrer Pflicht rechnen sollten, werden komplett ausgeblendet.

Ähnlich wie „долг", werden auch die anderen beiden Nomen „обязанность" und „обязательство" eher selten als sprachliche Marker der explizit kommunizierten Verbindlichkeit verwendet[137], wobei „обязанность" fast kaum vorkommt und

---

[135] Vgl. Kapitel III.3.3.2.2.

[136] Vgl. Kuße (2015).

[137] Dabei wird nicht jedes ermittelte Vorkommen der beiden Nomen gemeint, sondern grundsätzlich ihre Verwendung in „explizit verpflichtender Funktion". Äußerungen, bei denen die Substantive vor allem als „Pflichtobjekte" kommuniziert sind, werden hier zwar berücksichtigt, spielen jedoch für die vorliegende Analyse eine untergeordnete Rolle. Vgl.: *„Все сотрудники, работающие в ТНК-ВР, обязаны строго соблюдать все положения данных обязательств."* (TNK-BP1, S.1). Im vorgestellten Beispiel ist „обязаны" als Marker der expliziten Verbindlichkeit aufzufassen; „обязательства" bzw. „строго соблюдать все положения данных обязательств" ist

„обязательство" weitgehend als explizit kommunizierte Verpflichtung der Unternehmen als korporative Akteure ermittelt werden konnte, wie in den folgenden Beispielen:

- *ОАО «ЛУКОЙЛ» является публичной компанией, ценные бумаги которой имеют листинг на крупных российских и международных фондовых биржах, что накладывает на Компанию существенные обязательства по установлению и соблюдению особого порядка раскрытия информации. Наибольшее внимание уделяется раскрытию информации, способной оказать существенное влияние на стоимость ценных бумаг ЛУКОЙЛа (инсайдерская информация). Используя передовой мировой опыт работы в данной сфере, Компания обеспечивает равный доступ всех участников фондового рынка к чувствительной информации, стараясь предотвратить неправомерное использование инсайдерских данных.*" (Lukoil, S. 38-39)
- „*ОАО «ЛУКОЙЛ» взяло на себя обязательства по обеспечению такого уровня промышленной безопасности производственных объектов и безопасности труда, при котором риск возникновения аварий и несчастных случаев минимален (...)*" (Lukoil, S. 26)

Auch in diesen beiden Beispielen wird die „explizite Verpflichtung" des Unternehmens vor allem nach dem „Fürsorgemodell" konzeptualisiert. In der ersten Äußerung werden die thematisierten „обязательства" von äußerlichen unpersönlichen Faktoren wie „Börsenregelungen" auf Lukoil auferlegt. Dabei präsentiert sich das Unternehmen als „fürsorglicher und fairer Marktakteur" („наибольшее внимание уделяется", „обеспечивает равный доступ всех участников" etc.), der die durch die objektiven Bedingungen auferlegten Verpflichtungen gewissenhaft erfüllt. Im zweiten Beispiel zeigt Lukoil mehr Eigeninitiative, indem das Unternehmen selbst Verpflichtungen im Bereich „Betriebs- und Arbeitsschutz" übernimmt und dabei wieder als eine Art „Fürsorgesubjekt" agiert, das um das Wohlergehen implizierter Stakeholder, wie beispielweise die Mitarbeiter oder die Einwohner der Regionen der Tätigkeit, bemüht ist.
Auffällig ist zudem die vergleichsweise häufige Verwendung vom explizit verpflichtenden „обязательства" im „Деловой кодекс" von TNK-BP, wobei das Nomen schon auf der ersten Seite des Dokuments mehrere Male vorkommt. Dies ist

---

dagegen als das zu verstehen, was gemacht werden sollte bzw. wozu die Mitarbeiter explizit verpflichtet sind, m. a. W. das „Pflichtobjekt".

vor allem auf die unternehmensspezifische Besonderheit zurückzuführen, dass TNK-BP alle seine fünf im Kodex thematisierten Tätigkeitsbereiche ausdrücklich als „programmatische Verpflichtungen" („программные обязательства") präsentiert:

- „*Кодекс согласован и скорректирован руководителями высшего звена компании и состоит из трех уровней:*
  На первом уровне представлены пять Программных обязательств, в общих чертах излагающих стратегическую концепцию деятельности компании; (...)" (TNK-BP1, S. 1)

Nach einer kurzen Darstellung der „zweiten und dritten Ebene des Kodex" werden die fünf als „обязательства" dargestellten Hauptbereiche der unternehmerischen Praxis aufgezählt und später auch ausführlicher beschrieben:

- „*Обязательства*
  Деловая практика компании включает в себя пять областей:
  Этика ведения бизнеса;
  Сотрудники;
  Отношения со сторонними организациями;
  Охрана труда, безопасность и защита окружающей среды;
  Контроль и финансы."

Die gerade vorgestellten Ausschnitte aus „Деловой кодекс" von TNK-BP zeigen nicht unbedingt typische Beispiele für die Verwendung von „обязательство" in seiner primär verpflichtenden Funktion. Da TNK-BP jedoch als einziges Unternehmen die gesamten Aspekte der Firmentätigkeit explizit als „selbst übernommene Verpflichtungen" kommuniziert, sollte diese unternehmensspezifische Erscheinung an dieser Stelle kurz präsentiert werden. Einige weitere Beispiele mit dem primär verpflichtenden Gebrauch von „обязательство" werden später in der Arbeit vorgestellt, wenn die „explizite Verpflichtung" sowie ihre möglichen sprachlichen Realisierungen und Konzeptualisierungen auf Subjektebene analysiert werden.

III.3.4.1.2 Deontisch regulierte Aspekte der Unternehmenstätigkeit

In den untersuchten Kodizes wird die explizite Verbindlichkeit der aufgestellten Regel vor allem mithilfe von deontischen Modalwörtern wie „должен“, „обязан“, „обязательно“, „следует“, „надо“, „необходимо“ etc. kommuniziert.[138] Wie bereits oben ausgeführt, ordnet die Verwendung solcher Formulierungen die thematisierten Sachverhalte dem Bereich der deontischen Notwendigkeit zu (russisch „поле деонтического долженствования“) und signalisiert zudem deren außerordentliche Wichtigkeit für das jeweilige Äußerungssubjekt. Daher ist es interessant zu sehen, bei welchen Aspekten und in welchen Bereichen der unternehmerischen Tätigkeit die Aufgaben der handelnden Subjekte überwiegend als „explizite Pflicht/Verpflichtung“ kommuniziert werden. Durch die ausdrücklich strikte sprachliche Regulierung werden die thematisierten Aspekte als besonders relevant für das jeweilige Unternehmen markiert.
Die ausgewerteten Ergebnisse der vorliegenden Untersuchung zeigen, dass es einige Tätigkeitsbereiche gibt, in denen alle ausgewählten Unternehmen die Aufgaben der handelnden Akteure überdurchschnittlich oft als „explizite Verpflichtung“ verbalisieren. Bevor wir zu den konkreteren Bereichen übergehen, soll zunächst ein eher allgemeiner Aspekt angesprochen werden, der von jedem Unternehmen beinah am häufigsten als „explizite Pflicht“ kommuniziert wird – „das strikte Einhalten aller Kodexbestimmungen“. Dieses Ergebnis ist eigentlich nicht weiter überraschend, da durch derartige Formulierungen die Unternehmen alle aufgestellten verbindlichen Verhaltensnormen und folglich sämtliche Bereiche der Firmentätigkeit, in denen diese Normen gelten sollten, als gleich wichtig präsentieren wollen, was zum Standardrepertoire zeitgenössischer Selbstdarstellung vieler globaler Marktakteure gehört.[139] Einige entsprechende Beispiele – (3)-(6) sowie (8), bei denen die „explizite Pflicht“ der angesprochenen Subjekte durch den produktivsten Wortstamm „обяз-“ sprachlich realisiert wird – wurden bereits am Anfang des Kapitels III.3.3 vorgestellt. Zur besseren Übersicht werden an dieser Stelle die Beispiele (5) und (6) nochmals präsentiert sowie zwei weitere Äußerungen vorgestellt, die mithilfe des anderen für diesen Zweck sehr produktiven deontischen Modalauxiliars „должен“ verbalisiert sind:

---

[138] Dazu gehören auch die entsprechenden „negativen“ deontischen Formulierungen wie „не должен“, „не следует“, „запрещено“ usw., die implizite oder explizite Verbote kommunizieren – vgl. dazu die Beispiele auf den nächsten Seiten sowie den abschließenden Kapitel III.3.4.3.

[139] Vgl. Kuße (2012a), S. 319f.; Kuße (2014), S. 124-125.

- *„Все сотрудники, работающие в ТНК-ВР, обязаны строго соблюдать все положения данных обязательств.“* (TNK-BP 1, S. 1)
- *„Все этические принципы одинаково значимы для Компании. При принятии решений должен соблюдаться баланс всех принципов без каких-либо предпочтений или очередности.“* (Rosneft, S. 5)
- *„В своей профессиональной деятельности все сотрудники должны соблюдать нормы и правила, установленные Компанией.“* (Rosneft, S. 15)
- *„В Кодексе излагаются базовые принципы корпоративного управления ТНК-ВР, обязательные для выполнения всеми сотрудниками компании.“* (TNK-BP 1, S. 1)

Wie zu sehen ist, werden alle in den Kodizes kommunizierten Bestimmungen und Prinzipien als „Grundprinzipien“ („базовые принципы“) sowie als gleichermaßen relevant („одинаково значимы“) dargestellt, wodurch auch alle Aspekte der Unternehmenstätigkeit – von „Effektivität“ und „Gewinn“ bis „Umweltschutz“ und „soziales Engagement“ als gleichrangig erscheinen sollen, was von Rosneft direkt so kommuniziert wird – „без каких-либо предпочтений или очередности“. Es fällt auf, dass die persuasive Kraft dieser inhaltlich eindeutigen Botschaften durch den hochfrequenten Gebrauch des Allquantors „все“ zusätzlich unterstützt wird. Dabei bezieht sich „все“, das in den vier Beispielen ganze sechs Mal vorkommt, sowohl auf die geltenden Prinzipien (die „Pflichtobjekte“) als auch auf die verpflichteten Akteure (die „Pflichtsubjekte“). Somit wird hier die kommunikative Funktion dieses Allquantors, die als „Ausnahmennegation“ bezeichnet werden könnte, doppelt realisiert – erstens, sind alle Prinzipien (ohne Ausnahme) gleichermaßen wichtig und zweites, sind sie von allen Mitarbeitern (ohne Ausnahme) zu befolgen. Dieser so kategorisch konstruierte und mithilfe der deontischen Operatoren explizit geforderte „Ausnahmslosigkeitszustand“ verleiht dem kommunizierten inhaltlichen Motiv „Gleichstellung der in den Organisationen geltenden Verhaltensnormen“ fast einen Sonderstatus.

Dass doch gewisse Aspekte des Handelns wie „Gewinn“ und „Effektivität“ von einigen der ausgewählten russischen Unternehmen durch die Auswahl ihrer sprachlichen Mittel als besonders relevant oder sogar als „absolut geltend“ hervorgehoben werden, wurde an der referentiellen Verwendung des Nomen „долг“ im Sinne einer absoluten, moralischen Handlungsnorm bereits gezeigt. Im Folgenden werden weitere Aspekte und Bereiche der Firmentätigkeit präsentiert, in denen die Aufgaben der handelnden Subjekte überdurchschnittlich oft als „explizite

Verpflichtung“ kommuniziert werden, wodurch die konkreten Tätigkeitsaspekte als ausgesprochen wichtig für die Unternehmen markiert sind.

Interessenskonflikt

Ein Aspekt, dessen strikte Regulierung für alle Unternehmen außerordentlich relevant zu sein scheint, ist der s. g. (potentielle) „Interessenskonflikt“. Bei diesem befürchten die Unternehmen als korporative Akteure mit klar definierten Zielen und Interessen, dass in bestimmten geschäftsbezogenen Situationen ein Konflikt zwischen korporativen und individuellen Zielen entstehen könnte, den sie auf jeden Fall verhindern wollen. Die besondere Relevanz dieses thematischen Motivs war u. a. bereits in III.3.2 zu sehen, als gezeigt wurde, dass in jedem der Kodizes „Конфликт интересов“ als ein gesondertes Hauptkapitel erscheint. Auf Äußerungsebene versuchen die Unternehmen, solche potentielle Konflikte zu unterbinden, indem sie zunehmend auf Ausdrücke „expliziter Verpflichtung“ zurückgreifen, die teilweise in mehreren aufeinander folgenden Sätzen vorkommen:

- „*Работники не вправе извлекать выгоду из конфликта интересов. Работники обязаны раскрывать любой конфликт интересов для обеспечения своевременного управления им. Сокрытие конфликта интересов может привести к применению дисциплинарного взыскания и даже к судебному преследованию.*“ (TNK-BP2, S. 6)
- „*Работники Общества должны избегать ситуаций, при которых у них возникает конфликт интересов.*
  В случае возникновения конфликта интересов работники должны информировать об этом своего непосредственного руководителя (...)“ (Gazprom, S. 7)
- „*Вам следует соблюдать следующие правила:*
  Избегать любых действий, которые могут повлиять на Вашу способность принимать объективные деловые решения в интересах Компании: например, не следует получать подарки (кроме подарков незначительной ценности), услуги и другие выгоды от лиц, имеющих деловые отношения с Компанией или стремящихся к таким отношениям.“ (Lukoil, S. 44)
- „*Компания считает необходимым выполнение следующих требований: принимая решение по деловому вопросу, необходимо руководствоваться исключительно интересами Компании. Личные или семейные*

обстоятельства не должны влиять на ваше суждение о том, какие действия в наибольшей степени соответствуют интересам Компании;" (Rosneft, S. 11)

Neben den eher konventionellen deontischen Formulierungen wie „должен", „обязан", „следует" und „необходимо" wird die explizite Verbindlichkeit in den vorgestellten Beispielen einmal auch mithilfe des Ausdrucks „не вправе" sprachlich realisiert, der pragmatisch ein „Verbot" impliziert. Dabei werden die Interessen des jeweiligen Unternehmens direkt oder indirekt als übergeordnet präsentiert. Die Mitarbeiter, die in allen Äußerungen als explizite Pflichtsubjekte mithilfe von „работники" bzw. „Вам/Ваше" thematisiert sind, werden mehrfach ausdrücklich aufgefordert, Situationen mit Konfliktpotential zu meiden, aufzudecken oder dem Dienstvorgesetzten zu melden. Dieses „hierarchische Melden" kommt nicht nur bei Gazprom explizit vor, sondern wird auch von Rosneft und besonders von Lukiol (insgesamt drei Mal in diesem Kodexkapitel) intensiv verlangt, was u. a. auch an Lexeme wie „обязательно" und „незамедлительно" zu sehen ist:

- „*В случае возникновения или риска возникновения конфликта интересов необходимо обязательно обсудить этот вопрос со своим непосредственным руководителем.*" (Rosneft, S. 11)
- „*Если Вам известно о существовании конфликта интересов между Вами и Компанией (...) незамедлительно обратитесь к своему непосредственному руководителю.*" (Lukiol, S. 44)

Der „direkte Dienstvorgesetzte" stellt somit eine Art konkrete „(allwissende) Instanz" dar, die den „untergebenen" Mitarbeitern zur Hilfe stehen sollte und dadurch insgesamt positiver erscheint als eine eher abstrakte Verpflichtungsinstanz, die den handelnden Subjekten bestimmte Pflichten auferlegt, deren Nicht-Erfüllen in der Regel negative Konsequenzen nach sich zieht. Da die Erscheinung „Interessenskonflikt" aus Unternehmensperspektive ein Negativum darstellt, werden hier auch vermehrt negative Situationen dargestellt, die dann sprachlich negiert und somit gewissermaßen indirekt verboten werden – „не вправе извлекать выгоду", „не следует получать подарки", „не должны влиять на ваше суждение". Diese Formulierungen implizieren sehr stark, dass bei Verletzung ihrer Pflichten die verpflichteten Subjekte (in diesem Fall die „einfachen" Mitarbeiter) mit bestimmten Sanktionen rechnen sollten. Die Sanktionen werden von TNK-BP auch explizit angesprochen und sogar differenziert, indem als „Sanktionsinstanzen" zum einen das Unternehmen selbst („к применению дисциплинарного взыскания") und zum

anderen das „Gesetz" („к судебному преследованию") präsentiert werden. Somit wird hier die „Pflicht" der Mitarbeiter vor allem nach dem „Gerichtsmodell" konzeptualisiert – nicht nur das, wofür sie sorgen sollten (die „Pflichtobjekte") steht im Vordergrund, sondern auch die zu erwartenden negativen Konsequenzen, falls sie ihren Verpflichtungen nicht nachkommen.
Weiter fällt auf, dass fast alle Unternehmen den Begriff „Interessenskonflikt" direkt oder indirekt definieren. Um eindeutige Definitionen, mit denen die jeweiligen Kodexkapitel anfangen, handelt es sich bei Gazprom und TNK-BP:

- „*Конфликт интересов – ситуация, при которой личная заинтересованность работника влияет или может повлиять на объективное и беспристрастное выполнение им должностных обязанностей и при которой возникает или может возникнуть противоречие между личной заинтересованностью работника и законными интересами Общества, способное причинить вред законным интересам Общества.*" (Gazprom, S. 7)
- „*Конфликт интересов возникает тогда, когда на объективность работника влияют его частные интересы или частные интересы его близкого родственника. Например, конфликт интересов может возникнуть в том случае, когда работник или его близкий родственник имеет финансовый или деловой интерес у потенциального или существующего поставщика, клиента или конкурента Компании.*" (TNK-BP2, S. 4)

Ein wenig anders macht das Lukoil, indem das Unternehmen in einem ersten Absatz hohe Wertschätzung und Verständnis für das „außerdienstliche Leben" seiner Mitarbeiter signalisiert („*признает и уважает многообразие и важность внеслужебных целей и интересов своих работников*") und dann aber in einer sich fast rechtfertigenden Argumentation seine eher indirekte Definition von „Interessenskonflikt" präsentiert:

- „*Вместе с тем Компания не может быть безразлична к ситуации, когда в результате личных, семейных и других обстоятельств работник Компании утрачивает (или может утратить) лояльность и объективность по отношению к Компании. Образующийся в таком случае конфликт личных интересов с интересами Компании негативно скажется на ее эффективности, вследствие чего Компания считает*

> *себя вправе предотвращать влияние такого рода конфликтов.*“ (Lukiol, S. 42-43)

Trotz einzelner explizit wertender Ausdrücke wie „причинить вред“ (Gazprom) oder „негативно скажется“ (Lukoil) wird der ganze Sachverhalt in den Definitionen vor allem implizit negativ evaluiert – „может повлиять на объективное и беспристрастное выполнение им должностных обязанностей“ (Gazprom), „возникает тогда, когда на объективность работника влияют его частные интересы“ (TNK-BP), „не может быть безразлична к ситуации“ (Lukoil). Außer bei Gazprom, der in einigen Kapiteln die thematisierten Tätigkeitsaspekte „wörterbuchmäßig“ definiert, kommen bei den anderen russischen Unternehmen solche Definitionen eher selten vor. Insgesamt signalisiert deren explizite Formulierung das besondere Anliegen der Unternehmen, dass die beschriebenen Sachverhalte von den Mitarbeitern unbedingt klar verstanden werden sollten, wodurch die Wichtigkeit dieser Sachverhalte zusätzlich unterstrichen wird. Folglich kann das Erscheinen einer Definition in fast jedem Kapitel über „Interessenskonflikt“ als weiterer Marker der besonderen Relevanz dieses Aspekts bzw. dessen Verhinderung interpretiert werden.

Annahme von Geschenken (und andersartiger Nutzen)

Ein weiterer Aspekt der Tätigkeit, der von allen Unternehmen mithilfe „expliziter Verpflichtung“ ausgesprochen streng reguliert wird und gewissermaßen mit dem bereits besprochenen „Interessenskonflikt“ zusammenhängt, kann generell als „Annahme von Geschenken“ bezeichnet werden, womit nicht nur materielle Gegenstände gemeint sind, sondern auch - wie von Rosneft formuliert - „иная выгода“ („andersartiger Nutzen“). Wie gerade gezeigt, verknüpft Lukoil beide Bereiche direkt, indem die „Annahme von Geschenken“ als Unteraspekt bzw. Ursache eines möglichen Interessenskonflikts aufgefasst wird.[140] Daher verzichtet vermutlich das Unternehmen auf ein spezielles Kapitel, das sich ausschließlich dieser Frage widmet. Einmal thematisiert auch Rosneft die Geschenkeproblematik in seinem Kodexkapitel 3.2.7 „Действия в ситуации конфликта интересов“ - „*не допускать использования своего служебного положения в личных целях, например, для получения подарков, вознаграждения или иных выгод для себя лично или других лиц*“ (Rosneft, S. 11). Trotzdem behandelt das Unternehmen, genauso wie

---

[140] Vgl. das im vorherigen Abschnitt „Interessenskonflikt“ vorgestellte Beispiel von Lukoil.

Gazprom und TNK-BP, die Thematik ausführlich in einem gesonderten Kapitel, was als erster (nonverbaler) Indikator deren Wichtigkeit angesehen werden kann. Alle Unternehmen erklären mehr oder weniger explizit, dass der „Geschenkaustausch“ sowie ähnliche Vorgänge grundsätzlich zum Geschäftsleben gehören, wobei diese unterschiedlichen Normregulierungen unterliegen wie z. B. „den Konventionen der akzeptierten Geschäftspraxis“ oder „gesetzlichen sowie ethischen Standards“:

- „*Обмен деловыми подарками, организация развлекательных мероприятий и оказание гостеприимства являются частью обычной деловой практики и могут способствовать поддержанию доброжелательных деловых отношений.*“ (TNK-BP2, S. 7)
- „*Компания допускает получение или дарение деловых подарков только в том случае, если это соответствует принятой деловой практике и не нарушает существующих законов и этических стандартов.*“ (Rosneft, S. 12)

Bevor die konkreteren Normen und Regeln kommuniziert und näher erläutert werden, greifen zwei der Unternehmen, nämlich Gazprom und TNK-BP, auf die bereits erwähnten Definitionen zurück, um vermutlich sicherzugehen, dass die beschriebenen Inhalte so klar wie möglich von den Adressaten verstanden werden. Dabei definiert Gazprom relativ ausführlich den eher allgemeinen Begriff „Geschenk“ (die penible Aufzählung in den Klammern wird hier ausgelassen) und TNK-BP fokussiert sich auf eine kontextuelle Einschränkung der (russischen) „Gastfreundschaft“, die generell sehr breit interpretiert werden könnte:

- „*Подарком признается любая ценность в материальной или нематериальной форме, за которую отсутствует обязанность платить обычную цену, в т.ч. деньги, ценные бумаги и иное имущество, выгоды и услуги имущественного характера (...), полученная в связи с работой в Обществе.*“ (Gazprom, S. 9-10)
- „*Под гостеприимством подразумевается оплата проезда и проживания третьих лиц, включая государственных должностных лиц (например, контрагентов Компании, посещающих объекты Компании), или организация деловыми партнерами Компании для работников Компании бесплатного проезда и проживания во время командировок.*“ (TNK-BP2, S. 7)

Bei der Kommunikation der im Bereich „Geschenkannahme" geltenden Verhaltensnormen verfolgen die Unternehmen unterschiedliche Strategien – von der Aufzählung konkreter, greifbarer Regeln bis zur Darstellung eher allgemeiner Handlungen, die geboten bzw. verboten sind. Nichtdestotrotz ist bei der Regulierung des erforderlichen Verhaltens allen Unternehmen eine sehr intensive Verwendung von Ausdrücken kategorischer „expliziter Verpflichtung" gemeinsam, die vor allem bei Rosneft in fast jedem Satz vorkommen:

- „*Работникам Общества не разрешается принимать от любых третьих лиц подарки:*
  - *за совершение каких-либо действий (бездействия), связанных с работой в Обществе;*
  - *стоимостью свыше 3 000 рублей;*
  - *в виде денег или денежных эквивалентов;*
  - *в отсутствие очевидного, общепринятого повода для подарка.*" (Gazprom, S. 9)
- „*Получая или вручая подарок, нужно помнить о том, что:*
  - *это не должно подразумевать возникновения каких-либо обязательств перед дарителем;*
  - *стоимость подарка должна быть оправдана поводом и особенностями деловых отношений получателя подарка или его дарителя с Компанией.*" (Rosneft, S. 12)
- „*Подарки и представительские мероприятия, целью которых является злоупотребление влиянием или получение личной выгоды, категорически запрещаются.*" (TNK-BP2, S. 7)

Die Forderungen werden teilweise als strenge „explizite Verbote" („запрещаются", „не разрешается") kommuniziert, deren Absolutheit wie z. B. bei TNK-BP mithilfe des Adverbs „категорически" zusätzlich unterstrichen wird. Gazprom stellt als einziges Unternehmen genaue Kriterien wie den nominellen Wert eines angebrachten Geschenks fest, wobei nicht ganz klar ist, woher die Person, die ein Geschenk annimmt, dessen Geldwert ganz genau kennen sollte. Auch hier wird auf einen „allgemein anerkannten Anlass" („очевидного, общепринятого повода", „оправдана поводом") als Handlungsorientierungsnorm bei der „Annahme von Geschenken" hingewiesen. Dabei wird dieser Anlass nicht weiter konkretisiert, was natürlich relativ breite (subjektive) Interpretationen erlaubt. Vermutlich deswegen wird von allen Unternehmen wieder, genauso wie bei „Interessenskonflikt", eine höher stehende Instanz eingeschaltet, die bei gewissen Unsicherheiten über „richtig“ und „falsch“ entscheiden sollte:

- „*В случае сомнений, является ли подарок разумным и обычным для деловых отношений, следует проконсультироваться со своим непосредственным руководителем и/или обратиться в Комиссию по деловой этике.*“ (Lukoil, S. 49)
- „*Любые неразрешенные подарки должны отклоняться. В случае, если обычаи делового оборота не допускают отклонения подарка, подарок подлежит приему с одновременной передачей вопроса о его дальнейшей судьбе на решение Комиссии по корпоративной этике.*“ (Gazprom, S. 9)
- „*Если сотруднику кажется, что возможно возникновение ситуации двусмысленности между дарителем и получателем подарка или услуги, необходимо сообщить об этом своему непосредственному руководителю.*“ (Rosneft, S. 12)
- „*Все деловые подарки и случаи гостеприимства, превышающие установленные лимиты, должны регистрироваться и предварительно одобряться.*“ (TNK-BP, S. 7)

Ob wegen der besonderen Relevanz des ganzen Bereichs oder aufgrund nicht genau vorhandener objektiver Kriterien für „angebrachte, vernünftige Geschenke“ werden hier manchmal sogar zwei Ansprechinstanzen thematisiert – der „direkte Dienstvorgesetzte“ und die „Ethikkommission“, dic cinc sichere Vorgehensweise in eher unübersichtlichen Fällen gewährleisten sollten. Die Instanz ist bei TNK-BP zwar nicht explizit benannt, die Äußerung „должны регистрироваться и предварительно одобряться“ weist jedoch eindeutig auf eine höher stehende „Genehmigungsinstanz“ hin. Auch bei diesem Unteraspekt, nämlich das „hierarchische Melden und Genehmigen der Geschenkannahme“, wird die Verbindlichkeit der aufgestellten Standards von allen Unternehmen als kategorische „explizite Verpflichtung“ kommuniziert, das u. a. auch an Allquantoren wie „все“ und „любой“ zu sehen ist. Dabei ist vor allem die Äußerung von Gazprom interessant, da in dieser m. E. bestimmte länder- und kulturspezifische Besonderheiten zu beobachten sind. Der explizite Hinweis, dass unter bestimmten geschäftsbedingten Umständen die Ablehnung „nicht erlaubter“ Geschenke nicht wünschenswert bzw. mit den Worten von Gazprom „nicht zulässig“ („не допускают отклонения“) sein könnte, erinnert an die Gestaltung interpersoneller Beziehungen, die für die russische Kultur nicht atypisch sind – das formelle sowie informelle Ablehnen bzw. Abschlagen eines Geschenks, einer Bitte, einer Einladung, eines Vorschlags, Angebots etc. wird in Russland in der Regel negativer bewertet als z. B. in Deutschland und könnte beim Gegenüber eine relativ starke Beleidigung hervorrufen und sogar zum Abbrechen der Beziehungen führen. Durch seine Äußerung signalisiert Gazprom Verständnis für solche Situationen und akzeptiert diese sogar als Teil des normalen Geschäftslebens, sonst wäre dieser Sachverhalt nicht in einem normativen Dokument schriftlich fixiert und zusätzlich noch auf der Internetseite platziert.

Umgang mit vertraulichen Insiderinformationen

Der nächste ziemlich streng regulierte Aspekt der Tätigkeit, der von allen Unternehmen in einem speziell dafür kreierten Kapitel behandelt wird, kann generell als „Umgang mit vertraulichen Insiderinformationen" bezeichnet werden. In den jeweiligen Kodexabschnitten wird der Fokus auf mehrere Unteraspekte gesetzt, wobei die unterschiedlichen Akzente bereits im Titel zu sehen sind – Rosneft betont die Dimension „Vertraulichkeit" („*3.2.6. Соблюдение конфиденциальности*"), Gazprom thematisierten die gesamte Auseinandersetzung mit Informationen („*7. Обращение с информацией*"), Lukoil und TNK-BP führen zusätzlich den Begriff „Insider" explizit ein – „*4.7 Операции с использованием инсайдерской информации*" (TNK-BP2) und „*Раскрытие информации и инсайдеры*" (Lukiol). In allen Kapiteln geht es aber grundsätzlich darum, dass Unternehmensangehörige (die s. g. „Insider") über bestimmte organisationsinterne vertrauliche Informationen verfügen („Insiderinformationen"), die sie nur für bestimmte Zwecke verwenden dürfen. So wie bei „Interessenskonflikt", stehen dabei die wirtschaftlichen Ziele sowie der geschäftliche Nutzen des jeweiligen Unternehmens und dessen engen ökonomischen Stakeholder wie Aktionäre und Investoren im Vordergrund. Es wurde bereits gezeigt, dass Lukoil neben „Gewinn" und „Effektivität der Tätigkeit" als absolute korporative Pflicht die „Verteidigung der Interessen seiner Aktionäre und Investoren" präsentiert, indem diese ausdrücklich als „долг" kommuniziert wird – „*Долг инсайдера – ставить интересы акционеров и инвесторов выше своих инвестиционных интересов.*" bzw. „*(...) долг сберегать сведения, распространение которых может повлечь существенное изменение стоимости ценных бумаг.*" [141] Auch Rosneft stellt „den Schutz der vertraulichen Informationen" als notwendige Bedingungen für seine Stabilität und Konkurrenzfähigkeit, m. a. W. für den ökonomischen Erfolg, dar:

---

[141] Vgl. ausführlich Kapitel III.3.4.1.1.

- „*НК «Роснефть» заботится о защите конфиденциальной информации как об одном из необходимых условий поддержания ее стабильности и конкурентоспособности.*“ (Rosneft, S. 10)

Der Umgang mit solchen Informationen wird von allen Unternehmen mithilfe „expliziter Verpflichtung“ sehr streng reglementiert. Dabei wird oft ausdrücklich darauf hingewiesen, dass die Person, die über gewisse unternehmensinterne Angaben verfügt, diese nicht für den breit aufgefassten „eigenen Nutzen“ verwenden darf, womit ein enger Bezug zum bereits besprochenen „Interessenskonflikt“ hergestellt wird:

- „*Работникам Компании строго запрещается использовать инсайдерскую информацию в своих или чужих целях.*“ (TNK-BP2, S. 9)
- „*Вам никогда не следует:*
  Использовать инсайдерскую информацию ради личной выгоды или выгоды связанных с Вами лиц.“ (Lukoil, S. 41)
- „*Работникам запрещается заниматься предпринимательской или иной коммерческой деятельностью (...), ставшей доступной с учетом положения в Обществе, в том числе с использованием деловых связей и возможностей Общества.*“ (Gazprom, S. 10)

Die „deontische Verpflichtung“ wird hier in Form von sehr kategorischen expliziten und impliziten Verboten kommuniziert („строго запрещается“, „никогда не следует“), womit die besondere Relevanz der geforderten Sachverhalte eindeutig hervorgehoben wird. Gazprom erwähnt in dieser konkreten Äußerung zwar nicht ausdrücklich den Umgang mit vertraulichen Firmeninformationen, die verbotene Gesamtsituation schließt jedoch den Erwerb solcher Informationen als Teil des Mitarbeiterdaseins sowie deren Verwendung zum Eigennutzen wie im Falle einer eigenständige Geschäftstätigkeit mit ein. Einzig Rosneft verzichtet bei der Regulierung dieses Tätigkeitsbereichs auf direkte kategorische Verbote. Diesen qualitativen Unterschied bei der Kommunikation der deontischen Verbindlichkeit kompensiert das Unternehmen aber durch eine quantitative „Bombardierung“ mit explizit auffordernden Modalprädikaten wie „должен“, „следует“, „необходимо“ etc., die im gesamten Kapitel neun Mal vorkommen. Jede der sechs aufgezählten Regeln, die im genannten Bereich das Verhalten der Akteure leiten sollten, enthält also mindestens eins dieser Lexeme. Zur Verdeutlichung werden hier zwei der Regel vorgestellt:

- *„Компания настаивает на соблюдении следующих правил:*
  - *соблюдение обязательства о неразглашении конфиденциальной информации должно выполняться и после завершения работы сотрудника в Компании (...);*
  - *раскрытие информации для инвесторов и государственных органов должно производиться только в порядке, предусмотренном действующим законодательством, Уставом и внутренними документами Компании. Информация должна отвечать всем требованиям, установленным законодательством и правилами фондовых бирж, и не содержать сведений, не соответствующих действительности; (...)"* (Rosneft, S. 10-11)

Wie zu sehen ist, wird die „explizite Verpflichtung" bei Rosneft fast ausschließlich unpersönlich verbalisiert, wobei die genannten Pflichtobjekte vorwiegend die Funktion syntaktischer Satzsubjekte erfüllen. Die somit implizit realisierten Pflichtsubjekte (die Unternehmensangehörige) sind zwar sehr leicht zu erschließen, diese sind auf Äußerungsebene jedoch meistens nicht vorhanden. Dadurch stehen bei Rosneft viel stärker die Pflichtobjekte wie z. B. „die genaue Regelung der Offenlegung von Informationen" („раскрытие информации (...) должно производиться") oder „die unbedingte Wahrhaftigkeit dieser Informationen" („Информация должна отвечать") im Fokus der Aussagen, womit „Pflicht" hier vor allem nach dem „Fürsorgemodell" konzeptualisiert ist. Das explizit verpflichtende Unternehmen präsentiert sich dabei als engagiertes und entschlossenes „Fürsorgesubjekt" („Компания настаивает на соблюдении следующих правил"), die Mitarbeiter (die eigentlichen Pflichtsubjekte) werden dagegen aus dem Zentrum der Äußerungen verschoben. Die „Fürsorgefunktion" des Unternehmens wird in diesem Kapitel einmal auch expliziert, wie am bereits oben präsentierten Beispiel zu sehen ist - „НК «Роснефть» заботится о защите конфиденциальной информации (...)".
Anders sieht es bei Gazprom, Lukoil und TNK-BP aus – zum einen kommunizieren diese die „deontische Verpflichtung" in Form von kategorischen Verboten, zum anderen benennen sie mithilfe von „работники" bzw. „вам/вами" direkt die betroffenen Pflichtsubjekte – die eigenen Mitarbeiter. Somit stehen neben den „Pflichtobjekten" (die verbotenen Sachverhalte) auch die verpflichteten Akteure im Fokus der Äußerungen. Diese erscheinen aber weniger als „Fürsorgesubjekte", sondern viel mehr als Subjekte, die bei Verletzung ihrer Pflicht bzw. beim Verbotsverstoß mit negativen Konsequenzen rechnen sollten. Somit wird von den drei Unternehmen „Pflicht" auch nach dem „Gerichtsmodell" konzeptualisiert und die Mitarbeiter werden als mögliche „Sanktionssubjekte" angesprochen. Sanktionen bei

Pflichtverletzung sind wahrscheinlich auch bei Rosneft impliziert, werden aber auf Äußerungsebene nicht akzentuiert.

Weitere deontisch regulierte Tätigkeitsaspekte: *Konkurrenz – Korruptionsbekämpfung – Politische Tätigkeit – Beziehungen zu den Geschäftspartnern*

Neben den gerade präsentierten Aspekten der Tätigkeit, die von allen ausgewählten Unternehmen in gesonderten Kapiteln thematisiert und dabei zusätzlich sehr streng mithilfe „expliziter Verpflichtung" reguliert werden, konnten im Rahmen der vorliegenden Untersuchung ein paar weitere Bereiche ermittelt werden, die zwar auch durch die intensive Verwendung deontischer Ausdrücke als besonders relevant markiert sind, jedoch nicht von allen Unternehmen bzw. nicht immer in speziell dafür kreierten Kodexabschnitten.

Einen interessanten Fall stellt das Thema „Konkurrenz" dar, das zum einen als ein eher abstraktes ökonomisches Phänomen akzentuiert wird und zum anderen werden aber die „Konkurrenten" als konkrete marktwirtschaftliche Akteure und enge unternehmerische Stakeholder angesprochen. Drei der Unternehmen – Gazprom, Rosneft und TNK-BP – widmen dem Thema ein extra Kapitel.[142] Dabei fokussiert sich TNK-BP fast ausschließlich auf die Erscheinung „ehrliche Konkurrenz", was auch am Titel des Abschnitts eindeutig zu sehen ist („4.6 Честная конкуренция"), die anderen beiden akzentuieren dazu weitere Aspekte, die stärker auch die Firmenkonkurrenten als Marktakteure betreffen:

- „*Компания поддерживает честную конкуренцию и соблюдает антимонопольное законодательство. Работникам запрещается вступать в сговор с другими участниками рынка с целью манипулирования ценообразованием, поставками или любым другим элементом эффективности конкурентного рынка. Деловые отношения должны быть основаны на договоре, в котором четко прописаны права и обязанности всех сторон.*" (TNK-BP2, S. 9)
- „*Компания строит отношения с конкурентами на принципах взаимного уважения, всегда приветствует и поддерживает взаимовыгодное сотрудничество. В деятельности Роснефти недопустимы любые*

[142] In seinem Kodexkapitel thematisiert Gazprom eigentlich sowohl die Beziehungen zu den Konkurrenten als auch die zu den Geschäftspartnern.

проявления недобросовестной конкуренции или злоупотребления доминирующим положением. (...)
Сотрудники Компании обязаны избегать резких заявлений в адрес конкурентов и не имеют права необоснованно критиковать их продукцию и услуги.“ (Rosneft, S. 14)

- „*Работникам запрещается представлять Общество в деловых отношениях с организациями, в деятельности которых работник имеет существенный личный интерес, отличный от интересов Общества, включая (но не ограничиваясь) случаи преобладающего участия в уставном капитале или органах управления таких организаций самого работника, его близких родственников или членов семьи. (...)*
Работникам запрещается без письменного согласия руководителя Общества участие в уставном капитале, а также работа или занятие должностей в органах управления компаний-конкурентов.“ (Gazprom, S. 11)

Wie zu sehen ist, setzen die drei Unternehmen unterschiedliche inhaltliche Akzente bei der Behandlung des Themas. TNK-BP plädiert für „ehrliche Konkurrenz“, die vor allem als „Antikartellpolitik“ verstanden wird, bei der u. a. die Konsumenten als Hauptnutznießer der geforderten Tätigkeit impliziert werden. Bei Rosneft sind die mehrmals explizit angesprochenen Benefaktive die Konkurrenten des Unternehmens selbst und Gazprom rückt bei seiner kategorischen Verhaltensregulierung das eigene Interesse sehr stark in den Fokus, indem den eigenen Mitarbeitern jegliches Mitwirken bei der Firmenkonkurrenz untersagt wird. Allen gemeinsam ist aber der intensive Gebrauch „deontischer Verpflichtungen“, die überwiegend als absolute Verbote kommuniziert werden – drei Mal „запрещается“ und einmal „не имеют права“. Als Pflichtsubjekte werden immer die Mitarbeiter ausdrücklich verbalisiert und somit neben den verbotenen Objekten gewissermaßen ins Zentrum der Äußerungen gerückt. Durch diese subjektbezogene Formulierung expliziter Verbote wird die „Pflicht“ der Mitarbeiter vor allem nach dem „Gerichtsmodell“ konzeptualisiert, womit diese als Subjekte erscheinen, die beim Verbotsverstoß mit bestimmten Sanktionen rechnen sollten. Dies ist an dem letzten Beispiel von Gazprom besonders sichtbar, bei dem die „Führungskraft“ als Genehmigungsinstanz ausdrücklich erwähnt wird.
Anders präsentieren sich die Unternehmen als korporative Akteure – diese agieren vor allem als „Fürsorgesubjekte“, die sich für das Wohl der Konsumenten und Konkurrenten engagiert einsetzen. Bei Rosneft und vor allem bei TNK-BP ist das ganz auffällig. Zunächst zeigt sich TNK-BP als ein „Verfechter fairer Konkurrenz“

und stellt sich somit in ein eindeutig positives Licht. Im folgenden Satz werden den individuellen Subjekten – den Mitarbeitern – bestimmte negative Sachverhalte wie „Preisabsprachen" verboten, die allerdings im ökonomischen Diskurs grundsätzlich als korporatives Handeln wahrgenommen und präsentiert werden. Somit erscheint die Organisation TNK-BP ausschließlich als positiver Akteur und die eventuelle Schuld bei Pflichtverletzung wird komplett auf die Mitarbeiter als individuelle Subjekte abgewälzt. Prinzipiell könnte das vorliegende Beispiel auch so lauten – „Компании не следует..." bzw. „Компания не должна вступать в сговор с другими участниками рынка с целью манипулирования ценообразованием..." – und würde in diesem Kontext völlig normal erscheinen. Allerdings würde somit das Unternehmen als Korporation in den Fokus solcher negativer Äußerungen als explizites Pflichtsubjekt rücken, was für die unternehmerische Selbstdarstellung nicht unbedingt von Vorteil sein wird. Daher agieren die Unternehmen bei der Kommunikation „expliziter Verpflichtung" sehr selten als „Pflichtsubjekte" und wenn doch, wird ihre „Pflicht" fast ausschließlich nach dem positiv besetzten „Fürsorgemodell" konzeptualisiert und nicht nach dem „Gerichtsmodell", das in der Regel negative axiologische Interpretationen hervorruft.[143] Diese Frage wird später in der Arbeit ausführlicher behandelt, wenn die Konzeptualisierungen der „Pflicht" und „Verantwortung" auf Subjektebene untersucht wird.[144]

Eine weitere Erscheinung, die von einigen der Unternehmen thematisiert, allerdings sprachlich nicht mehr so streng reguliert wird, ist die angestrebte „Korruptionsbekämpfung". Gazprom und TNK-BP widmen diesem Thema gesonderte Kapitel, Lukoil erwähnt die Problematik mit einem Satz im Abschnitt „Отношения с работниками" und Rosneft verwendet kein einziges Mal den Begriff „коррупция" in seinem Kodex. Die „Korruption" als solche wird natürlich immer abgelehnt, auf eine sehr intensive Verwendung „explizit deontischer" Ausdrücke, die das Verhalten der Akteure strikt regulieren sollten, wird größtenteils verzichtet. Das Schlagwort bei der Ablehnung der „Korruption" ist „нетерпимость":

- „*В Обществе создана и поддерживается атмосфера нетерпимости к коррупционному поведению. (...)*
  В Обществе неприемлемы любые формы оказания незаконного влияния на решения государственных органов, в том числе взяточничество, предложение недопустимых подарков, (...)" (Gazprom, S. 13)
- „*Кодекс направлен на формирование климата нетерпимости в*

[143] Vgl. Kuße (2012a), S. 307-308.
[144] Vgl. Kapitel III.3.4.2.1, III.3.4.2.2, III.3.4.2.4 sowie III.3.4.3.

производственных коллективах к коррупционному поведению и другим противоправным действиям работников." (Lukoil, S. 19)

- „*В Компании проводится политика полной нетерпимости к взяточничеству и коррупции, к которым также относятся и стимулирующие (ускоряющие) платежи за упрощение формальностей.*" (TNK-BP, S. 6)

Durch „нетерпимость" und „неприемлем" wird zwar kommuniziert, dass „Korruption" grundsätzlich „unzulässig" ist und „nicht geduldet" wird, auf Äußerungsebene markieren beide Lexeme allerdings nicht diese unbedingte Entschlossenheit, die z. B. kategorischen explizit-performativen Verboten innewohnt. Die dadurch kommunikativ-pragmatisch schwächer realisierte „Verpflichtung" wird hier meist unpersönlich sprachlich konstruiert, Subjekte werden kaum benannt, womit eigentlich das Objekt „Korruptionsablehnung" sehr stark im Fokus steht. Dabei werden zwei Unteraspekte der Korruption explizit hervorgehoben, die vermutlich aus Unternehmensperspektive für den russischen Kontext besonders relevant sind. Die „Bestechlichkeit" („взяточничество") kommt bei zwei der Unternehmen ausdrücklich vor. Zudem werden von TNK-BP bereits in der Kapitelüberschrift die „stimulierenden Zahlungen zur Erleichterung der Formalitäten" direkt thematisiert. TNK-BP ist auch das einzige Unternehmen, das im weiteren Text stärker auf „explizite Verpflichtung" in Form von kategorischen Verboten setzt:

- „*Компания не использует коррупционные платежи и не содействует легализации денежных средств, полученных преступным путем, для того, чтобы получить или сохранить преимущества для Компании, или с какой-либо другой целью.*
  Такие действия категорически запрещены. За подобные нарушения на работника могут быть наложены меры дисциплинарной ответственности (вплоть до увольнения), а также к нему могут быть предъявлены судебные иски." (TNK-BP, S. 6)

Auch hier präsentiert sich das Unternehmen als ehrlicher korporativer Akteur, der auf illegale Aktivitäten verzichtet, auch wenn diese zum eigenen Nutzen beitragen sollten. Dabei wird die Ablehnung der beschriebenen negativen Sachverhalte wie „Korruptionszahlungen" nicht als explizit geforderter oder angestrebter Zustand kommuniziert wie z. B. „Компании не следует использовать коррупционные платежи..." oder „Компания стремится не использовать коррупционные платежи...", sondern durch die Indikativform der Verben als Faktum dargestellt,

was die positive unternehmerische Selbstdarstellung zusätzlich unterstützt. Die negativen Sachverhalte, werden in der nächsten Äußerung kategorisch verboten, ohne zunächst auf explizite Pflichtsubjekte zu verweisen. Diese erscheinen jedoch im nachfolgenden Satz in Gestalt der Firmenmitarbeiter, deren „Pflicht" erneut nach dem „Gerichtsmodell" konzeptualisiert wird, wobei diesmal auch die Sanktionen expliziert werden, die den Mitarbeitern bei Pflichtverletzung drohen.
Ein weiterer Aspekt, der zwar nur von TNK-BP in einem gesonderten Kapitel behandelt, allerdings von allen Unternehmen angesprochen und relativ streng mithilfe „expliziter Verpflichtung" reguliert wird, ist die „politische Tätigkeit" (russisch „политическая деятельность"). Dabei wird strikt zwischen den politischen Aktivitäten des Unternehmens als Korporation und den Aktivitäten der einzelnen Mitarbeiter unterschieden. Als korporative Akteure kommunizieren einige Unternehmen explizit, dass sie sich in der „Politik" eigentlich nicht einmischen (wollen) und vor allem, dass sie keine politischen Akteure finanziell unterstützen:

- „*Общество не участвует в политической деятельности и не финансирует политические организации.*" (Gazprom, S. 12)
- „*Компания может высказывать свое мнение в отношении определенных законодательных инициатив, но не принимает участие в политической деятельности партий и не предоставляет финансовую или иную поддержку какой-либо политической партии.*" (TNK-BP2, S. 8)

Ob aufgrund der politischen Situation im Land, wegen der besonderen Verhältnisse zwischen dem Staat und den Großkonzernen, v. a. den hier untersuchten strategischen Öl- und Gasbetriebe, oder vielleicht aus anderen Gründen, halten es alle Unternehmen für unbedingt notwendig, ihren Mitarbeitern eventuelle politische Aktivitäten explizit zu erlauben. Neben der ausdrücklichen Erlaubnis wird von allen auch noch der Punkt hervorgehoben, dass die Firmenangehörige ihre politische Ansichten niemals als Position des Unternehmens präsentieren sollten. Dies wird mithilfe „expliziter Verpflichtung" besonders eindringlich gefordert:

- „*В Компании признается право работников на участие в качестве частных лиц в политической деятельности, если это не вредит репутации Компании (...). Участие в политической деятельности не должно препятсвовать выполнению трудовых обязанностей работника. Работники не должны представлять свои личные политические взгляды как взгляды Компании.*" (TNK-BP, S. 8)

- *„Работники Общества вправе осуществлять общественную или религиозную, а также политическую деятельность. (...) Не имея таких полномочий, работники Общества должны избегать каких-либо заявлений или высказываний, которые могут быть восприняты как официальная позиция Общества.“* (Gazprom, S. 13)
- *„Любой сотрудник Компании вправе лично участвовать в политической жизни общества в свободное от его деятельности в Компании время. Личное участие сотрудников в политической жизни, их соответствующие финансовые и временные затраты являются полностью добровольными и не должны мешать их деятельности в Компании.“* (Rosneft, S. 14)
- *„Компания допускает участие своих работников в политических процессах, общественных организациях и профсоюзах, когда это не противоречит законам и обычаям страны. При этом работник, ни при каких обстоятельствах не может называть себя представителем ОАО «ЛУКОЙЛ» и его дочерних и зависимых обществ.“* (Lukoil, S. 23)

Hier wird die „Pflicht“ der Mitarbeiter als Handlungssubjekte erneut auch nach dem „Gerichtsmodell“ konzeptualisiert, was u. a. an mehreren negierten Äußerungen zu sehen ist, die pragmatisch als implizite Verbote zu interpretieren sind – „не может называть“, „не должны представлять“, „не должны мешать“. Durch „вправе“, „признается право“ und „допускает“ stellen sich die Unternehmen als eine Art „Erlaubnisinstanz“ dar, die den Mitarbeitern unter bestimmten Umständen die politische Tätigkeit gestattet, vor der sich aber dieselben Mitarbeiter beim „falschen“ Handeln verantworten werden. Die unterschiedlichen Umstände umfassen neben der bereits erwähnten nachdrücklichen Forderung, die individuelle Meinung nicht als Position des Unternehmens zu präsentieren, auch ein paar weitere Aspekte – die politische Tätigkeit der Mitarbeiter sollte der Firmenreputation nicht schaden, in der Freizeit passieren und somit die Erfüllung der Dienstpflichten nicht beeinträchtigen und auch nicht gegen Gesetze und Sitten des jeweiligen Landes verstoßen. Besonders streng ist dabei Lukoil, der die illokutive Kraft seines impliziten Verbotes durch eine sehr kategorische extremwertsemantische sprachliche Formulierung zusätzlich stärkt – „(...) работник, ни при каких обстоятельствах не может называть себя представителем ОАО «ЛУКОЙЛ» (...)“.

Ein letzter Aspekt der Tätigkeit, der von mehr als einem Unternehmen mithilfe eindeutiger deontischer Operatoren sprachlich reguliert wird, sind die „Beziehungen zu den Geschäftspartnern“. Das ist auch einer der sehr wenigen Bereiche, in dem die Unternehmen als korporative Akteure bestimmte Verpflichtungen auf sich selbst explizit auferlegen und somit gewissermaßen die Schuld bei eventuellen Pflichtverletzungen tragen sollten:

- „*Компания считает, что долговременные отношения, основанные на доверии и взаимной выгоде, играют ключевую роль в достижении успеха. ТНК-ВР обязуется придерживаться принципа взаимной выгоды для построения долговременных и стабильных взаимоотношений со сторонними организациями.*“ (TNK-BP1, S. 2)
- „*Вам следует соблюдать следующие правила :*
  Прилагать все необходимые усилия для добросовестного выполнения Компанией своих обязательств перед деловыми партнерами.“ (Lukoil, S. 48)

Allerdings werden hier negative Sachverhalte wie „Schuld“ oder „mögliche Sanktionen“ bei Verletzung der Verpflichtungen weitgehend ausgeblendet. Die „Pflicht“ der Unternehmen wird eher nach dem „Fürsorgemodell“ konzeptualisiert und die Geschäftspartner, die bei TNK-BP innerhalb des allgemeinen Begriffs „сторонние организации“ erfasst werden, erscheinen als „Subjekte der Fürsorge“ und Hauptnutznießer der unternehmerischen Tätigkeit. Zu der Herstellung einer äußerst positiven Gesamtsituation, die für das „Fürsorgemodell“ ohnehin typisch ist, trägt die intensive Verwendung explizit wertender Nomen und Attribute wie „доверие“, „взаимная выгода“, „долговременный“, „стабильный“, „добросовестный“ zusätzlich bei. Außerdem, dies soll hier nur kurz erwähnt werden, fällt bei Lukiol eine Erscheinung auf, die ich „*Verschiebung der Verpflichtung/Verantwortung von der korporativen auf die individuelle Ebene*“ nenne. Das ist zu beobachten, wenn die Unternehmen bestimmte Sachverhalte als ihre eigene (korporative) Pflicht- und/oder Verantwortungsobjekte explizit kommunizieren und dann gleichzeitig aber für die Gewährleistung dieser Verpflichtungen ausschließlich die Mitarbeiter verantwortlich machen, wie am Beispiel oben zu sehen ist. So eine „Verschiebung der Verpflichtung/Verantwortung“, die oft auch „Schuld- sowie Haftungsverschiebung“ impliziert, konnte in den Kodizes nicht selten ermittelt werden und wird ein wenig später in der Arbeit näher thematisiert.[145]

Im Laufe der vorliegenden Untersuchung konnten auch einige Aspekte der Tätigkeit ermittelt werden, die zwar in den meisten Kodizes thematisiert, jedoch nur von

[145] Vgl. Kapitel III.3.4.2.2.

einzelnen Unternehmen durch intensive Verwendung „deontischer Verpflichtungen" strikt reguliert werden. Im Vergleich zu den anderen, kommuniziert Lukoil die Aufgaben der handelnden Akteure im Bereich der „Investorenbeziehungen" („Отношения с инвесторами") sehr häufig als „explizite Pflicht", wie am folgenden Beispiel zu sehen ist:

- „*Вам следует соблюдать следующие правила:*
  Взаимодействуя с инвесторами и представителями инвестиционных институтов, Вы должны избегать сознательного сокрытия или искажения предоставляемой информации. Следует понимать, что открытое распространение правдивой, пусть даже в чем-то «не выгодной» информации позитивно воспринимается инвесторами, нежели информация, характеризующая только достижения и успехи."
  (Lukoil, S. 16)

Dass die Investoren und die Aktionäre die wichtigsten Stakeholder für Lukoil darstellen, wurde bereits erwähnt. Die besondere Wertigkeit dieser Stakeholder für das Unternehmen wird auf nonverbaler, konzeptueller und sprachlicher Ebene manifestiert – als einziges Unternehmen widmet Lukoil beiden Anspruchsgruppen jeweils ein separates Kapitel im Kodex, die „Verteidigung deren Interessen" wird explizit als „долг" und somit als absolute unternehmerische Pflicht deklariert und zusätzlich werden die Aufgaben im Bereich „Investorenbeziehungen" zunehmend als „explizite Verpflichtung" kommuniziert.

Ein letzter, relativ streng regulierter Tätigkeitsaspekt, der von Gazprom sogar in einem gesonderten Kodexabschnitt und von Lukiol im Kapitel „Отношения с работниками" behandelt wird, ist die „Zusammenarbeit von Verwandten". Generell werden dabei zwei zwar miteinander zusammenhängende, axiologisch jedoch gegensätzliche Dimensionen unterschieden. Die erste, die grundsätzlich als Positivum präsentiert und daher von den Unternehmen „begrüßt" wird, ist die „Formierung von Arbeiterdynastien", wobei explizit darauf hingewiesen wird, dass die Zugehörigkeit zu einer „Dynastie" für die Mitarbeiter keine Vorteile mit sich bringt:

- „*В Обществе приветствуются трудовые династии, но их членам не предоставляются дополнительные права или возможности.*" (Gazprom, S. 8)

- „*Приветствуется образование трудовых династий, (...). При этом принадлежность к трудовой династии не создает ее членам дополнительных прав и возможностей.*“ (Lukoil, S. 18)

Die zweite Dimension, die aus der „Zusammenarbeit von Verwandten“ gewissermaßen ableitbar und von beiden Unternehmen als negative Erscheinung vermutlich befürchtet und daher ausdrücklich abgelehnt wird, ist der s. g. „Familienprotektionismus“. Dieser wird vor allem von Gazprom mithilfe einiger expliziter Verbote besonders kategorisch untersagt, von Lukiol dagegen vergleichsweise unentschlossen „nur“ als „inakzeptabel“ bezeichnet:

- „*Протекционизм на основе семейственности запрещен. В Обществе не допускаются ситуации, когда родственник-начальник является непосредственным руководителем родственника-подчиненного.*“ (Gazprom, S. 8)
- „*Для Компании неприемлем протекционизм в любой его форме, прежде всего протекционизм на основе семейственности.*“ (Lukoil, S. 19)

III.3.4.1.3 Nicht-deontisch regulierte Aspekte der Unternehmenstätigkeit: *Umweltschutz – Mitarbeiterbeziehungen – Arbeits- und Betriebssicherheit – Soziale Tätigkeit*

Nachdem gezeigt wurde, welche Aspekte der Tätigkeit von den ausgewählten russischen Unternehmen durch die intensive Verwendung „expliziter deontischer Verpflichtungen“ als besonders wichtig markiert sind, werden im Folgenden die Bereiche präsentiert, in denen die Aufgaben der handelnden Subjekte zunehmend als „implizite Verpflichtung“ kommuniziert werden. Am Anfang dieses Hauptkapitels wurde bereits demonstriert, dass aufgrund der spezifischen kommunikativen Ausrichtung solcher handlungsnormierender Dokumente die „implizite Pflicht“ der angesprochenen Akteure in den untersuchten Kodizes auf vielfältige Weise verbalisiert werden kann. Dennoch erlauben die ausgewerteten empirischen Ergebnisse die Ermittlung einiger sprachlicher Grundmuster, nach denen in den einzelnen Kodexkapiteln die „implizite Verpflichtung“ der Handlungssubjekte realisiert wird. Einige der meistverwendeten Realisierungen sind die Formulierung „expliziter Zielsetzungen“, die Zuschreibung „verpflichtender Verantwortung“ sowie die Kommunikation „faktischer Garantie und Gewährleistung“, wobei in bestimmten Äußerungen diese drei miteinander kombiniert werden. Wie gleich an mehreren

Beispielen gezeigt wird, handelt es sich in den meisten Fällen um assertorische Aussagen, die normalerweise selten als „Verpflichtungen" verstanden und gedeutet werden.[146] Aufgrund der Spezifik der hier untersuchten Dokumente, deren deklarierte Hauptfunktion die Aufstellung verbindlicher Normen und Standards ist, die das Verhalten korporativer und individueller Akteure leiten sollten, werden diese Aussagen als „implizite Verpflichtung" interpretiert. Diese Vorgehensweise wurde u. a. in den Unterkapiteln III.3.3.1.2 sowie III.3.3.2 bereits ausführlich präsentiert. Bei einer derartig kontextuell bedingten Auffassung besteht natürlich die Gefahr, dass unzählige Äußerungen der Kategorie „impliziter Verpflichtungen" zugeordnet werden können, wodurch die empirische Analyse ins Unendliche gehen würde. Allerdings geht es mir bei der Unterscheidung „deontischer/expliziter" und „assertorischer/impliziter Verpflichtung" auf Objektebene vor allem um die von den russischen Unternehmen (vermutlich unbewusst) angedeutete besondere Wichtigkeit bestimmter Aspekte des unternehmerischen Handelns, die durch den intensiven Gebrauch deontischer Ausdrücke signalisiert wird.[147] Daher wird im Folgenden gefragt, welche Bereiche der Firmentätigkeit durch das vermehrte Vorkommen „impliziter Verpflichtungen", wie z. B. die Formulierung einer „Zielsetzung", und gleichzeitig durch das beinahe vollständige Fehlen „expliziter Verpflichtungen" gekennzeichnet sind. Manche der „implizit verpflichtend regulierten" Tätigkeitsaspekte, wie z. B. „Umweltschutz" und „Betriebssicherheit", werden von einigen der Unternehmen im gleichen Kodexkapitel thematisiert, wie die Tabellen im Abschnitt III.3.2 zeigen. Dieser wichtige nonverbale Marker der signalisierten Relevanz gewisser Aspekte des Handelns wird bei der nachfolgenden Analyse zwar berücksichtigt und bei Bedarf auch erwähnt, die thematischen Motive werden jedoch getrennt von einander präsentiert.

Umweltschutz

Ein ganz zentraler Bereich der Firmentätigkeit, in dem die Aufgaben der angesprochenen Handlungssubjekte fast ausschließlich als „implizite Verpflichtung" kommuniziert werden, ist der „Umweltschutz". Dieser wird von Gazprom und Lukoil in einem gesonderten Kapitel und von TNK-BP und Rosneft zusammen

---

[146] Aus sprechakttheoretischer Sicht handelt es sich bei den „expliziten Verpflichtungen" vor allem um Direktiva und bei den „impliziten Verpflichtungen" eher um Rerpäsentativa – vgl. Hindelang (1994), S. 44-52. Siehe dazu auch das abschließende Kapitel III.3.4.3.

[147] Vgl. dazu Kapitel III.3.4.1.

mit Aspekten wie „Betriebssicherheit“ oder „Gesundheitsschutz“ behandelt.[148] Der „Umweltschutz“ wird zwar ständig als eine der unternehmerischen Hauptprioritäten und Grundwerte bezeichnet, das entsprechende Verhalten wird jedoch kaum mithilfe kategorischer Verbote oder expliziter Aufforderungen reguliert. Die thematisierten Sachverhalte werden vor allem als „angestrebte Zustände“ präsentiert:

- „*В своей деятельности Компания не только гарантирует полное и безусловное соблюдение всех требований действующего законодательства в области охраны природы, здоровья людей, но и всячески старается минимизировать влияние негативных факторов на людей, природные ресурсы и окружающую среду.*“ (Lukoil, S. 34)
- „*Политика Общества направлена также на максимально бережное использование энергии, водных, земельных и иных природных ресурсов в процессе производства, (...).*“ (Gazprom, S. 6)
- „*Общество стремится:*
  гарантировать соблюдение всех норм, установленных законодательством Российской Федерации и международными правовыми актами в области охраны окружающей среды;
  обеспечивать бережное использование природных ресурсов;
  принимать все возможные меры по сохранению климата, биоразнообразия и предотвращению возможного ущерба окружающей среде; (...).“ (Gazprom, S. 6)
- „*Компания будет постоянно стремиться к уменьшению воздействия производственной деятельности на окружающую среду и здоровье работников путем сокращения производственных отходов, а также экономного расходования энергии.*“ (TNK-BP1, S. 3)

In den vorgestellten Beispielen agiert immer das jeweilige Unternehmen als Subjekt der „impliziten Verpflichtung“, die vor allem als ein „intensives Bemühen um eine bessere, saubere Umwelt“ kommuniziert wird („старается“, „стремится“). Dieses „Bemühen“, das die Unternehmen als engagierte Akteure darstellen soll, wird oft durch extremwertsemantische Ausdrücke wie die adverbialen Allquantoren „всячески“, „постоянно“, „максимально“ oder die Formulierung „принимать все возможные меры“ verstärkt. Trotzdem signalisieren alle diese Äußerungen eine viel schwächere Verbindlichkeit der kommunizierten Handlungsstandards als die zuvor präsentierten deontischen Ausdrücke und lassen die Objekte der „impliziten

[148] Vgl. die Tabellen in III.3.2.

Verpflichtung“ zwar als erstrebenswert, aber nicht absolut notwendig und somit weniger wichtig erscheinen.
Wenn man die bereits präsentierten Modelle, die von Holger Kuße ursprünglich für das Konzept „Verantwortung“ ausarbeitet wurden, hier anwenden würde, dann wäre die „implizite Verpflichtung“ der Unternehmen vor allem nach dem „Fürsorgemodell“ konzipiert, wobei die unterschiedlichen Dimensionen des „Umweltschutzes“ als angestrebte „Objekte der Fürsorge“ dargestellt werden. Als „Fürsorgesubjekte“, die sich um „eine bessere Umwelt“ kümmern bzw. versuchen, diese zu „garantieren“ oder zu „gewährleisten“, rücken die Organisationen als korporative Akteure somit in ein ausschließlich positives Licht. Daran ändert auch der explizite Bezug auf die „Gesetzgebung und andere Rechtsakte“ (Lukoil, Gazprom) nicht viel, obwohl dieser den „Umweltschutz“ teilweise als eine Verpflichtung erscheinen lässt, die von der Instanz „Gesetz“ auf die Unternehmen auferlegt wird, und nicht ausschließlich als selbst ergriffene Eigeninitiative, wie dies nicht selten auf unternehmerischen Webseiten zu lesen ist. Trotz der verbal realisierten „Instanzen“ werden eigentlich positive Gesamtsituationen konstruiert, nicht zuletzt aufgrund der ausdrücklich deklarierten „Garantie ausnahmsloser Einhaltung aller Gesetze und Rechtsakte im Umweltschutzbereich“ („гарантирует полное и безусловное соблюдение всех требований“, „гарантировать соблюдение всех норм“).
Anders sieht es in den Fällen aus, in denen nicht das Unternehmen als Korporation, sondern die Unternehmensangehörigen als Subjekte der „impliziten Pflicht“ angesprochen werden. Diese werden u. a. durch die Auferlegung „verpflichtender Verantwortung“ zu bestimmten Handlungen aufgefordert:

- *„Все сотрудники ТНК-ВР несут ответственность за выполнение требований, связанных с безопасностью, охраной здоровья и окружающей среды во всех регионах деятельности компании.“* (TNK-BP1, S. 3)
- *„Все руководители компании будут нести ответственность за достижение целей и выполнение требований в области безопасности, охраны здоровья и окружающей среды, (...)“* (TNK-BP1, S. 3)

Durch den Ausdruck „нести ответственность за...“ wird die „Verantwortung“ der Unternehmensangehörige, die hier von TNK-BP in „(einfache) Mitarbeiter“ und „Führungskräfte“ unterteilt werden, vor allem nach dem „Gerichtsmodell“ konzeptualisiert. Obwohl in beiden Beispielen sowohl Subjekte als auch Objekte der „Verantwortung“ expliziert werden, rückt dieser Ausdruck sehr stark die Dimension „Haftung“ sowie die dabei implizierten „Sanktionen“ bei Verletzung der „Verantwortung“ in den Fokus der Äußerungen. Somit erscheinen die („einfachen“)

Mitarbeiter und die Führungskräfte weniger als „Entscheidungsträger", sondern viel mehr als Subjekte, die mit möglichen negativen Konsequenzen rechnen sollten.[149]

Mitarbeiterbeziehungen

Ein weiterer zentraler Aspekt der Tätigkeit, der von allen Unternehmen in einigen Kodexkapiteln thematisiert und reguliert wird, kann allgemein als „Mitarbeiterbeziehungen" bezeichnet werden. Obwohl die einzelnen Unternehmen das Thema ein wenig anders benennen – z. B. „Отношения с работниками" (Lukoil), „Взаимоотношения общества и работников" (Gazprom) oder nur „Сотрудники" (TNK-BP1) – geht es bei allen grundsätzlich darum, wie das Verhältnis „Unternehmen (als Arbeitgeber) – Mitarbeiter (als Arbeitnehmer)" konstruiert wird. Dabei agieren die Mitarbeiter, die bisher meistens als explizite oder implizite Pflichtsubjekte angesprochen wurden, vor allem als Benefaktive, die vom korporativen unternehmerischen Handeln begünstigt werden. Auch in diesem Bereich werden die „Verpflichtungen" der Unternehmen gegenüber ihren Angehörigen ausschließlich implizit kommuniziert:

- „*Компания стремится создать в коллективах такую обстановку, которая способствует раскрытию лучших профессиональных и человеческих качеств работников.*" (Lukoil, S. 18)
- „*Компания уважает и обеспечивает права любого работника, к какой бы нации, религии или культуре он ни принадлежал.*" (Lukoil, S. 12)
- „*Общество обеспечивает прозрачность и открытость в управлении персоналом, постоянно совершенствует методы управления, обеспечивая работникам благоприятные условия труда, (...)*" (Gazprom, S. 4)
- „*Общество гарантирует работникам защиту от любых форм дискриминации, как это определено действующим законодательством Российской Федерации и нормами международного права.*" (Gazprom, S. 5)
- „*Компания видит свою ответственность перед сотрудниками в том, чтобы:*
  обеспечивать стабильную и достойную заработную плату, условия труда, соответствующие нормам законодательства; (...)" (Rosneft, S. 8)

---

[149] Vgl. dazu ausführlich Kapitel III.3.4.2.4.

- *„Компания ожидает от всех руководителей уважительного отношения к сотрудникам и их правам.“* (Rosneft, S. 9)
- *„Компания обеспечивает равные возможности трудоустройства и создает такую обстановку на рабочем месте, в которой ко всем относятся с достоинством и уважением.“* (TNK-BP2, S. 11)

Wenn es vorher meistens um die Pflichten der „einfachen“ Mitarbeiter als Firmenangehörige ging, werden an diesem Punkt vor allem ihre Rechte, Möglichkeiten, Privilegien etc. thematisiert. Mit Ausnahme des vorletzten Beispiels, bei dem die „Führungskräfte“ („руководители“) als implizite Pflichtsubjekte agieren, wird in allen anderen Äußerungen das jeweilige Unternehmen als Subjekt der „impliziten Verpflichtung“ ausdrücklich verbalisiert. Auch die eigenen Mitarbeiter werden dabei als Hauptbenefaktive des unternehmerischen Handels immer wieder sprachlich expliziert. Neben einigen Äußerungen, in denen die „implizite Verpflichtung“ als ein angestrebter bzw. erwarteter Zielzustand („стремится“, „ожидает“) kommuniziert wird, ist sie in den meisten Beispielen in Form „realer Tatsachen“ konzipiert, bei denen die „Gewährleistungssemantik“ sehr stark präsent ist. Einmal verpflichtet sich Rosneft indirekt zu bestimmten Handlungen durch die Übernahme unternehmerischer „Verantwortung“ – „видит свою ответственность“. Diese wird primär nach dem „Fürsorgemodell“ konzeptualisiert, was sowohl an der hier weggelassenen Aufzählung mehrerer „Pflichtobjekte“ als auch an der Explikation der Benefaktive durch die dafür sehr produktive Präposition „перед“ zu erschließen ist. Auch in den anderen Äußerungen präsentieren sich die Unternehmen als fürsorgliche Arbeitgeber, die sich um das Wohl ihrer Mitarbeiter kümmern (wollen) – „gute Arbeitsatmosphäre“, „gleiche Rechte und Möglichkeiten“ sowie ein „gerechter Lohn“ sind nur einige der Aspekte, zu denen sich die Unternehmen mehr oder weniger verpflichtet zeigen, obwohl sie diese „Verpflichtung“ nie direkt und entschlossen mithilfe deontischer Ausdrücke kommunizieren. Zu ihrem verbal konstruierten positiven Status engagierter „Fürsorgesubjekte“ soll natürlich auch das ständige Deklarieren einer „faktischen Garantie und Gewährleistung unterschiedlicher Objekte der impliziten Verpflichtung“ („обеспечивает“, „гарантирует“) entscheidend beitragen.

Arbeits- und Betriebssicherheit

Ein weiterer Aspekt der Unternehmenstätigkeit, der mit den beiden gerade präsentierten eng zusammenhängt und daher mit ihnen oft im gleichen Kodexabschnitt thematisiert wird, kann als „Arbeits- und Betriebssicherheit“ bezeichnet werden. Nur Lukoil widmet diesem Tätigkeitsbereich ein gesondertes Kapitel („Охрана труда, промышленная безопасность“), alle anderen behandeln die Thematik zusammen mit „Umweltschutz“ und/oder „Mitarbeiterbeziehungen“.[150] Dies ist nicht weiter überraschend, da sich der Aspekt „Arbeits- und Betriebssicherheit“ zwar nicht nur, aber doch sehr stark auf die Mitarbeiter als primäre unternehmerische Stakeholder bezieht. Im Unterschied zum letzten Punkt, wo es mehr um die „Rechte der Arbeitnehmer“ ging sowie um ideelle Werte wie „Würde“ und „Achtung“ oder auch um eine „angehnehme Arbeitsatmosphäre“, werden hier in erster Linie Motive wie „sichere Arbeitsbedingungen“ („безопасные условия труда“) sowie „Gesundheits- und Lebensschutz“ angesprochen. Man könnte erwarten, dass, aufgrund möglicher fataler (physischer) Folgen bei Pflichtverletzung, die in diesem Bereich kommunizierten Aufgaben der Handlungssubjekte relativ streng mithilfe „deontisch verpflichtender“ Ausdrücke reguliert werden. Allerdings wird auch hier die „Verpflichtung“ fast ausschließlich implizit sprachlich realisiert, meistens als eine „Prioritätsaufgabe“, deren „Gewährleistung“ das „Ergebnis großer Bemühungen“ darstellt:

- „*Приоритетной задачей Компании являются безопасные условия труда и защита здоровья ее работников, а также населения, проживающего в районах присутствия организаций Группы «ЛУКОЙЛ». Компания стремится обеспечить для работников безопасные условия труда на всех своих объектах.*“ (Lukoil, S. 26)
- „*Общество стремится к обеспечению безопасности условий труда на основе соблюдения действующего законодательства и технических стандартов.*“ (Gazprom, S. 5)
- „*Жизнь и здоровье сотрудников, охрана труда и окружающей среды имеют для Компании приоритетное значение. НК «Роснефть» прилагает максимум усилий, чтобы обеспечить безопасность и исключить несчастные случаи и аварийные ситуации.*“ (Rosneft, S. 10)
- „*Компания видит свою ответственность перед сотрудниками в том, чтобы:*
(...) обеспечивать должный уровень охраны труда и промышленной безопасности в соответствии с требованиями законодательства и внутренними документами Компании; (...).“ (Rosneft, S. 8)

[150] Vgl. die Tabellen in III.3.2.

Wie zu sehen ist, agiert immer das jeweilige Unternehmen als implizit verpflichtetes Subjekt, das sich um die Sicherheit und Gesundheit seiner Mitarbeiter sehr intensiv bemühen will, was sowohl die mehrfache Verwendung des Wortstamms „обеспеч-" als auch Formulierungen wie „прилагает максимум усилий" signalisieren sollten. Manchmal werden in diesem Punkt auch die Einwohner der Regionen der Tätigkeit („населения, проживающего в районах присутствия") als wichtige unternehmerische Stakeholder ausdrücklich angesprochen. So wie beim Aspekt „Umweltschutz", ist auch hier der direkte Bezug auf die geltende Gesetzgebung bei der „Gewährleistung der erstrebten Sicherheit" auffällig, der die „implizite Pflicht" der Unternehmen auch als gesetzlich auferlegte und nicht ausschließlich als freiwillig selbst übernommene erscheinen lässt. Nichtdestotrotz wird die „implizite Verpflichtung" der Organisationen hier wieder nach dem „Fürsorgemodell" konzipiert, was am letzten Beispiel von Rosneft besonders deutlich ist, wo die korporative „Verantwortung" als „Sorge um die Mitarbeiter und deren Schutz" präsentiert wird.
Im Unterschied zum Aspekt „Mitarbeiterbeziehungen", agieren die Unternehmensangehörigen hier nicht nur als „Fürsorgeobjekte" und somit Benefaktive der unternehmerischen Tätigkeit, sondern auch öfter als Subjekte, die zu bestimmten Handlungen aufgefordert werden, u. a. durch die Zuschreibung „implizit verpflichtender Verantwortung", wie am folgenden Beispiel zu sehen ist:

- *„Каждый из работников Общества несет ответственность за соблюдение условий безопасности и технических стандартов."* (Gazprom, S. 5)

So wie im Bereich „Umweltschutz" wird auch hier die „Verantwortung" jedes einzelnen Mitarbeiters primär nach dem „Gerichtsmodell" konzeptualisiert, indem die Dimension „Haftung" bei Verantwortungsverletzung sehr stark in den Fokus dieser Äußerung gerückt wird. Besonders auffällig ist die Tatsache, dass dieses Beispiel von Gazprom dem weiter oben vorgestellten direkt folgt – als Korporation präsentiert sich Gazprom als implizit verpflichtetes „Fürsorgesubjekt" und somit ausschließlich positiv („Общество стремится к обеспечению безопасности условий труда...") und schiebt im nächsten Schritt die „Verantwortung mit Haftung und (potentiellen) Sanktionen" auf den einzelnen Angehörigen, wodurch die „Verantwortung der Mitarbeiter" eher negative axiologische Interpretationen hervorruft. Wie bereits erwähnt, kommt diese von mir genannte „*Verschiebung der Pflicht/Verantwortung von der korporativen auf die individuelle Ebene*" nicht selten vor und wird anhand einiger Beispiele im Kapitel III.3.4.2.2 ausführlicher behandelt.

Soziales Engagement

Ein letzter Aspekt der Unternehmenstätigkeit, der durch das vollständige Fehlen von Ausdrücken „deontischer Verpflichtung" markiert ist, kann generell als „soziales Engagement" bezeichnet werden. Diese relativ breite Thematik wird in den Kodizes zwar nicht so ausführlich behandelt wie auf der Oberfläche der jeweiligen Webseite, wo jedes Unternehmen mindestens eine Haupt- sowie mehrere Unterrubriken dazu kreiert. Dennoch kommt bei allen ein meist kurzes Kapitel mit den Lexemen „общество", „общественность" oder „общественный" in der Überschrift vor, in dem die Unternehmen ihre sozialen Ziele und Aktivitäten darstellen. Zudem deklarieren Rosneft und Lukoil in den eher allgemeineren Kapiteln „Философия Роснефти" und „Миссия и ценности Компании" explizit die bei unternehmerischen Selbstdarstellungen mittlerweile nicht wegzudenkenden Übernahme „korporativer sozialer Verantwortung"[151] und heben diese besonders hervor, indem Lukoil sie als einer der grundlegenden Unternehmenswerte und Rosneft als eines seiner vier führenden ethischen Prinzipien kommuniziert[152]:

- *„ПРИНЦИП 3
  СОЦИАЛЬНАЯ ОТВЕТСТВЕННОСТЬ
  Компания способствует развитию регионов своего присутствия, заботится о защите окружающей среды, осуществляет профессиональное управление охраной здоровья персонала и безопасностью труда, своевременно выплачивает налоги и заработную плату."* (Rosneft, S. 5)

Bei beiden Unternehmen wird die „soziale Verantwortung" ausschließlich nach dem „Fürsorgemodell" konzeptualisiert, was Rosneft durch den Gebrauch des Verbs „заботиться" sogar expliziert. Während Lukoil neben „Sponsoring und Wohltätigkeit" vor allem „Arbeits- und Beschäftigungsfragen" („проводит

---

[151] Gazprom und TNK-BP tun dies ausschließlich in den entsprechenden Hauptrubriken „Социальная ответственность" der jeweiligen korporativen Webseite.

[152] Das Beispiel von Lukoil, in dem das Unternehmen seine „implizit verpflichtende Verantwortung" gegenüber allen seinen Stakeholder deklariert – *„Осознавая ответственность перед всеми заинтересованными сторонами в странах и регионах своей деятельности, (...)"* – wurde in den Kapiteln III.2.2 sowie III.3.3.2.3 bereits präsentiert.

социально ответственную политику по вопросам труда, занятости, производственных отношений“) als Objekte seiner „korporativen Verantwortung“ relativ fokussiert bezeichnet, kommen bei Rosneft mehrere heterogene Verantwortungsobjekte vor. Dabei ist besonders interessant, dass Rosneft auch das eigentlich gebotene „rechtzeitige Auszahlen von Steuern und Gehältern“ dem Bereich der freiwilligen „sozialen Verantwortung“ zuordnet. Auch die vom gesellschaftlichen unternehmerischen Handeln begünstigten Stakeholder werden bei Lukoil knapp und direkt angesprochen – „оказывает поддержку работникам, инвалидам, ветеранам“. Rosneft dagegen erwähnt explizit das „Personal“ als Benefaktiv seiner sozialen Aktivitäten, impliziert werden noch mindestens die „Einwohner in den Regionen der Tätigkeit“ sowie der „Staat“ als Empfänger der rechtzeitig bezahlten Steuer.
In den anderen Kodexkapiteln präsentieren die russischen Unternehmen ihr soziales Engagement entweder als bereits „vollendete Tatsachen“ oder als „angestrebte Zustände“, ohne dabei ein einziges Mal Ausdrücke „expliziter deontischer Verpflichtung“ zu verwenden:

- „*ЛУКОЙЛ также стремится быть лучшим социальным партнером.*“ (Lukoil, S. 2)
- „*Общество уделяет внимание не только экономической, но и социальной составляющей своей деятельности. Спонсорская и благотворительная деятельность Общества направлена на возрождение духовных и национальных ценностей, поддержку культуры, науки и образования, содействие научно-техническому прогрессу, пропаганду здорового образа жизни.*“ (Gazprom, S. 12)
- „*При этом компания будет стремиться:*
  (...) проявлять уважение к человеческому достоинству и правам человека.“ (TNK-BP1, S. 2)
- „*Компания уважает права и достоинство местных сообществ (...), прилагает все усилия для построения открытых взаимоотношений, соблюдает традиции местной культуры (...)*“ (TNK-BP2, S. 8)
- „*Компания принимает участие в программах социальных инвестиций в регионах своего присутствия для обеспечения поддержки местных сообществ.*“ (TNK-BP2, S. 8)

Auch hier werden mehrere unterschiedliche Objekte der „impliziten sozialen korporativen Verpflichtung“ thematisiert, wie z. B. die von Gazprom praktizierte „Unterstützung der Kultur, Wissenschaft und Bildung“. Obwohl das jeweilige

Unternehmen als handelndes Subjekt auf Äußerungsebene immer expliziert wird, stehen vor allem seine positiv markierten Handlungen bzw. Handlungsabsichten als eine Art „Fürsorgeobjekte“ im Zentrum der Äußerungen, womit sich die Unternehmen eher indirekt selbst aufwerten. Eine Ausnahme stellt das erste Beispiel von Lukoil dar, in dem das Unternehmen mithilfe des allgemein wertenden Superlativs „лучший“ direkt positiv evaluiert wird. Dies könnte jedoch darauf zurückgeführt werden, dass der zitierte Satz aus der einführenden, pathetisch formulierten Ansprache des Firmenpräsidenten Vagit Alekperov stammt, der das Unternehmen im besten Licht präsentieren will.

III.3.4.2 Subjektebene

III.3.4.2.1 Explizit thematisierte Pflichtsubjekte und die Verbalisierung ihrer *Pflicht*

In den letzten Abschnitten wurde ausführlich gezeigt, wie in den untersuchten verhaltensregulierenden Kodizes die verbindlichen Aufgaben der handelnden Subjekte in den unterschiedlichen Bereichen der Unternehmenstätigkeit kommuniziert werden. Aufgrund der ermittelten sprachlichen Realisierungen konnte eine *Hierarchisierung in der Wichtigkeit und Wertigkeit bestimmter Tätigkeitsaspekte* erkennbar gemacht werden, deren Ergebnisse später zusammengefasst werden. Somit lag der Fokus bis jetzt stärker auf dem „Objekt“ der expliziten oder impliziten „Verpflichtung“ – es wurde in erster Linie gefragt, „WAS“ von den Unternehmen gefordert, verboten, garantiert, gewährleistet, erwartet, angestrebt etc. wird. In diesem Unterkapitel konzentriert sich die empirische Untersuchung auf die explizit verbalisierten Subjekte des Handelns, wobei im Zentrum der Analyse vor allem die subjektbezogene Zuschreibung von „deontischer Verpflichtung“ sowie von allen ermittelten Arten von „Verantwortung“ steht. Von primärem Interesse sind also Fragen wie – „WER“ wird wie oft ausdrücklich als „Träger der expliziten Pflicht“ bzw. als „Subjekt der Verantwortung“ dargestellt, nach welchen Modellen wird seine „Pflicht“ bzw. „Verantwortung“ konzeptualisiert sowie welche axiologische Interpretationen werden dabei aktiviert. Die Objekt- und Subjektebene sind natürlich sehr eng miteinander verbunden. Daher wurden mehrere Ergebnisse, die sich stärker auf die explizit oder implizit verpflichteten Akteure beziehen, bereits vorgestellt und teilweise detailliert kommentiert. Im Folgenden geht es vor allem darum, einige besonders auffällige subjektrelevante empirische Befunde vergleichsweise knapp, jedoch fokussierter als bis jetzt, darzustellen, wobei sich das Augenmerk auf

Äußerungen mit verbaler Explikation der thematisierten Handlungssubjekte richtet. Die unpersönlich bzw. „subjektlos“[153] realisierten „Verpflichtungen“ sowie die daraus entstehenden Implikationen werden am Ende dieses Kapitels in einem zusammenfassenden Teil[154] ausführlicher behandelt.

Viele der in den vorangegangenen Unterkapiteln präsentierten Beispiele haben schon angedeutet, dass in den untersuchten Kodizes überwiegend zwei Haupttypen von Handlungssubjekten thematisiert werden – das jeweilige Unternehmen als korporativer Akteur sowie seine Angehörige als individuelle Akteure. Da die Verwendung von Pronomen[155] wie „мы“ und „наш“, die im Unternehmensdiskurs zur „Verschleierung des Subjekts“ beitragen können, sich hier in Grenzen hält, können die angesprochenen Subjekte auf Äußerungsebene in den meisten Fällen relativ gut differenziert werden. Die Unternehmen sprechen über sich meistens in der dritten Person und vewenden dabei vor allem den eigenen Namen sowie eines der beiden produktiven Lexemen „Компания“ und „Общество“[156], wobei diese immer großgeschrieben werden. Wie aus mehreren bereits vorgestellten Beispielen ersichtlich, wird die Gruppe der Unternehmensangehörigen in zwei großen Untergruppen („qualitativ“) eingeteilt – die „einfachen Mitarbeiter“ und die „Führungskräfte“. Gelegentlich, wie z. B. im nachfolgenden Satz, ist diese Unterscheidung nicht ganz sichtbar - „*ТНК-ВР надеется, что все сотрудники компании, независимо от должности и места работы, будут хорошо знать и соблюдать положения настоящего Кодекса.*“ (TNK-BP1, S. 1). In den meisten Äußerungen ist die hierarchische Unterteilung der Unternehmensangehörigen allerdings sprachlich markiert und daher auch offensichtlich:

- „*Кодекс является внутренним (локальным) документом, обязательным для соблюдения всеми руководителями, должностными лицами и сотрудниками Компании.*“ (Rosneft, S. 3)
- „*Под трудовой рабочей династией понимается профессиональная преемственность в семьях работников рабочих специальностей (где ни один работник Общества не является руководителем, специалистом или служащим), (...)*“ (Gazprom, S. 8)

[153] Gemeint sind nicht die syntaktischen Subjekte, sondern die „Subjekte der Pflicht/Verantwortung“

[154] Vgl. Kapitel III.3.4.3.

[155] Die Verwendung von Pronomen wird weiter unten im Kapitel III.3.4.2.5 näher behandelt.

[156] Gazprom verwendet fast ausschließlich „Общество“, die anderen drei generell „Компания“.

Im Beispiel von Gazprom ist die Gruppe der Unternehmensangehörigen sogar noch stärker differenziert, in der Regel werden die „einfachen Mitarbeiter" als „сотрудники" oder „работники" bezeichnet, die „Führungskräfte" vor allem als „руководители". Seltener kommen das verallgemeinernde „персонал", das sich eher auf die „einfachen Mitarbeiter" bezieht, oder „должностные лица" vor, womit in der Regel die „Führungskräfte" gemeint werden. Gelegentlich werden auch Akteure wie „Direktoren" oder „Mitglieder von bestimmten Unternehmensgremien" explizit als Handlungssubjekte genannt, diese gehören schließlich auch zur Untergruppe der „Führungskräfte".[157]

Wie bereits kurz erwähnt und auch an diversen Beispielen in den letzten Unterkapiteln dargestellt, verpflichten sich die Unternehmen als korporative Akteure fast ausschließlich implizit – durch die Übernahme unternehmerischer „Verantwortung", durch Formulierung unterschiedlicher „Zielsetzungen", durch die Zusicherung von „Garantie und Gewährleistung bestimmter Sachverhalte" usw.[158] Dabei agieren die Korporationen fast immer als eine Art „Fürsorgesubjekte", die sich um das Wohlergehen verschiedener Gruppen von Stakeholdern kümmern, und erscheinen daher immer in einem positiven Licht. In den fünf ausgewählten Kodizes findet sich keine einzige Äußerung, in der sich die Unternehmen mithilfe der von ihnen sonst so oft verwendeten deontischen Formulierungen selbst zu gewissen Handlungen explizit verpflichten – Ausdrücke wie „Компания должна/обязана...", „Компании/Газпрому/Лукойлу следует..." oder implizite bzw. explizite Verbote wie z. B. „Роснефть не имеет право..." und „TNK-BP/Компании запрещено..." fehlen vollständig. Solche und ähnliche Formulierungen rücken neben dem geforderten bzw. verbotenen Objekt der „expliziten Pflicht" auch das Pflichtsubjekt stark in den Fokus und markieren indirekt dieses Subjekt als jemand, der bei Verletzung seiner Verpflichtung die „Schuld" tragen wird. Die dabei meist implizierte „Schuldkomponente" sowie die damit zusammenhängenden „Sanktionen bei Pflichtverletzung" würden bei der Selbstdarstellung der Organisationen als korporative Akteure negative Interpretationen hervorrufen, was besonders an Verboten gut zu sehen ist, bei denen gewisse negative Sachverhalte untersagt wären.[159]

[157] Wegen der Vermeidung unnötiger Wiederholungen, werden im Folgenden die als „einfache Mitarbeiter" („сотрудники", „работники") präsentierten Akteure auch durch das deutsche Lexem „Mitarbeiter" wiedergegeben und von den „Führungskräften" begrifflich unterschieden.

[158] Vgl. dazu vor allem Kapitel III.3.4.1.3.

[159] Die unterschiedlichen Varianten der Realisierung „expliziter" und „impliziter Verpflichtung", die in den Kodizes oft ermittelt werden, werden im abschließenden Kapitel III.3.4.3 präsentiert und kommentiert.

III.3.4.2.2 Verschiebung der korporativen *Verpflichtung* und *Verantwortung*

In den wenigen Äußerungen, in denen sich die Unternehmen selbst zu einem bestimmten Handeln explizit verpflichten, tun sie dies vor allem durch die Verwendung des Nomen „обязательства“ [160], das im Vergleich zu deontischen Modalauxiliaren wie beispielsweise „должен“ und „обязан“ stärker die „Pflichtobjekte“ (also die genannten „обязательства“) und weniger die „Pflichtsubjekte“ (die Unternehmen) akzentuiert. Dies ist auch an der Gestaltung der Sätze unten sichtbar, bei der die Unternehmen kein einziges Mal als syntaktische Subjekte agieren:

- „*Обязательства ЛУКОЙЛа по обеспечению высокого уровня промышленной безопасности и охраны труда также означают, что каждый работник на своем рабочем месте должен знать возможные риски в данной области и быть готовым среагировать на чрезвычайные ситуации.*“ (Lukoil, S. 27)
- „*Сохранение активов, их эффективное и рациональное использование, (...) являются важными составляющими политики ЛУКОЙЛа по выполнению обязательств перед акционерами и другими заинтересованными сторонами.*“ (Lukoil, S. 51)
- „*В деятельности Роснефти недопустимы любые проявления недобросовестной конкуренции или злоупотребления доминирующим положением.*“ (Rosneft, S. 14)

Lukoil ist das Unternehmen, das im Vergleich zu den anderen sich am meisten explizit verpflichtet, was u. a. auf den größeren Umfang seines Kodex zurückgeführt werden könnte. Bemerkenswert ist jedoch die Tatsache, dass in mehreren Äußerungen, bei denen sich die russischen Unternehmen als korporative Akteure selbst „explizit verpflichten“, die bereits erwähnte „*Verschiebung der Verpflichtung/Verantwortung von der korporativen auf die individuelle Ebene*“ stattfindet. Dies ist am ersten Beispiel von Lukoil eindeutig zu sehen, wo das Unternehmen seine „Verpflichtungen“ („обязательства“) im Bereich „Betriebs- und Arbeitsschutz“ im gleichen Satz direkt auf den einzelnen Mitarbeiter überträgt („каждый работник...должен знать“), womit indirekt auch die „Schuld“ bei eventuellen negativen Ereignissen auf die Mitarbeiter abgewälzt wird. Auch die axiologische Zuordnung im Satz ist eindeutig – die positiven Sachverhalte wie „обеспечение высокого уровня промышленной безопасности и охраны труда“ beziehen sich auf Lukoil – die „Pflicht“ des Unternehmens ist dabei nach dem „Fürsorgemodell“

[160] Vgl. dazu auch Kapitel III.3.4.1.1.

konzeptualisiert; die negativen Sachverhalte wie „возможные риски“ oder „чрезвычайные ситуации“ beziehen sich dagegen auf „каждый работник“.
Dem zweiten (Lukoil) und dritten (Rosneft) Beispiel von oben folgen wieder Äußerungen, bei denen eine ähnliche „korporative Pflichtverschiebung“ stattfindet:

- „*Должностные лица и работники Компании обязаны защищать вверенные им активы от утраты, кражи, нецелевого, незаконного или неэффективного использования.*“ (Lukoil, S. 51)
- „*Сотрудники Компании обязаны избегать резких заявлений в адрес конкурентов и не имеют права необоснованно критиковать их продукцию и услуги.*“ (Rosneft, S. 14)

Bei Lukoil funktioniert die argumentative Reihenfolge nach dem gleichen Muster – das „fürsorglich“ handelnde Unternehmen kümmert sich um den „Schutz der Aktiva sowie deren effektive und rationale Verwendung“, die danach deontisch verpflichteten „Mitarbeiter“ und „Führungskräfte“ erscheinen auf Äußerungsebene zwar auch als eine Art „Schutzsubjekte“ („обязаны защищать“), deren „Objekte“ der expliziten Pflicht stellen jedoch ausschließlich negative Sachverhalte wie „Verlust“ oder „Raub“ dar. Bei Rosneft sieht das ein wenig anders aus. In beiden Sätzen werden zweifellos negative Situationen wie „недобросовестная конкуренция“ oder „резкие заявления в адрес конкурентов“ angesprochen, die als „unzulässig“ bezeichnet werden bzw. „zu meiden“ sind. Die Organisation ist zwar mithilfe ihres Eigennamens explizit genannt, wird aber durch die Genitiv-Formulierung „В деятельности Роснефти недопустимы“ nicht eindeutig als aktiv handelndes Pflichtsubjekt präsentiert, obwohl Handlungen wie „недобросовестная конкуренция“ oder „злоупотребление доминирующим положением“ im wirtschaftlichen Diskurs generell korporativen Akteuren zugeschrieben werden. Zu dieser (vermutlich beabsichtigten) „Verschleierung des Pflichtsubjekts“ trägt auch die syntaktische Konstruktion entscheidend bei, indem die „Objekte der Verpflichtung“ als Satzsubjekte auftreten. Wenn in der darauffolgenden Äußerung die Mitarbeiter als handelnde Akteure angesprochen werden, ist alles viel eindeutiger – als syntaktische Satzsubjekte werden diese mithilfe von „обязаны избегать“ sowie „не имеют права“ zu einem bestimmen Verhalten explizit aufgefordert.
Nicht nur die „explizite“, sondern auch die „implizite Verpflichtung“ der Unternehmen wird in den Kodizes mehrere Male auf die individuellen Akteure direkt abgewälzt – dies kann z. B. als eine Art „Umwandlung der impliziten korporativen Verpflichtung in explizite individuelle Pflicht“ erfolgen oder auch als „Übertragung korporativer Verantwortung“, wie an den nächsten beiden Beispielen zu sehen ist:

- *„НК «Роснефть» прилагает максимум усилий, чтобы обеспечить безопасность и исключить несчастные случаи и аварийные ситуации. Компания обязывает каждого сотрудника:*
  всегда соблюдать правила техники безопасности и нормы охраны труда, поддерживать безопасные условия на рабочих местах; (...)" (Rosneft, S. 10)
- *„Осознавая свою ответственность перед обществом, Компания рассчитывает на понимание работниками сложности и масштабности стоящих перед ней задач.*" (Lukoil, S. 34)

Besonders auffällig ist die „Verschiebung" im ersten Beispiel, in dem sich Rosneft als Korporation zur „Gewährleistung der Sicherheit usw." zunächst implizit verpflichtet, um direkt im nachfolgenden Satz die Mitarbeiter zum Ausführen des eigentlich gleichen „Objekts" explizit streng zu verpflichten. Die „Fürsorgefunktion" des Unternehmens ist hier sogar doppelt realisiert – zuerst ganz offensichtlich durch das Signalisieren „maximalen Bemühens bei der Sicherheitsgewährleistung", bei dem Rosneft gleichzeitig als „implizit verpflichtetes Subjekt" und als „Fürsorgesubjekt" agiert; danach – ein wenig indirekter, indem sich Rosneft ausdrücklich als engagierte „Instanz" präsentiert, die auf die Mitarbeiter eine „explizite Verpflichtung" zum „Einhalten der Sicherheits- und Schutzbestimmungen" auferlegt. Auch Lukoil konzeptualisiert seine „korporative Verantwortung" vor allem nach dem „Fürsorgemodell", als das Unternehmen seine „implizite (langfristige) Pflicht" gegenüber der „Gesellschaft" erkennt. Bei der Realisierung dieser „verpflichtenden Verantwortung" werden auch die Mitarbeiter direkt miteinbezogen, indem Lukoil an dessen „Verständnis für die Komplexität und Größenordnung seiner Aufgaben" appelliert und diese somit zu bestimmten Handlungen implizit verpflichtet.
Aus axiologischer Sicht können am Beispiel dieser „Verschiebung" im Rahmen des russischen Wirtschaftsdiskurses Online zwei Erscheinungen festgehalten werden. Zum einen, werden in der russischen Unternehmenskommunikation sowohl positive als auch negative Gesamtsituationen konstruiert. Dabei nehmen die Unternehmen als korporative Akteure immer die positive Rolle an („Fürsorgemodell") und ihren Angehörigen wird oft die negative (sanktionsbelegte) Rolle überlassen („Gerichtsmodell").[161] Zum anderen, werden auf der Oberfläche der Webseite, d.h. in den unterschiedlichen Haupt- und Unterrubriken, die primär der korporativen Selbstdarstellung dienen, ausschließlich positive Sachverhalte dargestellt. Die

---

[161] Vgl. dazu ausführlich Kapitel III.3.4.2.4 sowie die zusammengefassten Ergebnisse in Kapitel III.3.4.3

negativen kommen – wie an den hier untersuchten Kodizes gut zu sehen ist – in erster Linie in den Dokumenten zum Herunterladen vor.

III.3.4.2.3 Unternehmensangehörige und *Hierarchie*. Die Rolle der *Führungskräfte*

Im Unterschied zu den einzelnen russischen Unternehmen werden ihre Angehörige zum Ausführen bestimmter Handlungen bzw. zu deren Unterlassen ziemlich häufig explizit verpflichtet – vor allem mithilfe relativ strenger deontischer Aufforderungen oder kategorischer direkter und indirekter Verbote. Viele entsprechende Beispiele wurden bereits vorgestellt und ausführlich kommentiert, die zusammengefassten Ergebnisse werden am Ende dieses Kapitels präsentiert. Festzuhalten ist, dass die „(einfachen) Mitarbeiter" – meistens verbalisiert durch „сотрудники" und „работники" – öfter angesprochen und zu gewissen Handlungen aufgefordert werden als die „Führungskräfte". Auch als Benefaktive der korporativen unternehmerischen Tätigkeit werden diese häufiger thematisiert. In diesem Unterpunkt geht es mir primär darum, einige auffällige Aspekte zu präsentieren, die sich aus der von den ausgewählten Unternehmen ausdrücklich kommunizierten organisationsinternen Unterteilung ihrer individuellen Angehörigen ableiten lassen.
Wie erwähnt, wird in den Kodizes eine strikte („qualitative") Unterscheidung zwischen „(einfachen) Mitarbeitern" und „Führungskräften" vorgenommen, wobei diese sowohl semantisch als auch pragmatisch sehr stark markiert ist. Diese von den Organisationen mehrfach explizit angesprochene Unterteilung verweist auf eine stark ausgeprägte hierarchische Unternehmensstruktur, die in allen Kodizes sehr präsent ist. Die unternehmensintern herrschende Rangordnung unter den Angehörigen wird zum einen indirekt kommuniziert, indem oft beide Anspruchsgruppen („сотрудник/работник" und „руководитель") in der gleichen Äußerung explizit erwähnt werden[162]:

- „*Все сотрудники и руководители обязаны использовать активы компании только для укрепления и развития бизнеса компании, не стремясь к личной выгоде путем злоупотребления своим должностным положением.*" (TNK-BP1, S. 2)

[162] Weitere relevante Beispiele wurden bereits am Anfang des Kapitels III.3.3 präsentiert.

Zum anderen werden die in den Unternehmen geltenden hierarchischen Verhältnisse direkt thematisiert:

- „*Сотрудники Компании ответственны за соблюдение следующих требований:*
  (...) соблюдать правила внутреннего трудового распорядка, выполнять приказы и распоряжения руководителей и должностных лиц Компании; (...)“ (Rosneft, S. 8)
- „*Руководители Общества:*
  (...) проводят разъяснительную работу с подчиненными работниками с целью реализации положений Кодекса, а также предотвращения нарушений изложенных в нем правил поведения; (...)“ (Gazprom, S.3)

Explizite sprachliche Signale der direkten Akteurenunterordnung wie „начальник“ und „подчиненный“ sind zwar nur bei Gazprom zu finden, aber auch Nomen wie die von Rosneft verwendeten „приказ“ und „распоряжение“ sind als eindeutige Marker einer starren Hierarchie zu bezeichnen, die eher dem militärischen Diskurs zuzuordnen sind.
Generell wird den „Führungskräften“ größere Entscheidungskompetenz zugesprochen – sehr oft werden sie als „Instanzen“ dargestellt, die in konkreten Situationen über „richtiges“ und „falsches“ Verhalten bestimmen sollen bzw. können. Als „Entscheidungsinstanz“ erfüllen die „Führungskräfte“ drei Hauptfunktionen – sie erlauben oder verbieten den „Mitarbeitern“ bestimmte Handlungen; ihnen sollten negative Erscheinungen gemeldet werden; sie sollten bei Unklarheiten oder Unsicherheiten den „Mitarbeitern“ mit Rat zur Seite stehen. Und obwohl sich diese Funktionen manchmal überschneiden, können daraus drei Unterkategorien der „Führungskraft als Entscheidungsinstanz“ unterscheiden werden – die „Führungskräfte“ werden als „Genehmigungsinstanz“, als „Meldeinstanz“ oder als „Hilfeinstanz“ präsentiert. Einige Beispiele sollen dies verdeutlichen:

- „*Передача ее* („der vertraulichen Information“ – D. N.) *любым другим лицам, в том числе коллегам, чья работа не связана с ее использованием, допускается только с разрешения непосредственного руководителя; (...)*“ (Rosneft, S. 10)
- „*Работникам запрещается без письменного согласия руководителя Общества участие в уставном капитале, а также работа или занятие должностей в органах управления компаний-конкурентов.*“ (Gazprom, S. 11)

- „*Работники всегда сообщают о ставших им известных случаях коррупции или взяточничества своему непосредственному руководителю.*“ (TNK-BP2, S. 6)
- „*Если Вам известно об отношениях кого-либо из работников Компании с партнерами, противоречащих требованиям Кодекса, Вам следует сообщить об этом своему непосредственному руководителю (...)*“ (Lukoil, S. 48)
- „*Если Вы не знаете, как помочь акционеру (...) обратитесь за помощью к своему непосредственному руководителю (...)*“ (Lukoil, S. 12)
- „*Если у сотрудника есть вопросы по применению норм и правил настоящего Кодекса (...), он может обратиться за консультацией к своему непосредственному руководителю (...)*“ (Rosneft, S. 11)

In den ersten beiden Äußerungen agieren die „Führungskräfte“ als „Genehmigungsinstanz“, was an Nomen wie „разрешение“ und „согласие“ eindeutig erkennbar ist. In der dritten und vierten Äußerung werden sie vor allem als „Meldeinstanz“ („сообщать/сообщить“) und in den letzten zwei als „Hilfeinstanz“ („помощь“, „консультация“) dargestellt. Ihre Entscheidungskompetenz wird somit durch ihre größere Expertise bzw. Sachkenntnis implizit begründet. Es fällt zudem auf, dass in beinah allen Beispielen der „direkte Dienstvorgesetzte“ („непосредственный руководитель“) als Ansprechpartner und „Entscheidungsinstanz“ angesprochen wird. Da fast jeder Firmenangehörige einen „direkten Dienstvorgesetzten“ hat, ist seine mehrmalige Hervorhebung ein zusätzliches Indiz dafür, dass die Unternehmen die Gestaltung der organisationsinternen Beziehungen als ein strikt reguliertes hierarchisches Handeln verstehen. Überdurchschnittlich oft wird der „direkte Dienstvorgesetzte“ bei Aspekten wie „Interessenskonflikt“ oder „Umgang mit Insiderinformationen“ eingeschaltet, womit die besondere Wichtigkeit dieser Aspekte für die russischen Unternehmen noch mal unterstrichen wird.[163]
Zusätzlich zu der zugesprochenen größeren Sachkompetenz wird von allen Organisationen den „Führungskräften“ ausdrücklich mehr „Verpflichtung“ und „Verantwortung“ zugeschrieben bzw. auferlegt. Dies passiert bei zwei der Unternehmen sogar auf Kapitelebene – Rosneft kreiert einen speziellen Kodexabschnitt mit dem Titel „3.2.3. Дополнительные правила для руководителей и должностных лиц Компании и ее ДО“ und Gazprom hängt seinem Kodex ein Formular an, das explizit „обязательство“ genannt wird und von jeder „Führungskraft“ jährlich unterzeichnet werden sollte:

---

[163] Vgl. dazu ausführlich Kapitel III.3.4.1.2.

- „*Руководители Общества:*
  подписывают письменное обязательство о соблюдении положений Кодекса (приложение к настоящему Кодексу), а также ежегодно подтверждают указанное обязательство в установленном порядке; (...)“ (Gazprom, S. 3)

In diesem Anhang deklarieren die „Führungskräfte“ ihre individuelle zusätzliche „Pflicht“ zum Einhalten der Kodexbestimmungen, wobei die gewählte Verbform „обязуюсь“ (erste Person Singular) die „Verpflichtung“ als freiwillig übernommen und nicht als vom Unternehmen auferlegt erscheinen lässt. Zusätzlich bestätigen sie ihre Bereitschaft, bei Pflichtverletzung zur Verantwortung gezogen zu werden:

- „*Как один из руководителей «ОАО «Газпром», я обязуюсь соблюдать требования и ограничения, установленные Кодексом корпоративной этики ОАО «Газпром».*
  Настоящим документом подтверждаю свою готовность нести ответственность за нарушение мною требований Кодекса корпоративной этики ОАО «Газпром».“ (Gazprom, S. 18)

Am Anfang des Kodex geht Gazprom sogar so weit, dass, neben „Effektivitätssteigerung“ und „Diversifizierung der Tätigkeit“, als eines der Hauptprinzipien, auf dem die gesamte Unternehmensstrategie basiert, die „persönliche Verantwortung der Führungskräfte für die von ihnen getroffenen Entscheidungen“ präsentiert wird:

- „*Стратегия Общества базируется на следующих принципах:*
  (...) персональная ответственность руководителей за принятые управленческие решения.“ (Gazprom, S. 3-4)

In den letzten beiden Beispielen kann „ответственность“ ins Deutsche auch als „Haftung“ wiedergegeben werden, womit die „Verantwortung“ der „Führungskräfte“ nach dem „Gerichtsmodell“ konzeptualisiert wird. Somit werden sie ausdrücklich als „Haftungssubjekte“ bzw. in der vorletzten Äußerung auch als „(potentielle) Schuldsubjekte“ [164] präsentiert, die beim „falschen Handeln“ zur Verantwortung gezogen werden und mit negativen Konsequenzen rechnen sollten.

---

[164] Mehr dazu im nächsten Abschnitt.

III.3.4.2.4 Subjektbezogene Zuschreibung von *Verantwortung*

Im einführenden Kapitel III.3.3.2 wurden zunächst das Konzept „Verantwortung“ bzw. „ответственность“, einige Begriffsdefinitionen sowie die Struktur der jeweiligen Begriffe vorgestellt. Darüber hinaus habe ich drei Modelle präsentiert, nach denen „Verantwortung“ konzeptualisiert werden kann, und anschließend auch die produktivsten Realisierungen der entsprechenden russischen Lexeme kurz angesprochen, die in den Kodizes ermittelt werden konnten. In diesem Abschnitt geht es mir vor allem um die subjektbezogene Zuschreibung von „Verantwortung“, wobei folgende Fragen von primärem Interesse sind – wer wird in welcher Funktion als Verantwortungssubjekt präsentiert, welche Teilsemantiken von „Verantwortung“ werden dabei aktiviert, nach welchem Modell wird seine „Verantwortung“ konzeptualisiert sowie welche axiologische Interpretationen dominieren bei der jeweiligen sprachlichen Realisierung.

Aufgrund der bereits ausführlich thematisierten hohen Komplexität des Verantwortungsbegriffs[165] bzw. wegen seines „semantischen und argumentativen Potentials“[166] ist es sehr schwierig bis teilweise unmöglich, in jeder konkreten sprachlichen Formulierung nur eine Wortsemantik zu ermitteln oder jede einzelne Äußerung nur einem einzigen Modell zuzuordnen. Neben pragmatischen Faktoren wie Kommunikationskontext oder Sprecherintention wird die Interpretation und die konzeptuelle Zuordnung einer Äußerung durch die bereits erwähnte Polysemie des russischen Begriffs zusätzlich erschwert, da „ответственность“ sowohl „Verantwortung“ als auch „Haftung“ bedeuten kann. Dazu könnte in syntaktisch identischen Konstruktionen allein das „axiologische Zeichen“ (positiv oder negativ) des Verantwortungsobjekts die primär realisierte Bedeutung des Lexems stark beeinflussen. So, wird bei der Formulierung „*нести ответственность за что*“ in Sätzen mit positiv markierten Verantwortungsobjekten auch der „Verpflichtungscharakter der Verantwortung“ akzentuiert, in Sätzen mit negativ markierten Objekten steht ausschließlich deren „Haftungs- bzw. Schuldcharakter“ im Vordergrund. Vgl. einerseits „Каждый человек несет ответственность за соблюдение закона“ („Einhalten des Gesetzes“ als positive Erscheinung) und andererseits „Каждый человек (по)несет ответственность за нарушение закона“ (negativ). Während die erste Äußerung auch als „Каждый человек должен соблюдать закон“ verstanden werden könnte, ist dies bei der zweiten nicht möglich, da der eigentliche Sinn nicht „Каждый человек должен нарушать закон“* ist, sondern „Каждый человек понесет вину/наказание за нарушение закона“. Die

[165] Vgl. dazu v. a. Kapitel III.3.3.2.1.
[166] Vgl. Kuße (2014) S. 110.

semantischen Aspekte „Schuld“ und „Sanktionen“ sind zwar auch in der ersten „positiven Äußerung“ impliziert, jedoch nur als „potentiell“ bei eventueller Verantwortungsverletzung markiert. Da die Zuschreibung von „вина“ bzw. „Schuld“ in der Regel retrospektiv erfolgt, ist diese semantische Nuance von „ответственность“ vor allem bei bereits vergangenen (negativen) Ereignissen deutlich ausgeprägt. So kann ein Satz wie „Он несет ответственность за провал своей партии на выборах.“ leicht in „Он виноват в провале своей партии на выборах.” umgewandelt werden.[167] Aufgrund der Spezifik der hier untersuchten Textsorte wird „ответственность“ nie retrospektiv als „вина“ realisiert, da die Kodizes eine prospektive oder eher „zeitlose“ Regulierung des Handelns anstreben. Die (potentielle) „Schuld“ sowie die zu erwartenden „Sanktionen“ bei Verletzung der „Verantwortung“ werden meistens impliziert, wobei diese bei der entsprechenden Konzeptualisierung stärker akzentuiert werden können, so wie in den Beispielen oben, oder aber vollkommen ausgeblendet bleiben.

Dass neben dem „Verpflichtungscharakter“ auch die Komponenten „Schuld“ sowie „Konsequenzen“ bzw. „Sanktionen“ zentrale Bestandteile der Begriffssemantik und Begriffsstruktur von „ответственность“ darstellen, wird sowohl in russischsprachigen Lexika als auch in einschlägigen sprachwissenschaftlichen Arbeiten thematisiert. So zeigen die im Kapitel III.3.3.2.1 präsentierten Definitionen aus sowjetischen und neueren Wörterbüchern, dass „ответственность“ auch als „обязательство отчитываться в каких-нибудь своих действиях и принять на себя вину за возможные их последствия“ oder als „обязанность отвечать за их (*действия, поступки – D. N.*) возможные последствия“ verstanden werden kann. [168] Darauf weist auch Olga Frolova in ihrem Artikel „Семантика ответственности“ hin, in dem sie in Anlehnung an theoretischen Arbeiten einiger führender russischer Linguisten wie Bulygina, Šmelev, Arutjunova und Padučeva feststellt, dass „ответственность“ vier semantische Ausprägungen hat – „долг“, „обязательство/обязанность“, „вина“ und „совесть“.[169]

Im Anschluss an die von T. Bulygina und A. Šmelev ermittelte konzeptuelle Unterscheidung zwischen den russischen Begriffen „долг“ (als „absolute moralische Pflicht“) und „обязанность“ (als „relative soziale Verpflichtung“) kommt Frolova zur Schlussfolgerung, dass „ответственность“ näher zu „обязанность“ als zu

[167] Diese Umwandlung ist übrigens auch im Deutschen möglich – „Er trägt/übernimmt die Verantwortung für die Wahlniederlage.“ und „Er trägt/übernimmt die Schuld für die Wahlniederlage.“, wobei hier wirklich „Schuld“ und weniger „Haftung“ im strengen juristischen Sinne gemeint ist.

[168] Vgl. ausführlich die Definitionen im Kapitel III.3.3.2.1.

[169] Vgl. Frolova (2009), S. 217f.

„долг" steht, wobei sie dies unter anderem an der „Verbkombinierbarkeit" der entsprechenden russischen Nomen feststellt – „Анализ глагольной сочетаемости имен *долг* и *ответственность* показывает, что последнее существительное сближается не с *долгом*, а с *обязанностью* (…)"[170]. Als typische, die Nähe zu „обязанность" markierende Verbkollokationen von „ответственность" benennt sie z. B. „нести ответственность", „возлагать ответственность" oder „принять на себя ответственность". [171] Die konzeptuelle Unterscheidung zwischen „обязанность" und „долг", daran soll hier nur kurz erinnert werden, beschreiben Bulygina/Šmelev u. a. folgendermaßen: „Человек становиться носителем обязанности в результате специального акта *возложения* на него или *принятия* им обязанности. (...) Свои обязанности надо просто *знать* (…), долг важно *осознавать* или *чувствовать* (…)".[172]
Trotz der anfangs beschriebenen analytischen Schwierigkeiten sowie der daraus entstehenden Unsicherheiten bei der Interpretation der empirischen Ergebnisse, können in den untersuchten Kodizes mehrere relativ eindeutige semantische und konzeptuelle Zuordnungen sowie einige interessante Auffälligkeiten bei der Verwendung von „ответственность", „ответственный", „ответственно" etc. ermittelt werden, die ich im Folgenden präsentieren will.
Eindeutig um den „Verpflichtungscharakter" von „ответственность" handelt es sich in Äußerungen mit explizit kommunizierter „Auferlegung von Verantwortung":

- „*Ответственность за организацию работы по исполнению требований и положений Кодекса возлагается на Комиссию по корпоративной этике (далее - Комиссия).*" (Gazprom, S. 15)
- „*Ответственность за организацию и осуществление контроля за выполнением требований Кодекса, внесение в него дополнений и измененийи возлагается на:*
  - *Совет директоров Компании;*
  - *Президента Компании;*
  - *Совет по деловой этике;(...).*" (Rosneft, S. 16)

Durch die explizite sprachliche Formulierung „ответственность возлагается на" wird eine „verpflichtende Verantwortung" im Sinne von „обязанность" auf unterschiedliche kollektive und individuelle Akteure wie Kommissionen und Räte

[170] Vgl. Frolova (2009) S. 218.
[171] Vgl. Frolova (2009), S. 218.
[172] Vgl. ausführlich dazu Kapitel III.3.3.1.1.

oder wie bei Rosneft auf den Generaldirektor („Президент Компании“) auferlegt. Obwohl die Beispiele oben auch als „Sorge um die Organisation und Kontrolle der (ethischen) Tätigkeit“ interpretiert werden könnten, wird mit „ответственность“ hier vor allem die Entscheidungskompetenz der genannten Subjekte gemeint, womit „Verantwortung“ primär nach dem „Entscheidungsmodell“ konzeptualisiert wird. In diesem Modell bezeichnet die Zuschreibung von „Verantwortung“ u. a. auch die Wichtigkeit des Verantwortungssubjekts, dem aufgrund seiner Kompetenz in gewisser Weise „mehr Macht“ zugeschrieben wird. [173] Die nachfolgenden Ausführungen von Rosneft, bei denen die Aufgaben der zuvor genannten Akteure formuliert werden, markieren einen für die Kodizes eher untypischen Zusammenfall von „Entscheidungs-“ und „Gerichtsmodell“, der vor allem die hierarchischen Machtverhältnisse bei der konkret auferlegten „Verantwortung“ aufzeigt:

- *„Президент Компании отвечает за организацию деятельности по реализации политики в сфере деловой этики, отчитывается о ее результатах перед Советом директоров.“* (Rosneft, S. 16)

Die dargestellte gerichtsähnliche Situation, in die der Generaldirektor als Entscheidungsträger involviert ist, impliziert hier aber weniger (potentielle) „Schuldzuweisung“ und „Sanktionen“, sondern soll eher darauf hinweisen, wie das unternehmensinterne Handeln im Bereich „деловая этика“ im Sinne von „wer bei wem Rechenschaft abzulegen hat“ organisiert und reguliert ist.
Um eindeutige Zuschreibungen potentieller „Schuld“, „Haftung“ und „Sanktionen“ handelt es sich in sprachlichen Formulierungen mit *„ответственность за что“*, bei denen das Verantwortungsobjekt eine negative Erscheinung darstellt – wie z. B. aus Sicht der Unternehmen das „Nicht-Einhalten der Kodexbestimmungen“. So wie dies bei der Überschrift eines Hauptkapitels von Lukoil der Fall ist oder bei der als freiwillig kommunizierte Bereitschaft der „Führungskräfte“ von Gazprom, beim Kodexverstoß die „Verantwortung“ im Sinne von „Schuld/Haftung“ auf sich zu nehmen:

- *„Соблюдение Кодекса деловой этики и ответственность за его нарушение“* (Lukoil, S. 54)
- *„Настоящим документом подтверждаю свою готовность нести ответственность за нарушение мною требований Кодекса (...).“* (Gazprom, S. 18)

---

[173] Vgl. Kuße (2014), S. 114-115.

Wie bereits in III.3.3.2.2 ausführlich gezeigt, präsentiert Lukoil im Verlauf dieses Kapitels jeden einzelnen seiner Unternehmensangehörigen („*каждый работник, член Совета директоров, Правления и Ревизионной комиссии Компании*") als potentielles „Haftungssubjekt", das bei Verletzung seiner „Verantwortung" mit negativen Konsequenzen rechnen sollte, die jedoch nicht weiter konkretisiert werden. Bei Gazprom werden im oberen Beispiel nur die „Führungskräfte" als „Haftungssubjekte" thematisiert, für die „einfachen" Mitarbeiter wird aber auch ein spezielles Kapitel mit der Überschrift „*Ответственность*" kreiert, in dem, im Unterscheid zu Lukoil, vor allem die zu erwartenden Sanktionen penibel aufgezählt werden.[174] In allen diesen Fällen kann „ответственность" als „Haftung" verstanden werden, womit die „Verantwortung" der individuellen Unternehmensangehörigen ausschließlich nach dem „Gerichtsmodell" konzeptualisiert wird. Die Verantwortungsinstanz bleibt zwar meistens unausgesprochen, kann aber aufgrund des hier untersuchten Dokumententyps mit relativ hoher Sicherheit als das Unternehmen selbst interpretiert werden. Manchmal, bei potentiellen rechtswidrigen Kodexverstößen, wird explizit auch die „Gesetzgebung" als Instanz dargestellt, vor der sich die Unternehmensangehörigen verantworten würden. Wie im nächsten Beispiel:

- „*Несоблюдение положений Кодекса может привести к нарушению норм применимого законодательства, что повлечет ответственность в соответствии с этим законодательством.*" (Lukoil, 54)

Nicht nur in Äußerungen mit explizit thematisierten negativen Erscheinungen wie beispielsweise „Kodexverstößen" ist der Aspekt „Haftung" sehr stark ausgeprägt, sondern auch in solchen, bei denen implizit die (potentiell negativen) Folgen des Handelns der angesprochenen Verantwortungssubjekte in den Fokus gerückt werden:

- „*Работать в единой команде для достижения поставленной цели. При этом нести личную ответственность за результаты своей и совместной деятельности (...)*" (Lukoil, S. 20)
- *(...) персональная ответственность руководителей за принятые управленческие решения.*" (Gazprom, S. 3-4)

Auch hier wird die „Verantwortung" der „Mitarbeiter" und der „Führungskräfte" vor allem nach dem „Gerichtsmodell" konzeptualisiert, wobei die individuelle Haf-

[174] Vgl. das präsentierte Beispiel im Kapitel III.3.3.2.2.

tung der Akteure durch Attribute wie „личный“ und „персональный“ zusätzlich akzentuiert wird. Von den „Mitarbeitern“ wird nicht nur ein „zielgerichtetes teamfähiges Verhalten“ verlangt, sondern auch explizit gefordert[175], die „Verantwortung“ für die Folgen sowohl des eigenen (individuellen) als auch des kollektiven Handelns zu übernehmen.

Im Unterschied zu Äußerungen mit „ответственность за что“ und negativ konnotierten Verantwortungsobjekten, bei denen vor allem die Bedeutungen „Haftung“ oder „Schuld“ aktiviert werden und „Verantwortung“ ausschließlich nach dem „Gerichtsmodell“ erfolgt, ist die semantische und konzeptuelle Zuordnung sprachlicher Formulierungen mit positiven Objekten nicht immer so eindeutig. Im Allgemeinen, akzentuieren die meisten dieser Äußerungen auch den Verpflichtungscharakter von „ответственность“[176], wie dies weiter oben am Beispiel der „explizit auferlegten Verantwortung“ gezeigt wurde („ответственность за что…возлагется на кого/что“). Eine Besonderheit stellt der in den Kodizes am häufigsten ermittelte Ausdruck „нести ответственность за что“, der auch bei positiv konnotierten Objekten neben dem Verpflichtungscharakter immer noch sehr stark den Aspekt „Haftung“ bei Verantwortungsverletzung hervorhebt. In einigen Online-Wörterbüchern wie z. B. *multitran.ru* oder *dict.cc* wird für diese Kollokation folgende Übersetzung sogar an erster Stelle angegeben – „haften“ bzw. „für jdn./etw. haftbar sein“ (Deutsch) oder „to be liable for“ bzw. „bear liability for“ (Englisch).[177] Viele entsprechende Beispiele wurden bereits präsentiert, zur besseren Übersicht werden an dieser Stelle zwei relativ kurze Äußerungen vorgestellt:

- „*Каждый сотрудник несет ответственность за соблюдение этических норм.*“ (Rosneft, S. 15)
- „*Каждый из работников Общества несет ответственность за соблюдение условий безопасности и технических стандартов.*“ (Gazprom, S. 5)

Aufgrund der Spezifik der untersuchten Kodizes kann die „verpflichtende Verantwortung“ der „Mitarbeiter“ hier und in allen ähnlichen Beispielen ebenfalls als „auferlegt“ bezeichnet werden, wobei die implizierte „Auferlegungsinstanz“ – das jeweilige Unternehmen – immer wieder den Aspekt „Haftung“ bei

[175] Das Beispiel wird mit der sprachlichen Formel „Вам следует соблюдать следующие правила:“ eingefüht und gehört zu den von Lukoil explizit formulierten Verhaltensregeln, die am Ende jedes Kodexkapitels kommuniziert werden.

[176] Vgl. dazu ausführlich u. a. Kapitel III.3.3.1.2.

[177] Vgl. http://www.multitran.ru/c/m.exe?a=1 sowie http://www.dict.cc/.

Verantwortungsverletzung stark akzentuiert. Also, unabhängig von der axiologischen Zuordnung des Objekts wird die „Verantwortung" der Unternehmensangehörigen in den Kodizes sehr oft nach dem „Gerichtsmodell" konzeptualisiert.
Im Gegensatz dazu „tragen" bzw. „übernehmen" die Unternehmen als korporative Akteure nie „Verantwortung" im wörtlichen Sinne – Ausdrücke wie „Компания/Общество/Газпром/Лукойл несет/берет на себя ответственность за что/кого", die „Verpflichtung" und „Haftung" gleichzeitig thematisieren, kommen kein einziges Mal in den untersuchten Texten vor. Wie einige der bereits vorgestellten Beispiele gezeigt haben, wird die „verpflichtende Verantwortung" der Unternehmen fast ausschließlich mithilfe des Verbs „осознавать" kommuniziert[178]:

- „*Осознавая ответственность перед всеми заинтересованными сторонами в странах и регионах своей деятельности, Компания проводит (...)*" (Lukoil, S. 9)
- „*Роснефть осознает особую ответственность в связи с косвенным участием Российской Федерации в капитале Компании и стремится быть образцом правовых и этических обязательств в отношении государства.*" (Rosneft, S. 13)
- „*Общество осознает всю степень ответственности перед нынешним и будущими поколениями за влияние (...) на окружающую среду*". (Gazprom, S. 6)
- „*Компания осознает свой долг и свою ответственность перед акционерами и партнерами, (...)*" (Lukoil, S. 8)

Wie zu sehen ist, wird in beinahe allen Beispielen die „Verantwortung" der Korporationen mit der Formel „осознавать ответственность перед кем" sprachlich realisiert, womit vor allem bestimmte Stakeholder des jeweiligen Unternehmens im Fokus der Äußerungen stehen. Diese werden zum Teil als konkrete Akteure („перед акционерами и партнерами") zum Teil sehr allgemein als „alle Menschen – gegenwärtiger und zukünftiger Generationen" präsentiert („перед нынешним и будущими поколениями"), wodurch Gazprom innerhalb seiner korporativen Verantwortung auch den Aspekt „ökologische Nachhaltigkeit" implizit thematisiert. Die Präposition „перед" stellt die Stakeholder aber weniger als eine Art „Instanz" dar, vor der sich die Unternehmen verantworten sollten, sondern viel mehr als Benefaktive, die vom korporativen Handeln profitieren werden, womit die

[178] Da einige der Beispiele bereits präsentiert wurden, werden hier teilweise nur kurze Ausschnitte vorgestellt, die für die subjektbezogene Zuschreibung von „Verantwortung" relevant sind.

„Verantwortung" der Unternehmen vor allem nach dem „Fürsorgemodell" konzeptualisiert ist.
Als reinste und höchste Form der unternehmerischen „Fürsorgeverantwortung" gilt die explizit deklarierte Übernahme „sozialer Verantwortung", die von den Organisationen inhaltlich und begriffsstrukturell nach dem gleichen Muster kommuniziert wird – eine Mischung aus positiven Handlungen und angesprochenen Akteuren, die von der Unternehmenstätigkeit einen Nutzen ziehen werden („die Mitarbeiter und deren Familien", „die Einwohner der Regionen der Tätigkeit", „die ganze Gesellschaft"). Semantische Aspekte wie „Haftung", potentielle „Schuld" sowie „Sanktionen" werden dabei komplett ausgeblendet. Vgl. folgende typische Beispiele:

- „*Роснефть придерживается политики высокой социальной ответственности перед своими сотрудниками и членами их семей, перед населением регионов, в которых она ведет свою деятельность, перед обществом в целом.*" (Rosneft, S. 13)
- „*В преемственности поколений – залог реализации принципа социальной ответственности Компании перед обществом.*" (Lukoil, S. 7)

Aber auch ohne die explizite Verwendung des Attributs „социальный" wird die „verpflichtende Verantwortung" der Unternehmen fast ausschließlich nach dem „Fürsorgemodell" konzeptualisiert, wie die Beispiele weiter oben gezeigt haben.
Nicht zuletzt aufgrund der typischen Verbkombinierbarkeit („нести, брать/взять, возлагать" usw.) hat Olga Frolova eine größere Nähe von „ответственность" zu „обязанность" als zu „долг" erkannt. Bulygina/Šmelev haben ihrerseits die konzeptuelle Unterscheidung der beiden dem „поле долженствования" gehörenden Begriffe auch durch ihr „sprachliches Verhalten" begründet („долг важно *осознавать* или *чувствовать*").[179] Indem die Korporationen ihre „implizit verpflichtende Verantwortung" fast immer mithilfe der Wortverbindung „осознавать ответственность" kommunizieren, stellen sie die unternehmerische „Verantwortung" primär als „долг" gegenüber unterschiedlichen Stakeholdern dar.[180] Folglich präsentieren sie „корпоративная ответственность" nicht als „обязанность" im Sinne einer „relativen Verpflichtung", die von den geltenden sozialen Konventionen auferlegt wird, sondern als „absolute moralische Pflicht", die von ihnen anerkannt und verinnerlicht wird. Dadurch wird gleichzeitig auch der Status von „Verantwor-

---

[179] Vgl. den Anfang dieses Abschnitts.

[180] Bei Lukioil kommen beide Nomen sogar nebeneinander vor – „*осознает свой долг и свою ответственность*" – siehe weiter oben.

tung“ als ein allgemein anerkannter positiver Wert stark akzentuiert. „Ответственность“ wird also indirekt auch als ein axiologischer Wert präsentiert, der das unternehmerische Handeln leitet, womit die Zuschreibung von „Verantwortung“ auf eine implizite positive Bewertung des jeweiligen Unternehmens abzielt.
Somit kommen wir zu der letzten in den Kodizes oft ermittelten Realisierung der russischen Lexeme „ответственность“, „ответственный“, „ответственно“ etc. – die Zuschreibung „positiv wertender Verantwortung“, die vor allem zur direkten oder indirekten Aufwertung der handelnden Subjekte beitragen sollte.[181] Diese Art der Verwendung unterstützt auch unmittelbar die positive unternehmerische Selbstdarstellung im Rahmen der untersuchten Kodizes. Obwohl ihr Artikel im Sammelband „Europa und seine Werte“ erschienen ist, bleibt bei Frolova diese „positiv wertende Funktion“ von „Verantwortung“ eher unberücksichtigt. Dies kann einerseits darauf zurückgeführt werden, dass sich die Autorin zuerst auf die Semantik und Struktur des Herleitungsverbs „отвечать“ sowie der typischen Kollokationen des Nomen wie z. B. „нести ответственность“ fokussiert.[182] Und anderseits konzentriert sich ihre nachfolgende pragmatische Analyse der russischen Lexeme auf Fragen der Syntax, der Verneinung sowie der funktional-stilistischen Zuordnung.[183]
Die primär wertende Funktion ist allerdings bei attributiver und adverbialer Verwendung am stärksten spürbar, worauf auch die im Kapitel III.3.3.2.1 präsentierten Wörterbuchdefinitionen hinweisen. Bei dem Nomen „ответственность“ wird als erste Bedeutung „1. к Ответственный (3-4 зн.).“ angegeben und als dritte „3. Серьёзность, важность чего-л. (…)“. Die Definition des entsprechenden Adjektivs hebt u. a. die inhaltlichen Aspekte „Wichtigkeit“, „Pflichtbewusstsein“ und „Gewissenhaftigkeit“ hervor – „3. Отличающийся высокоразвитым чувством долга, (...), добросовестно относящийся к своим обязанностям. *О. человек* // Связанный с пониманием важности чего-л., ответственности за чего-л. *О-ое отношение к делу.* 4. Существенно важный, очень серьёзный. (...) *О-ое поручение.* (…) < Ответственно, *нареч.* (3 зн.) *О. относиться к делу. Вести себя отвественно.* (…)“. Verwendungen im Rahmen der vierten Bedeutung „sehr wichtig“ wie „ответственное поручение/задание“ werden in den Kodizes kaum ermittelt. Dafür kommen aber relativ oft Realisierungen vor, die die dritte Bedeutung der Lexeme aktivieren – „ответственный“ und „ответственно“ im Sinne von „gewissenhaft“, „pflichtbewusst“ „die Wichtigkeit von Etwas anerkennend“. Natürlich wird auch hier die mehrdimensionale semanti-

[181] Vgl. dazu auch Kapitel III.3.3.2.3.
[182] Vgl. Frolova (2009), S. 213f.
[183] Vgl. Frolova (2009), S. 221f.

sche Verbindung zwischen „Verantwortung“ und „Verpflichtung“ deutlich, trotzdem können in vielen Fällen die (primär) „verpflichtende Verantwortung“ und die „positiv wertende Verantwortung“ relativ klar differenziert werden, wie man an den folgenden Äußerungen sehen kann:

- „*Сотрудники Компании ответственны за соблюдение следующих требований: (...)*“ (Rosneft, S. 8)
- „Сотрудники Компании ответственно соблюдают требования.“*

Im ersten Beispiel werden „Verantwortung“ und „Verpflichtung“ gleichgesetzt – ohne größere Bedeutungsverschiebung kann der Satz in „Сотрудники должны соблюдать следующие требования: (...)“ umgewandelt werden. In der zweiten, von mir erstellten Äußerung, wäre vor allem das Handeln der „Mitarbeiter“ als „gewissenhaft“ und „pflichtbewusst“ positiv bewertet, wodurch auch die „Mitarbeiter“ als handelnde Subjekte indirekt aufgewertet wären.
Wie oben kurz angesprochen wurde, kann zur impliziten Aufwertung des Verantwortungssubjekts auch die substantivische Verwendung von „Verantwortung“ instrumentalisiert werden – wenn „ответственность“ als „долг“ konzeptualisiert wird und/oder als axiologischer Wert präsentiert ist, der das Handeln des Subjekts leitet. So wie im folgenden Beispiel von Lukoil:

- „*Отношения ЛУКОЙЛа с органами государственной власти и местного самоуправления основываются на принципах ответственности, добросовестности, профессионализма, партнерства, взаимного доверия, а также уважения и нерушимости обязательств.*“ (Lukoil, S. 22-23)

Zwar wird hier statt des expliziten sprachlichen Wertindikators „ценность“ das neutralere Nomen „принцип“ gebraucht, genannt sind trotzdem neben „Verantwortung“ eine Reihe zusätzlicher positiver Werte [184], die als Maßstab für das unternehmerische Handeln im Bereich der „Beziehungen zum Staat und den örtlichen Gemeinden“ präsentiert werden, wodurch Lukoil eindeutig in einem positiven Licht erscheint.

---

[184] Diese Erscheinung nenne ich im Rahmen der vorliegenden Untersuchung „nicht-deklarative Wertekommunikation“, um eine begriffliche Abgrenzung zu der „expliziten Wertedeklaration“ zu markieren, die als Hauptkomponente der korporativen Mission Statements im Kapitel III.2 ausführlich untersucht wurde. Die „nicht-deklarative Wertekommunikation“ wird im Axiologie-Teil der Arbeit detailliert analysiert – vgl. Kapitel III.4.3.

Zum Zwecke der positiven Selbstdarstellung wird im Rahmen der untersuchten Kodizes die Zuschreibung von „Verantwortung" häufig in attributiver oder adverbialer Form realisiert. Dabei könnte, wie bereits in III.3.3.2.3 angedeutet, zwischen direkter und indirekter Aufwertung des Verantwortungssubjekts unterschieden werden. Bei der ersten Verwendung wird dem thematisierten Subjekt das Attribut „ответственный" „angehängt", welches den Akteur „direkt" positiv evaluiert. Zum zweiten Typ, der durchaus öfter in den Texten ermittelt wird, gehören neben der expliziten Deklaration des Handelns als „verantwortungsgeleitet" auch die Darstellung bestimmter Tätigkeitsaspekte als „verantwortungsvoll" und somit als „gut", wodurch die handelnden Subjekte eher indirekt aufgewertet werden. So, wie in den folgenden Äußerungen:

- *„Мы действуем ответственно и в соответствии с корпоративными ценностями Компании: (...).*" (TNK-BP2, S. 5)
- *„Компания стремится (...) открыто и ответственно осуществлять корпоративное управление.*" (Rosneft, S. 5)
- *„Взаимоотношения с контрагентами Общество строит на принципах ответственного партнерства.*" (Gazprom, S. 11)
- *„Компания ответственно относится не только к защите собственной конфиденциальной информации, но и уважает интеллектуальную собственность и конфиденциальную информацию других лиц.*" (TNK-BP2, S. 10)

Mit Ausnahme des ersten Beispiels, wo auch die „Mitarbeiter" inkludiert sind[185], werden immer die Korporationen als „verantwortlich handelnde" dargestellt. Die Beziehung zu den unternehmerischen Grundwerten ist auch hier deutlich konstruiert – „в соответствии с корпоративными ценностями", „на принципах ответственного партнерства". Die meisten Äußerungen folgen dem „Fürsorgemodell", wobei die von TNK-BP explizit verbalisierte „Fürsorge" diesmal stärker „eigennützig" kommuniziert wird – die eigene vertrauliche Information wird „geschützt" („к защите собственной конфиденциальной информации"), die der anderen „nur" „geachtet". Einzelne semantische Ausprägungen sind bei solchen Begriffen immer schwer zu ermitteln. In den meisten Beispielen kann „ответственно/-ый" als „добросовестно/-ый" interpretiert werden, aber gleichzeitig auch als „die Wichtigkeit einer Sache anerkennend" wie bei dem deklarierten „verantwortungsvollen Umgang mit den vertraulichen Informationen" oder die im zweiten Beispiel angestrebte „verantwortungsvolle Unternehmensführung".

[185] Mehr zum Pronomengebrauch in den Kodizes im nächsten Abschnitt.

Festzuhalten bleibt, dass die „aufwertende Verantwortung" fast immer den Unternehmen als korporative Akteure zugeschrieben wird. In den wenigen Fällen, wo sich „ответственно/-ый" auf das Handeln der Mitarbeiter bezieht, wird dies so konstruiert, dass wieder vor allem die jeweilige Organisation im positiven Licht erscheint:

- „*Компания обязывает каждого сотрудника:*
  - *ответственно подходить к соблюдению экологической безопасности (...)*" (Rosneft, S. 10)
- „*Руководство Компании создает рабочую среду, обеспечивающую единство корпоративных и личных целей, (...) поощряет этичное и ответственное поведение.*" – (TNK-BP2, S. 11)

Die Unternehmen präsentieren sich als engagierte fürsorgliche Subjekte, die das „positive Verhalten" den Mitarbeitern deontisch auferlegen („обязывает каждого сотрудника") oder wie im Falle von TNK-BP solches Verhalten „ermutigen". Auch direkt werden die Mitarbeiter nie durch Zuschreibung von „Verantwortung" positiv bewertet, nur die Unternehmen als Korporationen:

- „*ОАО «ЛУКОЙЛ» является ответственным членом мирового сообщества и добросовестным участником рыночного хозяйства.*" (Lukoil, S. 9)
- „*При этом компания будет стремиться:*
  (...) неукоснительно выполнять обязательства в качестве ответственного члена общества в регионах своего присутствия; (...)." (TNK-BP1, S. 2)

Im ersten Beispiel will Lukoil die beiden semantisch nahen „Qualitäten" „ответственный" und „добросовестный" differenzieren, womit „ответственный" eher als „pflichtbewusst" interpretiert werden könnte. Auch in der zweiten Äußerung ist die Nähe von „Verantwortung" und „Verpflichtung" eindeutig markiert, indem die „strikte Erfüllung der Verpflichtungen" als Teil des verantwortungsvollen Daseins des Unternehmens innerhalb der Gesellschaft dargestellt wird. In beiden Beispielen wird die „Verantwortung" der Unternehmen vor allem nach dem „Fürsorgemodell" konzeptualisiert, wobei die als Benefaktive der „Fürsorge" implizierten Stakeholder sehr breit aufgefasst sind – bei TNK-BP sind es alle Akteure in den „Regionen der Tätigkeit", Lukoil geht sogar weiter und spricht die

„Weltgemeinschaft" an, was aufgrund seiner Größe und der geographischen Ausweitung der Tätigkeit nicht illegitim ist.

III.3.4.2.5 Verwendung von Pronomen im Rahmen der Kodizes

Bevor in dem anschließenden Abschnitt einige zusammengefasste empirische Ergebnisse des gesamten Kapitels vorgestellt werden, will ich an dieser Stelle noch die Verwendung von Pronomen innerhalb der untersuchten Kodizes ansprechen, da diese einige interessante Aspekte sowohl im Hinblick auf die dabei implizierten Handlungssubjekte als auch auf die funktionale Ausrichtung der Dokumente aufzeigt.

Bei den ausgewählten russischen Unternehmen variiert die Intensität des Pronomengebrauchs ziemlich stark – Lukoil verwendet bei der Darstellung und Regulierung seines Handelns sehr häufig Pronomen, TNK-BP und Rosneft vergleichsweise selten und Gazprom nur ein einziges Mal. Unternehmensübergreifend kommen vor allem Personal- und Possessivpronomen in der ersten Person Plural wie „мы" und „наш" vor, zusätzlich verwendet Lukoil sehr oft die Höflichkeitsformen „Вы, Вам, Вами" etc., mit deren Hilfe die Unternehmensangehörigen direkt angesprochen werden. Im Rahmen der Kodizes können generell zwei kontextuell bedingte kommunikativ-pragmatische Typen von Pronomen unterschieden werden – (eher) *„subjektverschleiernde"* und (eher) *„subjektanzeigende"*, wobei unter „anzeigend" nicht die Referenz auf konkrete Individuen zu verstehen ist, sondern die mögliche Identifizierung bestimmter Stakeholdergruppen sowie deren Vertreter.

In einschlägigen Arbeiten wird gezeigt, dass bei der Selbstdarstellung von Unternehmen und besonders in den Verantwortungsrubriken ihrer Webseiten die Verwendung von Pronomen der ersten Person Plural wie „wir" und „unser" oft zur Verschleierung des Verantwortungssubjekts führen könnte. [186] Dabei trägt die kommunizierte Zuschreibung von „Verantwortung" immer noch zur positiven unternehmerischen Selbstpräsentation entscheidend bei, es werden in der Regel jedoch keine konkreteren Subjekte thematisiert, die bei potentiellen negativen Ereignissen bzw. bei Verletzung ihrer „Verantwortung" mit Sanktionen rechnen sollten. Zwar werden auch in den hier untersuchten Dokumenten meistens keine Einzelpersonen als Pflicht- oder Verantwortungssubjekte (namentlich) genannt,

[186] Vgl. Kuße (2008), S. 18-20; Кусce (2010), S. 102-103; Kuße (2012a), S. 318; Kuße (2014), S. 124.

dennoch können beim Pronomengebrauch häufiger bestimmte Gruppen von Akteuren identifiziert werden.
Gerade bei der Zuschreibung von „Haftungsverantwortung“[187] wird in den Kodizes stärker auf subjektanzeigende Pronomen zurückgegriffen, wie an einigen der bereits präsentierten Beispielen zu sehen war. So weist bei Gazprom, in dessen Kodex sonst überhaupt keine Pronomen zu ermitteln sind, das im Anhang realisierte „я“ auf die einzelne „Führungskraft“ als potentielles „Haftungssubjekt“ explizit hin und bei Lukoil werden durch „Вам следует“ ausschließlich die Unternehmensangehörigen gleichzeitig als „Verplichtungs-“ und „Verantwortungssubjekte“ angesprochen, wobei durch „личный“ der individuelle Charakter der zu tragenden „Verantwortung“ eindeutig hervorgehoben wird. Vgl. folgende Beispiele:

- *„Как один из руководителей «ОАО «Газпром», я (...) подтверждаю свою готовность нести ответственность за нарушение мною требований Кодекса (...)*“ (Gazprom, S. 18)
- *„Вам следует соблюдать следующие правила: (...)*
  Работать в единой команде для достижения поставленной цели. При этом нести личную ответственность за результаты своей и совместной деятельности (...)“ (Lukoil, S. 20)

Im Rahmen der Unternehmenskodizes kann die Ermittlung der beim Pronomengebrauch implizierten Akteure teilweise auch in Äußerungen erfolgen, in denen Pronomen wie „мы“ und „наш“ vorkommen, die in der Regel die Referenzsubjekte eher diffus erscheinen lassen und somit verschleiern. So eine Ermittlung ist zwar stark interpretationsbedingt und daher nie unbestritten, kann allerdings durch die Spezifik der untersuchten Dokumente sowie durch das konventionelle Verständnis über Struktur und Aufgabenverteilung einer großen profitorienterten Organisation begründet werden. So kommuniziert z. B. TNK-BP im Kapitel 3.2 des „Кодекс деловой этики“ sieben ethische Schlüsselprinzipien, die das Handeln des Unternehmens sowie seiner Mitarbeiter leiten sollten. Alle sieben werden mit dem Personalpronomen „мы“ eingeführt, hier werden das erste und das vierte Prinzip präsentiert:

- *„3.2. Ключевые принципы, определяющие поведение Компании и ее работников*
  1 Мы соблюдаем законодательство вне зависимости от того, где мы осуществляем свою деятельность. (...)

[187] Vgl. dazu ausführlich Kapitel III.3.4.2.4.

4 Мы действуем ответственно и в соответствии с корпоративными ценностями Компании:

- *поощряем этичное поведение;*
- *в случае возникновения нарушений пресекаем их;*
- *информируем Компанию о нарушениях, о которых нам стало известно. (...)*" (TNK-BP2, S.5)

Ähnlich wie unter „1", kann in den meisten der sieben Äußerungen nicht genau bestimmt werden, wer mit „мы" gemeint und dadurch zum „Einhalten der Gesetze" implizit verpflichtet ist – das Unternehmen als korporativer Akteur, so wie es u. a. auch in der Kapitelüberschrift steht, der Vorstand als höchste Entscheidungsinstanz, die „Führungskräfte", die „Mitarbeiter" oder alle zusammen. Im Punkt „4" jedoch, bei dem das gemeinsame „Wir-Handeln" als verantwortungsvoll und somit „gut" präsentiert wird, kommt es zu einer Aufzählung, die nicht nur den Begriff „Verantwortung" mit Inhalt füllt, sondern auch eine gewisse Differenzierung der Akteure erlaubt, die sich hinter „мы" „verstecken". So wird normalerweise ethisches Handeln vom Vorstand bzw. vom oberen Führungspersonal „ermuntert/gefördert", wie es im ersten Teil der Aufzählung kommuniziert wird („поощряем этичное поведение"). Im letzten Teil beziehen sich „мы" sowie seine Dativform „нам" vor allem aber auf die „Mitarbeiter", die zum „Melden von Verstößen" implizit verpflichtet werden. Obwohl als Meldeinstanz hier das abstrakte Subjekt „Unternehmen" („информируем Компанию") präsentiert wird, verbirgt sich hinter „компания" vermutlich der „direkte Dienstvorgesetzte", worauf mehrere bereits vorgestellte Beispiele verweisen.[188] Einzig im zweiten Teil der Aufzählung kann das „Verantwortungssubjekt" nicht näher bestimmt werden.

Somit könnten im Rahmen der Unternehmenskodizes zwei pragmatische Ausprägungen von „мы" und „наш" unterschieden werden. Einerseits können beide Pronomen so sprachlich realisiert werden, dass korporatives und individuelles Handeln ineinander verschmelzen, wie im letzten Beispiel unter „1" oder bei der expliziten Wertekommunikation von „Rosneft":

- „***РЕЗУЛЬТАТИВНОСТЬ И ДОБРОСОВЕСТНОСТЬ*** *как постоянные ориентиры для наших действий и как гарантии нашей высокой репутации; (...)*" (Rosneft, S. 4)

Dies ist auch die häufigste Verwendungsweise der beiden Pronomen, bei der ihre primäre subjektverschleiernde Funktion zum Vorschein kommt und alle implizier-

[188] Vgl. u. a. Kapitel III.3.4.2.3.

ten Akteure als eine geschlossene, harmonische Einheit erscheinen. Andererseits können „мы" und „наш", wie oben präsentiert, auch subjektanzeigend realisiert werden, indem sie sich auf gewisse Stakeholder beziehen und somit z. B. bestimmte unternehmensinterne Beziehungen konstruieren. Besonders deutlich ist diese Unterscheidung in der einführenden Ansprache vom Lukoils Präsidenten Vagit Alekperov markiert:

- *„Мы отчетливо понимаем, что успех Компании всецело зависит от работающих в ней людей. Наши работники – ценный актив, во многом благодаря которому растет эффективность и акционерная стоимость ОАО «ЛУКОЙЛ». Важно помнить, что каждый наш работник является лицом Компании, своим трудом и поведением поддерживает ее репутацию и престиж. В связи с этим мы разработали и внедрили Кодекс деловой этики – свод норм и правил индивидуального и коллективного поведения всех без исключения работников компании «ЛУКОЙЛ».*" (Lukoil, S. 2)

Das zweifach realisierte „мы" bezieht sich hier auf den Unternehmensvorstand bzw. auf die höchste Führungsebene der Organisation[189], zu der auch Vagit Alekperov gehört. „Мы" korreliert mit dem ebenfalls doppelt verbalisierten „наш", das jedoch auch den korporativen Akteur Unternehmen miteinschließt, wodurch in diesem Fall Vorstand und Unternehmen gleichgesetzt werden. Im Unterschied zum subjektverschleiernden „мы" werden die „Mitarbeiter" hier aus der „Wir-Konstruktion" ausgeschlossen und durch das possessive „наш" als eine Art Eigentum des konstruierten „Wir-Gebildes" markiert, was an Formulierungen wie „ценный актив" zu sehen ist. Neben der Pronomenverwendung ist in diesem kurzen Statement auch die chaotische Mischung von sprachlichen Diskursmarkern sowie ethischen und ökonomischen Konzepten auffällig. Die „Mitarbeiter" werden sowohl als „люди" als auch als „работники" bezeichnet, die vor allem „Aktiva zur Steigerung der Effektivität und des Unternehmenswertes" darstellen. Somit werden sie zunächst eher als Unternehmenseigentum präsentiert und anschließend aber als

---

[189] Grundsätzlich wird der Vorstand bzw. die höchste Führungsebene eines Unternehmens als Verfasser und Adressant des Kodex dargestellt. Was hier bei Lukoil eher implizit bleibt, wird von Rosneft oder TNK-BP expliziert:

- *„Кодекс согласован и скорректирован руководителями высшего звена компании (...)*" (TNK-BP1, S. 1)
- *„Совет директоров утверждает Кодекс, изменения и дополнения к нему, (...)*" (Rosneft, S. 16).

„menschliches Gesicht des Unternehmens“, wodurch wieder eine Verschmelzung von Person und Korporation impliziert wird.
Eindeutig subjektanzeigend sind dagegen Pronomen wie „Вы, Вам, Вами, Ваш“, die sich ausschließlich auf die Unternehmensangehörigen als Hauptadressaten der Kodizes beziehen. Solche Pronomen kommen sehr oft bei Lukoil und vereinzelt auch bei Rosneft vor, wobei Lukoil sie vor allem bei der Kommunikation seiner „greifbaren“ Verhaltensnormen am Ende jedes Kapitels verwendet.[190] So wird die Aufzählung der jeweiligen „positiven“ Regeln immer durch *„Вам следует соблюдать следующие правила: (...)“* und der „negativen“ durch *„Вам никогда не следует: (...)“* eingeführt.[191] Es fällt auf, dass die impliziten Verbote durch das extremwertsemantische „никогда“ kategorischer als die „positiven“ Aufforderungen formuliert werden, womit das Unterlassen einer „negativen“ Handlung für das Unternehmen wichtiger erscheint als das Ausführen einer „positiven“. Zudem markiert der Gebrauch solcher Pronomen eine schärfere Trennlinie zwischen dem Konstrukt „Vorstand=Unternehmen“ als Kommunikator der aufgestellten Regeln und den individuellen Organisationsangehörigen wie „Führungskräfte“ und „Mitarbeiter“ als Adressaten dieser Regel. Diese Aufteilung ist in den nachfolgenden Beispielen deutlich zu sehen. Hier werden bestimmte von beiden Unternehmen befürchtete „negative“ Erscheinungen indirekt verboten, wobei diese Befürchtungen auf der impliziten Annahme basieren, dass die Ziele, Interessen, Absichten ect. der mithilfe von „Вы, Вам, ваш“ angesprochenen Individuen von den Interessen und Zielen der Korporation abweichen könnten:

- *„Вам никогда не следует: (...)*
  Использовать свое служебное время, служебное время работников и доверенное Вам имущество Компании в личных целях.“ (Lukoil, S. 21)
- *„Личные или семейные обстоятельства не должны влиять на ваше суждение о том, какие действия в наибольшей степени соответствуют интересам Компании; (...)*“ (Rosneft, S. 11)
- *„Вам никогда не следует: (...)*
  Делать от имени ЛУКОЙЛа какие-либо заявления, если Вы не уполномочены на то локальным нормативным актом Компании.“ (Lukoil, S. 17)

---

[190] Vgl. Kapitel III.3.1 und die darin gezeigten Abbildungen aus dem Kodex von Lukoil.

[191] Mehrere entsprechende Beispiele wurden bereits präsentiert. Vgl. u. a. am Anfang dieses Abschnitts oder gleich weiter unten.

Zum Schluss sollte eine letzte wichtige Besonderheit bei der Verwendung subjektanzeigender Pronomen wie im Falle von „Вам следует соблюдать следующие правила: (...)“ thematisiert werden, die mit der Doppelfunktion der untersuchten Kodizes eng verbunden ist. Man könnte sagen, dass durch solche Formulierungen die Unternehmensangehörigen ein wenig persönlicher und direkter angesprochen werden und nicht eher formell und indirekt aus der „dritten Person-Perspektive“ wie z. B. in „*Эти представления определяют образцы поведения, на которые должны ориентироваться все сотрудники Компании.*“ (Rosneft, S. 4). Obwohl in beiden Fällen das „Ausführen bestimmter Handlungen“ als pragmatischer Kern der Äußerungen zu verstehen ist, ordnet eine persönlichere Anrede die Kodizes stärker dem Bereich der tatsächlichen internen Unternehmenskommunikation ein. Das in diesem Fall als sekundär zu bezeichnende Ziel der positiven unternehmerischen Selbstdarstellung vor einem breiteren Publikum wird immer noch verfolgt, gleichzeitig wird jedoch die interne Perspektive der Dokumente expliziert und hervorgehoben. Dies tut vor allem Lukoil und selten auch Rosneft, bei den anderen kommen ausschließlich Formulierungen aus der „dritten Person-Perspektive“ vor, wodurch stärker der Aspekt der (externen) Selbstdarstellung akzentuiert wird und weniger die eigentlich primäre Funktion der Dokumente als Instrumente der internen Unternehmenskommunikation.

III.3.4.3 *Pflicht* und *Verantwortung* in den Firmenkodizes – eine Zusammenfassung

Am Ende dieses Kapitels soll eine Art zusammenfassende Darstellung der in den untersuchten Kodizes am häufigsten ermittelten Typen der Zuschreibung „deontischer Verpflichtung“ und „Verantwortung“ präsentiert werden, wobei vor allem Fragen zur Struktur und Semantik der entsprechenden russischen Begriffe sowie zu den auf Äußerungsebene dominierenden axiologischen und pragmatischen Interpretationen thematisiert werden. Neben ihrer semantischen Nähe werden die Begriffe auch durch gemeinsame strukturelle Merkmale ausgezeichnet – als Hauptkomponente der jeweiligen Begriffsstruktur gelten das „Subjekt“ sowie das „Objekt“ der „Pflicht“ oder „Verantwortung“. Daher setzt diese zusammenfassende Beschreibung hier an und behandelt zunächst das konzeptuelle Feld „Pflicht/ Verplichtung“.

Wie bereits ausführlich gezeigt, werden die Kodizes in erster Linie als eine Zusammenstellung verbindlicher Regeln und Standards präsentiert, die korporatives, kollektives sowie individuelles Handeln leiten sollten. Diese „Verbindlichkeit“

wird ziemlich oft mithilfe deontischer Operatoren sprachlich realsiert, wodurch bestimmte Handlungen – m. a. W., die auf Äußerungsebene immer explizierten „Pflichtobjekte" – ausdrücklich gefordert werden, andere dagegen strengst untersagt. Wenn man das terminologische und methodologische Instrumentarium der Sprechakttheorie anwenden würde, handelt es sich bei den meisten hier als „explizite Verpflichtung" bezeichneten Äußerungen um *Direktiva*, deren illokutionärer Zweck darin besteht, den Adressaten zu einer bestimmten Handlung zu veranlassen.[192] Abhängig vom Handlungstyp können *Direktiva* in zwei großen Untergruppen klassifiziert werden – „Aufforderungen" und „Verbote" bzw. „negative Aufforderungen".[193] Bei „Aufforderungen" soll der Adressat zu einer aktiven Handlung veranlasst werden, bei „Verboten" dagegen, besteht der illokutionäre Zweck der Äußerung darin, den Adressaten zur Unterlassung einer Handlung zu bewegen.[194] Somit ist es möglich, eine kommunikativ-pragmatische Verknüpfung zwischen deontischer Notwendigkeit und Axiologie bzw. konkreten sprachlichen Bewertungen zu konstruieren[195] – bei „Aufforderungen" werden aus der Perspektive des Äußerungssubjekts die thematisierten Handlungen, in unserem Verständnis hier – die „Pflichtobjekte", in der Regel positiv bewertet, bei „Verboten" dementsprechend negativ. In den untersuchten Dokumenten kommen beide Hauptgruppen direktiver Sprechhandlungen vergleichsweise oft vor, wobei die „Aufforderungen" insgesamt überwiegen, wodurch das geforderte und erwartete „Positive" öfter angesprochen wird als das befürchtete und untersagte „Negative".
Der in den Kodizes weitaus am häufigsten ermittelte Realisierungstyp „expliziter Verpflichtung" erfolgt nach dem Muster „Subjekte sind zu bestimmten (positiven) Handlungen verpflichtet", wobei ihre „Pflicht" vor allem mithilfe der deontischen Modalauxiliare „должен, обязан, следует" kommuniziert wird[196]:

- „***Typ A***"
  - „*Все сотрудники и руководители обязаны использовать активы компании только для укрепления и развития бизнеса компании.*" (TNK-BP1, S. 2)
  - „*Вам следует соблюдать следующие правила: (...)*" (Lukoil)

[192] Vgl. Hindelang (1994), S. 54.
[193] Vgl. Hindelang (1994), S. 54; Wunderlich (1976), S. 163.
[194] Vgl. Hindelang (1994), S. 54.
[195] Vgl. Вольф (2002), S. 122f.
[196] In diesem zusammenfassenden Abschnitt werden zum Veranschaulichen nur einzelne Beispiele präsentiert. Viele weitere Äußerungen, die dem jeweiligen Typ zugeordnet werden können, wurden in den vorangegangenen Kapiteln bereits vorgestellt.

Die hier explizierten Handlungssubjekte – die Unternehmensangehörigen – können sowohl „indirekt“ durch „сотрудники/руководители“ als auch „direkt“ durch das Personalpronomen „Вам“ angesprochen werden, in allen Fällen sind die thematisierten Pflichtobjekte aus Sicht des jeweiligen Unternehmens positiv markiert.[197] Aufgrund der kontextuellen Einbettung der untersuchten Kodizes könnten solche Äußerungen unterschiedlichen Subklassen von „Aufforderungen“ zugeordnet werden. So unterscheidet Götz Hindelang im Hinblick auf die Akteurekonstellation zwischen „bindenden“ und „nicht-bindenden“, und innerhalb der „bindenden“ zwischen „berechtigten“ und „nicht berechtigten“ „Aufforderungen“ und würde den Großteil der hier vollzogenen deontischen Äußerungen der Gruppe der „berechtigten, bindenden Aufforderungen“ zuordnen und konkret der Subklasse „Weisung“, da die Adressaten „aufgrund eines (...) freiwillig eingegangenen Arbeitsvertrages“ [198] zu einem bestimmten Verhalten verpflichtet sind. [199] Im Bereich der „Weisungen“ entsprechen die meisten ermittelten Beispiele der Untergruppe „deontischer Hinweis“.[200] Nach der Klassifizierung von Viktor Jurovskij könnten derartige direktive Äußerungen aber auch als implizite „Befehle“[201] interpretiert werden, da die Handlungsbedingung von „приказ“ „адресат должен совершить действие“[202] lautet und gleichzeitig die Beziehungen zwischen den involvierten Akteuren durch hierarchische Machtverhältnisse gekennzeichnet sind, die bei „требование“ stark relativiert werden.[203] In Anlehnung an Wierzbicka stellt Jurovskij eine enge pragmatische Verbindung zwischen den Sprechakten „приказ“ und „запрет“ her, die sich im wechselseitigen Verneinen manifestiert – „Verbote“ sind „negative Befehle“ und umgekehrt.[204] Obwohl in den analysierten Dokumenten keine explizit-performativen [205] „Befehle“ vorkommen, könnten aufgrund der pragmatischen Nähe zwischen „приказ“ und „запрет“ mehrere der hier ermittelten „Aufforderungen“ sowohl als „Weisungen“ als auch als implizite „Befehle“ verstanden werden. So eine Interpretation wäre durch das häufige Erscheinen expli-

---

[197] Alle „positiven“ Regeln von Lukoil werden durch diese sprachliche Formel eingeführt. Ausführlich dazu – siehe letztes Kapitel III.3.4.2.5.

[198] Vgl. Hindelang (1994), S. 59.

[199] Vgl. Hindelang (1994), S. 54-59.

[200] Vgl. Hindelang (1994) S. 74-75.

[201] Hindelang ordnet den Sprechakt „Befehl“ ausschließlich dem militärischen Bereich zu – vgl. S. 57.

[202] Vgl. Юровский (1996), S. 72.

[203] Vgl. Юровский (1996), S. 70f.

[204] Vgl. Юровский (1996), S. 75-77.

[205] Zum performativen Gebrauch von „sprechhandlungsbezeichnenden Ausdrücken“ – vgl. Hindelang (1994), S. 21f.

zit-performativer „Verbote“ zu begründen, die als negatives Pendant zu „Befehlen“ aufgefasst werden. Das Fehlen von expliziten „Befehlen“ könnte u. a. auf die in den Kodizes oft verwendeten passiven sprachlichen Formulierungen zurückgeführt werden – Äußerungen wie „работникам/сотрудникам/руководителям/Вам приказано/приказывается“ sind grammatikalisch zwar nicht falsch, werden im Russischen in der Regel jedoch selten gebraucht. Im Gegensatz dazu kommen die hier oft verbalisierten explizit-performativen „Verboten“ nicht nur häufig vor, sondern werden auch von muttersprachlichen Informanten als gebräuchliche Formen in solchen sprachlichen Konstruktionen akzepriert.[206]
Somit spreche ich direkt auch den zweiten produktiven Realisierungstyp „expliziter Verpflichtung“ an, der in den Kodizes ermittelt werden kann – die „explizit-performativen Verbote“:

- „***Typ B1***“
  - „*Работникам Компании строго запрещается использовать инсайдерскую информацию в своих или чужих целях.*“ (TNK-BP2, S. 9)
  - „*Работникам запрещается представлять Общество в деловых отношениях с организациями, в деятельности которых работник имеет существенный личный интерес, отличный от интересов Общества.*“ (Gazprom, S. 11)

Wie gesagt, wird bei der Formulierung eines „Verbots“ bzw. einer „negativen Aufforderung“ das Unterlassen einer Handlung sprachlich verlangt, womit die thematisierte Handlung als „Pflichtobjekt“ in der Regel negativ bewertet wird. Neben „explizit-performativen Verboten“ zählen zu dieser Hauptgruppe direktiver Sprechakte alle Äußerungen, die den gleichen illokutionären Zweck verfolgen, jedoch ohne den Gebrauch des explizit-performativen Verbs gebildet sind. Solche Äußerungen können als „implizite Verbote“ bezeichnet werden, womit wir zum dritten Typ „expliziter Verpflichtung“ kommen, der in den Kodizes oft realisiert wird:

- „***Typ B2***“
  - „*Работники не должны представлять свои личные политические взгляды как взгляды Компании.*“ (TNK-BP2, S. 8)

---

[206] Eine einfache Suche nach den entsprechenden Formulierungen in *yandex.ru* sowie in *ruscorpora.ru* belegt dies eindeutig. Zur (qualitativen) Absicherung wurden zusätzlich einige Muttersprachler befragt.

- *„Руководители не должны допускать в своей управленческой практике использования методов, наносящих ущерб личному достоинству сотрудников, (...)*“ (Rosneft, S. 9)
- *„Вам никогда не следует: (...)*“ (Lukoil)[207]

Sowohl beim „Typ B1“ als auch beim „Typ B2“ wird die Negation und somit die Ablehnung des verbotenen Sachverhalts bereits im Modalprädikat realisiert. Eine besondere Form „impliziter Verbote“, die in den Kodizes jedoch nicht so oft vorkommt, sind Formulierungen mit nicht-negierenden Modalwörtern, bei denen die „Unterlassungssemantik“ in der Infinitivform sprachlich markiert ist:

- ***„Typ B3“***
  - *„Сотрудники Компании обязаны избегать резких заявлений в адрес конкурентов (...).*“ (Rosneft, S. 14)
  - *„(...), Вы должны избегать сознательного сокрытия или искажения предоставляемой информации.*“ (Lukoil, S. 16)

Trotz der formalen, äußeren Nähe zu „Aufforderungen“, sind Äußerungen des „Typs B3“ pragmatisch der Hauptgruppe der „Verbote“ zuzuordnen. Dadurch steht fest, dass obwohl sie im Vergleich zu den „Aufforderungen“ seltener vorkommen, die „Verbote“ vielfältiger verbalisiert sind. Folglich stellt sich die Frage, ob gewisse qualitative Unterschiede in der Absolutheit der drei Typen zu erkennen sind. Meines Erachtens sind „explizit-performative Verbote“ („Typ B1“) kategorischer und verbindlicher als Äußerungen des „Typs B3“, da die meisten dem „Typ B3“ zugeordneten sprachlichen Konstruktionen wie „обязаны избегать“ oder „должны воздерживаться“ nicht diese absolute Notwendigkeit ausdrücken, die „expliziten Verboten“ innewohnt. Schwieger ist es, einen signifikanten qualitativen Unterschied zwischen „Вам никогда не следует“ („Typ B2“) und „Вам строго запрещается“ („Typ B1“) auszumachen. Falls ein solcher Unterschied existiert, kann er nur unter Einbeziehung konkreter sprachlicher Äußerungen ermittelt bzw. mithilfe breit angelegter empirischer Umfragen eruiert werden.

Bei den bisher vorgestellten Typen „expliziter Verpflichtung“ waren die „Pflichtsubjekte“ – ausschließlich in Gestalt der Unternehmensangehörigen – auf Äußerungsebene immer ausdrücklich verbalisiert. Neben den ebenfalls immer explizierten „Pflichtobjekten“ wurden häufig auch bestimmte Stakeholder als

[207] Alle „negativen“ Regeln von Lukoil werden durch diese sprachliche Formel eingeführt. Ausführlich dazu – siehe letztes Kapitel III.3.4.2.5.

Benefaktive direkt genannt, die aus dem geforderten bzw. verbotenen Handeln einen Nutzen ziehen sollten – das Unternehmen als Korporation, die „einfachen“ Mitarbeiter, die Konkurrenten etc. Und auch wenn die Benefaktive nicht immer ausdrücklich angesprochen werden, können diese in vielen Beispielen aus den thematisierten Handlungen bzw. „Pflichtobjekten“ abgeleitet werden. Bei solchen „subjektvollen“ deontischen Äußerungen kann ein interessanter Zusammenfall von „Fürsorge-“ und „Gerichtsmodell“ der kommunizierten „Pflicht“ beobachtet werden. Einerseits steht die „Fürsorge“ für das Zustandekommen der notwendigen Sachverhalte sowie für das Wohlergehen der genannten Stakeholder im Fokus, wobei das Unternehmen als Initiator und Kommunikator der verbindlichen Regeln als eine Art „Fürsorgeinstanz erster Ordnung“ agiert und seine Angehörigen als „Mittel zur Pflichtumsetzung“ so etwas wie „Fürsorgeinstanz zweiter Ordnung“ repräsentieren. Durch die sprachliche Explikation der handelnden „Pflichtsubjekte“ werden die Unternehmensangehörigen aber auch als die Akteure akzentuiert, die bei Verletzung ihrer „Verpflichtung“ mit Sanktionen rechnen sollten, womit ihre „Pflicht“ vor allem nach dem „Gerichtsmodell“ konzeptualisiert ist. Das ist besonders gut an Äußerungen zu sehen, bei denen die Sanktionen ausdrücklich kommuniziert werden, wobei dies sowohl bei „Aufforderungen“ als auch bei „Verboten“ ermittelt werden kann:

- „*В своей профессиональной деятельности все сотрудники должны соблюдать нормы и правила, установленные Компанией. Нарушение норм Кодекса может привести к наложению административных санкций, (...).*“ (Rosneft, S. 15)
- „*Такие действия категорически запрещены. За подобные нарушения на работника могут быть наложены меры дисциплинарной ответственности (вплоть до увольнения), а также к нему могут быть предъявлены судебные иски.*“ (TNK-BP2, S. 6)

Wie bereits erwähnt, ist es sehr auffällig, dass die Unternehmen als Korporationen sehr selten als explizite „Pflichtsubjekte“ verbalisiert werden, wobei Formulierungen mit den sonst so produktiven deontischen Modalformeln vollständig fehlen. Äußerungen wie „Компания должна/обязана соблюдать законодателство“ bzw. „не должна нарушать антимонопольное законодателство“ oder „Компании/Газпрому/Лукойлу следует охранять окружающую среду“ bzw. „никогда не следует нарушать правила охраны окружающей среды“ klingen zwar ganz normal, würden jedoch die Unternehmen nicht nur als positive „Fürsorgesubjekte“ sondern auch teilweise als negativ markierte (potentielle) „Sanktionssubjekte“

erscheinen lassen. Daher wird vermutlich die „Verpflichtung“ der Unternehmen grundsätzlich implizit kommuniziert – als „Zielsetzung“, als „Garantiezusicherung“, als „Übernahme verpflichtender korporativer Verantwortung“ (vor allem nach dem „Fürsorgemodell“[208]) oder als Darstellung des unternehmerischen Handelns in Form von „realen Tatsachen“. [209] Wenn die Korporationen auf Äußerungsebene doch als „Pflichtsubjekte“ expliziert werden, wird ihre „Pflicht“ ausschließlich mithilfe der Nomen „долг“ und „обязательство“ kommuniziert, die sehr stark das „Objekt“ sowie die Benefaktive in den Fokus rücken, wodurch die „Pflicht“ der Unternehmen wieder nach dem „Fürsorgemodell“ konzeptualisiert wird. [210] Nicht selten ist auch das Phänomen der „Pflichtverschiebung von der korporativen auf die individuelle Ebene“ zu beobachten.[211]
Neben den gerade präsentierten und kommentierten Äußerungen, die durchaus häufiger vorkommen, können im Rahmen der untersuchten Kodizes auch mehrere Beispiele ohne Explikation der „Pflichtsubjekte“ ermittelt werden. Dabei ist die axiologische Zuordnung der thematisierten Handlungen bzw. „Pflichtobjekte“ gleich wie bei den „subjektvollen Verpflichtungen“ – positiv bei den „Aufforderungen“ und negativ bei den „Verboten“. Äquivalent dazu können auch entsprechende Typen[212] „*unpersönlicher deontischer Verpflichtung*“ konstruiert werden. Hier wird zum Veranschaulichen jeweils ein Beispiel pro Typ vorgestellt, weitere wurden im Laufe der Untersuchung bereits präsentiert:

- **„Typ A’“**
  - *При принятии решений должен соблюдаться баланс всех принципов без каких-либо предпочтений или очередности.*“ (Rosneft, S. 5)
- **„Typ B1’“**
  - *„Протекционизм на основе семейственности запрещен.*“ (Gazprom, S. 8)
- **„Typ B2’“**
  - *„Домогательства любого характера, в том числе сексуального недопустимы.*“ (Lukoil, S. 21)

---

[208] Dazu gleich mehr.

[209] Vgl. dazu v. a. Kapitel III.3.4.1.3 sowie III.3.4.2.1.

[210] Vgl. dazu v. a. Kapitel III.3.4.1.1 sowie III.3.4.2.1.

[211] Vgl. dazu Kapitel III.3.4.2.2.

[212] „Typ A’“ („Aufforderung“ ohne Explikation des „Pflichtsubjekts“) entspricht dem „Typ A“ („Aufforderung mit explizit realisiertem „Pflichtsubjekt“). Analog auch die anderen drei Typen von „Verboten“.

- **„Typ B3'"**
  - *„Любые неразрешенные подарки должны отклоняться."* (Gazprom, S. 9)

Pragmatisch wird auch mit solchen „unpersönlichen" Äußerungen der gleiche Zweck verfolgt. Der Hauptunterschied zu den „subjektvollen" deontischen Formulierungen, der auch die Zuordnung zu den Modellen entscheidend bestimmt, ist die sprachliche Fokussierung auf die „Pflichtobjekte". Im Zentrum jeder Äußerung steht vor allem das, was gefordert bzw. verboten wird – z. B. „Balance aller Prinzipien bei der Entscheidungsfindung" (positiv), „Protektionismus", „Belästigungen", „nicht erlaubte Geschenke" (negativ), wodurch die „(unpersönliche) Pflicht" in erster Linie nach dem „Fürsorgemodell" konzeptualisiert wird und das jeweilige Unternehmen als Regelkommunikator und folglich als „Fürsorgesubjekt" agiert. Die als Handlungssubjekte implizierten Unternehmensangehörigen werden somit aus dem Fokus der Äußerung verschoben, womit auch ihre Rolle als potentielle „Schuldsubjekte", die bei „Pflichtverletzung" mit „Sanktionen" rechnen sollten, nicht so stark akzentuiert wird. Unter einem anderen Gesichtspunkt können „unpersönliche" deontische Formulierungen auch als ein Versuch der Verschleierung des „Pflichtsubjekts" interpretiert werden.

Im Gegensatz zu „Pflicht" ist bei der Zuschreibung von „Verantwortung" das „Verantwortungssubjekt" zumindest formal auf Äußerungsebene immer expliziert. In der vorliegenden Untersuchung konnten einige zwar teilweise zusammenhängende, aber doch unterschiedliche Realisierungstypen des Verantwortungsbegriffs ermittelt werden. Das semantische Potential des Begriffs sowie sein konkreter sprachlicher Gebrauch lassen sowohl verschiedene konzeptuelle Zuordnungen als auch divergierende axiologische Interpretationen zu.[213]
So kann die Verwendung des russischen Polysems „ответственность" vollständig auf seine Bedeutung „Haftung" beschränkt oder als „Schuldzuweisung"[214] (russisch „вина") bei (potentieller) „Verantwortungsverletzung" verstanden werden. Die thematisierten Akteure werden als „Haftungs-" bzw. „Schuldsubjekte" dargestellt, die beim „falschen" Verhalten zur „Rechenschaft gezogen werden". Dies ist meistens der Fall, wenn negative Handlungen als „Verantwortungsobjekte" kommuniziert werden. Dabei ist die „Verantwortung" der angesprochenen Subjekte ausschließlich nach dem negativ besetzten „Gerichtsmodell" konzeptualisiert:

---

[213] Zum Konzept „Verantwortung" – vgl. ausführlich Kapitel III.3.3.2 sowie III.3.4.2.4.
[214] Ausführlich dazu – vgl. Kapitel III.3.4.2.4.

- **„Haftungsverantwortung"** – „Verantwortung" ausschließlich als „Haftung" oder als (potentielle) „Schuldzurechnung"
  - *„Настоящим документом подтверждаю свою готовность нести ответственность за нарушение мною требований Кодекса (...).*" (Gazprom, S. 18)
  - *„Соблюдение Кодекса деловой этики и ответственность за его нарушение*" (Lukoil, S. 54)

Nach diesem Muster werden in den Kodizes nur die individuellen Unternehmensangehörigen als „Haftungssubjekte" präsentiert. Mögliche Äußerungen wie „Компания/Общество несет ответственность за нарушение антимонопольного законодательства.", die das Unternehmen in ein negatives Licht rücken würden, fehlen vollständig.
Wenn das „Objekt" der „Verantwortung" aus Sicht des Äußerungssubjekts positiv markiert ist, wird ihr „Verpflichtungscharakter" besonders hervorgehoben, wobei „ответственность" sowohl als „обязанность" (im Sinne einer „relativen sozialen Verpflichtung") als auch als „долг" (im Sinne einer „absoluten moralischen Plicht") konzeptualisiert werden kann.[215] Die Bedeutung „Haftung" kann dabei stärker akzentuiert werden oder aber fast komplett ausgeblendet. In solchen Fällen spreche ich von einer (primär) „*verpflichtenden Verantwortung*", die in den untersuchten Dokumenten zwei unterschiedliche Konzeptualisierungen erfahren kann. Zum einen ist die „verpflichtende Verantwortung", die näher zur „обязанность" steht:

- **„Verpflichtende Verantwortung 1"** – Nähe zu „обязанность"
  - *„Ответственность за организацию работы по исполнению требований и положений Кодекса возлагается на Комиссию по корпоративной этике (далее - Комиссия).*" (Gazprom, S. 15)
  - *„Сотрудники Компании ответственны за соблюдение следующих требований: (...)*" (Rosneft, S. 8)
  - *„Все сотрудники ТНК-ВР несут ответственность за выполнение требований, связанных с безопасностью, охраной здоровья и окружающей среды во всех регионах деятельности компании.*" (TNK-BP1, S. 3)

Bei diesem Typ sind die unterschiedlichsten Realisierungen möglich, die sowohl die Zuordnung zu den Modellen als auch die dominierenden axiologischen

[215] Ausführlich dazu – vgl. Kapitel III.3.4.2.4.

Interpretationen sowie die Rolle des „Verantwortungssubjekts“ entscheidend bestimmen. Alle oben genannten „Objekte“ sind aus Sicht des jeweiligen Unternehmens als Positivum aufzufassen. Im ersten Beispiel ist die Ethikkommission als „Entscheidungsträger“ präsentiert, der für die „Organisation der Arbeit“ sorgen sollte, womit hier ein Zusammenfall von „Entscheidungs-“ und „Fürsorgemodell“ der „Verantwortung“ zu beobachten ist. Dabei sind die Bedeutungen „Haftung“ sowie (potentielle) „Schuld“ bei Verletzung der „verpflichtenden Verantwortung“ möglicherweise impliziert, jedoch nicht stark akzentuiert. In den beiden weiteren Äußerungen werden die „Mitarbeiter“ zum Ausführen bestimmter Handlungen implizit verpflichtet, wobei besonders im letzten Beispiel der Aspekt „Haftung“ sehr stark im Fokus steht. Der „haftungsbeladene“ Ausdruck „нести ответственность за что“ ist auch der sprachlich meistrealisierte, wenn in den Kodizes die „verpflichtende Verantwortung“ der Unternehmensangehörigen kommuniziert wird. Somit wird die „Verantwortung“ der „Mitarbeiter“ und der „Führungskräfte“ vor allem nach dem „Gerichtsmodell“ konzeptualisiert, wodurch die Gesamtäußerung trotz angestrebter positiver „Objekte“ eine zusätzliche negative Färbung erfährt, da die thematisierten Akteure in erster Linie als „Haftungssubjekte“ präsentiert werden, die bei „Verantwortungsverletzung“ zur „Rechenschaft gezogen werden“.

Im Gegensatz zu ihren individuellen Angehörigen „tragen“ oder „übernehmen“ die russischen Unternehmen nie eine „korporative Verantwortung“ im wörtlichen Sinne, womit auch der Aspekt „Haftung“ in gewisser Weise ausgeblendet wird. Die unternehmerische „Verantwortung“ wird sehr oft mithilfe der Kollokation „осознавать ответственность перед кем“ als „verinnerlicht“ kommuniziert. Dadurch wird die „verpflichtende Verantwortung“ der Korporationen vor allem als „долг“ gegenüber unterschiedlichen Stakeholdern präsentiert und fast ausschließlich nach dem positiv besetzten „Fürsorgemodell“ kommuniziert:

- **„Verpflichtende Verantwortung 2“** – Nähe zu „долг“
  - „*Компания осознает свой долг и свою ответственность перед акционерами и партнерами, (...)*“ (Lukoil, S. 8)
  - „*Общество осознает всю степень ответственности перед нынешним и будущими поколениями за влияние (...) на окружающую среду*“. (Gazprom, S. 6)

Als höchste Form der unternehmerischen „Fürsorgeverantwortung“ gilt die explizit deklarierte Übernahme „korporativer sozialer Verantwortung“, die kommunikativ nach dem gleichen Muster erfolgt:

- *„Роснефть придерживается политики высокой социальной ответственности перед своими сотрудниками и членами их семей, перед населением регионов, в которых она ведет свою деятельность, перед обществом в целом.“* (Rosneft, S. 13)

Die Kommunikation der „Verantwortung“ als „долг“ sowie die ausdrückliche Übernahme „sozialer Verantwortung“ aktivieren sehr stark die Bedeutung und Funktion von „ответственность“ als ein allgemein anerkannter positiver Wert, der das Handeln der Akteure leiten sollte, womit die thematisierten Akteure indirekt als „verantwortungsvoll“ und „gut“ präsentiert werden. So kommen wir zum letzten in den Kodizes oft ermittelten Realisierungstyp des Verantwortungsbegriffs – die Zuschreibung „positiv wertender Verantwortung“. Dies kann indirekt erfolgen, indem das gesamte Handeln der Subjekte bzw. einzelne Aspekte dieses Handeln als „verantwortungsgeleitet“ präsentiert werden oder auch direkt, indem die Subjekte selbst mithilfe des Attributs „ответственный“ unmittelbar positiv bewertet werden. Diesen Typ der Verantwortungszuschreibung nenne ich *„aufwertende Verantwortung“* und unterscheide dementsprechend die „direkt“ und die „indirekt aufwertende Verantwortung“. Hier einige Beispiele:

- **„Indirekt aufwertende Verantwortung“**
  - *„Отношения ЛУКОЙЛа с органами государственной власти и местного самоуправления основываются на принципах ответственности,(...).“* (Lukoil, S. 22-23)
  - *„Мы действуем ответственно и в соответствии с корпоративными ценностями Компании: (...).“* (TNK-BP2, S. 5)
  - *„Компания стремится (...) открыто и ответственно осуществлять корпоративное управление.“* (Rosneft, S. 5)

- **„Direkt aufwertende Verantwortung“**
  - *„ОАО «ЛУКОЙЛ» является ответственным членом мирового сообщества и добросовестным участником рыночного хозяйства.“* (Lukoil, S. 9)
  - *„При этом компания будет стремиться:*
    (...) неукоснительно выполнять обязательства в качестве ответственного члена общества в регионах своего присутствия; (...).“ (TNK-BP1, S. 2)

Sowohl indirekt als auch direkt werden nur die Unternehmen als Korporationen durch Zuschreibung von „Verantwortung“ aufgewertet. Dabei kann ihre „Verantwortung“ teilweise dem „Entscheidungs-“ und vor allem dem „Fürsorgemodell“ zugeordnet werden.

Die ausgewerteten empirischen Ergebnisse haben gezeigt, dass im Rahmen der untersuchten Kodizes alle Modelle zum Vorschein kommen, nach denen „Verantwortung“ und „Pflicht“ konzeptualisiert werden können. Besonders auffällig ist, dass sich die Unternehmen als korporative Akteure ständig der „Verantwortung/Verpflichtung“ nach dem „Gerichtsmodell“ entziehen, da solche sprachliche Realisierungen in der Regel auch negative Interpretationen hervorrufen können. Die „Verantwortung“ sowie die „Pflicht“ der Korporationen wird fast ausschließlich nach dem positiv besetzten „Fürsorgemodell“ konzeptualisiert. Dieses Phänomen wird in anderen einschlägigen Arbeiten als typisches Diskursmerkmal der (webbasierten) Firmenpräsentationen ermittelt.[216] Allerdings bleibt festzuhalten, dass im Unterschied zu den speziellen Verantwortungsrubriken auf den jeweiligen unternehmerischen Webseiten, in den verhaltensregulierenden Kodizes auch das „Gerichtsmodell“ sehr präsent ist. Im Rahmen dieses Modells agieren jedoch nur die individuellen Unternehmensangehörigen als explizite Subjekte der auferlegten „Verantwortung“ oder „Pflicht“, deren (potentielle) Verletzung negative Konsequenzen für die Träger nach sich zieht. In gewisser Weise erfolgt somit eine doppelte positive Selbstdarstellung des korporativen Akteurs „Unternehmen“. Zum einen werden fast nie Situationen und Zustände sprachlich konstruiert, bei denen die Unternehmen selbst in einem schlechten Licht erscheinen, gleichzeitig werden aber in Gestalt ihrer Angehörigen relativ „greifbare“ Subjekte angezeigt, die bei negativen Ereignissen „zur Rechenschaft gezogen werden könnten“. Somit kommt es bei der Zuschreibung von „Verantwortung“ zur einer, wenn auch ziemlich eingeschränkten, Benennung von „Verantwortlichen“ im ursprünglichen Sinne, was im Wirtschaftsdiskurs eher selten der Fall ist.[217] Zwar werden in den hier untersuchten Texten auch keine realen Personen namentlich erwähnt, es werden jedoch manchmal individuelle Akteure als Träger der „Verantwortung“ thematisiert – so, z. B. der „verantwortliche Generaldirektor“ bei Rosneft oder jede einzelne „Führungskraft“ bei Gazprom, die den „haftungsbeladenen“ Kodexanhang aus der „ersten Person Singular“ unterschreiben muss. Auch durch die vermehrte Verwendung von Allquantoren wie „каждый“ oder von Attributen wie „персональный“ und „личный“ wird der individuelle Charakter der zu tragenden „Verantwortung“ unterstrichen. Vgl. einige Ausschnitte aus bereits präsentierten Beispielen –

[216] Vgl. Kuße (2012a), S. 316-318; Kuße (2014), S. 123-125.

[217] Vgl. Kuße (2012a), S. 315f.; Кусce (2010), S. 102; Kuße (2014), S. 124.

„Каждый сотрудник несет ответственность за соблюдение этических норм.“ (Rosneft, S. 15); *„персональная ответственность руководителей за принятые управленческие решения*“ (Gazprom, S. 3-4); *„нести личную ответственность за результаты своей и совместной деятельности*“ (Lukoil, S. 20). Und obwohl bei allen diesen Äußerungen keine konkrete Individuen (namentlich) genannt werden, wird m. E. ein Versuch unternommen, der im Unternehmensdiskurs kommunizierten „Verantwortung“ das „Gesicht eines persönlich verantwortlichen Subjekts“ zu verleihen, das sich nicht immer hinter der „Fassade“ eines korporativ Handelnden „versteckt“ und somit vollkommen diffus bleibt. Holger Kuße hat gezeigt, dass, besonders zu Zeiten einer Krise, eine komplette kommunikative „Verschleierung des Verantwortungssubjekts“ im öffentlichen Diskurs scharf kritisiert wird.[218] Somit könnte sich sogar die eingeschränkte Referenz auf persönliche Subjekte der „Verantwortung“ positiv auf die unternehmerische Selbstdarstellung auswirken.

---

[218] Vgl. Kuße (2012a), S. 315 f.

III.4 Die unternehmerische „*Strategie*“

Im Rahmen des Ashridge-Modells wird als viertes Hauptelement eines korporativen Mission Statements die Entwicklung und Kommunikation einer unternehmerischen „*Strategie*“[1] genannt.[2] Dadurch soll die „wirtschaftliche Logik“[3] bzw. die ökonomischen Grundprinzipien („the commercial rationale“[4]) des unternehmerischen Handelns präsentiert werden. Die Autoren des Ashridge-Modells fassen es folgendermaßen kurz zusammen:

- „Die Strategie definiert die Branche, in der das Unternehmen tätig sein will, die Wettbewerbsposition, die das Unternehmen in dieser Branche anstrebt, und die charakteristische Kompetenz oder den Wettbewerbsvorteil, den das Unternehmen hat oder erreichen will“.[5]

Drei der hier untersuchten Unternehmen kommunizieren auf ihren Webseiten ausdrücklich eine „*Strategie*“ – Gazprom, Rosneft und TNK-BP. Obwohl Lukoil die expliziten sprachlichen Marker „стратегия“ oder „стратегический“ nicht verwendet, kann aufgrund bestimmter inhaltlicher und formeller Kriterien der im Kapitel III.1.1 bereits angesprochene Abschnitt „Наши Цели“ aus der Unterrubrik „Миссия компании“ als implizite Kommunikation einer korporativen „*Strategie*“ bezeichnet werden.[6] Bevor die detaillierte inhaltliche und sprachliche Analyse der entsprechenden Rubriken und Textabschnitte erfolgt, sollen zunächst Fragen wie Entstehungszeitpunkt, Platzierung auf der Webseite, Umfang, Struktur sowie visueller Modus der jeweiligen „*Firmenstrategie*“ thematisiert werden.

---

[1] Die unternehmerische „*Strategie*“ als eine der vier grundlegenden Komponenten des korporativen Mission Statement wird hier in Anführungszeichen und kursiv schriftlich wiedergegeben, um eventuelle Missverständnisse beim Gebrauch des deutschen Lexems zu vermeiden, die z. B. bei Formulierungen wie „Strategien der Selbstdarstellung“ entstehen könnten. Dies gilt jedoch nicht für Zitate aus der einschlägigen Sekundärliteratur sowie für Verwendungen des russischen Wortes „стратегия“.

[2] Vgl. Campbell / Devine / Young (1992), S. 42f.; Chun / Davies (2001), S. 318-319; Ingenhoff / Fuhrer (2010), S. 87f.

[3] Vgl. Campbell / Devine / Young (1992), S. 47.

[4] Vgl. Chun / Davies (2001), S. 319.

[5] Vgl. Campbell / Devine / Young (1992), S. 47.

[6] Die erste Unterrubrik „Миссия Компании“ in der Hauptrubrik „О Компании“ besteht aus drei getrennten Abschnitten – „Миссия“ (hier als explizit kommunizierte Mission bzw. als „Existenzzweck des Unternehmens“ verstanden), „Кто Мы“ und „Наши Цели“ – vgl. dazu auch Kapitel III.1.1. Aufgrund seiner Platzierung innerhalb dieser Unterrubrik sowie der dabei thematisierten Inhalte – die langfristigen ökonomischen Unternehmensziele – wird der Abschnitt „Наши Цели“ als implizite Kommunikation einer korporativen „Strategie“ aufgefasst.

III.4.1 Formale Eigenschaften der korporativen „*Strategien*“

Von allen Komponenten der hier untersuchten Mission Statements können im Zeitverlauf die stärksten (inhaltlichen) Veränderungen bei der Kommunikation der korporativen „*Strategie*“ beobachtet werden, was jedoch nicht sehr überraschend ist. Obwohl auch die „*Strategie*“, verstanden als Orientierungslinie für das rein wirtschaftliche unternehmerische Handeln, langfristig konzipiert wird und daher relativ konstant bleiben sollte, können die „*strategischen*“ Ziele und Prioritäten eines Unternehmens im Laufe der Zeit aufgrund bestimmter ökonomischer Faktoren neu definiert werden. Neben unterschiedlichen Tendenzen innerhalb der eigenen Tätigkeitsbranche können auch organisationsinterne Entwicklungen wie z. B. Erschließung neuer Vorkommen und/oder Märkte, Einführen neuer Technologien, Diversifizierung der angebotenen Produkten und Dienstleistungen, Firmenübernahmen etc. die „*Strategie*“ eines Unternehmens langfristig beeinflussen und modifizieren.

Bei den drei anderen Hauptkomponenten des Mission Statements – „Existenzzweck“, „Grundwerte“ und „Verhaltensnormen“ – werden dagegen fast keine diachronen Veränderungen ermittelt. Einzig Gazprom formuliert seine „миссия“ ein wenig um[7] und TNK-BP ergänzt seinen „Деловой кодекс“ mit dem später erschienenen „Кодекс деловой этики“[8]. Dank der Internet-Bibliothek *archive.org*[9] kann die inhaltliche und visuelle Entwicklung der jeweiligen „*Strategie*“ im Zeitverlauf zwar verfolgt werden, dennoch konzentriert sich die vorliegende Arbeit auf die Darstellung und detaillierte Analyse der Versionen innerhalb des (primären) Untersuchungszeitraums 2010-2014. Bei Bedarf werden relevante Erscheinungen aus den Jahren vor 2010 auch miteinbezogen.

Mit ziemlich hoher Sicherheit kann behauptet werden, dass die „*Strategie*“ insgesamt die älteste aller vier untersuchten Mission Statement-Komponenten darstellt, zumindest, was die Online-Präsenz betrifft – Lukoil und Gazprom kommunizieren ihre „*Strategie*“ seit spätestens 2002/03, TNK-BP seit 2004, d. h. gleich nach der Gründung des Unternehmens[10] und Rosneft seit Anfang 2007.[11] Im Vergleich dazu wurden die meisten der hier untersuchten Kodizes (alle außer „Деловой кодекс“

---

[7] Vgl. Kapitel III.1.2.

[8] Vgl. Kapitel III.3.1.

[9] Zu *archive.org* – vgl. Kapitel II.3.

[10] TNK-BP wurde im September 2003 gegründet – vgl. Grätz (2013), S. 157f.

[11] Ganz genau kann dies nicht bestimmt werden, da zum einen die Webseiten teilweise nur 6-7 Mal pro Jahr auf *archive.org* archiviert wurden, zum anderen manchmal technische Schwierigkeiten beim Aufrufen einer bestimmten archivierten Variante entstehen.

von TNK-BP), eine der „expliziten Missionen" (Rosneft) sowie die „explizit deklarierten unternehmerischen Grundwerte" (bei allen Unternehmen) viel später – und zwar, erst seit 2008/09 – kreiert bzw. ausformuliert und auf den Webseiten präsentiert.[12] Somit steht fest, dass im Rahmen ihres Mission Statements die ausgewählten russischen Unternehmen der Entwicklung und der Online-Kommunikation einer korporativen *„Strategie"* die größte Bedeutung zuschreiben.
Mit Ausnahme von Lukoil haben sich im Laufe der Zeit bei allen Unternehmen nicht nur die konkret thematisierten *„strategischen"* Inhalte, sondern auch die sprachlichen Bezeichnungen der jeweiligen Webseitenrubrik geändert. Bei TNK-BP hieß diese zwischen 2004 und 2007 „Стратегический обзор" und bezog sich vor allem auf die ersten fünf Jahre der Firmenexistenz. Bei Gazprom trug die entsprechende Rubrik bis Ende 2009 den Namen „Стратегия бизнеса" und bei Rosneft war zunächst von „Видение и стратегия" die Rede. Seit 2008 heißt die Rubrik von Rosneft „Перспективы развития и стратегия", wurde von 2008 bis 2011 mehrmals relativ stark sowohl inhaltlich als auch visuell modifiziert und bleibt seit Mitte 2011 fast unverändert (Stand: November 2014). Die Rubriken von TNK-BP und Gazprom werden seit Anfang 2010 einfach als „Стратегия" betitelt, wobei TNK-BP seine neue *„Strategie"*[13] seitdem nicht mehr geändert hat. Gazprom dagegen hatte Ende 2011/Anfang 2012 einen zweiten relativ großen Umbau der ganzen Webseite vorgenommen[14], der sich auch auf die inhaltliche und vor allem visuelle Gestaltung der *„Strategie-Rubrik"* ausgewirkt hat. Seit ca. März/April 2012 existiert die aktuelle Version der *„Gazprom-Strategie"*, die auch als primäre Grundlage der hier vorgenommenen empirischen Untersuchung dient.
Ungeachtet der vielen diachronen inhaltlichen und visuellen Umgestaltungen, weist die korporative *„Strategie"* unternehmensübergreifend die größte Übereinstimmung hinsichtlich ihrer Platzierung auf der Webseite auf. Bei allen Unternehmen ist diese als Unterrubrik der zweiten Stufe (R2) innerhalb der ersten Hauptrubrik „О компании" bzw. „О «Газпроме»" platziert und somit als primäres Selbstdarstellungsinstrument an eine breite Öffentlichkeit adressiert. Einzig Gazprom hatte zwischen den beiden angesprochenen Umbauten der Internetseite (2010-2012) seine *„Strategie"* sogar als separate Hauptrubrik präsentiert und dadurch ihre Wichtigkeit im Rahmen der unternehmerischen Selbstdarstellung gewissermaßen

[12] Vgl. Kapitel III.3.1.

[13] Zwischen 2007 und 2010 gab es auf der Webseite von TNK-BP keine *„Strategie-Rubrik"*, die neue Version (seit 2010) wurde im Vergleich zu 2007 stark modifiziert und blieb anschließend komplett unverändert.

[14] Der erste große Umbau der Gazprom-Webseite, der für die vorliegende Arbeit in gewisser Weise relevant ist, war Ende 2009/Anfang 2010.

hervorgehoben. Ab März/April 2012 ist jedoch „Стратегия" wieder innerhalb der ersten R1 „О «Газпроме»" zu finden.

Mit der Platzierung auf der Webseite hört allerdings die Einheitlichkeit bei der formalen Gestaltung der hier untersuchten korporativen „*Strategien*" auf. In Sachen Umfang, Struktur und visueller Modus haben die ausgesuchten russischen Unternehmen ziemlich heterogene Vorstellungen, wie eine „*Strategie*" zu präsentieren und zu kommunizieren ist. Gazprom kreiert dafür eine vergleichsweise kurze R2 als Kernrubrik mit dem bereits angesprochenen Namen „Стратегия", wo das Unternehmen nur die zentralen „*strategischen*" Inhalte thematisiert.[15] Darüber hinaus werden weitere sieben Unterrubriken der dritten Stufe (R3) geschaffen, in denen Gazprom relativ ausführlich seine Ziele, Prioritäten und Aufgaben innerhalb bestimmter Tätigkeitsbereiche präsentiert. Nach diesen „*strategisch*" wichtigen Bereichen werden auch die Unterrubriken selbst benannt - „Разведка и добыча газа и нефти", „Транспортировка и хранение газа", „Переработка газа и нефти", „Реализация газа", „Электроэнергетика", „Инновационная деятельность", „Региональная политика". [16] Somit hat Gazprom die mit Abstand umfangreichste und am differenziertesten strukturierte „*Strategie-Rubrik*" von allen. Den größten Kontrast dazu liefert Lukoil, indem das Unternehmen seine implizite „*Strategie*" in Form von zwei Sätzen/Absätzen vorstellt, in denen relativ abstrakte Unternehmensziele kommuniziert werden. Lukoil kreiert dazu auch keine eigenständige Unterrubrik, sondern präsentiert den entsprechenden Abschnitt „Наши цели" innerhalb der R2 „Миссия компании".[17]

Einigermaßen gleich stellen TNK-BP und Rosneft ihre jeweilige „*Strategie*" vor – eine separate Unterrubrik der zweiten Stufe (R2), die aus einem knappen Kernteil[18] und drei weiteren ausführlicheren Textabschnitten besteht. [19] Die drei Textabschnitte, die durch Untertitel voneinander getrennt sind, thematisieren die wichtigsten Ziele und Aufgaben innerhalb unterschiedlicher „*Strategie-Bereiche*" der Unternehmenstätigkeit und könnten daher mit den gerade präsentierten Unterrubriken von Gazprom gewissermaßen gleichgesetzt werden. Fürs letztere sprechen auch die sprachlichen Bezeichnungen der jeweiligen Abschnitte - „Устойчивый рост добычи нефти", „Монетизация запасов газа", „Развитие сектора переработки и сбыта" bei Rosneft und „Разведка и добыча", „Переработка и торговля", „Газ"

---

[15] Die konkreten Inhalte werden im nächsten Unterkapitel detailliert präsentiert.

[16] Vgl. http://www.gazprom.ru/about/strategy/ sowie Abbildung 9 weiter unten.

[17] Vgl. http://www.lukoil.ru/static_6_5id_2106_.html.

[18] Dazu mehr im nächsten Unterkapitel.

[19] Vgl. für Rosneft: http://rosneft.ru/about/strategy/ und für TNK-BP: https://web.archive.org/web/20130115120528/http://tnk-bp.ru/company/straregy/.

bei TNK-BP. Die Rubrik von Rosneft ist ein wenig umfassender, was vor allem auf ihren ausführlicheren Kernteil sowie eine zusätzliche Aufzählung von fünf „*strategischen Prioritäten*“ und deren stichpunktartige „inhaltliche Füllung“ zurückzuführen ist.[20] Insgesamt steht fest, dass nach den Unternehmenskodizes die „*Strategie*“ die zweitumfangreichste Komponente innerhalb der hier untersuchten korporativen Mission Statements darstellt.

Außer bei Gazprom spielt der visuelle Modus bei der Präsentation und Kommunikation der „*Firmenstrategien*“ eine eher untergeordnete Rolle. Einige textuelle Elemente werden sichtbarer gemacht, indem sie durch größere Schrift und/oder fettgedruckt wiedergegeben werden. So sind die meisten Rubriktexte in thematischen Abschnitten zergliedert, wobei das jeweilige „Thema“ als fettgedruckter Abschnittstitel präsentiert wird.[21] Dieses Verfahren dient sowohl der optischen Hervorhebung des konkreten „Themas“ als auch der strukturierten Unterteilung des gesamten Rubrikinhalts. Einige andere textuelle Elemente werden jedoch primär zum Zwecke der Betonung ihrer besonderen Relevanz im Rahmen der unternehmerischen „*Strategie*“ visuell hervorgehoben. Dies gilt für die fünf „*strategischen Prioritäten*“ von Rosneft und insbesondere für das „*strategische Ziel*“ von Gazprom.[22] Die „Prioritäten“ von Rosneft werden in einer Spalte rechts neben dem Haupttext aufgezählt und gewissermaßen „definiert“. Dabei wird jeder der fünf „Priorität-Oberbegriffe“ mit größeren Buchstaben, einer vom restlichen Text abweichenden schwarzen Farbe sowie fettgedruckt schriftlich dargestellt, wodurch dieser eindeutig hervorsticht.[23] Auch das „*strategische Ziel*“ von Gazprom wird visuell sehr stark hervorgehoben und somit als zentrale inhaltliche Botschaft der gesamten „*strategischen*“ Kommunikation zusätzlich akzentuiert – als einziges Element der ganzen Rubrik wird das „Ziel“ in blauer Schrift, kursiv und im Einzug wiedergegeben. Dieses Verfahren von Gazprom – bestimmte wichtige Textpassagen visuell hervorzuheben, indem sie blau, kursiv und im Einzug präsentiert werden – war bei der alten Version der korporativen Internetseite (2010/11) stärker verbreitet. Es gab solche Textstellen in mehreren Rubriken und Unterrubriken der Webseite, u. a. auch in der „*Strategie-Unterrubrik*“

---

[20] Vgl. Abbildung 10 weiter unten. Mehr dazu auch im nächsten Unterkapitel.

[21] Siehe vorherigen Absatz, in dem die Rubriken von TNK-BP und Rosneft kurz präsentiert werden. Und auch bei Gazprom ist es ähnlich. So ist z. B. die Unterrubrik „Разведка и добыча газа и нефти“ in mehreren Textabschnitten mit Untertiteln zergliedert. Einer der Abschnitte heißt „Стратегия в области прироста запасов“, zur besseren Veranschaulichung – vgl. http://www.gazprom.ru/about/strategy/exploration/.

[22] Inhaltlich werden diese Elemente der korporativen „*Strategie*“ im nächsten Unterkapitel präsentiert und analysiert.

[23] Vgl. u. a. Beispiel (11) im nächsten Unterkapitel.

„Инновационная деятельность“.[24] Aktuell kommen solche Stellen viel seltener vor, wodurch die Relevanz der dabei kommunizierten Inhalte zusätzlich unterstrichen wird.

Eine letzte auffällige Erscheinung im Rahmen der visuellen „*Strategie-Kommunikation*“ stellt die unterstützende Verwendung vom Bildmaterial bei der Vermittlung der verbalen „*strategischen*“ Inhalte dar. Rosneft und TNK-BP halten es für nicht notwendig, zum Zwecke der unternehmerischen Selbstpräsentation ihrem Text auch Fotos beizufügen. Anders gehen Lukoil und Gazprom vor. In einer durchaus kurzen Rubrik präsentiert Lukoil drei Fotos – ein Vorgehen, das für die gesamte Webseite eher untypisch ist. Die Rubriken von Lukoil enthalten neben Text zwar viele Tabellen und Graphiken, sind aber in der Regel „bildarm“. Bei Gazprom sind es aktuell ganze 17 Fotos innerhalb der R2 „Стратегия“ – in den meisten Unterrubriken befindet sich bei fast jedem Textabschnitt ein relativ großes Bild. Die derzeit hohe Anzahl an Fotos ist bei Gazprom mit dem letzten großen Umbau der Webseite (2011/12) verbunden, der nicht nur einige inhaltliche Veränderungen mit sich brachte, sondern vor allem durch eine massive „Fotoinvasion“ gekennzeichnet ist.

Beide Unternehmen, die Fotos im Rahmen ihrer „*Strategie*“ präsentieren, stellen unterschiedliche Text-Bild-Beziehungen her. Die knapp und eher abstrakt formulierten „*strategischen*“ Ziele von Lukoil werden von ähnlich „abstrakten“ Fotos begleitet, die mit dem verbal Kommunizierten wenig zu tun haben – mehrere Tiefpumpen im Feld, eine Tankstelle mit dem Firmenlogo, eine Ölbohrplattform im Wasser. Anders geht Gazprom vor, indem es probiert, fast jeden thematischen Textabschnitt durch ein „inhaltlich“ passendes Foto visuell zu unterstützen – so kommen z. B. in der R3 „Транспортировка и хранение газа“ innerhalb des Abschnitts „Развитие газотранспортной системы“ zwei Fotos mit Bautätigkeiten von Pipelines vor und innerhalb des Abschnitts „СПГ“[25] wird ein Tanker zum Transport von Flüssigerdgas gezeigt. Zur Illustration sowie zum besseren Verständnis der Ausführungen im diesem Unterkapitel werden zwei Screenshots der Webseiten von Gazprom und Rosneft präsentiert. Abbildung 9 zeigt den Anfang der oben bereits angesprochenen Unterrubrik der Gazprom-Seite „Транспортировка и хранение газа“. In der Mitte ist das große „thematische“ Foto einer Pipeline platziert und links sind die unterschiedlichen Unterrubriken aufgelistet. Auf der Abbildung 10 ist zu sehen, wie die korporative „*Strategie*“ von Rosneft strukturiert und kommuniziert wird.

[24] Vgl. https://web.archive.org/web/20100410115937/http://gazprom.ru/strategy/innovation/.

[25] СПГ - Сжиженный природный газ (deutsch: Flüssigerdgas).

Abb. 9 Gazprom, R3 „Транспортировка и хранение газа“

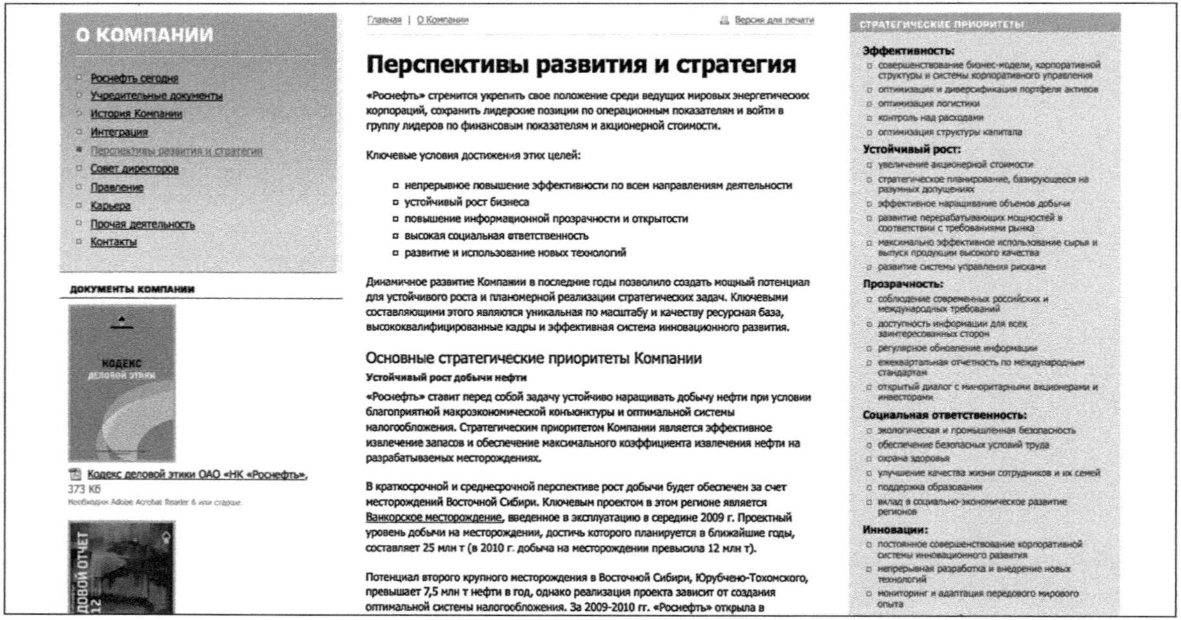

Abb. 10 Rosneft, R2 „Перспективы развития и стратегия“

III.4.2 Die „*strategischen*" Inhalte

III.4.2.1 Inhaltliche Makrostruktur der korporativen „*Strategien*"

Nachdem im letzten Unterkapitel vor allem die formalen Eigenschaften der Kommunikation der jeweiligen „*Firmenstrategie*" besprochen wurden, wird im Folgenden gezeigt, welche Themen und Inhalte die ausgewählten russischen Unternehmen unbedingt als Teil ihrer korporativen „*Strategie*" präsentieren und akzentuieren wollen sowie wie diese inhaltliche Motive sprachlich realisiert werden.

Mit Ausnahme von Lukoil weisen die „*Strategien*" der drei anderen Unternehmen eine sehr ähnliche inhaltliche Makrostruktur auf. Sie bestehen aus einem einführenden „Kernteil", in dem die zentrale „*strategische*" Botschaft relativ knapp und abstrakt formuliert wird, und aus einem vergleichsweise ausführlichen „Erzählteil", in dem sowohl konkretere Ziele und Aufgaben innerhalb bestimmter Geschäftsbereiche als auch unterschiedliche Eckdaten der operativen ökonomischen Tätigkeit vorgestellt werden. Gazprom strukturiert alle diese Informationen in über- und untergeordneten Webseitenrubriken der zweiten und dritten Stufe, Rosneft und TNK-BP kommunizieren beide „*Strategiesegmente*" nacheinander in einer Rubrik.[26] Einzig Lukoil verzichtet auf einen detaillierten „Erzählteil" und präsentiert seine korporative „*Strategie*" mit zwei knappen Sätzen. Ob diese Erscheinung damit verbunden ist, dass es sich bei Lukoil streng genommen um keine explizite „*Strategiekommunikation*" handelt[27], kann nicht mit Sicherheit beantwortet werden.

III.4.2.2 Kernteil der „*Strategie-Rubriken*" – Branche, Wettbewerbsposition, Kompetenzen und Wettbewerbsvorteile

Sehr auffällig ist die argumentative Struktur der entsprechenden Kernteile, da diese ausnahmslos in Form einer expliziten Zweck-Mittel-Beziehung konstruiert und kommuniziert werden. Direkt am Anfang jeder Rubrik wird zunächst das „*strategische*" Hauptziel des jeweiligen Unternehmens ausdrücklich deklariert[28]:

---

[26] Vgl. Kapitel III.4.1.

[27] Vgl. Kapitel III.4.

[28] Im Folgenden wird nur auf die Gazprom-Beispiele mit einem Link in der Fußnote verwiesen, da sich bei allen anderen Unternehmen immer um die gleiche Internetadresse handelt, die im Kapitel III.4.1 bereits präsentiert wurde. Falls „alte" Beispiele mithilfe von *archive.org* angeführt werden, werden diese auch in einer Fußnote belegt.

- (1) *„Стратегической целью ОАО «Газпром» является становление как лидера среди глобальных энергетических компаний посредством освоения новых рынков, диверсификации видов деятельности, обеспечения надежности поставок.“*[29] *(Gazprom)*
- (2) *„«Роснефть» стремится укрепить свое положение среди ведущих мировых энергетических корпораций, сохранить лидерские позиции по операционным показателям и войти в группу лидеров по финансовым показателям и акционерной стоимости.“* (Rosneft)
- (3) *„ЛУКОЙЛ считает своей целью создание новой стоимости, поддержание высокой прибыльности и стабильности своего бизнеса, обеспечение акционеров высоким доходом на инвестированный капитал путем повышения стоимости активов Компании и выплаты денежных дивидендов.“* (Lukoil)
- (4) *„Цель ТНК-ВР — стать нефтегазовой компанией мирового уровня.“* (TNK-BP)

Wie zu sehen ist, sind die primären *„strategischen“* Ziele von Rosneft und Lukoil ein wenig ausführlicher formuliert, indem gleichzeitig mehrere angestrebte Aspekte der korporativen Tätigkeit thematisiert werden – vgl. Beispiele (2) und (3). Gazprom und TNK-BP machen es vergleichsweise knapp, wobei Gazprom gleich in diesem ersten Satz auch die drei „Mittel“ explizit kommuniziert (*„посредством“)*, die zum Erreichen des *„strategischen Hauptziels“* („globaler Branchenführer zu werden“) beitragen sollen – „Marktexpansion“, „Diversifizierung der Tätigkeit“ und „Zuverlässigkeit der Lieferungen“. Ähnliches ist zum Teil auch bei Lukoil zu beobachten – direkt nach der Benennung des letzten *„strategischen Zielmotivs“*, „die Gewährleistung hoher Aktionäreinkünfte“, wird ausgesagt, wodurch dies erreicht werden soll – „путем повышения стоимости активов Компании и выплаты денежных дивидендов*“*.
Insgesamt entspricht aber die Kernteilstruktur von Lukoils *„Strategie“* den Strukturen von Rosneft und TNK-BP. Alle drei gestalten die einführende argumentative „Zweck-Mittel-Beziehung“ in separaten, direkt auf einander folgenden textuellen Einheiten. Zunächst werden die oben präsentierten zentralen Zieläußerungen kommuniziert. Gleich danach folgt eine Aufzählung der wichtigsten „Mittel“, die zum Erreichen der angestrebten Ziele beitragen sollen. Vgl. folgende Beispiele:

---

[29] Vgl. http://www.gazprom.ru/about/strategy/.

- (5) *„Ключевые условия достижения этих целей:*
  - *непрерывное повышение эффективности по всем направлениям деятельности*
  - *устойчивый рост бизнеса*
  - *повышение информационной прозрачности и открытости*
  - *высокая социальная ответственность*
  - *развитие и использование новых технологий.“* (Rosneft)
- (6) *„Для достижения этих целей ЛУКОЙЛ будет использовать все доступные возможности, включая дальнейшие усилия по сокращению затрат, росту эффективности своих операций, улучшению качества производимой продукции и предоставляемых услуг, применению новых прогрессивных технологий.“* (Lukoil)
- (7) *„Для ее достижения компания сосредоточит усилия на следующих ключевых направлениях: (...)“* (TNK-BP)

Eine Besonderheit ist bei TNK-BP zu beobachten. Beispiel (7), das eigentlich die zum Erreichen des primären Unternehmensziels anzuwendenden Mittel einführen soll, funktioniert gleichzeitig als Übergang zum Erzählteil der ganzen Webseiten-rubrik. Wie bereits in III.4.1 kurz gezeigt, wird dieser Erzählteil in drei Textabschnitten strukturiert, die durch ihre Überschriften unterschiedliche Bereiche der *„strategischen“* Firmentätigkeit thematisieren – „Разведка и добыча“ „Переработка и торговля“ und „Газ“. Diese Überschiften werden durch etwas konkreter formulierte Untertitel inhaltlich gewissermaßen spezifiziert. Daher können die in den Überschriften und besonders in den Untertiteln kommunizierten Aspekte der Tätigkeit als Benennung der wichtigsten „Mittel“ verstanden werden, die zum Erreichen des verfolgten Ziels beitragen sollten. Die jeweiligen Untertitel lauten folgendermaßen:

- (7a) *„От ресурсов к запасам, от запасов — к добыче“*
  „Увеличение нормы прибыли“
  „Превращение в крупную нефтегазовую компанию“

Viele der in den Beispielen (1)-(7a) thematisierten Motive beziehen sich direkt oder indirekt auf einen der drei inhaltlichen Punkte, die nach Meinung der Autoren des Ashridge-Modells im Rahmen einer korporativen *„Strategie“* kommuniziert werden sollten – „Branche der Tätigkeit“, „angestrebte Wettbewerbsposition“ und (vorhan-

dene oder erwünschte) „charakteristische Kompetenz“ bzw. „Wettbewerbsvorteile“.[30]
Mit Ausnahme von Lukoil sind die drei anderen Konzerne bemüht, gleich bei der Formulierung ihres *„strategischen“* Hauptziels sowohl die Branche zu benennen, in der sie tätig sein wollen, als auch die Position anzusprechen, die sie in der genannten Branche erstreben. Alle Unternehmen positionieren sich ausdrücklich als Akteure im globalen Wettbewerb, was an die Verwendung von Attributen wie „мировой“ in Beispielen (2) und (4) und „глобальный“ im Beispiel (1) gut zu sehen ist. Im internationalen Wettbewerb visieren Rosneft und Gazprom eine bzw. die führende Position an. Durch den fast redundanten, dreifachen Gebrauch eines „Führerschaft-Lexems“ im einführenden Satz wird dies von Rosneft besonders entschlossen betont – jeweils einmal „ведущий“, „лидерский“ und „один из лидеров“ im Beispiel (2). Mit der Verwendung der Singularform „лидер“ signalisiert Gazprom, dass sein langfristiges Ziel sogar die alleinige Führerschaft innerhalb der genannten Zielbranche ist – *„становление как лидера среди глобальных энергетических компаний“*.
Die Benennung der jeweiligen Tätigkeitsbranche erfolgt mithilfe eines weiteren Attributs im Rahmen der verbalen Formulierung des *„strategischen“* Ziels. Rosneft erhebt den Anspruch, eine „энергетическая корпорация“ zu sein, TNK-BP bezeichnet sich als „нефтегазовая компания“ und Gazprom als „энергетическая компания“. Diese attributiven Bezeichnungen sollen gleich am Anfang der Rubrik auf eine der *„strategischen“* Hauptprioritäten der ausgewählten russischen Unternehmen indirekt verweisen – die „Diversifizierung der wirtschaftlichen Tätigkeit“. Obwohl Gazprom primär im Gassektor und die anderen drei vor allem im Ölsektor tätig sind, stellt sich in der *„Strategie-Rubrik“* keines der Unternehmen einfach als „газовая“ oder „нефтяная компания“ vor, Rosneft auch nicht mehr als „нефтегазовая“. An anderen Orten der Webseite bzw. zu einem früheren Zeitpunkt war dies anders. So, präsentieren sich TNK-BP und Rosneft in ihren jeweiligen Hauptrubriken „О компании“ immer noch als reines Ölunternehmen bzw. als Öl- und Gasunternehmen – *„ТНК-ВР является одной из ведущих нефтяных компаний России* (...)“ [31] und *„«Роснефть» – лидер российской нефтяной отрасли и одна из крупнейших публичных нефтегазовых компаний мира.“*[32]. In der Unterrubrik „Газпром сегодня“ stellte sich Gazprom noch bis 2011 als „крупнейшая газовая компания“ dar[33] und Rosneft nannte sich bis Mitte 2007

---

[30] Vgl. Kapitel III.4.

[31] Vgl. https://web.archive.org/web/20130329092843/http://www.tnk-bp.ru/company.

[32] Vgl. http://rosneft.ru/about/.

[33] Vgl. https://web.archive.org/web/20110817100758/http://www.gazprom.ru/about/today/.

einfach „нефтяная компания «Роснефть»“[34]. Dass sich die „*Strategie*“ eines Unternehmens und folglich auch sein angestrebter Status sowie seine Selbstpräsentation aufgrund bestimmter (ökonomischer) Faktoren im Zeitverlauf ändern können, wurde bereits am Anfang des Kapitels III.4.1 kurz angesprochen. Festzuhalten bleibt, dass die aktuellen Attribuierungen der Korporationen im „*Strategie-Bereich*“ („энергетическая компания/корпорация“ bei Gazprom und Rosneft und „нефтегазовая компания“ bei TNK-BP) zum einen auf die angestrebte Branchenzugehörigkeit direkt hinweisen[35] und zum anderen eher indirekt eine relativ neue Tendenz innerhalb des russischen Energiesektors ansprechen – die „Diversifizierung der ökonomischen Tätigkeit“.

Was im Kernteil der korporativen „*Strategien*“ noch eher implizit bliebt – ausdrücklich thematisiert hier nur Gazprom die „Diversifizierung der Tätigkeit“[36] – wird an anderen Stellen dieser Rubrik oder der Webseite von allen Unternehmen entweder explizit hervorgehoben oder zumindest ausführlich behandelt. So, bezeichnet Rosneft im Rahmen seiner „*Strategie-Rubrik*“ „*оптимизация и диверсификация портфеля активов*“ als eines der wichtigsten Aspekte der korporativen „Effizienz“.[37] Gazprom, auf dessen Internetseite das inhaltliche Motiv „Diversifizierung“ am häufigsten explizit vorkommt[38], stellt im Abschnitt „Диверсификация бизнеса“ der Unterrubrik „Газпром сегодня“ die Entwicklung der beiden energetischen Nebensektoren Ölgeschäft und Elektroenergetik als „*strategische*“ Aufgabe des Konzerns dar:

- „*Развитие нефтяного бизнеса и конкурентное присутствие в секторе электроэнергетики — стратегические задачи «Газпрома».*“[39]

Und obwohl die drei anderen Unternehmen das Schlagwort „диверсификация“ nicht so oft wie Gazprom verwenden, ist das Thema sowohl im Rahmen der korporativen „*Strategie*“ als auch auf der gesamten Webseite sehr präsent. Rosneft

---

[34] Vgl. https://web.archive.org/web/20070818074922/http://www.rosneft.ru/about/.

[35] Seit 2008 präsentiert sich auch Lukoil an anderen Stellen seiner Webseite nicht mehr als „нефтегазовая компания“, sondern ausdrücklich als „энергетический холдинг“ – vgl. dazu ausführlich weiter unten.

[36] Vgl. Beispiel (1).

[37] „Эффективность“ wird in dieser Rubrik explizit als eines der fünf „*strategischen*“ Prioritäten des Unternehmens deklariert – vgl. dazu Kapitel III.4.1 sowie weiter unten Beispiel (11). Zum Begriff „эффективность“ sowie seine Konzeptualisierungen im Russischen – vgl. Kapitel III.4.4.

[38] Allein in der Unterrubrik „Газпром сегодня“ kommt „диверсификация“ fünf Mal vor – vgl. http://www.gazprom.ru/about/today/.

[39] Vgl. http://www.gazprom.ru/about/today/.

und TNK-BP widmen der „Diversifizierung“ einen der drei Textabschnitte ihrer „*Strategie-Rubriken*“[40] und streben dabei eine aktive Beteiligung in der Gasbranche oder zumindest die „Monetisierung“ der vorhandenen Gasaktiva an:

- (8) „*В связи с этим развитие газового сектора и монетизация запасов являются одной из приоритетных задач Компании.*“ (Rosneft)
- (9) „*В настоящее время ТНК-ВР ведет работу по монетизации крупных ресурсов свободного и попутного газа.*“ (TNK-BP)

Auch Lukoil präsentiert sich entschlossen als ein stark diversifizierendes Unternehmen, ohne dabei das entsprechende Schlagwort häufig zu benutzen. Laut eigenen Angaben beabsichtigt das Unternehmen, nicht nur im Gassektor eine entscheidende Rolle zu spielen (ein Drittel der ganzen Förderung soll künftig aus Gas bestehen – siehe erstes Beispiel gleich unten), sondern hat im Rahmen seiner „*strategischen*“ Entwicklung auch den Einstieg in den Bereich „Elektroenergetik“ vor:

- „*Газовая программа группы «ЛУКОЙЛ» предусматривает ускоренный рост добычи газа как в России, так и за рубежом, и доведение доли газа до трети от суммарной добычи углеводородов.*“[41]
- „*В рамках реализации Программы стратегического развития группы «ЛУКОЙЛ» в 2008 году был создан новый бизнес-сектор – «Электроэнергетика».*“[42]

Das Thema „Gas“ behandelt Lukoil in mehreren Unterrubriken der Webseite[43] und dem zukunftsorientierten Sektor „Электроэнергетика“ wird sogar eine separate Hauptrubrik (R1) gewidmet. Wie oben gezeigt, sieht auch Gazprom die „Elektroenergetik“ als einen wichtigen Bestandteil seiner korporativen Tätigkeit und präsentiert sich in der gleichnamigen[44], extra dafür kreierten „*Strategie-Unterrubrik*“ sogar als einer der Hauptakteure in dieser Branche nicht nur in Russland, sondern auch weltweit:

---

[40] Vgl. Kapitel III.4.1 sowie Beispiel (7a) weiter oben.

[41] Vgl. http://www.lukoil.ru/static_6_5id_256_.html.

[42] Vgl. http://www.lukoil.ru/static_6_5id_2221_.html.

[43] Vgl. u. a. die Unterrubriken solcher Hauptrubriken wie „Запасы и добыча“, „Переработка“ und „Поставка и реализация продукции“ - http://www.lukoil.ru/.

[44] Vgl. Kapitel III.4.1.

- (10) „*Реформа электроэнергетики России предоставила «Газпрому» возможность приобретения электрогенерирующих мощностей. «Газпром» является крупнейшим в России владельцем электроэнергетических активов (контрольные пакеты акций ОАО «Мосэнерго», ОАО «ТГК-1» и ОАО «ОГК-2»), входит в десятку ведущих мировых производителей электроэнергии.*“[45]

Somit könnten bei den ausgesuchten russischen Unternehmen im Rahmen der angestrebten Geschäftsdiversifizierung (im Sinne von Angebot mehrerer Produkte und Dienstleistungen) zwei unterschiedliche Richtungen ermittelt werden. Die Diversifizierung kann rein technologisch erfolgen, indem dank moderner Produktionsprozesse z. B. neue Produktformen entstehen (wie „Flüssigerdgas“[46]) oder aber bis jetzt nicht genutzte eigene Ressourcen verwertet werden können. Letzteres ist der Fall, wenn die Ölunternehmen beabsichtigen, das bei der Ölförderung entstehende „Begleitgas“ (russisch „попутный газ“) künftig stärker zu „monetisieren“, um somit in der Gasbranche aktiver mitzuwirken – vgl. Beispiele (8) und (9).[47] Durch den ausgewählten Begriff „монетизация“ wird indirekt auch das konkrete Ziel angesprochen – mithilfe bereits vorhandener eigener Aktiva den Unternehmensertrag zu erhöhen. So eine, nennen wir sie, „technologische Diversifizierung“ kann vermutlich die globale Wettbewerbsposition der Firma zukünftig stärken, sie ist aber zunächst mit hohen Investitionen in Forschung, Entwicklung und praktische Umsetzung verbunden und eher als langfristige „*Strategie*“ zu bezeichnen.

Eine andere Möglichkeit der „Geschäftsdiversifizierung“, die in den letzten Jahren verstärkt praktiziert wird, ist der direkte Erwerb von Unternehmen aus „benachbarten“ Energiebranchen, wie u. a. im Beispiel (10) von Gazprom angedeutet wird. Diese Art könnte als „Erwerbsdiversifizierung“ bezeichnet werden – durch die Übernahme eines anderen Marktakteurs steigt der Konzern direkt in die neue Branche ein und bietet ab sofort neue Produkte und Dienstleistungen an. Dabei kauft bzw. beteiligt sich Gazprom an Unternehmen aus der Ölbranche, die Ölkonzerne erwerben dementsprechend Gasunternehmen und alle wirken im Sektor „Elektroenergetik“ mit, wobei Gazprom mittlerweile sogar der mächtigste Akteur innerhalb dieses Sektor in Russland ist – siehe Beispiel (10). So, hieß z. B. das heutige «Газпром нефть» bis 2005 «Сибнефть» und war ein großer eigenständiger

---

[45] Vgl. http://www.gazprom.ru/about/strategy/energetics/.

[46] Vgl. http://www.gazprom.ru/about/production/processing/.

[47] Ausführlich zu den Produktionsprozessen in der Öl- und Gasindustrie – vgl. Grätz (2013), S. 120ff.

Ölkonzern[48], auch ОАО «Мосэнерго» gehört Gazprom erst seit 2007[49]. Lukoil besitzt seit 2008 das Elektroenergieunternehmen ОАО «ЮГК ТГК-8»[50] sowie einige ähnliche Aktiva im Ausland[51] und präsentiert sich seitdem als „энергетический холдинг"[52]. Rosneft war in den letzten Jahren besonders aktiv und kaufte neben einigen Ölfirmen aus der „eigenen" Subbranche auch den Gaskonzern «НГК «Итера»[53], wodurch das Unternehmen endgültig in den Gassektor eingestiegen ist. Alle diese Ereignisse werden sowohl von der Presse ausführlich behandelt, z. B. ordnete „Коммерсантъ" den «Итера»-Kauf von Rosneft den fünf größten Deals des Jahres 2013 in Russland zu[54], als auch auf der jeweiligen korporativen Webseite in den Unterrubriken „История (компании)" oder „Пресс-центр" detailliert präsentiert.

Ohne dabei auf eine Diskussion ökonomischer oder wirtschaftspolitischer Fragen eingehen zu wollen, kann m. E. angenommen werden, dass die „Erwerbsdiversifizierung" dem „diversifizierenden" Unternehmen zumindest kurz- oder mittelfristig eine bessere Markt- und Wettbewerbsposition begünstigt als die „technologische Diversifizierung". Die Entwicklung, Produktion und Vertrieb neuer Produkte oder die technologisch bedingte Verwertung vorhandener Aktiva wie im Falle vom „Begleiterdgas" kostet den Konzernen viel Zeit und Investitionen. Durch den Erwerb von anderen Marktteilnehmern erfolgt relativ zügig eine Konzentration bestehender Ressourcen (und auch Macht) in wenigen „Händen", womit der branchenübergreifende Wettbewerb schwächer und die Position der verbliebenen Akteuren umgehend gestärkt wird. Dadurch kann auch die im „*strategischen*" Ziel angestrebte weltweite Führerschaft schneller erreicht werden.

Während bei der Formulierung der „*strategischen*" Hauptziele vor allem die Branche sowie die von den Korporationen angestrebte Wettbewerbsposition thematisiert werden[55], könnte die Aufzählung der zum Erreichen dieser Ziele einzusetzenden „Mittel"[56] als implizite Kommunikation der „charakteristischen Kompetenz" bzw. der „Wettbewerbsvorteile" des jeweiligen Unternehmens bezeichnet werden. Die besonderen unternehmerischen „Kompetenzen" oder „Vorteile" sind auch der letzte

---

[48] Vgl. http://www.gazprom-neft.ru/company/history.php.

[49] Vgl. http://www.mosenergo.ru/catalog/226.aspx.

[50] Vgl. http://www.lukoil.ru/new/history/2008.

[51] Vgl. http://www.lukoil.ru/static.asp?id=9.

[52] „*В 2008 году ЛУКОЙЛ трансформируется из нефтегазовой компании в энергетический холдинг.*" – vgl. http://www.lukoil.ru/new/history/2008.

[53] Vgl. http://rosneft.ru/about/history/.

[54] Vgl. http://kommersant.ru/doc/2371593.

[55] Vgl. Beispiele (1)-(4).

[56] Vgl. Beispiele (1) sowie (5)-(7a).

wichtige Aspekt, der den Autoren des Ashridge-Modells zufolge im Rahmen einer „*Strategie*“ kommuniziert werden sollte.[57] Die verbal angeführten „Mittel“ stellen also unterschiedliche, indirekt thematisierte Unternehmensqualitäten dar, die als besonders wichtig[58] für das Zielerreichen angesehen werden. Die analysierten empirischen Beispiele zeigen, dass als Ziele ausschließlich rein wirtschaftliche Motive angesprochen werden. Dies entspricht auch dem Wesen einer korporativen „*Strategie*“, die laut Theorie die ökonomischen Grundprinzipien für das unternehmerische Handeln liefern soll.[59] Neben der eher abstrakten „globalen Branchenführerschaft“, werden explizit auch einige weitere, konkreter formulierte Ziele kommuniziert – „hohe Rentabilität und Stabilität des Geschäfts“, „Erhöhung der Aktionäreinkünfte“ bei Lukoil; „die führenden Positionen im Bereich der operativen Tätigkeit beibehalten“, „die Finanzkennziffern verbessen“ oder „den Aktionärswert des Unternehmens steigern“ bei Rosneft.[60] Es fällt auf, dass auch die thematisierten „Mittel“ fast ausschließlich ökonomischer Natur sind – es geht um verschiedene im Unternehmensdiskurs positiv markierte Sachverhalte wie z. B. „Erschließung neuer Märkte“, „Kostenminimierung“, „Erhöhung der Effizienz der Tätigkeit“, „Anstieg der Förderungsmenge“ usw. Folglich stammt auch die dabei verwendete Lexik größtenteils aus dem wirtschaftlichen Diskurs bzw. ist diesem zuzuordnen – „рынок“, „диверсификация“, „бизнес“, „затраты“, „эффективность“ sind nur einige der Wörter, die bei der Kommunikation der „Mittel“ gebraucht werden.

Einzig Rosneft setzt im Kernteil seiner „*Strategie-Rubrik*“ die aus den anderen Mission Statement-Komponenten bereits bekannte (kommunikative) Vermischung ökonomischer und sozialer Aspekte weiter fort. So stellt das Unternehmen zwei nicht-ökonomische Motive wie „высокая социальная ответственность“ und „повышение информационной прозрачности и открытости“ als unbedingte Voraussetzungen für seinen rein wirtschaftlichen Erfolg dar.[61] Ob sich die „hohe soziale Verantwortung“[62] auf Aspekte der operativen Tätigkeit wie Förderungsmenge und Verarbeitungstiefe irgendwie auswirkt oder zur Verbesserung der Finanzkennzahlen beiträgt, kann im Rahmen dieser Arbeit nicht eindeutig beantwortet werden. Fest steht, dass zwei der fünf bei Rosneft explizit deklarierten

---

[57] Vgl. Kapitel III.4 sowie weiter oben in diesem Unterkapitel.

[58] „Ключевой“ kommt bei Rosneft und TNK-BP explizit vor – vgl. Beispiele (5) und (7).

[59] Vgl. Kapitel II.2 sowie III.4.

[60] Vgl. Beispiele (2) und (3).

[61] Vgl. Beispiele (2) und (5)

[62] Die korporative „Verantwortung“ wird hier wieder ausschließlich nach dem positiv besetzten „Fürsorgemodell“ konzeptualisiert – vgl. dazu u. a. Kapitel III.3.3.2.2 sowie III.3.4.2.4.

„*strategischen Mittel*“ nicht dem rein ökonomischen Bereich des unternehmerischen Handelns zuzuordnen sind.
Die im Beispiel (5) aufgezählten „Mittel“ korrespondieren thematisch mit den fünf „*strategischen*“ Hauptprioritäten von Rosneft, die bereits in III.4.1 kurz angesprochen wurden. Diese Prioritäten werden als Oberbegriffe in einer Spalte rechts neben dem Text angeführt und durch jeweils vier bis sechs Stichpunkte gewissermaßen definiert und somit mit Inhalt gefüllt. Die entsprechenden Begriffe lauten „Эффективность“, „Устойчивый рост“, „Прозрачность“, „Социальная ответственность“, „Инновации“; an dieser Stelle wird zur Veranschaulichung ein Beispiel präsentiert[63]:

- (11) „*Эффективность:*
  - *совершенствование бизнес-модели, корпоративной структуры и системы корпоративного управления*
  - *оптимизация и диверсификация портфеля активов*
  - *оптимизация логистики*
  - *контроль над расходами*
  - *оптимизация структуры капитала*“

Diese „Prioritäten“ mit ihren aufgezählten Teilaspekten sowie alle anderen von den russischen korporativen Akteuren kommunizierten „Mittel“ stellen eine kurze Auflistung von wichtigen (vorhandenen oder angestrebten) positiven Unternehmenseigenschaften dar. Diese Auflistung soll bereits im Kernteil der entsprechenden „*Strategie-Rubrik*“ auf einige zentrale unternehmerische „Kompetenzen“ bzw. „Qualitäten“ indirekt hinweisen, die dem jeweiligen Marktakteur einen gewissen Vorteil im nationalen oder internationalen Wettbewerb verschaffen könnten oder sollten. Allerdings reicht manchen Korporationen diese Indirektheit nicht aus. So, explizieren Gazprom und Rosneft gleich im Anschluss an der „Mittel“-Kommunikation ein paar ihrer besonderen Eigenschaften, die für beide Unternehmen entscheidende Wettbewerbsvorteile mit sich bringen. Neben Aspekten wie „vertikale Integration des Konzerns“ (Gazprom), „hochqualifiziertes Personal“ oder „innovative Entwicklung“ (Rosneft), wird dabei besonders die Quantität und Qualität der „Ressourcenbasis“ („ресурсная база“) wertend hervorgehoben. Durch den expliziten Gebrauch mehrerer spezifisch- und allgemeinwertender Attribute wie beispielweise „эффективный“ oder „уникальный“, wirkt insbesondere die Äußerung von Rosneft weniger wie eine informative Beschreibung der Unternehmenseigenschaften, sondern viel mehr wie ein intendiertes Selbstlob:

[63] Visueller Modus – Schriftgröße, fettgedruckt und Aufzählung – wie im Original.

- (12) „*Особенность «Газпрома» и одно из его преимуществ заключаются в том, что он одновременно является и производителем, и поставщиком энергоресурсов, располагая мощной ресурсной базой и разветвленной газотранспортной инфраструктурой.*"[64] (Gazprom)
- (13) „*Динамичное развитие Компании в последние годы позволило создать мощный потенциал для устойчивого роста и планомерной реализации стратегических задач. Ключевыми составляющими этого являются уникальная по масштабу и качеству ресурсная база, высококвалифицированные кадры и эффективная система инновационного развития.*" (Rosneft)

Auch TNK-BP weist gelegentlich im Rahmen seiner „*Strategie*" auf einige besondere unternehmerische „Kompetenzen" und „Qualitäten" hin, jedoch erst im Erzählteil der Rubrik und ohne dabei wie Gazprom diese „Qualitäten" explizit als Wettbewerbsvorteile („преимущества") hervorzuheben. Zwei kurze Beispiele sollen dies verdeutlichen:

- (14) „*ТНК-ВР отличает опыт успешного освоения зрелых и трудноизвлекаемых запасов и высокая эффективность работы.*"
- (15) „*ТНК-ВР продолжит реализацию инвестиционных проектов на НПЗ для выпуска новой, более качественной продукции (...)*"

Bevor die Analyse der entsprechenden Erzählteile präsentiert wird, soll an dieser Stelle noch eine Besonderheit der korporativen „*Strategien*" thematisiert werden. Obwohl es sich dabei um die zweitumfangreichste Mission Statement-Komponente handelt, werden in den „*Strategie-Rubriken*" vergleichsweise selten bestimmte unternehmerische Stakeholder explizit angesprochen. Als wichtigste Anspruchsgruppe können im „*strategischen*" Bereich die Aktionäre identifiziert werden, da diese bereits bei der Formulierung der korporativen Hauptziele von Lukoil direkt und von Rosneft eher indirekt thematisiert werden.[65] Von dem hier angestrebten ökonomischen Erfolg sollten die Aktionäre ohnehin betroffen werden. Sonst werden im Erzählteil der jeweiligen „*Strategie-Rubrik*" von TNK-BP und Gazprom auch noch die Kunden/Verbraucher („клиенты"/„потребители") einige Male ausdrücklich als Benefaktive der unternehmerischen Tätigkeit dargestellt. TNK-BP hebt da-

---

[64] Vgl. http://www.gazprom.ru/about/strategy/.

[65] Vgl. Beispiele (2) und (3). Zusätzlich werden von Rosneft auch die „Kleinaktionäre" bei der Aufzählung der inhaltlichen Aspekte der „*strategischen*" Priorität „Прозрачность" explizit angesprochen - „***открытый диалог с миноритарными акционерами и инвесторами***".

bei die „Spitzenqualität seiner Produkte" hervor, von der die Kunden profitieren werden. Gazprom betont im Beispiel (17) noch einmal die bereits im Kernteil[66] als besonders wichtig thematisierte „Zuverlässigkeit der Lieferungen" sowie im Beispiel (18) den aus der russlandspezifischen Markt- und Akteurkonstellation resultierenden Preisvorteil, den die einheimischen Verbraucher als Gazprom-Kunden erhalten:

- (16) „*Компания стремится предложить клиентам продукты высшего качества через АЗС, работающие под брендами ТНК и BP (...)*" (TNK-BP)
- (17) „*В соответствии с Восточной газовой программой на Дальнем Востоке России предполагается создание и развитие газотранспортной системы для обеспечения надежного газоснабжения российских потребителей (...)*"[67]
- (18) „*Природный газ, добываемый Группой «Газпром» и поставляемый российским потребителям, остается единственным видом топлива, цена на который регулируется государством.*"[68]

Äquivalent zu weiter oben, wird durch die Darstellung der in den Beispielen (16)-(18) thematisierten Aspekte der Tätigkeit ebenfalls beabsichtigt, besondere Qualitäten des jeweiligen Unternehmens aufzuzeigen. Diese werden jedoch, im Unterschied zu den Beispielen (12) oder (13), viel indirekter kommuniziert.
Vereinzelt werden zwei andere Stakeholdergruppen ebenfalls explizit angesprochen. So hebt Rosneft im Rahmen seiner sozialen Verantwortung die „Mitarbeiter" als Hauptbenefaktive hervor, indem das Unternehmen sein Bemühen um Aspekte wie „*обеспечение безопасных условий труда*" oder „*улучшение качества жизни сотрудников и их семей*" signalisieren will. Zusätzlich sieht Rosneft die „Unterstützung der sozio-ökonomischen Entwicklung der Regionen" als einen wichtigen Bestandteil der korporativen Verantwortung an – „*вклад в социально-экономическое развитие регионов*". Den „Regionen" sowie deren Einwohnern, die bereits im Beispiel (17) impliziert werden, widmet Gazprom sogar eine separate „*strategische*" Unterrubrik mit dem Namen „Региональная политика".[69] In dieser wird neben dem oben thematisierten „Verbraucheraspekt" die „Rolle des Konzerns für das gesamte Leben in den russischen Regionen" betont:

---

[66] Vgl. Beispiel (1).
[67] Vgl. http://www.gazprom.ru/about/strategy/transportation/.
[68] Vgl. http://www.gazprom.ru/about/strategy/implementation/.
[69] Vgl. http://www.gazprom.ru/about/strategy/regional-policy/.

- „*С рождением ОАО «Газпром» в условиях эпохи перехода к рыночным отношениям резко возросла роль компании в жизни российских регионов. (...) Сложилась развитая система взаимодействия «Газпрома» с субъектами Российской Федерации, позволяющая решать в тесном контакте с местными администрациями многие производственные, финансовые, социальные и организационные вопросы.*“[70]

Dadurch spricht auch Gazprom im „*strategischen*“ Bereich die soziale Dimension des unternehmerischen Handelns explizit an. Allerdings wird das erst im Erzählteil der Rubrik gemacht, womit Gazprom das „soziale Element“ eher als Unteraspekt der korporativen „*Strategie*“ kommuniziert und nicht als unbedingte Voraussetzung für den ökonomischen Erfolg, wie dies bei Rosneft der Fall ist.[71]
In Sachen Umfang sind also die „*Strategie-Rubriken*“ nach den Kodizes die zweitgrößte Komponente innerhalb der hier untersuchten Mission Statements. Eine weitere auffällige Ähnlichkeit zu den verhaltensregulierenden Kodizes stellt der relativ hohe Konkretisierungsgrad der kommunizierten „*strategischen*“ Inhalte dar, der besonders in den jeweiligen Erzählteilen zu beobachten ist. Dies kann auch den zuletzt präsentierten Beispielen entnommen werden – sowohl die letzte Äußerung aus der Gazprom-Webseite als auch die Beispiele (14)-(18) stammen allesamt aus den Erzählteilen der entsprechenden korporativen „*Strategie*“. Während sich aber die verbalisierte Konkretheit in den Kodizes vor allem auf das Verhalten der individuellen Unternehmensangehörigen (Mitarbeiter, Führungskräfte etc.) bezieht, werden im Erzählteil der „*Strategie-Rubriken*“ fast ausschließlich gewisse Aspekte des korporativen Handelns thematisiert. Dabei geht es in erster Linie um unterschiedliche Zustände, Aufgaben oder Ziele innerhalb der primären Bereiche der ökomischen Unternehmenstätigkeit wie Prospektion (russisch „разведка“), Förderung („добыча“), Verarbeitung („переработка“), Vertrieb („сбыт/торговля/реализация“) sowie die eher Gazprom spezifischen Bereiche Transport („транспортировка“) und Speicherung („хранение“). Bei der „*Strategiekommunikation*“ kommen häufig auch verschiedene Prozent-, Zahlen- oder Jahresangaben vor, die sich auf einen der angesprochenen Tätigkeitsbereiche beziehen und zur angestrebten Konkretisierung beitragen sollen. Das nächste Beispiel aus dem Abschnitt „Развитие сектора переработки и сбыта“ von Rosneft soll dies verdeutlichen:

---

[70] Vgl. http://www.gazprom.ru/about/strategy/regional-policy/.

[71] Siehe weiter oben.

- (19) „*Крупнейшим действующим проектом «Роснефти» по наращиванию мощностей в секторе переработки является проект реконструкции Туапсинского НПЗ, реализация которого позволит увеличить мощность завода с 5 до 12 млн т. В 2010 г. было принято решение о строительстве нефтехимического завода мощностью 3,4 млн т на Дальнем Востоке России и современного НПЗ мощностью 1 млн т в г. Грозный на юге страны.*“

Bevor im Kapitel III.4.3.5 gezeigt wird, welche weiteren „*strategischen*“ Inhalte von den ausgesuchten russischen Unternehmen am meisten kommuniziert und akzentuiert werden, soll an dieser Stelle zunächst eine sprachliche Erscheinung näher beschrieben werden, die für die ganze Arbeit hoch relevant ist, bei der Präsentation der korporativen „*Strategie*“ jedoch eine besondere Rolle annimmt – die *Bewertung.*
Um sich auf ihren Webseiten (positiv) darzustellen, verwenden die russischen Unternehmen sehr oft sprachliche Bewertungen, die allerdings auf vielfältiger Art und Weise verbalisiert werden. Viele explizite und auch implizite Evaluierungen wurden in den vorangegangenen Kapiteln – z. B. bei der Analyse der Firmenkodizes – bereits präsentiert und teilweise ausführlich kommentiert. Im Unterschied zu den drei anderen Mission Statement-Komponenten, bei denen die Korporationen entweder die handlungsleitenden unternehmerischen Grundwerte ausdrücklich deklarieren oder sich selbst bzw. die unterschiedlichsten Aspekte ihrer Tätigkeit mehr oder weniger explizit bewerten, kann bei der Kommunikation der unternehmerischen „*Strategie*“ auf Äußerungsebene ein ständiges Zusammenspiel von (Selbst-) Bewertung und Beschreibung ermittelt werden. Oder besser gesagt – von direkten positiven Bewertungen und als Beschreibung verschleierten indirekten Bewertungen der eigenen Produkten, Technologien, Handlungen etc., wie dies u. a. im oben präsentierten Beispiel (19) der Fall ist. Dadurch ähnelt die „*Strategie-Rubrik*“, und insbesondere ihr Erzählteil, viel mehr einigen anderen Unterrubriken der ersten Hauptrubrik „О компании“ wie „Газпром сегодня“, „Роснефть сегодня“ oder „Кратко о компании“ (TNK-BP) und kann aufgrund ihrer sprachlicher Kommunikationsform als einen der typischen Stile der intendierten Unternehmenspräsentation vor einem breiten Publikum bezeichnet werden. Daher ist es interessant und notwendig, die Komponenten der hier untersuchten Mission Statements auch aus einer axiologischen Perspektive näher zu analysieren und miteinander zu vergleichen.

III.4.3 Ein Exkurs zur Axiologie – Bewertungen und Werte in der Unternehmenskommunikation

III.4.3.1 Die sprachliche Bewertung

Zunächst soll gesagt werden, dass Bewertungen spezifische und sehr komplexe sprachliche Phänomene darstellen, die unter semantischen, pragmatischen und auch syntaktischen Fragestellungen untersucht werden können. Im Mittelpunkt des Forschungsinteresses kann z. B. die Semantik einzelner evaluierender Lexeme stehen, um diese nach gewissen Kriterien zu klassifizieren, oder aber die Analyse umfassender verbaler Äußerungen, die aufgrund gewisser (pragmatischer) Faktoren als wertend interpretiert werden könnten. Deshalb können in der einschlägigen Literatur sowohl unterschiedliche Begriffsdefinitionen als auch mehrere Herangehensweisen zur Beschreibung und Erforschung von Bewertungen gefunden werden.

In Anlehnung an Puzynina bezeichnet Claudia Woldt die Bewertung als die „Äußerung eines Werturteils“, wobei Urteil als „was unter einem bestimmten Gesichtspunkt gut oder schlecht ist“ zu verstehen ist.[72] Christoph Lumer definiert Wertungen als „illokutionäre Akte, mit denen Wertvorstellungen und damit meist auch Einstellungen ausgedrückt werden.“[73] Für die vorliegende Arbeit ist die Darstellung der russischen Linguistin Elena Vol'f besonders relevant, da sie die Bewertung als eine Art Modalität interpretiert, die sich auf den deskriptiven Gehalt einer sprachlichen Äußerung aufträgt. Vol'f zufolge bestehen wertende Aussagen aus einer deskriptiven und einer nicht deskriptiven (modalen) Komponente, wobei die erste einen oder mehrere Sachverhalte beschreibt und die zweite Stellung dazu nimmt.[74]

In der Frage, dass evaluierende Äußerungen, neben der Signalisierung einer positiven oder negativen Einstellung zu einem bestimmten Objekt, auch eine beschreibende Funktion erfüllen (können), sind sich die meisten Autoren einig. Im Anschluss an G. H. von Wrights typologische Werteklassifizierung[75] zeigt Holger Kuße am Beispiel „gutes Messer“, dass sogar „allgemeinen Wertungen“[76] eine deskriptive Semantik innewohnen kann, da bei einem Bezugswort wie „Messer“ die Interpretation des Attributs „gut“ als instrumentelle positive Bewertung im Sinne

[72] Vgl. Woldt (2010), S. 54-55; Puzynina (1997), S. 63; Puzynina (1992).

[73] Vgl. Lumer (1990), S. 112.

[74] Vgl. Вольф (2002), S. 11; Вольф (1986).

[75] Vgl. Wright (1963).

[76] Dazu gleich unten.

von „schneidefähig" eher unumstritten sei.[77] Zu einer weiteren Frage herrscht in der einschlägigen Literatur ebenfalls Einigkeit – dass in der natürlichen Sprache auch rein deskriptive Äußerungen als implizite Wertungen gebraucht und verstanden werden können.[78] Für so eine Deutung sind ausreichende Kenntnisse über die konkrete Kommunikationssituation notwendig, und vor allem über das in einem sozialen Umfeld agierende Subjekt der Äußerung bzw. Bewertung mit all seinen Wunsch- und Wertvorstellungen.

Somit ist die elementare Struktur einer sprachlichen Bewertung bereits umrissen – ein Subjekt äußert mithilfe eines Prädikats ein Urteil bzw. seine positive oder negative Einstellung gegenüber einem Objekt.[79] Elena Vol'f stellt diese Beziehung mithilfe der Formel „A r B" dar, wo A als Subjekt der Wertung agiert, B als ihr Objekt und r als „оценочное отношение, которое имеет значение «хорошо/плохо»"[80]. Dabei kann das Bewertungsprädikat r in der natürlichen Sprache ziemlich vielfältig realisiert werden – sowohl durch einzelne eindeutig axiologische Evaluierungslexeme wie „хороший, плохой, нравиться, презирать" als auch durch die Semantik der ganzen verbalen Äußerung.[81] Das Subjekt der Bewertung könnte in einer konkreten Aussage expliziert werden oder auch implizit bleiben. Als Objekt kann (fast) jedes Element unserer sozialen Wirklichkeit fungieren – Personen, Gegenstände, Handlungen, Institutionen, Meinungen, Gefühle, Vorgänge, Zustände usw. Einige Beispiele für typische direkte Bewertungen im engeren Sinne wären daher: „Er ist ein guter Mitarbeiter." (russisch „Он хороший сотрудник.") bzw. mit Explikation des Subjekts der Evaluierung – „Ich finde, dass er ein guter Mitarbeiter ist." („Я считаю, что он хороший сотрудник."); „Dies ist eine gerechte Verteilung."; „Das Bild ist schön"; „Dieses Produktionsverfahren ist äußerst effektiv" usw.

Auf der Ebene der einzelnen Lexeme können unterschiedliche semantische Zuordnungen sowie einige evaluative Klassen ermittelt werden, die in der einschlägigen Literatur relativ einheitlich analysiert und kategorisiert werden.[82] Die Adjektive stellen dabei die meist untersuchte Wortart dar, da sie am häufigsten für Bewertungen verwendet werden.[83] Abhängig vom Vorhandensein oder Fehlen

---

[77] Vgl. Kuße (2007b), S. 142.

[78] Vgl. u. a. Вольф (2002), S. 28f.; Woldt (2010), S. 54f.; Lumer (1990), S. 134f.; Kuße, (2007b), S. 139-143; Kuße (2012b) S. 88-91.

[79] Vgl. Вольф (2002), S. 11f.

[80] Vgl. Вольф (2002), S. 12.

[81] Vgl. Вольф (2002), S. 12.

[82] Vgl. Вольф (2002), S. 22f.; Арутюнова (1998), S. 183f.; Woldt (2010), S. 54f.; Kuße (2012b), S. 88-91.

[83] Vgl. Woldt (2010), S. 65f.

eindeutiger evaluativer lexikalischer Mittel, wird in einem ersten Schritt zwischen expliziten und impliziten Wertungen unterschieden.[84] Dem Bereich der expliziten Evaluativa werden zum einen die s. g. „allgemeine“ bzw. „absolute Bewertung“ (russisch „общая оценка“) und zum anderen die „spezifische Bewertung“ (russisch „частная оценка“) zugeordnet. Durch die „allgemeine Wertung“ wird ein Objekt in seiner Gesamtheit beurteilt. Dies erfolgt vor allem mithilfe der holistisch evaluierenden Prädikate „хорошо“ und „плохо“ sowie deren intensivierten bzw. deintensivierten Formen und stilistischen Ausprägungen wie „лучший, худший, отлично, превосходно, замечательно, мерзко, отвратительно“ usw. Im Unterscheid dazu bezieht sich die „spezifische Wertung“ auf einen oder mehrere Aspekte des bewerteten Objekts, wobei diese neben der evaluierenden auch eine deskriptive Funktion erfüllt, daher wird sie von Christoph Lumer auch „teildeskriptiv“ genannt.[85] In Anlehnung an die bereits erwähnte Wertetypologie von Wrights schlägt die russische Linguistin Nina Arutjunova eine Klassifizierung „spezifisch wertender“ Bedeutungen (russisch „частнооценочные значения“) vor, die sie in sieben Kategorien einordnet. Dabei unterscheidet sie hedonistische („приятный – неприятный“), psychologische unterteilt in intellektuelle („интересный–неинтересный“) und emotionale („радостный – печальный“), ästhetische („красивый – некрасивый“), ethische („добрый – злой“), utilitaristische („полезный – вредный“), normative („правильный – неправильный“) und teleologischen Bewertungen („эффективный – неэффективный“).[86]

Durch das erste weiter oben präsentierte Beispiel „Er ist ein guter Mitarbeiter.“ wird also eine „allgemeine Bewertung“ einer Person in ihrer Berufsfunktion ausgedrückt, bei der auf eine Konkretisierung der positiven Mitarbeitereigenschaften (wie z. B. „effizient, freundlich, aufmerksam, hilfsbereit etc.“) verzichtet wird. Der Satz „Dieses Produktionsverfahren ist äußerst effektiv“ entspricht hingegen einer „spezifischen Wertung“, die ausschließlich unter dem Aspekt bzw. im Hinblick auf den (positiven) Wert „Effektivität“ vollzogen wird. Aufgrund der verwendeten Lexik werden beide Äußerungen von einem kompetenten Sprecher in der Regel problemlos als explizite Bewertungen erkannt. Die Lexeme „gut“ und „effektiv“ werden auch in den meisten anderen vorstellbaren Kommunikationssituationen als „allgemein“ bzw. „spezifisch“ evaluierend verstanden.

Gleichzeitig kann aber in einem bestimmten Kontext auch jedes (rein) deskriptive Lexem bzw. jede beschreibende Äußerung als eine implizite Bewertung des

---

[84] Für eine differenzierte Klassifizierung der unterschiedlichen Bewertungstypen – vgl. z. B. Woldt (2010), S. 58f.

[85] Vgl. Lumer (1990), S. 134f. sowie weiter unten.

[86] Vgl. Arutjunova (1998), S. 198f.

dargestellten Sachverhalts interpretiert werden.[87] Dabei spielt sowohl die konkrete Situation als auch das Äußerungssubjekt mit seinen Ziel- und Wertvorstellungen eine entscheidende Rolle. Vol'f fasst dies folgendermaßen kurz zusammen: „Оценочный смысл могут иметь чисто дескриптивные высказывания, если описываемое в них положение вещей в «картине мира» говорящих расценивается как хорошее или плохое: *Дорога была каменистой, мы с трудом продвигались вперед*; их можно называть «квазиоценочными»."[88] Aufgrund dieser Kontext- und insbesondere Subjektgebundenheit der Bewertung ist es relativ selten möglich und folglich nicht wirklich sinnvoll, in natürlichen sprachlichen Äußerungen zwischen (reiner) Beschreibung und (impliziter) Bewertung streng zu unterscheiden. In der vorliegenden Arbeit wäre dies sogar noch schwieriger, da die russischen Unternehmen als Äußerungssubjekte agieren, die in den untersuchten Texten über sich selbst sowie ihre eigene Tätigkeit „berichten" und daher eigentlich fast jede sprachliche Formulierung als (positive) Selbstbewertung interpretiert werden könnte. Vgl. Beispiel (19) aus dem letzten Unterkapitel, bei dem die in Form einer beschreibenden Mitteilung angekündigte „geplante Erhöhung der Kapazitäten im Bereich der Ölverarbeitung" im Sinne von Rosneft durchaus eine positive Erscheinung darstellt, die jedoch ohne die Verwendung expliziter Evaluativa kommuniziert wird. Deshalb steht hier nicht so sehr eine strikte Unterscheidung vom Bewerten und Beschreiben im Mittelpunkt des Forschungsinteresses, sondern eher Fragen wie – in welcher Weise und auch wie oft die russischen Unternehmen im Rahmen ihrer Mission Statements auf explizit-evaluative sprachliche Mittel zugreifen, sowie welche an sich eigentlich deskriptive Lexeme bei der korporativen Selbstdarstellung bzw. im Unternehmensdiskurs fast ausschließlich als implizite Wertungen verwendet und verstanden werden (können). Bevor dies passiert, sollen erstmal ein paar weitere Besonderheiten der Bewertung thematisiert werden, die sowohl in diesem Abschnitt als auch an einigen anderen Stellen im Rahmen der empirischen Analyse direkt oder indirekt bereits angesprochen wurden.

---

[87] Vgl. u. a. Вольф (2002), S. 28f.; Lumer (1990), S. 134f.; Woldt (2010), S. 61f.; Kuße (2012b), S. 90-91;

[88] Vgl. Вольф (2002), S. 32.

III.4.3.2 Bewertungen in Sprechakten. Die wertende Funktion

Zunächst ist es interessant, Evaluationen aus einer sprechakttheoretischen Perspektive[89] näher zu betrachten, wie dies des Öfteren in der einschlägigen Literatur gemacht wird.[90] Aus dieser Sicht stellen Bewertungen Sprechhandlungen und somit auch Bewertungshandlungen dar, mit denen ein kommunikativer Zweck verfolgt wird.[91] Da Evaluationen trotz ihres frequenten sprachlichen Gebrauchs in keiner der seit John Austin erschienenen bekannten Taxonomien als gesonderter Sprechakttyp vorkommen, ist deren Darstellung und klassifikatorische Zuordnung allerdings nicht einheitlich.[92] In einigen Arbeiten wird BEWERTEN als übergeordneter Sprechakttyp mit unterschiedlichen Untermustern aufgefasst.[93] Andere Autoren versuchen, Evaluationen pauschal einer der fünf großen Sprechaktklassen (nach der Typologie von Searle[94]) zuzuordnen, wobei oft die Zugehörigkeit zu den Expressiva angenommen wird.[95] Dies tut auch Elena Vol'f[96] und das, obwohl sie die enge pragmatische Verbindung zwischen der axiologischen und der deontischen Modalität erkennt und explizit thematisiert[97].
Wie bereits oben gezeigt, können Bewertungen implizit durch Beschreibungen realisiert werden, womit die Nähe zu Assertiva gegeben ist – es handelt sie dabei um „Assertionen mit evaluativen Mitbedeutungen"[98]. Solche verbale Formulierungen finden sich in einer Großzahl der Beispiele, die in der vorliegenden Arbeit ermittelt und untersucht wurden. Daher übernehme ich bei meiner empirischen Analyse den Vorschlag von Holger Kuße, der weder eine generelle Zuordnung der Evaluationen zu einer der fünf Sprachaktklassen noch eine „Abgrenzung eines eigenen Sprachakttyps der Bewertung"[99] für sinnvoll hält. Stattdessen schlägt er vor, von „Evaluationen als *Funktionen von Sprechakten* oder auch als *Sprechakten in*

---

[89] Für eine gute „Einführung in die Sprechakttheorie" – vgl. Hindelang (1994). Weitere empfehlenswerte Arbeiten zum Thema sind u. a. Levinson (1990), S. 227-283 oder Wunderlich (1976).

[90] Vgl. u. a. Zillig (1982); Вольф (2002), S. 163f.; Winko (1991), S. 48f.; Lumer (1990), S. 85f.; Woldt (2010), S. 56f.; Kuße (2007b); Kuße (2012b), S. 88f.

[91] Vgl. Winko (1991), S. 55; Woldt (2010), S. 56.

[92] Vgl. Kuße (2007b), S. 138.

[93] Vgl. Zillig (1982), S. 85f.; Winko (1991), S. 55; Woldt (2010), S. 56.; Ратмайр (2013).

[94] Vgl. Hindelang (1994), S. 45f.

[95] Vgl. Kuße (2007b), S. 138.

[96] Vgl. Вольф (2002), S. 165f.; Kuße (2007b), S. 138.

[97] Vgl. Вольф (2002), S. 122f. sowie weiter unten.

[98] Vgl. Kuße (2007b), S. 142.

[99] Vgl. Kuße (2007b), S. 143.

bewertender Funktion zu sprechen“[100], wobei diese Funktion grundsätzlich in allen Sprechakttypen gegeben sein oder auch dominant werden kann.
Aufgrund der bereits erwähnten Besonderheit der vorliegenden Untersuchung (die Unternehmen „berichten“ meistens über sich selbst), wird hier die in einer konkreten Äußerung angenommene Präsenz und ggf. Dominanz der wertenden Funktion in erster Linie vom Vorhandensein oder Fehlen explizit evaluierender sprachlicher Mittel abhängig gemacht. So könnte in (formal) assertiven Aussagen mit expliziten Evaluativa die bewertende Funktion als primär und die deskriptive als sekundär aufgefasst werden und umgekehrt – bei Beschreibungen, die hier als implizite Wertungen interpretiert werden können, wäre die deskriptive Funktion primär und die wertende sekundär. Vgl. folgende Beispiele:

- (20) „*«Газпром» — надежный поставщик газа российским и зарубежным потребителям.*“[101] (Gazprom)
- (21) „*ОАО «ЛУКОЙЛ» является ответственным членом мирового сообщества и добросовестным участником рыночного хозяйства.*“ (Lukoil, Kodex, S. 9)
- (22) „*Компания также расширяет деятельность на либерализованных рынках, в том числе в сфере спотовой и краткосрочной торговли природным газом, нефтью, нефтепродуктами, электроэнергией (...)*“[102]

Beispiel (20) stammt aus der selbstdarstellerischen Hauptrubrik „О «Газпроме»“, Beispiel (21) – aus dem Ethikkodex von Lukoil. Beide Äußerungen zielen primär darauf hin, das jeweilige Unternehmen als korporativen Akteur positiv zu bewerten – es handelt sich dabei um eine direkte Selbstbewertung, d. h. Subjekt und Objekt der Evaluierung sind identisch. Die Semantik der ethisch wertenden Attribute „надежный“, „ответственный“, „добросовестный“ wird von Christoph Lumer aber auch als „teildeskriptiv“ bezeichnet.[103] Somit erfüllen diese Lexeme eine als sekundär aufzufassende beschreibende Funktion und markieren „als Deskriptoren Objektmerkmale, die typisch für die ‚guten‘ (...) Exemplare einer Objektklasse sind.“[104] Im Beispiel (22), das aus dem Erzählteil der „*Strategie-Rubrik*“ von Gazprom stammt, „berichtet“ das Unternehmen über die „Erweiterung der korporativen Tätigkeit auf den liberalisierten Märkten“. Obwohl dieser Sachverhalt aus Ga-

[100] Vgl. Kuße (2007b), S. 143. Kursiv im Original.
[101] Vgl. http://www.gazprom.ru/about/.
[102] Vgl. http://www.gazprom.ru/about/strategy/implementation/.
[103] Vgl. Kapitel III.4.3.1.
[104] Vgl. Kuße (2007b), S. 142 und die dabei angegebene wissenschaftliche Literatur.

zprom-Sicht durchaus eine positive Erscheinung darstellt, werden solche Äußerungen aufgrund des Fehlens expliziter Evaluativa – Beispiel (19) zählt auch dazu – in der vorliegenden Arbeit primär als Beschreibungen aufgefasst. Die wertende Funktion ist hier eindeutig als sekundär zu bezeichnen.
Ähnliches analytisches Vorgehen ist auch bei verbalen Formulierungen möglich, die anderen Sprechaktklassen zugeordnet werden können. In der vorliegenden Arbeit kommen neben Assertiva vor allem Direktiva und (interpretationsbedingte) Kommissiva vor. Die enge pragmatische Verbindung zwischen Bewertungen und direktiven Aussagen wurde bei der Analyse der Firmenkodizes im zusammenfassenden Kapitel III.3.4.3 bereits angesprochen – aus der Perspektive des Äußerungssubjekts, in unserem Fall das jeweilige Unternehmen, werden bei „Aufforderungen“ die thematisierten Handlungen in der Regel positiv bewertet, bei „Verboten“ – dementsprechend negativ. An dieser Stelle sollen nur ein paar zusätzliche Beispiele vorgestellt werden, um die Präsenz und Stärke der bewertenden Funktion näher zu bestimmen:

- „*Если в Ваши обязанности входит необходимость информирования Компании или регулятора фондового рынка (...), Вы должны честно и искренне сообщать определенные сведения о фактах купли-продажи ценных бумаг Компании, (...).*“ (Lukoil, Kodex, S. 44)
- „*Руководители не должны допускать в своей управленческой практике использования методов, наносящих ущерб личному достоинству сотрудников, принятия необоснованных, незаконных или несправедливых решений.*“ (Rosneft, Kodex, S. 9)
- „*(...) работникам Общества запрещается пользоваться мобильными телефонами, персональными компьютерами и другими мобильными средствами связи и вычислительной техники на заседаниях, совещаниях, конференциях, переговорах и других рабочих мероприятиях ОАО «Газпром», (...)*“ (Gazprom, Kodex, S. 10)

In den ersten beiden Beispielen, bei denen es sich um eine Aufforderung und um ein implizites Verbot [105] handelt, kommen mehrere explizite Evaluativa vor („честный“, „искренный“, „ущерб“, „несправедливый“ usw.). Diese verstärken oder explizieren sogar die indirekte Bewertung der kommunizierten Inhalte (positiv im ersten und negativ im zweiten Fall), die mithilfe der direktiven Aussage bereits realisiert ist. Aufgrund der vorhandenen axiologischen Lexeme kann in den beiden Äußerungen die wertende Funktion entweder als dominant angesehen werden, oder

[105] Vgl. Kapitel III.3.4.3.

zumindest vom gleichen kommunikativen Rang wie die direktive Illokution. Auch im letzten Beispiel werden durch die Verwendung des explizit-performativen Verbs „запрещаться“ die aufgezählten Handlungen, nämlich „das Benutzen von Mobiltelefonen, Laptops etc. während unterschiedlicher korporativer Veranstaltungen“, ausdrücklich verboten und somit indirekt negativ bewertet. Allerdings ist hier wegen des Fehlens expliziter Evaluativa die wertende Funktion (pragmatisch gesehen) zwar als stark präsent, dennoch als sekundär zu bezeichnen. Um den Bezug zu den anfangs präsentierten Ausführungen beizubehalten, könnte man sagen, dass es sich dabei um Direktiva mit evaluativen Mitbedeutungen handelt.
Eine letzte relativ große Gruppe von Äußerungen, die in den analysierten Texten ermittelt wurde, könnte aufgrund der Spezifik der vorliegenden Untersuchung der Klasse der Kommissiva zugeordnet werden. Als Kommissiva sind solche Sprachakte zu bezeichnen, „durch die der Sprecher zu erkennen gibt, was er selbst vorhat zu tun“[106]. Die pragmatische Nähe zu Direktiva ist somit gegeben, der Hauptunterschied ist, dass bei den Kommissiva der Sprecher derjenige ist, der die „Veränderung in der Welt herbeiführen soll“[107]. Als typisch kommissivische Verben werden „versprechen, geloben, garantieren, schwören“ usw. angeführt.[108] In den hier analysierten Firmenkodizes werden durch Direktiva die individuellen Unternehmensangehörigen zum Ausführen oder Unterlassen bestimmter Handlungen sehr oft explizit aufgefordert. Als Kommissiva können dagegen solche Äußerungen aufgefasst werden, die sich auf das korporative Handeln beziehen. Dabei erfolgt die „Selbstverpflichtung“ der Unternehmen immer implizit.[109] Vgl. folgende Beispiele:

- *„При этом компания будет стремиться:*
  (...) проявлять уважение к человеческому достоинству и правам человека.“ (TNK-BP, „Деловой кодекс“, S. 2)
- *„Общество гарантирует работникам защиту от любых форм дискриминации, (...)*“ (Gazprom, Kodex, S. 5)

Die klassifikatorische Zuordnung solcher Aussagen ist jedoch nicht unumstritten, sie könnten unter Umständen auch als Assertiva interpretiert werden. Meines Erachtens sollten aber diese und ähnliche Formulierungen, die vor allem in den Kodizes

[106] Vgl. Hindelang (1994), S. 50.
[107] Vgl. Hindelang (1994), S. 47.
[108] Vgl. Hindelang (1994), S. 46.
[109] Vgl. ausführlich dazu Kapitel III.5.

zu finden sind[110] und eindeutig positive Gesamtsituationen darstellen, in erster Linie als ein Versprechen seitens der Unternehmen an die erwähnten Stakeholder verstanden werden. Ein anderes Beispiel aus der „*Strategie-Rubrik*“ von Gazprom klingt dagegen eher wie eine berichtende Mitteilung – „*«Газпром» планирует удвоить к 2015 году свои мощности по хранению газа за рубежом.*“ [111] Obwohl das Unternehmen hier ausdrücklich kommuniziert, was es vorhat zu tun, und seine Pläne als eine Art „Garantie“ oder „Versprechen“ an interessierte Anspruchsgruppen wie Investoren, Partner oder Kunden im Ausland verstanden werden könnten, wäre diese Aussage m. E. der assertiven Klasse zuzuordnen. Da es mir jedoch nicht um eine strikte typologische Einordnung von Äußerungen zu Sprachaktenklassen geht, spielt dieser Aspekt hier eine untergeordnete Rolle; im Zweifelsfall sind Mehrfachzuordnungen ebenfalls möglich.

Vielmehr interessiert mich die Frage, wie stark die wertende Funktion in den unterschiedlichen Äußerungen präsent ist. Ich will anhand der im untersuchten Korpus ermittelten Beispiele drei Stufen der „Präsenz“ unterscheiden – „Dominanz“, „starke Präsenz“ und „schwache (nur kontextbedingte) Präsenz“. In sprachlichen Formulierungen mit expliziten Evaluativa ist die wertende Funktion meistens dominant – vgl. u. a. die Beispiele (20) und (21). Dominant ist sie insbesondere immer dann, wenn „allgemein wertende“ Lexeme wie „хороший“ und „плохой“ verwendet werden. Solche Beispiele finden sich in den analysierten Texten aber ziemlich selten. Der zweiten Gruppe ordne ich direktive Aussagen sowie solche Äußerungen zu, die ausdrücklich mithilfe eines verbalen „Zielindikators“ wie „цель, нацелен, стремиться, приоритет, задача“ usw. kommuniziert sind. Direktiva kommen ausschließlich in den Kodizes vor, explizite Zielangaben finden sich zwar auf der ganzen Webseite, sind aber als Grundelement der „*korporativen Strategien*“ zu bezeichnen.[112] Durch diese zwei Arten von Äußerungen wird entweder die absolute „Notwendigkeit“ oder die außerordentliche „Wunschbarkeit“ von Objekten der Außenwelt explizit kommuniziert. Da aus Sicht eines Äußerungssubjekts „notwendige“ und „wünschenswerte“ bzw. „angestrebte“ Sachverhalte grundsätzlich etwas Positives darstellen, bezeichne ich die wertende Funktion hier als stark präsent, auch dann, wenn keine axiologische Lexeme verwendet werden. Gutes Beispiel dafür ist u. a. die Kommunikation des „*strategischen Ziels*“ von TNK-BP im Beispiel (4). [113] Zur dritten und letzten Gruppe gehören (formale) „Mitteilungen“ ohne

---

[110] Vgl. z. B. Kapitel III.3.4.1.3.

[111] Vgl. http://www.gazprom.ru/about/strategy/transportation/.

[112] Vgl. u. a. Kapitel III.4.2.2.

[113] Zur besseren Übersicht wird Beispiel (4) hier noch einmal präsentiert - „*Цель ТНК-ВР — стать нефтегазовой компанией мирового уровня.*“

expliziten Evaluativa, die ausschließlich in der konkreten Kommunikationssituation als implizite Bewertungen interpretiert werden können – vgl. u. a. die Beispiele (19) und (22).

Eine andere Frage, die aus sprechakttheoretischer Perspektive interessant erscheint, ist, wann eine Bewertung als gelungen bezeichnet werden kann.[114] Hier wird die breitere Auffassung von Simone Winko übernommen, dass eine Bewertung dann als gelungen aufzufassen ist, wenn der Adressat sie als solche „versteht", d. h. wenn er sie als Bewertungshandlung erkennt.[115] Ich gehe davon aus, dass je expliziter eine Evaluierung verbalisiert ist bzw. je präsenter die wertende Funktion innerhalb einer bestimmten Äußerung ist, desto leichter wird diese Äußerung von einem Rezipienten als Bewertung erkannt. Wenn die Unternehmen also explizite Evaluativa bei ihrer Selbstdarstellung verwenden, verfolgen sie das Ziel, dass solche Aussagen vor allem als (Selbst-)Bewertungen verstanden werden sollen.

III.4.3.3 Bewertungen und Werte

Bei der Beschäftigung mit sprachlichen Bewertungen sollte ein letzter wichtiger, wenn nicht einer der wichtigsten Aspekte unbedingt noch gesondert thematisiert werden – deren Bezug zu Werten. Denn jeder konkreten positiven oder negativen Bewertung liegt eine (abstrakte) Größe zugrunde, die für das Äußerungssubjekt als Kriterium der evaluativen Zuschreibung fungiert. Diese Größe wird von Werner Zillig als „Wert" bezeichnet. Somit erfüllen Werte die Funktion eines Maßstabs, auf dessen Grundlage eine sprachliche Bewertungshandlung realisiert wird.[116] Diese Funktion von Werten steht im Vordergrund der meisten linguistischen Arbeiten, die (sprachliches) Bewerten zum Thema haben.[117]

Werte sind aber auch Gegenstand des Forschungsinteresses vieler anderer wissenschaftlicher Disziplinen wie Ökonomie, Philosophie, Soziologie, Psychologie, Kulturologie usw. Daher ist im Laufe der Zeit eine mittlerweile unüberschau-

---

[114] Vgl. Winko (1991), S. 55-56; Woldt (2010), S. 55.

[115] Vgl. Winko (1991), S. 55-56; Woldt (2010), S. 55.

[116] Vgl. Zillig (1982), S. 30.

[117] Vgl. Kuße (2002), S. 122 und die dabei angegebene wissenschaftliche Literatur. Auch die Ausführungen im einführenden Kapitel III.4.3.1 haben diese Wertfunktion bereits indirekt angesprochen. So wird z. B. mit der Formulierung „was unter einem bestimmten Gesichtspunkt gut oder schlecht ist" in der weiter oben vorgestellten Bewertungsdefinition genau diese Maßstabsfunktion von Werten in Bewertungen akzentuiert. D. h., es wird ausgesagt, ob ein Objekt einem bestimmten Wert entspricht oder nicht und abhängig davon, wird dieses Objekt positiv oder negativ bewertet – vgl. dazu auch Zillig (1982), S. 243.

bare Menge an Theorien und Auffassungen und folglich auch Definitionen des Wertbegriffes entstanden, die sich zwar nicht unbedingt widersprechen, jedoch meistens verschiedene Dimensionen von Werten akzentuieren.[118] Werte werden als Ideen, Modelle, Konzepte, Konstrukte etc. bezeichnet, denen diverse Wesensmerkmale zugeschreiben werden und die mehrere Funktionen im Bereich des menschlichen Lebens erfüllen (können). Werte werden als „etwas *Positives*“ aufgefasst, das „*Wichtigkeit* für jemanden oder etwas impliziert“.[119] Manche Autoren versuchen, den Wertbegriff von „verwandten“ abstrakten Begriffen wie „Einstellungen, Wünsche, Motive oder Präferenzen“ definitorisch abzugrenzen[120], bei anderen werden Werte genau mithilfe solcher Ausdrücke definiert.[121] Da meine Arbeit keine theoretische Auseinandersetzung mit dem Wertebegriff zum Ziel hat, werden hier nur einzelne, für die vorliegende Untersuchung relevante Wertdimensionen angesprochen.

Eine davon ist die bereits angesprochene Funktion von Werten als Maßstäbe für sprachliche Bewertungen, eine weitere, die in den meisten theoretischen Arbeiten angenommen, insbesondere aber in der sozial- und kulturwissenschaftlichen Literatur hervorgehoben wird, ist die hohe Relevanz von Werten für das menschliche Handeln.[122] Dies wird in einer ganzen Reihe von Untersuchungen expliziert, wobei fast immer die „klassische“ Definition von Clyde Kluckhohn zitiert wird, der Werte als „Konzeptionen des Wünschenswertes“ bezeichnet, die „die Auswahl von Handlungsmitteln und –ziele beeinflussen“[123]. Dadurch werden Werte vor allem als Leitlinien und Orientierungspunkte für das Handeln der Akteure aufgefasst und erfüllen somit eine handlungsleitende Funktion. Diese Dimension von Werten als

---

[118] Diese Problematik wird von (fast) allen Autoren am Anfang ihrer konkreten „Werteuntersuchung“ explizit angesprochen. Vgl. z. B. Rokeach (1973), S. 3f.; Acham (1980), S. 713f.; Winko (1991), S. 21f.; Lenk (1994), S. 163f.; Golonka (2009), S.77f.; Woldt (2010), S.16f.

[119] Vgl. Woldt (2010), S. 21.

[120] Vgl. Golonka (2009), S. 77-81.

[121] Vgl. z. B. Rokeach (1973), S. 5, der die „Präferenzdimension“ von Werten explizit hervorhebt, indem er Wert als „enduring belief that a specific mode of conduct or end-state of existence (...) is preferable to an opposite or converse mode of conduct or end-state of existence“ definiert.

[122] Vgl. u. a. Winko (1991), S. 34f.; Lenk (1994), S. 177-183; Kuße (2002), S. 119-122; Woldt (2010), S. 19f.; sowie die Definition von Rokeach (1973) in der letzten Fußnote.

[123] Vgl. Kluckhohn (1962), S. 395; zitiert u. a. in Rokeach (1973), S. 9; Lenk (1994), S. 180; Golonka (2009), S. 78; Woldt (2010), S. 20; Kuße (2012b), S. 88.

Maßstäbe der Handlungsorientierung und Handlungsleitung wird in mehreren einschlägigen Arbeiten ausführlich behandelt.[124]

Auch die ausgewählten russischen Unternehmen betonen bei ihrer expliziten Wertedeklaration, die im Kapitel III.2 untersucht wird, die primär handlungsleitende Funktion ihrer korporativen Grundwerte – „*Ценности ТНК-BP лежат в основе всех наших решений и направляют наши действия.*“ [125]; „*Наши ценности определяют наши дела!*“ (TNK-BP, „Кодекс деловой этики“, S. 1); „*В основе деятельности нашей Компании лежат ее корпоративные ценности (...)*“ (Lukoil, Kodex, S. 5); „(…) *определяют образцы поведения, на которые должны ориентироваться все сотрудники Компании.*“ (Rosneft, Kodex, S. 4). Dabei werden einige Werte wie „Эффективность“, „Ответственность“, „Результативность“, „Добросовестность“, „Охрана природы“ usw. von allen Akteuren als grundlegende Maßstäbe für das gesamte korporative Handeln ausdrücklich deklariert.[126] Aber auch viele weitere „Konzepte“ werden im Rahmen der unternehmerischen Selbstdarstellung in unterschiedlichen Situationen als handlungsleitende Motive dargestellt, ohne dabei das Schlagwort „ценность“ explizit zu verwenden. Dies passiert vor allem in den Kodizes und wird hier anhand einiger Beispiele illustriert[127]:

- (23) „*Компания взаимодействует с деловыми партнерами (...) на основе долгосрочного сотрудничества, взаимной выгоды, уважения, доверия, честности и справедливости.*“ (Rosneft, Kodex, S.14)
- (24) „*Общество осуществляет постоянное взаимодействие со средствами массовой информации и строит его на принципах открытости и прозрачности.*“ (Gazprom, Kodex, S. 13)
- (25) „*Взаимодействие управляющей структуры и ДО*[128] *строится на основе открытости, доверия, взаимной поддержки, уважения к профессионализму друг друга.*“ (Rosneft, Kodex, S. 7)

In den obigen Beispielen werden mehrere Motive thematisiert, auf deren Grundlage die Beziehungen der jeweiligen Korporation zu unterschiedlichen Stakeholdern wie

---

[124] Vgl. u. a. Winko (1991), S. 34f.; Lenk (1994), S. 179-183; Woldt (2010), S. 20-21; Kuße (2012b), S. 88-89 sowie die in diesen Arbeiten präsentierten Definitionen und die angegebene wissenschaftliche Literatur.

[125] Vgl. https://web.archive.org/web/20130320072206/http://www.tnk-bp.ru/company/mission/.

[126] Vgl. dazu ausführlich Kapitel III.2.

[127] Fettgedruckt durch den Autor der vorliegenden Arbeit (*D. N.*).

[128] „ДО – Дочерные и зависимые общества“.

Geschäftspartner, Medien oder Tochtergesellschaften aufgebaut sind. Durch Ausdrücke wie „на основе“ oder „на принципах“ explizieren die russischen Unternehmen den handlungsleitenden Charakter der kommunizierten Motive und verleihen denen indirekt den Status von Werten. Dies will ich im Rahmen meiner Arbeit als „indirekte“ bzw. „nicht-deklarative Wertekommunikation“ nennen, um den Unterschied zu der explizit-deklarativen zu markieren, die als Hauptkomponente der korporativen Mission Statements Gegenstand der empirischen Untersuchung im Kapitel III.2 ist.[129] Also, werden neben den ausdrücklich deklarierten Grundwerten wie „Эффективность“, „Ответственность“, „Добросовестность“ etc. von allen Unternehmen bei ihrer Selbstpräsentation viele weitere Wertbegriffe kommuniziert, wobei einige wie „Открытость“, „Прозрачность“, „Честность“, „Взаимная выгода“, „Уважение“ und „Доверие“ vergleichsweise oft vorkommen.[130] Im Folgenden wäre es intersannt zu sehen, in welchen spezifischen Situationen diese Werte als handlungsleitend kommuniziert werden, welche unternehmerischen Stakeholder dabei als Benefaktive agieren sowie welche Akteure oder Aspekte der korporativen Tätigkeit durch die Zuschreibung dieser Werte positiv bewertet werden. Darüber hinaus wird ein Versuch unternommen, bei der Analyse einiger dieser abstrakten Begriffe eine konkretere (situationsbedingte) Semantik zu ermitteln.

In den hier untersuchten Texten können zwei Hauptmuster der verbalen Werterealisierung ermittelt werden. Zum einen werden bestimmte Werte ausdrücklich als handlungsleitende Motive kommuniziert, zum anderen wird durch die Zuschreibung dieser Werte eine konkrete Handlung oder ein Akteur positiv evaluiert. Im ersten Fall werden die Wertbegriffe mithilfe von Nomen versprachlicht, im zweiten Fall vor allem mithilfe von wertenden Attributen oder Adverbien. Obwohl sich in beiden Fällen die thematisierten Werte direkt oder indirekt auf das Handeln der Akteure beziehen, werden auf Äußerungsebene zwei Wertfunktionen sichtbar. Die erste Funktion kann „motivational“ genannt werden. Diese wird von den russischen Unternehmen verbal expliziert, indem sie den handlungsleitenden Charakter ihrer Werte ausdrücklich betonen. Im zweiten Fall agieren diese Werte als Maßstäbe für die direkte attributive Bewertung von Objekten der Außenwelt, wobei die Maßstabfunktion in der konkreten Äußerung sprachlich nicht expliziert wird. Diese zweite Funktion kann als „attributive Zuschreibungsfunktion“ bezeichnet werden. Natürlich wird bei der verbalen Hervorhebung der motivationalen Funktion eine

---

[129]„Explizit“ und „deklarativ“ bezieht sich hier ausschließlich darauf, ob bei der Wertekommunikation das Schlagwort „ценность“ ausdrücklich verwendet wird. – vgl. Kapitel III.2.

[130] Allein in den hier untersuchten Kodizes kann jeder dieser Begriffe zwischen 10 und 30 Mal ermittelt werden.

positive Gesamtsituation dargestellt und daher auch bewertet, dies passiert aber im Vergleich zu der attributiven Zuschreibung von Werten nicht so direkt – vgl. einerseits Beispiele (23)-(25) und andererseits (20) und (21). Diese Unterscheidung ist für die nachfolgende Untersuchung insofern relevant, da die attributive Wertzuschreibung zum einen als Mittel der direkten Aufwertung von Akteuren verwendet wird, zum anderen zur Ermittlung einer konkreteren Bedeutung der kommunizierten Wertbegriffe beitragen kann.

Die gerade thematisierten Wertefunktionen sind in der einschlägigen Literatur aus unterschiedlichen Blickwinkeln behandelt worden. Simone Winko, die drei Typen von Werten differenziert (axiologische, attributive und quantitative), unterscheidet bei den axiologischen Werten zwei Bereiche – den theoretischen und den motivationalen Bereich.[131] „Zum motivationalen Bereich" gehören nach Winko „alle Aussagen über Sachverhalte, die eine bewusste oder unbewusste Bezugnahme auf einen Wert als Motiv für das Handeln oder Verhalten eines Individuums angeben."[132] Den Begriff „axiologischer Wert" definiert sie als „Maßstab, Ideal oder Standard, an dem Sachverhalte, Objekte, Situationen oder Handlungen gemessen werden"[133] Im Gegensatz dazu „sind attributive Werte Wertzuschreibungen zu Objekten oder ihren Merkmalen aufgrund dieses Maßstabs"[134]. Also erfüllen axiologische Werte zum einen die Funktion eines Standards, nach dem sich im motivationalen Bereich das Handeln eines Subjekts orientieren kann. Auf Sprache bezogen funktionieren sie als Bewertungsmaßstäbe, auf deren Grundlage wertende Urteile vollzogen werden. Attributive Werte beziehen sich ausschließlich auf den sprachlichen Bereich und „sind als wertvoll oder wertlos bezeichnete Objekte oder Eigenschaften von Objekten, die im Gegensatz zu axiologischen Werten in einer gegebenen Situation singulären Charakter haben."[135]

III.4.3.4 Nicht-deklarative Wertekommunikation der russischen Unternehmen

Im Rahmen ihrer explizit-deklarativen Wertekommunikation heben die russischen Unternehmen zunächst die handlungsleitende (motivationale) Funktion der

---

[131] Vgl. Winko (1991), S. 34f.; Woldt (2010), S. 21f; Kuße (2012b), S. 88f; Kuße (2007b), S. 146-147.

[132] Vgl. Winko (1991), S. 37.

[133] Vgl. Winko (1991), S. 35.

[134] Vgl. Kuße (2012b) S. 88.

[135] Vgl. Winko (1991), S. 40.

korporativen Grundwerte ausdrücklich hervor.[136] Dabei werden rein ökonomische Werte wie „Effizienz“, „Effektivität“ oder „Gewinn“ zusammen mit ethischen Konzepten wie „Verantwortung“ oder „Gewissenhaftigkeit“ auf eine Ebene gestellt und als gleich wichtig für das gesamte unternehmerische Handeln präsentiert. Diese ökonomisch-ethische Vermischung motivationaler Werte kann auch bei der nicht-deklarativen Wertekommunikation oft ermittelt werden. So wie u. a. im Beispiel (23), in dem Rosneft als wesentliche Voraussetzungen für dessen erfolgreichen Beziehungen zu den Geschäftspartnern sowohl „langfristige Kooperation“ und „gegenseitiger Nutzen“ („долгосрочное сотрудничество, взаимная выгода“) als auch „Achtung“, „Vertrauen“, „Ehrlichkeit“ und „Gerechtigkeit“ („уважение, доверие, честность, справедливость“) angibt.

Trotz dieser oft praktizierten Vermischung und Aufzählung mehrerer Werte in einer Aussage, können in den untersuchten Texten einige situative und semantische Wertepaare identifiziert werden. Damit wird gemeint, dass bestimmte Wertbegriffe relativ oft in einer konkreten Äußerung zusammen vorkommen und somit als eine Art Wertepaar in ähnlichen Situationen als handlungsleitend gelten sollen. Darüber hinaus kann bei einigen der entdeckten situativen Wertepaare wie beispielweise „открытость-честность” eine gewisse semantische Nähe zwischen den verwendeten Begriffe ermittelt werden. Diese beiden Erscheinungen werden im Folgenden ausführlicher behandelt.

Ein situatives Paar bilden z. B. die ethischen Werte „уважение“ und „доверие“. Diese werden zwar nur von Rosneft als korporative Grundwerte explizit deklariert („*ДОВЕРИЕ И УВАЖЕНИЕ как основа конструктивного взаимодействия и взаимной поддержки.*“ [137]), kommen aber im Rahmen der unternehmerischen Selbstdarstellung bei allen russischen Akteuren ziemlich oft vor. Zum einen stellen „Achtung“ und „Vertrauen“ wichtige Prinzipien dar, die die Beziehungen zu unterschiedlichen externen Stakeholdern regulieren sollten – Aktionäre, Geschäftspartner oder auch die Konkurrenz. Insbesondere werden aber „уважение“ und „доверие“ für das interne Konzernleben bzw. für das Verhältnis Unternehmen–Mitarbeiter als ausgesprochen wichtig und erstrebenswert präsentiert:

- „*(...) создать рабочую среду, в которой будут царить взаимное доверие и уважение.*“ (TNK-BP, „Деловой кодекс“, S. 2)
- „*Отношения между работниками и Обществом строятся на основе доверия и взаимопонимания.*“ (Gazprom, Kodex, S. 4)

---

[136] Vgl. Kapitel III.2 sowie weiter oben.

[137] Vgl. Kapitel III.2.2.

- „*Компания ожидает от всех руководителей уважительного отношения к сотрудникам и их правам.*" (Rosneft, Kodex, S. 9)

Zwei weitere positive Konzepte, die in den Kodizes relativ oft zusammen kommuniziert werden und somit ein situatives Wertepaar aus dem rein ökonomischen Bereich bilden, können als „Langfristigkeit" und „gegenseitiger Nutzen" bezeichnet werden. Obwohl im Russischen das Nomen „долгосрочность" existiert, wird in den untersuchten Texten die „angestrebte Langfristigkeit des korporativen Handelns" ausschließlich durch die Zuschreibung des eigentlich deskriptiven Attributs „долгосрочный" kommuniziert. Der „gegenseitige Nutzen" wird dagegen sowohl durch die Kollokation „взаимная выгода" als auch mithilfe des wertenden Adjektivs „взаимовыгодный" verbalisiert. Im ersten Fall wird die motivationale Wertfunktion stärker akzentuiert, wie u. a. im Beispiel (23), im zweiten Fall werden durch die attributive Zuschreibung bestimmte Sachverhalte wie „Kooperationen" positiv evaluiert – siehe die Beispiele weiter unten. Die ermittelte Wertekombination betrifft vor allem die Beziehungen zu einigen externen unternehmerischen Stakeholdern, wobei durch „взаимный" sowohl die erwähnte Anspruchsgruppe als auch das jeweilige Unternehmen als Nutznießer präsentiert werden. Neben Aktionären oder Konkurrenten werden insbesondere die Geschäftspartner und die Kunden explizit angesprochen. Vgl. Beispiel (23) sowie folgende Äußerungen:

- „*Общество нацелено на поддержание с потребителями долгосрочных, стабильных, взаимовыгодных отношений, (...).*" (Gazprom, Kodex, S. 11)
- „*Достижение высокоэффективных результатов невозможно без долгосрочного и взаимовыгодного сотрудничества, (...).*" (Lukoil, Kodex, S. 9)

Das zentrale Wirtschaftskonzept „Langfristigkeit" kommt natürlich auch in Äußerungen vor, die sich ausschließlich auf das unternehmerische Handeln beziehen. Dies kann in den Kodizes jedoch vergleichsweise selten ermittelt werden, an anderen Stellen der Webseite, wie z. B. in den Rubriken „О компании" oder im Rahmen der „*korporativen Strategie*", werden mithilfe von „долгосрочный" unterschiedliche Objekte der Außenwelt attribuiert und dadurch positiv evaluiert. Vgl. u. a. die im Kapitel III.1.2 bereits präsentierte Mission von Lukoil – „*Обеспечить стабильный и долгосрочный рост бизнеса (...)*".

Ein weiterer Wertbegriff, der zwar bei der expliziten Wertekommunikation überhaupt nicht vorkommt, im Rahmen der korporativen Selbstpräsentation aber durchaus häufig thematisiert wird, ist „открытость". Das hoch frequente Erscheinen von „открытость", auf Deutsch als „Offenheit" zu verstehen, kann u. a. auf die (pragmatisch bedingte) Polysemie des Begriffs und folglich auf dessen argumentatives Potential zurückgeführt werden. „Открытость" bildet mit zwei weiteren, in den Kodizes oft verwendeten Wertbegriffen ein situatives und gleichzeitig auch ein semantisches Wertpaar – mit „прозрачность" („Transparenz") und „честность" („Ehrlichkeit"). Dabei können einige interessante Realisierungen und Konzeptualisierungen dieser Begriffe ermittelt werden. Teilweise werden die genannten Lexeme quasisynonym gebraucht. Manchmal kommt „открытость" als inhaltlich allgemeiner und eher unspezifischer Oberbegriff anstelle der anderen beiden Begriffe vor. Gelegentlich wird aber „открытость" auch als semantische Nuance des aktuell hochgepriesenen Wertes „прозрачность" verstanden. So wird in einigen Äußerungen die „Offenheit" als Unteraspekt der „Transparenz" vorgestellt. Am deutlichsten kann dies mit einem Beispiel aus der „*Strategie*" von Rosneft illustriert werden, wo „прозрачность" eine der fünf „*strategischen Prioritäten*" des Unternehmens darstellt[138]:

- „*Прозрачность:*
  - *(...) открытый диалог с миноритарными акционерами и инвесторами.*"[139] (Rosneft)

Hier sowie an einigen anderen Stellen der korporativen Webseite[140] wird durch die Verwendung des attributiven Wertes „*открыт(ый)*" der „offene Dialog mit den Kleinaktionären" als positiver Aspekt der gesamten Transparenzpolitik von Rosneft präsentiert.

„Открытость" und „прозрачность" werden oft auch nebeneinander in einer bestimmten Äußerung als motivationale Werte präsentiert und dabei als Quasisynonyme verwendet.[141] Dies ist u. a. im oben präsentierten Beispiel (24) der Fall, in

[138] Zu den „strategischen Prioritäten" von Rosneft vgl. u. a. Kapitel III.4.2.2.

[139] Vgl. http://rosneft.ru/about/strategy/.

[140] Vgl. z. B. die R2 „Взаимодействие с заинтересованными сторонами" (http://rosneft.ru/Development/cooperation/) sowie die R3 „Принципы взаимодействия" (http://rosneft.ru/Development/cooperation/principles/) innerhalb der „sozialen" Hauptrubrik „Устойчивое развитие".

[141] Vgl. dazu auch Beispiel (5) im Kapitel III.4.2.2, in dem Rosneft die „Erhöhung der informatorischen Transparenz und Offenheit" („повышение информационной прозрачности и открытости") als unbedingte Voraussetzung für den geschäftlichen Erfolg kommuniziert.

dem Gazprom beide Werte als wichtige Grundlage seiner Medienkooperation hervorhebt. Besonders deutlich kann das aber in der folgenden Aussage von Lukoil beobachtet werden:

- „*Основой инвестиционной привлекательности Компании является ее эффективная и результативная деятельность, однако для принятия позитивных инвестиционных решений большое значение имеют вопросы корпоративного управления, особенно вопросы открытости и прозрачности деятельности Компании. Желая обеспечить уровень открытости, соответствующий лучшей мировой практике, ОАО «ЛУКОЙЛ» готовит и своевременно доводит до инвестиционного сообщества всю информацию, которая способна оказать существенное влияние на стоимость ценных бумаг Компании: (...)*" (Lukoil, Kodex, S. 14-15)

Zuerst wird ausgesagt, dass nach der „Effizienz und Effektivität der Tätigkeit" vor allem die „transparente und offene Unternehmensführung" äußerst wichtig für die Gewinnung potentieller Investoren ist. Im ersten Satz werden beide Lexeme quasisynonym im Sinne von „Transparenz" verwendet. Im zweiten Satz erscheint nur der allgemeinere Begriff „открытость" und wird im Rahmen der weiteren Argumentation mit konkreterem Inhalt gefüllt – unter „Offenheit" gegenüber den Investoren, die (natürlich) den internationalen Standards entsprechen soll, versteht Lukoil „rechtzeitige und vollständige Lieferung relevanter Informationen".
Bei der Verwendung von „открытость" kann die „Transparenz"-Bedeutung teilweise auch aus dem Kotext ermittelt werden, auch wenn dabei der eigentliche semantische Träger „прозрачность" nicht explizit vorkommt. Vgl. folgendes Beispiel:

- „*ОАО «ЛУКОЙЛ», осознавая общественную значимость результатов своей деятельности, придерживается принципа открытости информации о своей работе, (...)*" (Lukoil, Kodex, S. 22)

Dennoch, wenn die Unternehmen mehr Exaktheit in ihrer Kommunikation anstreben, verwenden sie den genaueren Begriff „прозрачность", um den Aspekt „Transparenz" zu kommunizieren. Dies ist meistens dann der Fall, wenn die geschäftliche bzw. finanzielle Seite der unternehmerischen Tätigkeit angesprochen wird:

- „*(...) деловые операции полностью и точно отражаются в финансовых отчетах и иной учетной документации в соответствии с принципом прозрачности деятельности Компании; (...).*“ (Rosneft, Kodex, S. 12)
- „*Стратегия Общества базируется на следующих принципах: (...) совершенствование корпоративного управления, обеспечение прозрачности финансово-хозяйственной деятельности; (...)*“ (Gazprom, Kodex, S. 4)

Im ersten Beispiel hebt Rosneft auch beim exakteren Begriff „прозрачность“ ähnliche inhaltliche Unteraspekte hervor, wie weiter oben Lukoil beim eher allgemeineren „открытость“ – „Vollständigkeit“ und „Genauigkeit“ bei der Berichterstattung („полностью и точно“). Analog wird auch in der folgenden Äußerung argumentiert, bei der allerdings die Semantik von „открытость“ nicht ausschließlich auf „Transparenz“ einzuschränken ist. Hier werden vor allem „Wahrhaftigkeit“ und „Genauigkeit“ („достоверной и точной“) als semantische Komponenten der „Offenheit“ präsentiert:

- „*Компания строит свои взаимоотношения с государственными органами, в том числе с иностранными должностными лицами и/или должностными лицами публичных международных организаций, основываясь на принципе открытости, и способствует формированию доверия общественности к Компании путем предоставления достоверной и точной информации.*“ (TNK-BP, „Кодекс деловой этики“, S. 7)

Die gerade vorgestellten Beispiele zeigen, dass sich der Wert „открытость“ sehr oft auf bestimmte positive Aspekte der Kommunikation sowie insgesamt der Beziehungen der russischen Unternehmen mit ihren Stakeholdern bezieht. Dabei werden neben „Staat“ und „Gesellschaft“ insbesondere die Investoren und Aktionäre der jeweiligen Korporation angesprochen. Wenn es sich jedoch um konkrete finanzgeschäftliche Aktivitäten wie z. B. die obligatorische Berichterstattung handelt, wird in der Regel der exaktere Begriff „прозрачность“ bevorzugt.
„Offenheit“ wird in den Texten teilweise auch als Synonym von „Ehrlichkeit“ („честность“) realisiert. Zum einen wird dies gemacht, wenn es um konkrete kommunikative Aktivitäten der Unternehmen geht, wie im ersten Beispiel gleich unten. TNK-BP will versichern, dass die Organisation die Meinung aller korporativen Stakeholder beachtet, und dass sie ihre Fragen „offen“ im Sinne von „ehrlich“

beantworten wird. Somit wird durch die Verwendung des adverbialen Spezifikators „открыто" die gesamte Stakeholder-Kommunikation positiv bewertet:

- *„ТНК-ВР будет:*
  консультироваться с клиентами, сотрудниками, населением регионов присутствия, представителями широкой общественности и всеми, кто сотрудничает с компанией, выслушивать их и открыто отвечать на вопросы; (...)" (TNK-BP, „Деловой кодекс", S. 3)

Auffällig ist auch die Verwendung von „открытый" als „честный" in Äußerungen, bei denen aus Sicht des jeweiligen Unternehmens negative Erscheinungen kommuniziert werden sollen. Die Mitarbeiter werden dabei aufgefordert, auch „negative" oder „unvorteilhafte" Informationen preiszugeben, um dadurch u. a. das Vertrauen der Investoren zu gewinnen.
Im zweiten Beispiel wird die Bedeutung „Ehrlichkeit" in „открытое распространение" durch das teildeskriptive Attribut „правдивый" zusätzlich verstärkt:

- *„(...) открыто объявлять о положительных и отрицательных результатах своей деятельности; (...)*" (TNK-BP, „Деловой кодекс", S. 3)
- *„Следует понимать, что открытое распространение правдивой, пусть даже в чем-то «не выгодной» информации позитивно воспринимается инвесторами, нежели информация, характеризующая только достижения и успехи.*" (Lukoil, Kodex, S. 16)

Letztendlich wird von Lukoil eine extrinsische „Ehrlichkeit" gefordert – durch „kommunikative Offenheit" zum „Vertrauensgewinn bei den Investoren" und dadurch indirekt zum „ökonomischen Erfolg". Vielleicht wird deswegen das semantisch weniger exakte Attribut „открытое" verwendet, da es sich nicht um eine ideell und ethisch gemeinte, sondern um eine utilitaristisch verstandene „Ehrlichkeit" handelt.
Beide Werte - „открытость" und „честность" - kommen gelegentlich auch zusammen in einer Äußerung vor und bilden somit nicht nur ein semantisches, sondern auch ein situatives Wertepaar. Vor allem Rosneft verwendet diese attributiv, um entweder gewisse Aspekte seiner Tätigkeit positiv zu bewerten (zweites Beispiel) oder sich selbst als korporativer Akteur direkt aufzuwerten (erstes Beispiel):

- „*Компания заинтересована в укреплении своей репутации открытого и честного участника рынка.*“ (Rosneft, Kodex, S. 12)
- „*Компания стремится (...) честно и последовательно выполнять договорные обязательства, открыто и ответственно осуществлять корпоративное управление.*“ (Rosneft, Kodex, S. 5)

Der ethische Wert „честность“ wird auch in vielen weiteren Äußerungen von den ausgewählten russischen Unternehmen explizit kommuniziert. Er kommt einzeln oder in Kombination mit einigen anderen Wertbegriffen vor und wird dabei sowohl als motivationaler als auch als attributiver Wert realisiert. Bemerkenswert ist, dass „честность“ sehr häufig mit streng ökonomischen Sachverhalten wie „Vertragsabschlüsse“ (siehe oben bei Rosneft), „Finanz- bzw. Geschäftsangelegenheiten“ oder „Konkurrenzkampf“ (siehe die nächsten Beispiele) in Zusammenhang gebracht wird:

- „*Она будет вести финансовые дела, основываясь на честности, добропорядочности, руководствуясь нормами закона и высочайшими профессиональными стандартами.*“ (TNK-BP, „Деловой кодекс“, S. 3)
- „*Компания обеспечивает внедрение, поддержание и постоянное развитие систем внутреннего контроля и аудита, (...) с целью (...), достоверного и честного отражения сделок и результатов хозяйственной деятельности.*“ (TNK-BP, „Кодекс деловой этики“, S. 10)

Besonders auffällig ist das Bestreben aller Unternehmen, sich als ausgesprochen „korrekte und anständige“ Konkurrenten zu präsentieren. In diesen Fällen wird die zweite Hauptbedeutung von „честность“ aktiviert, die als „Fairness“ zu bezeichnen ist.[142] Dabei werten sich die korporativen Akteure nicht direkt durch attributive Zuschreibungen auf, wie oben bei Rosneft der Fall ist („честного участника рынка“), sondern signalisieren ihre Unterstützung für die positive Erscheinung „честная конкуренция“, u. a. durch die Verwendung des Wettbewerb explizierenden Ausdrucks „честная конкурентная борьба“. Auf Äußerungsebene wird das Bestreben nach einem „fairen Konkurrenzkampf“ von den Unternehmen oft mit dem Einhalten der entsprechenden Gesetze in Zusammenhang gebracht und expliziert:

---

[142] Vgl. БТС (1998): „**ЧЕСТНЫЙ**, (...) 2. Не способный украсть или смошенничать. (...) // Не допускающий обмана, мошенничества; (...).“

- „*Компания поддерживает честную конкуренцию и соблюдает антимонопольное законодательство.*“ (TNK-BP, „Кодекс деловой этики“, S. 9)
- „*Компания выступает за честную конкурентную борьбу и соблюдение всех действующих законов о конкуренции во всех странах своего присутствия.*“ (Lukoil, Kodex, S. 46)
- „*Основным принципом при проведении отбора поставщиков и подрядчиков является обеспечение честной конкурентной борьбы.*“ (Gazprom, Kodex, S. 11)

„Честность“ bildet mit einem weiteren, von den russischen Unternehmen ziemlich oft kommunizierten ethischen Wert ein semantisches und teilweise situatives Wertepaar – mit „добросовестность“. Die semantische Nähe der beiden Begriffe wird auch in den einschlägigen Lexika thematisiert, wobei „честный“ als inhaltliche Komponente von „добросовестный“ angegeben wird.[143] Dies wird von TNK-BP übernommen und bereits bei seiner expliziten Wertedeklaration ähnlich kommuniziert, indem das Unternehmen den korporativen Grundwert „Добросовестность“ als „*честное и ответственное отношение к себе, своей работе, коллегам, обществу в целом и окружающей среде*“ verstehen will.[144] Aber auch im Rahmen der nicht-deklarativen Wertekommunikation kommen beide semantisch nahen Begriffe in einigen Äußerungen zusammen vor und beziehen sich dabei sowohl auf ganz allgemeine Handlungen der Mitarbeiter (erstes Beispiel) als auch auf konkret gefordertes Verhalten in einzelnen geschäftlichen Situationen (Beispiel zwei):

- „*В любой ситуации, (...) руководствоваться положениями настоящего Кодекса, поступать справедливо, добросовестно и честно, при этом оценивать, как Ваше поведение повлияет на деятельность и репутацию Компании.*“ (Lukoil, Kodex, S. 56)
- „*Честно и добросовестно квалифицировать имеющуюся у Вас служебную информацию на принадлежность ее к инсайдерской.*“ (Lukoil, Kodex, S. 40)

Einerseits könnte man die Verwendung der beiden Begriffe in den obigen Beispielen als redundant bezeichnen, da die Semantik von „добросовестно“ „честно“ be-

---

[143] Vgl. БТС (1998): „**ДОБРОСОВЕСТНЫЙ**, (…). Честно, старательно, выполняющий свои обязанности, обязательства (…)// Тщательный, старательный. (…).“

[144] Vgl. Kapitel III.2.2.

reits impliziert. Andererseits wäre die explizite Erwähnung des spezifischeren Begriffs, in diesem Fall „честно“, als ein Versuch der Unternehmen zu interpretieren, einen einzelnen inhaltlichen Aspekt innerhalb des semantisch allgemeineren Begriffes besonders hervorzuheben. Ähnlich könnte dies auch bei anderen oft ermittelten semantisch-situativen Wertepaaren gesehen werden, wie z. B. „открытость – прозрачность“, „открытость – честность“ (siehe oben) oder auch „ответственность – добросовестность“, wobei hier die „Verantwortung“ der abstraktere Begriff wäre und „Gewissenhaftigkeit“ der konkretere.[145] Somit steht fest, dass „добросовестность“ nicht nur mit „ответственность“ ein semantisch-situatives Paar bildet[146], sondern auch mit „честность“.

Ein letzter Begriff, der von den russischen Unternehmen im Rahmen ihrer nicht-deklarativen Wertekommunikation relativ oft kommuniziert wird, ist „достоверность“. Bei diesem kann ebenfalls eine gewisse inhaltliche Nähe zu „честность“ ermittelt werden, da beide Begriffe in ihrem semantischen Kern nach der „Wahrheit“ verlangen. Allerdings ist „честность“ ein viel weiter gefasster, ethischer Grundbegriff, der zudem immer mit expliziten sprachlichen Bewertungen verbunden ist. Die Semantik von „достоверность“ ist stärker deskriptiv und mehr auf eine faktische Realität beschränkt, was auch die möglichen Wortkollokationen determiniert – „Достоверные факты, сведения. (...) Достоверность информации.“ [147] Auch die russischen Unternehmen beziehen die attributive Zuschreibung dieses Wertbegriffs fast ausschließlich auf das Substantiv „информация“. Dies ist an einem der bereits präsentierten Beispiele zu sehen, bei dem TNK-BP „предоставление достоверной и точной информации“ als Kernaspekt seines „Prinzips der offenen Kommunikation“ darstellt. Die anderen Korporationen mache es ähnlich – „достоверность“ oder „достоверный“ werden meist auf bestimmte „Informationen“ bezogen, wobei in den konkreten Äußerungen fast immer weitere, streng genommen deskriptive Lexeme zusätzlich aufgezählt werden – „полный“ („vollständig“), „актуальный“ („aktuell“), „точный“ („genau“), „своевременный“ („rechtzeitig“) etc. Als Nutznießer dieser pflichtbewussten Bereitstellung von „wahrheitsgemäßen Informationen“ werden vor allem die Investoren und die Aktionäre sowie teilweise auch die staatlichen Institutionen präsentiert:

---

[145] Vgl. dazu die Definitionen, die im Kapitel III.3.3.2.1 vorgestellt werden.

[146] Zu „ответственность“ und „добросовестность“ – vgl. zum einen Kapitel III.3.3.2.1 und III.3.4.2.4 im Rahmen der Analyse der Firmenkodizes sowie die Untersuchung der „expliziten korporativen Wertekommunikation“ im Kapitel III.2.

[147] Vgl. БТС (1998).

- „*Политика Общества по раскрытию информации направлена на обеспечение акционеров и инвесторов достоверной, актуальной и своевременной информацией посредством всех современных средств связи.*“ (Gazprom, Kodex, S. 12)
- „*Компания гарантирует физическую безопасность своих активов и обеспечивает отражение достоверной, точной и объективной информации в финансовых, бухгалтерских и производственных отчетах (...)*“ (TNK-BP, „Кодекс деловой этики“, S. 9)
- „*В случае поступления запроса со стороны государственных или иных регулирующих органов в соответствии с принятым в Компании порядком предоставлять полную и достоверную информацию о Компании, (...)*“ (Lukoil, Kodex, S. 24)

Die in den obigen Äußerungen aufgezählten Attribute wie „полный“ oder „точный“ erfüllen neben der beschreibenden eindeutig auch eine wertende Funktion, indem sie angeben, wie eine „*gute* Bereitstellung von Informationen“ erfolgen sollte. Dadurch erreichen die genannten Adjektive in diesem Kontext den Status spezifisch wertender Lexeme. Das gleiche gilt auch für Attribute wie „долгосрочный“, „открытый“, „прозрачный“ oder auch „новый“, die im Unternehmensdiskurs allesamt als teildeskriptiv und eindeutig wertend aufzufassen sind. Somit steht fest, dass in den Firmenkodizes sowohl kontextunabhängige spezifische Wertungen wie „выгодный“, „эффективный“, „честный“, „ответственный“, „добросовестный etc. sehr häufig vorkommen, als auch solche Lexeme, die insbesondere im unternehmerischen Kontext diesen wertenden Status erreichen.
Dagegen können allgemeine Evaluierungen im Rahmen der gesamten Selbstdarstellung Online eher selten ermittelt werden. Die meisten sind ebenfalls in den Kodizes zu finden. Als produktivste Form erscheint dabei der positive Superlativ „лучший“, der entweder das Unternehmen selbst oder bestimmte korporative Praktiken gut darstellen soll. Diese können sich sowohl auf die soziale als auch auf die ökonomische Dimension des unternehmerischen Handelns beziehen, wie die nächsten beiden Beispiele von Lukoil illustrieren:

- „*ЛУКОЙЛ также стремится быть лучшим социальным партнером.*“ (Lukoil, Kodex, S. 2)
- „*ЛУКОЙЛ строит свои отношения с акционерами таким образом, чтобы права акционеров были наилучшим образом защищены и не были нарушены.*“ (Lukoil, Kodex, S. 11)

Die in diesem Abschnitt der Arbeit präsentierten Beispiele, die überwiegend aus den Firmenkodizes stammen, haben gezeigt, dass in Bezug auf sprachliche Wertungen die beiden umfangreichsten Komponenten der korporativen Mission Statements relativ große Unterschiede aufweisen. Während in den verhaltensregulierenden Kodizes, in denen häufig auch der unternehmerische Existenzzweck („миссия") sowie die Grundwerte („корпоративные ценности") kommuniziert werden, sehr oft direkt und explizit bewertet wird, werden im Rahmen der korporativen „*Strategien*" meistens implizite Bewertungen in Form von Beschreibungen realisiert. Dadurch ähnelt die „*Strategie*" den anderen Unterrubriken der ersten Hauptrubrik „О компании", die primär zum Ziel der unternehmerischen Selbstdarstellung vor einer breiten Öffentlichkeit kreiert sind. Im Folgenden wird gezeigt, welche thematischen Motive in den Erzählteilen der jeweiligen „*Strategien*" am meisten kommuniziert sowie wie diese sprachlich realisiert werden.

III.4.3.5 Erzählteil der „*Strategie-Rubriken*"

In den Erzählteilen der „*Strategien*" berichten die russischen Korporationen über bestimmte, aus ihrer Sicht besonders wichtige Fakten und Ziele innerhalb der primären Bereiche der operativen unternehmerischen Tätigkeit wie Prospektion, Förderung, Verarbeitung, Vertrieb usw.[148] Dabei werden von allen Unternehmen einige „*strategischen*" Aspekte besonders häufig hervorgehoben – „Effektivität und Effizienz des Handelns", im Russischen durch den polysemen Begriff „эффективность" kommuniziert, die „Diversifizierung der ökonomischen Tätigkeit", „Innovationen und Modernisierung", „Nachhaltigkeit und Stabilität" sowie „Produktqualität".[149] Es fällt auf, dass diese inhaltlichen Motive nicht selten in einer konkreten Äußerung zusammen vorkommen, um somit die positiven Selbstpräsentation der Unternehmen zusätzlich zu verstärken. So wie im folgenden Beispiel, in dem Rosneft die Modernisierung der Produktionsanlagen mit besserer Produktqualität explizit verbindet:

- „*Компания планомерно реализует масштабные программы модернизации имеющихся НПЗ, нацеленные на увеличение глубины переработки и повышение качества выпускаемой продукции.*"

---

[148] Vgl. dazu auch Kapitel III.4.1 sowie III.4.2.

[149] Die Konzeptualisierung des russischen Begriffs „эффективность" wird im nächsten Abschnitt näher vorgestellt, die „Diversifizierung" wurde im Kapitel III.4.2.2 ausführlich behandelt.

Innovationen und Produktqualität kommen bei Rosneft und Lukoil bereits im Kernteil der „*Strategie-Rubrik*" vor und werden als unbedingte Voraussetzungen für das Erreichen der „*strategischen*" Unternehmensziele dargestellt – „развитие и использование новых технологий" (Rosneft) sowie „улучшению качества производимой продукции и предоставляемых услуг, применению новых прогрессивных технологий" (Lukoil).[150] Im Rahmen ihrer „*Strategien*" widmen insbesondere Gazprom und Rosneft der innovativen Dimension des korporativen Handelns viel Aufmerksamkeit. Gazprom kreiert dafür eine separate R3 unter dem Namen „Инновационная деятельность" und Rosneft bezeichnet „инновации" als eine der fünf grundlegenden „*strategischen Prioritäten*" des Unternehmens[151]. Diese wird rechts neben dem Haupttext auch visuell hervorgehoben und durch die Aufzählung einiger inhaltlicher Aspekte näher beschrieben:

- „*Инновации:*
  - *постоянное совершенствование корпоративной системы инновационного развития*
  - *непрерывная разработка и внедрение новых технологий*
  - *мониторинг и адаптация передового мирового опыта*
  - *технологическое обучение специалистов*"[152] (Rosneft).

Besonders auffällig ist die argumentative „soziale Verpackung" der innovativen Tätigkeit von Gazprom. Der Konzern stellt uneigennützig seine gesamten Innovationsaktivitäten in den Dienst der russischen Energetik und präsentiert sie explizit als Grundlage für die effektive und nachhaltige Entwicklung der ganzen inländischen Branche. So eine Entwicklung würde sich natürlich auch auf andere Bereiche des Lebens positiv auswirken:

- „*«Газпром» рассматривает развитие инновационной активности и повышение технологического уровня компании в качестве приоритетных направлений своей деятельности, так как только на этой основе может быть обеспечено эффективное и устойчивое развитие нефтегазового сектора и российского топливно-энергетического комплекса (ТЭК) в целом.*"[153]

---

[150] Vgl. Beispiele (5) und (6) am Anfang des Kapitels III.4.2.2.

[151] Vgl. dazu Kapitel III.4.1 und III.4.2.2.

[152] Visueller Modus und Schriftgröße wie im Original.

[153] Vgl. http://www.gazprom.ru/about/strategy/innovation/.

- „*Инновационная деятельность Группы «Газпром» предусматривает разработку перспективных планов и программ для устойчивого развития ТЭК России, развитие сырьевой базы и создание новых технологий для эффективной добычи природного сырья.*“[154]

Somit ist der erste größere Unterschied zwischen den staatlichen Akteure einerseits und den privaten andererseits festzumachen. Während die privaten Lukoil und TNK-BP im Rahmen ihrer wirtschaftlichen „*Strategien*“ ausschließlich ökonomische Aspekte der korporativen Tätigkeit thematisieren, sprechen die staatlichen, wenn auch unterschiedlich akzentuiert, öfter die soziale Dimension des unternehmerischen Handelns an. Rosneft tut dies besonders auffällig im „*strategischen*“ Kernteil bei der Kommunikation seiner wichtigsten ökonomischen Unternehmensziele. Gazprom präsentiert sich als sozial engagierter Marktakteur in den Unterrubriken „Региональная политика“ und „Инновационная деятельность“.[155]

Der von Gazprom bereits explizit angesprochene mehrdimensionale Aspekt „Nachhaltigkeit“ wird im Erzählteil der „*Strategie-Rubriken*“ auch von den anderen Unternehmen relativ oft thematisiert, jedoch unterschiedlich verbalisiert. TNK-BP deutet ihn im Bereich der Prospektion und Förderung implizit an, indem das Unternehmen ein ständiges „Ersetzten der geförderten Menge durch neue Vorräte“ anstrebt. Auch TNK-BP verknüpft die nachhaltige Förderung mit den korporativen Innovationen, allerdings wird hier eigennützig im Sinne des ökonomischen Erfolgs des Unternehmens argumentiert:

- „*ТНК-ВР планирует каждый год замещать не менее 100% годовой добычи новыми запасами. Для этого при поиске новых запасов используются передовые промысловые технологии и современные методы компьютерного моделирования.*“

Gazprom unterstreicht ebenfalls die Wichtigkeit einer nachhaltig geplanten Prospektion und Förderung und beginnt seine erste „*Strategie-Unterrubrik*“ „Разведка и добыча газа и нефти“ mit folgender klarer Aussage:

---

[154] Vgl. http://www.gazprom.ru/about/strategy/innovation/.

[155] Vgl. dazu III.4.2.2.

- *„С 2005 года «Газпром» перешел к расширенному воспроизводству запасов, обеспечивая стабильное превышение прироста запасов за счет геологоразведки над годовым объемом добычи.“*[156]

Einzig Rosneft spricht ein nachhaltiges Ersetzen der Förderungsmengen nicht ausdrücklich an und das, obwohl der Konzern das inzwischen als Schlagwort aufzufassende russische Adjektiv „устойчивый“ viel öfter kommuniziert als die drei anderen Unternehmen. Wie das nächste Beispiel zeigt, wird im Bereich der Förderung stärker deren Wachstum akzentuiert und weniger das andauernde Ersetzen der geförderten Erdölvorräte. Daher ist es nicht eindeutig festzuhalten, ob „устойчивый“ hier als „stabil“ oder als „nachhaltig“ zu verstehen ist:

- *„Для обеспечения устойчивого роста добычи в долгосрочной перспективе «Роснефть» постоянно развивает ресурсную базу. В новых регионах проводится обширная программа геологоразведочных работ.“*

Die anderen Unternehmen verwenden in ähnlichen Fällen die eher üblichen russischen Lexemen „стабильность“ und „стабильный“, um gewisse Aspekte der „Stabilität“ zu betonen. Sei es, bei der Thematisierung von konkreten Feldern der operativen Tätigkeit, wie beispielweise die Förderung – vgl. das letzte vorgestellte Beispiel von Gazprom („обеспечивая стабильное превышение прироста запасов“), oder bei der Beschreibung des gesamten korporativen Handelns – vgl. das „*strategische Ziel*“ von Lukoil („поддержание высокой прибыльности и стабильности своего бизнеса“[157]). Auch TNK-BP bevorzugt die eindeutigere Form „стабильность“, wenn es um die Kommunikation der zukünftigen Entwicklungen im Bereich der Förderung geht:

- *„ТНК-ВР, как и раньше, будет вкладывать дополнительные средства в крупные новые проекты в Западной и Восточной Сибири, которые обеспечат стабильность добычи на годы вперед.“*

Rosneft hingegen beabsichtigt durch den äußerst frequenten Gebrauch von „устойчивый“ eine gewisse Doppeldeutigkeit, die für die unternehmerische Selbstdarstellung durchaus nützlich ist. Das positiv wertende Attribut wird in der „*Strategie-Rubrik*“ ganze sieben Mal verwendet und immer mit dem Nomen „рост“

[156] Vgl. http://www.gazprom.ru/about/strategy/exploration/.
[157] Vgl. Beispiel (6) im Kapitel III.4.2.2.

kombiniert. Dabei bezieht sich die Kollokation ausschließlich auf ökonomische Aspekte des Handelns – neben den bereits präsentierten Beispielen, wird „устойчивый рост" auch als „*strategische*" Priorität des Unternehmens hervorgehoben und durch das Aufzählen von unterschiedlichen wirtschaftlichen Kategorien inhaltlich gewissermaßen definiert:

- „*Устойчивый рост:*
  - *увеличение акционерной стоимости*
  - *стратегическое планирование, базирующееся на разумных допущениях*
  - *эффективное наращивание объемов добычи*
  - *развитие перерабатывающих мощностей в соответствии с требованиями рынка*
  - *максимально эффективное использование сырья и выпуск продукции высокого качества*
  - *развитие системы управления рисками*"[158]

Gleichzeitig ist aber das Attribut „устойчивый" fester Bestandteil der russischen Kollokation „устойчивое развитие", die „nachhaltige Entwicklung" bedeutet und als vorwiegend soziale Erscheinung assoziiert wird. Rosneft ist auch das einzige Unternehmen, das seine „soziale" Hauptrubrik nicht „Социальная ответственность" (Gazprom, TNK-BP) oder „Социальная политика" (Lukoil) nennt, sondern „Устойчивое развитие"[159]. In dieser Rubrik wird u. a. ein Dokument präsentiert, das „Политика в области устойчивого развития" heißt, und dessen erster Punkt aus Definitionen einiger Schlüsselbegriffe wie „устойчивое развитие" oder „заинтересованные стороны" besteht. [160] Für „устойчивое развитие" wird die klassische Definition der Brundtland-Kommission aus dem Jahre 1987 übernommen[161] und für das weiterentwickelte Konzept „устойчивое развитие компании" wird eine Erklärung vorgestellt, die sowohl ökonomische als auch soziale Motive verknüpft:

---

[158] Visueller Modus und Schriftgröße wie im Original.

[159] Vgl. http://rosneft.ru/Development/. Auch alle anderen Unternehmen widmen dem Thema „Nachhaltige Entwicklung" viel Aufmerksamkeit. Allerdings tuen sie dies in Form von jährlichen Nachhaltigkeitsberichten („Отчет в области устойчивого развития"), die ausschließlich in Unterrubriken wie „Отчетность" in der jeweiligen Hauptrubrik „Акционерам и инвесторам" präsentiert werden, wodurch sie ein wenig *versteckt* bleiben. Nur Rosneft präsentiert die korporativen Nachhaltigkeitsberichte in der gleichnamigen „sozialen" Hauptrubrik der Webseite.

[160] Vgl. http://rosneft.ru/attach/0/02/68/development_policy.pdf.

[161] Vgl. u. a. Grunwald / Kopfmüller (2006), S. 20f.; Heenemann / Koch / Walter (2013), S. 11f.

- *„УСТОЙЧИВОЕ РАЗВИТИЕ КОМПАНИИ – развитие компании, которое направлено на рост акционерной стоимости за счет повышения экономической эффективности, развития персонала и поддержания стабильных трудовых коллективов, поддержание высокого уровня безопасности ее деятельности для работников компании, контрагентов, населения и окружающей среды, и социально-экономическое развитие регионов присутствия.*"

In diesem konkreten Beispiel kann und sollte „устойчивый" als „nachhaltig" verstanden werden, nicht zuletzt wegen dessen Verwendung innerhalb der festen Wortverbindung „устойчивое развитие". An anderen Stellen der Webseite gelingt eine eindeutige Zuordnung dagegen schwieriger, insbesondere dann, wenn es sich um die oft verwendete Kollokation „устойчивый рост" handelt. Dabei kann auch die englische Übersetzung der korporativen Webseite[162] nicht wirklich helfen, da bei eigentlich identischen Formulierungen einmal „stable" (deutsch „stabil") und ein anderes Mal „sustainable" (deutsch „nachhaltig) verwendet werden. So wird beispielweise innerhalb der expliziten Mission die Äußerung „(...) Компания обеспечивает устойчивый рост бизнеса и повышение доходов акционеров."[163] als „the Company ensures stable growth of its business and an increase in share-holder profits"[164] ins Englische wiedergegeben. Die gleiche Wortkombination „устойчивый рост бизнеса", die als unbedingte Voraussetzung für das Erreichen der „*strategischen*" Hauptziele kommuniziert wird[165], erscheint innerhalb des Kern-teils der korporativen „*Strategie*" als „sustainable business growth"[166].
Durch die Omnipräsenz des wertenden Begriffs erreicht Rosneft eine für die positive unternehmerische Selbstpräsentation hilfreiche Mehrdeutigkeit und thematische Vielfalt. Zum einen wird „устойчивый" sowohl mit ökonomischen als auch mit sozialen Aspekten der korporativen Tätigkeit verbunden, wobei die begriffliche Assoziation zu „nachhaltig" immer präsent bleibt, auch dann, wenn in erster Linie „stabil" gemeint sein könnte. Außerdem wird heutzutage innerhalb des Unternehmensdiskurses „Nachhaltigkeit" ohnehin häufig mit sozialen Aktivitäten assoziiert. Und nicht zuletzt, repräsentiert der Begriff in der heutigen Gesellschaft einen universellen diskursübergreifenden positiven Wert[167], dessen ständige

[162] Vgl. dazu den Anfang des Kapitels III.4.4.2.
[163] Vgl. Kapitel III.1.2.
[164] Vgl. http://www.rosneft.com/attach/0/02/76/Kodeks_eng.pdf.
[165] Vgl. Beispiel (5) in III.4.2.2.
[166] Vgl. http://www.rosneft.com/about/strategy/.
[167] Vgl. Grunwald / Kopfmüller (2006), S. 7f.

Wiederholung oder zumindest Andeutung der korporativen Imagekonstruktion sicherlich nicht schadet.

III.4.4 „Эффективность“ – ein Begriff und dessen Konzeptualisierungen im Unternehmensdiskurs

Versucht man im Rahmen der korporativen Selbstdarstellung einen Begriff zu ermitteln, der als zentral und richtungsweisend für das gesamte unternehmerische Handeln präsentiert wird, dann wäre das mit Sicherheit „эффективность“. Er erscheint hunderte bis tausende Male sowohl auf der Oberfläche der ausgewählten Webseiten als auch in den meisten internen Dokumenten zum Herunterladen. Als einziger Begriff kommt „эффективность“ in allen Komponenten der untersuchten Mission statements ausdrücklich vor – bei der Kommunikation des Existenzzwecks von Gazprom und Rosneft, bei der expliziten Wertedeklaration von Lukoil und TNK-BP, mehrfach in allen Firmenkodizes genauso wie in den korporativen „*Strategien*“.[168] Eine plausible Erklärung für das häufige Erscheinen des positiv wertenden Begriffs wäre die Tatsache, dass er sich, egal ob als Nomen, Adjektiv oder Adverb, hervorragend als Mittel der unternehmerischen Selbstpräsentation eignet. Sein äußerst frequenter Gebrauch ist allerdings nicht nur auf dessen explizitwertende Funktion zurückzuführen, sondern auch auf die im Russischen zu beobachtende Begriffspolysemie, da „эффективность“ mindestens zwei Bedeutungen impliziert, die im Rahmen des ökonomischen Diskurses zentral sind – „Effektivität“ und „Effizienz“. Diese pragmatisch und semantisch bedingte Polyfunktionalität führt dazu, dass „эффективность“ im Unternehmensdiskurs nicht nur besonders häufig kommuniziert wird, sondern auch vielfältig konzeptualisiert werden kann, wobei im Rahmen der vorliegenden Untersuchung einige interessante Auffälligkeiten ermittelt werden konnten. Bevor diese gezeigt werden, soll zunächst eine synchrone und diachrone Übersicht über Bedeutungen und Verwendungen der entsprechenden russischen Lexeme präsentiert werden. Neben klassischen Nachschlagewerken wie Enzyklopädien und einsprachigen Wörterbüchern, werden auch Einträge aus neueren Medien präsentiert, wie z. B. *Wikipedia* oder die Suchmaschine *Yandex*.

---

[168] Dutzende Beispiele wurden in den vorangehenden Kapiteln bereits präsentiert, weitere werden im Laufe dieses Abschnitts folgen.

III.4.4.1 „Эффективность" in Nachschlagewerken und in den neuen Medien

In der zweiten Auflage der Большая Советская Энциклопедия (kurz БСЭ) aus dem Jahr 1957 findet sich eine relevante Definition des russischen Adjektivs „эффективный", aus dem dann das entsprechende Nomen „эффективность" abgeleitet wird:

- „ЭФФЕКТИВНЫЙ – дающий *эффект* (см.), приводящий к нужным результатам, действенный. Отсюда эффективность – результативность."[169]

In obiger Definition werden „эффективный" und „эффективность" ausschließlich mit „результативность" gleichgesetzt. Das wirkungsvolle Erreichen von bestimmten (positiven) Resultaten wird hervorgehoben, womit die Bedeutung „Wirksamkeit" bzw. „Effektivität" akzentuiert ist. Auch beim als Referenzlexem angegebene „эффект", abgeleitet vom lateinischen „effectus", stellt „Resultat" den Kernaspekt der Wortsemantik dar:

- „ЭФФЕКТ – (от лат. effectus – исполнение, действие) – 1) Результат, следствие к.-л. причин, действий, напр. Э. лечения. (…)."[170]

In der dritten und letzten Auflage der БСЭ aus dem Jahr 1978 finden sich identische Definitionen der beiden oben angeführten Begriffe „эффективный" und „эффект".[171] Zusätzlich erscheint explizit aber auch das Nomen „эффективность", und zwar in der Kollokation „экономическая эффективность". In der unten vorgestellten Definition wird zum ersten Mal der inhaltliche Aspekt „Effizienz" – als Verhältnis von Input zum Output – thematisiert, auch wenn dieser relativ eingeschränkt vor allem auf den Produktionsprozess bezogen wird:

- „ЭКОНОМИЧЕСКАЯ ЭФФЕКТИВНОСТЬ, отношение между получаемыми результатами произ-ва – продукцией и материальными услугами, с одной стороны, и затратами труда и средств произ-ва – с другой. (...)."[172]

---

[169] БСЭ (1957).

[170] Vgl. БСЭ (1957).

[171] Vgl. БСЭ (1978a).

[172] Vgl. БСЭ (1978).

In neueren einsprachigen Wörterbüchern aus der Zeit der Jahrhundertwende, wie in dem bereits zitierten Большой Толковый Словарь (1998)[173], kommen identische oder ähnliche Erklärungen der beiden Lexeme „эффект“ und „эффективный“ vor. [174] Das Nomen „эффективность“ wird dabei immer vom entsprechenden Adjektiv abgeleitet. Auch die Kollokation „экономическая эффективность“ erscheint regelmäßig und wird immer allgemeiner definiert, wie das Beispiel aus Российский Энциклопедический Словарь (РЭС) aus dem Jahr 2000 zeigt:

- „ЭКОНОМИЧЕСКАЯ ЭФФЕКТИВНОСТЬ, результативность экон. деятельности, экон. программ и мероприятий, характеризуемая отношением полученного экон. эффекта к затратам факторов, ресурсов, обусловившим получение этого результата.“[175]

Hier werden die Bedeutungen „Resultativität“ („Effektivität“) und „Effizienz“ im Sinne von „Wirtschaftlichkeit“ miteinander verknüpft, wobei eindeutig das effiziente Verhältnis von eingesetzten Mitteln zum erzielten Ergebnis hervorgehoben wird. Der inhaltliche Aspekt „Effizienz“ ist auch in den neueren Wörterbüchern ausschließlich bei der Definition der festen Wortverbindung „экономическая эффективность“ präsent. Wenn nur „эффективный“ oder die daraus abgeleiteten Nomen und Adverb definiert werden, wird hauptsächlich die Bedeutung „resultativ“ als „wirksam“ („действенный“) betont, ohne dabei ein bestimmtes („effizientes“) Verhältnis zu thematisieren. So wie der Eintrag aus БТС (1998) veranschaulicht:

- „ЭФФЕКТИВНЫЙ, (...). Дающий эффект (2 зн.); действенный. *Э. лекарство. Э. способ борьбы с насекомами.* (…). < Эффективно, *нареч.* Эффективность (…).“[176]

Die nach der Erklärung angegeben Beispiele – „эффективное лекарство“ und „эффективный способ борьбы с насекомами“ – betonen eindeutig den Aspekt „Wirksamkeit“. Das erwünschte positive Resultat bei einem Arzneimittel sowie bei der Bekämpfung der Insekten steht dabei im Vordergrund. Ähnlich ist das Bild bei einigen Internetquellen wie das Online-Wörterbuch *multitran.ru* oder die Suchmaschine *yandex.ru*. Gibt man in *multitran.ru* „эффективность“ ein, dann werden als Übersetzungen vor allem die deutschen Begriffe „Effektivität“ und „Wirksamkeit“

---

[173] Vgl. u. a. Kapitel III.3.3.2.

[174] Vgl. auch die Definitionen in БЭС (1998).

[175] Vgl. РЭС (2000).

[176] Vgl. БТС (1998).

angeboten.[177] Wenn in der Suchmaske von *yandex.ru* das Adjektiv „эффективный“ mit all seinen Formen eingegeben wird, dann erscheinen als erste vom System vorgeschlagene Wortverbindungen „эффективная диета“, „эффективные диеты/таблетки для похудения“, „эффективное средство от тараканов/кашля/насморка“ oder „эффективные упражнения для прессы“.[178] Und auch wenn bei diesen Ausdrücken eine implizierte und vermutlich erwünschte „Effizienz“ bei der Anwendung angenommen werden könnte, steht im Vordergrund doch die „Wirksamkeit“ der thematisierten Mittel und Handlungen. Letztendlich ist dabei das erzielte Resultat am wichtigsten – sowohl bei einer Diät, bei den angenommen Tabletten, bei der Bekämpfung von Kakerlaken, Husten, Schnupfen oder beim Verfolgen einer gewünschten Bauchmuskulatur. In der bereits erwähnten Klassifizierung spezifisch wertender Bedeutungen, die von N. Arutjunova in den achtziger Jahren des letzten Jahrhunderts aufgestellt wurde, wird das Adjektivpaar „эффективный-неэффективный“ ebenfalls der teleologischen Wertung zugeordnet und somit vor allem als „resultativ“ verstanden. Ausgehend von einer subjektiv angenommenen „Richtigkeit der Effizienz“ könnte „эффективный“ im Sinne von „effizient“ aber auch dem Bereich der normativen Bewertungen wie „правильный-неправильный“ zugeordnet werden.[179]
Einen signifikanten Kontrast zu den bisher präsentierten Definitionen, Auffassungen und Verwendungen stellen die Beiträge in der russischsprachigen Variante der freien Enzyklopädie *Wikipedia* dar.[180] Gibt man in die Suchmaske „эффективность“ ein, dann erscheint zunächst ein kurzer Artikel, der aus einigen weiteren Verweisen und folgender knapper Definition des Begriffs besteht:

- „Эффективность (лат. *efficientia*) — продуктивность использования ресурсов в достижении какой-либо цели.“

Durch das Verwenden von „продуктивность“ wird in dieser allgemeinen, kontext- und diskursübergreifenden Definition „эффективность“, hier abgeleitet von „efficientia“, bereits als „Effizienz“ verstanden. Die nach der Erklärung aufgelisteten verlinkten Verweise werden drei Bereichen zugeordnet – mehrere Artikel zu „эффективность“ in der Wirtschaft („В экономике“) sowie jeweils einen für die

---

[177] Vgl. http://www.multitran.ru/c/m.exe?a=1&SHL=2.

[178] Oftmals kommt auch die Wortverbindung „эффективный контракт“ vor. Diese Erscheinung ist aber auf eine aktuelle Reform in Russland zurückzuführen, die Arbeitsverträge im öffentlichen Bereich zum Gegenstand hat. Vgl. dazu – http://spb-rba.ru/professionalam/effektivnyj-kontrakt.

[179] Vgl. Kapitel III.4.3.1.

[180] Vgl. https://ru.wikipedia.org.

Naturwissenschaften („В естественных науках“) und für den Gebiet der Technik („В технике“). Im Bereich der Wirtschaft wird neben einigen spezifischen Erscheinungen wie „Бюджетная эффективность“ oder „Эффективность по Парето“ auch die bereits bekannte Kollokation „Экономическая эффективность“ angegeben. Dabei fällt auf, dass sich die Wikipedia-Definition sehr stark, ähnlich wie in БСЭ 1978, auf den Produktionsprozess bezieht:

- „*Экономическая эффективность (эффективность производства)* — это соотношение полезного результата и затрат факторов производственного процесса.“

Erst ganz am Ende des allgemeinen Artikels „Эффективность“, in dem üblichen Abschnitt „Siehe auch“ (russisch „Смотри также“), wird auf eine „Effektivität“ aus dem Bereich der Philosophie hingewiesen – „Эффективность (философия)“ – sowie ein Link zum Begriff „Результат“ erstellt. Bemerkenswert ist jedoch, dass der Artikel aus dem angeblichen Philosophie-Bereich mit einer Definition anfängt, die „эффективность“ mit „Effizienz“ gleichsetzt und das, obwohl als Ausgangslexem das lateinische „effectus“ explizit angegeben wird:

- „Эффективность (лат. *effectus* — исполнение, действие) — способность выполнять работу и достигать необходимого или желаемого результата с наименьшей затратой времени и усилий.“

In der deutschsprachigen Variante von *Wikipedia* wird diese „Effektivität“ als „Wirksamkeit“ und der allgemeine Artikel „Эффективность“ als „Effizienz“ wiedergegeben.[181] Der äquivalente deutschsprachige Artikel zu der oben präsentierten „Экономическая эффективность“ trägt den Titel „Wirtschaftlichkeit“ und beschäftigt sich ebenfalls mit einer speziellen Form der „Effizienz“, nämlich der „Kosten-Nutzen-Relation“.

Bei Sprachen wie Deutsch, Englisch oder auch Bulgarisch, in denen beide Grundbegriffe existieren und auch differenziert werden, erscheinen relativ ausführliche Wikipedia-Artikel sowohl zu „Effektivität“ (deutsch), „Effectiveness“[182] (englisch) oder „Ефективност“ (bulgarisch)[183] einerseits, als auch zu „Effizienz“, „Efficiency“ oder „Ефикасност“ andererseits. Ein Hauptmerkmal all dieser Artikel ist der, dass sie neben Begriffsdefinitionen sehr viel Platz der strengen Differenzierung

[181] Vgl. https://de.wikipedia.org.

[182] Vgl. https://en.wikipedia.org

[183] Vgl. https://bg.wikipedia.org

beider Konzepte einräumen. So, fängt der deutschsprachige Artikel folgendermaßen an:

- „Effektivität (von lateinisch *effectivus* ‚bewirkend') ist ein Maß für *Wirksamkeit*, das das Verhältnis von erreichtem Ziel zu definiertem Ziel beschreibt. Es gibt Aufschluss darüber, wie nahe ein erzieltes Ergebnis dem angestrebten Ergebnis gekommen ist."

Weiter wird angeführt, dass dies „im Unterschied zur Effizienz (als Maß für Wirtschaftlichkeit) unabhängig vom Aufwand" sei und dass „einzig das Ausmaß und die Qualität, in dem beabsichtigte Wirkungen des Ziels erreicht werden, die Kriterien für Effektivität darstellen." Im weiteren Verlauf beschäftigt sich der Artikel ausschließlich mit dem konzeptuellen Unterscheid zwischen „Effektivität" und „Effizienz". Die äquivalenten englisch- und bulgarischsprachigen Wikipedia-Artikel sehen ähnlich aus. In anderen Online-Nachschlagewerken wie *Duden-Online*[184] oder das *Gabler Wirtshaftlexikon*[185] finden sich vergleichbare Erklärungen. Auch das in der deutschsprachigen *Wikipedia* als Primärquelle angegebene *Online Verwaltungslexikon* thematisiert vor allem die begrifflichen Differenzen. Dabei wird „Effektivität" als „Wirksamkeit, Ergebnisse (im Unterschied zu Effizienz: Mittel und Wege), Zweckerreichung, bzw. Grad der Wirksamkeit, das Ausmaß der Erreichung der angestrebten Ergebnisse (...)" definiert und „Effizienz" dagegen als „Verhältnis Input zu Output, Leistung zu Kosten und/oder anderen Nachteilen/Opfern."[186]

III.4.4.2 „Эффективность" im Unternehmensdiskurs

Nach der einführenden Übersicht im letzten Unterkapitel, wird im Folgenden gezeigt, wie die russischen Lexeme „эффективность", „эффективный" und „эффективно" im Rahmen der unternehmerischen Selbstdarstellung verwendet werden. Es wird gefragt, welche Konzepte und Bedeutungen sich hinter den sprachlichen Realisierungen verbergen, welche Akteure sowie Aspekte der Tätigkeit dabei thematisiert bzw. durch die attributive Zuschreibung positiv bewertet werden.

---

[184] Vgl. http://www.duden.de/.

[185] Vgl. http://wirtschaftslexikon.gabler.de/.

[186] Vgl. http://www.olev.de/e/effekt.htm.

Ein großer Vorteil der vorliegenden Untersuchung besteht in der Tatsache, dass alle analysierten Webseiten eine englischsprachige Variante haben, bei der es sich um eine übereinstimmende Übersetzung der russischsprachigen Seite handelt. Somit können gewisse Auffälligen bei der Verwendung und der dabei realisierten Semantik von Begriffen wie „эффективность“ durch einen Sprachvergleich ermittelt werden. Aufgrund der Besonderheiten beider Sprachsysteme sowie der subjektiven Wahrnehmung der eingesetzten Übersetzer kann natürlich keine absolute Verlässlichkeit der weiter unten angewendeten analytischen Vergleichsmethode beansprucht werden. Dennoch zeigen die ermittelten empirischen Ergebnisse eindeutig, dass ein solches Vorgehen als durchaus zulässig erscheint.
Nach einem ersten detaillierten sprachlichen Vergleich bleibt festzuhalten, dass im Unternehmensdiskurs mit „эффективность“, „эффективный“ oder „эффективно“ ziemlich häufig die Bedeutung „Effizienz“ realisiert ist. Auch wenn die russischen Lexeme allein im Text vorkommen, d. h. ohne explizite semantische und pragmatische Spezifikationen[187], werden sie in der englischen Variante meistens als „efficiency“ oder „efficient“ wiedergegeben. Dies ist insbesondere dann der Fall, wenn es sich um die ausdrückliche Deklaration von grundlegenden Werten sowie unternehmerischen Prioritäten handelt oder eher allgemeine Wortverbindungen vom Typ „эффективность деятельности“ kommuniziert werden. Die letztgenannte Wortkombination wird fast immer als „operating efficiency“ übersetzt, wie ein Beispiel aus der expliziten Wertekommunikation von Lukoil aufzeigt – „*прибыльность и эффективность деятельности*“ erscheint auf Englisch als „*profitability and operating efficiency*“[188]. Das gleiche gilt für Ausdrücke wie „эффективность работы, добычи, переработки“ oder die entsprechenden attributiven Verwendungen wie „эффективная деятельность, работа, добыча, переработка“ usw. Ein typisches Beispiel aus dem Nachhaltigkeitsbericht 2010/11 von Gazprom soll dies verdeutlichen. In diesem wird der Ausdruck „повышение эффективности сбытовой деятельности“ als „improving sales efficiency“[189] übersetzt:

- „*Основными задачами Группы Газпром на международном рынке являются сохранение позиций, обеспечение надежности газоснабжения и повышение эффективности сбытовой деятельности.*“[190] (Gazprom)

---

[187] Vgl. dazu weiter unten.

[188] Vgl. ausführlich Kapitel III.2.2.

[189] Vgl. http://www.gazprom.com/f/posts/51/402390/sustainability-report-2011-en.pdf, S. 18.

[190] Vgl. http://www.gazprom.ru/f/posts/30/035480/sustainability-report-2011-ru.pdf, S. 18.

Somit steht erstmal fest, dass bei der Deklaration von korporativen Grundprinzipien sowie bei der Thematisierung allgemeiner Handlungen, insbesondere solcher aus den operativen Bereichen der Tätigkeit, die russischen Unternehmen vor allem das Konzept „Effizienz“ kommunikativ hervorheben wollen. D. h., der Akzent fällt dabei auf das optimale ökonomische Verhältnis von eingesetzten Faktoren und erzieltem Ergebnis.
In den untersuchten Texten kann die Bedeutung „Effizienz“ aber auch ohne die Unterstützung der englischsprachigen Variante der Webseiten eruiert werden. Dies ist vor allem dann der Fall, wenn zusätzlich der semantische Spezifikator „экономический“ explizit gebraucht wird. Solche Äußerungen finden sich auf den Firmenseiten nicht so häufig. Wenn sie vorkommen, beziehen sie sich – nicht ganz überraschend – in erster Linie auf bestimmte, streng ökonomische Dimensionen des korporativen Handels, wie das nächste Beispiel zeigt:

- *„Применение тепловизоров позволяет увеличить загрузку цистерн с темными нефтепродуктами и, как следствие, повысить операционную и экономическую эффективность логистических процессов.“* [191] (Rosneft)

Allerdings konnten im Rahmen der vorliegenden Untersuchung einige Stellen ermittelt werden, bei denen „экономическая эффективность“ auch in teilweise sozialen Argumentationen verwickelt ist. Ein solches Beispiel wurde am Ende des letzten Kapitels bereits gezeigt – als Teil der „nachhaltigen Unternehmensentwicklung“ benennt Rosneft neben mehreren sozialen Aspekten auch die „wirtschaftliche Effizienzsteigerung“ – „*развитие компании, которое направлено на рост акционерной стоимости за счет повышения экономической эффективности*“. Auch Lukoil verwendet den expliziten ökonomischen Spezifikator einige Male bei der Thematisierung von sozialen Aspekten der Unternehmenstätigkeit. So z. B. in seinem Sozialkodex („Социальный Кодекс “), der als eine sehr detaillierte Unterrubrik der zweiten Stufe innerhalb der Hauptrubrik „Социальная политика“ präsentiert wird. In diesem stellt sich das Unternehmen als sozial engagierter Akteur dar und spricht u. a. die korporative Politik in Sachen „Unterbringung der Mitarbeiter“ ausführlich an. Dabei wird die „ökonomische Effizienz“ als wichtiges Element dieser Politik ausdrücklich hervorgehoben:

---

[191] Vgl. http://www.rosneft.ru/news/news_in_press/24062014.html.

- „*С целью расширения возможностей решения самой острой и капиталоемкой социальной проблемы - обеспечения работников и их семей достойными жилищными условиями - Компания стремится к развитию наиболее экономически эффективного инструмента - долгосрочного ипотечного жилищного кредитования.*"[192] (Lukoil)

Und obwohl solche Äußerungen relativ selten vorkommen, erwecken sie den Eindruck, dass in gewissen Situationen die russischen Unternehmen ihre Primärfunktion als profitorientierte Akteure explizieren wollen und somit den sozial dargestellten korporativen Aktivitäten eine gewisse konzeptuelle Einschränkung auflegen. Besonders deutlich ist dies bei der Mission von Rosneft zu sehen, die im Kapitel III.1.2 bereits ausführlich diskutiert wurde. Der sozial kommunizierte Existenzzweck des Unternehmens erscheint durch das Einfügen des ökonomischen Spezifikators „экономически" zumindest einigermaßen realitätsnah und wahrhaftig – „*Инновационное, экологически безопасное и экономически эффективное удовлетворение потребности общества в энергоресурсах.*"[193] In der englischen Variante der Seite wird „экономически эффективное" sogar als „feasible" übersetzt, das etwa „machbar, zulässig, realisierbar" heißt. Somit wird die eigentlich soziale Mission so modifiziert, dass zwar immer noch die „Befriedigung der Gesellschaftsbedürfnisse nach Energieressourcen" im Fokus steht, diese „Befriedigung" jedoch unter wirtschaftlich machbaren Bedingungen erfolgen sollte.
Anders geht Gazprom vor. Seine ähnlich klingende Mission enthält ebenfalls das wertende Attribut „эффективный", das sich dabei auf die Gasversorgung der Kunden bezieht – „*ОАО «Газпром» видит свою миссию в надежном, эффективном и сбалансированном обеспечении потребителей природным газом, (...).*"[194] Durch das Weglassen des semantischen Spezifikators „экономически" erzielt Gazprom eine gewisse Doppeldeutigkeit, die der unternehmerischen Selbstdarstellung sicher nicht schadet. In der so präsentierten Mission wird „эффективный" in einer Reihe mit zwei weiteren Attributen kommuniziert, die nicht unbedingt streng ökonomische Dimensionen der Tätigkeit unterstreichen. Dies trifft insbesondere auf „надежный" zu. Somit könnte der Eindruck entstehen, dass Gazprom mit „эффективный" vor allem den Aspekt „Resultativität" betonen will, der hier vorwiegend als sozial aufzufassen wäre – Hauptsache, die Lieferungen kommen bei den Kunden an, egal unter welchen ökonomischen Umständen. Allerdings wird in der englischen Variante das Adjektiv „efficient" benutzt, das viel stärker die „Wirt-

[192] http://www.lukoil.ru/static_6_5id_262_.html.
[193] Vgl. Kapitel III.1.2.
[194] Vgl. dazu ausführlich Kapitel III.1.2.

schaftlichkeit des Handelns“ anspricht und das Kosten-Nutzen-Kalkül in den Fokus rückt. Welche Bedeutung im Russischen gemeint ist, kann nicht mit absoluter Sicherheit behauptet werden. Später wird jedoch gezeigt, dass bei eher sozialen Aspekten der Tätigkeit die ausgewählten Unternehmen sehr wohl „эффективный“ verwenden und diesen dann als „effective“ übersetzen und angeblich so auch verstehen wollen, wodurch die Bedeutung „Wirksamkeit“ und nicht ein „effizientes Verhältnis“ realisiert wird.
Neben der ausdrücklichen Verwendung von „экономический“, ist in zwei weiteren Fällen die Bedeutung „Effizienz“ auch ohne die englischsprachige Variante der Seiten relativ sicher zu bestimmen. Manchmal wird der Begriff explizit mit Inhalt gefüllt und somit gewissermaßen definiert. Ein solches Beispiel wurde im Kapitel III.4.2.2 bereits vorgestellt – im Rahmen der korporativen „*Strategie*“ präsentiert Rosneft „эффективность“ als eine der fünf wichtigsten unternehmerischen Prioritäten.[195] Die dabei aufgelisteten Unteraspekte wie „совершенствование бизнес-модели“, „оптимизация логистики“ oder auch „контроль над расходами“ weisen eindeutig auf die Dimension „Effizienz“ hin, wobei Lexeme wie „совершенствование“ und „оптимизация“ zur besagten Konzeptualisierung zusätzlich beitragen. Noch deutlicher ist dies bei TNK-BP auf seiner Hauptseite realisiert. Direkt unter dem Verzeichnis der Webseitenrubriken präsentiert das Unternehmen drei Aspekte, die für das erfolgreiche Funktionieren des Konzerns grundlegend sein sollten. Neben „Люди“ und „Технологии“ wird auch „Эффективность“ kommuniziert.[196] Alle drei Begriffe werden kurz erläutert und in gewisser Weise argumentativ definiert. Die entsprechende Definition lässt keine Zweifel zu, dass hier „эффективность“ in erster Linie als „Effizienz“ konzeptualisiert ist:

- „*Эффективность – главный критерий оценки нашей работы. Максимальный результат при оптимальных затратах (...).*“ (TNK-BP)

Eine andere Möglichkeit, die „Effizienz“-Bedeutung in den russischsprachigen Texten festzustellen, ergibt sich dann, wenn in einer konkreten Äußerung die eigentlich als Synonyme[197] zu bezeichnenden Begriffe „эффективность“ und „результативность“ gleichzeitig kommuniziert werden. In diesen Fällen realisiert „результативность“ die Bedeutung „Effektivität“ und „эффективность“ dementsprechend – „Effizienz“. Solche Beispiele finden sich jedoch nicht so häufig,

---

[195] Vgl. ausführlich Beispiel (11) im Kapitel III.4.2.2.
[196] Vgl. https://web.archive.org/web/20130316073748/http://tnk-bp.ru/.
[197] Vgl. die Definitionen am Anfang des Kapitels III.4.4.1.

einige davon wurden bereits vorgestellt. So, hebt Lukoil in seinem Ethikkodex – im Abschnitt „Отношения с инвесторами“ – beide Aspekte der Tätigkeit als besondere korporative Vorteile hervor – „*Основой инвестиционной привлекательности Компании является ее эффективная и результативная деятельность* (...).“ [198] Auch TNK-BP verwendet beide Begriffe im Rahmen seiner expliziten Wertedeklaration gleichzeitig. Dabei wird die „maximale Effizienz“ als die Methode verstanden, mit dessen Hilfe der Grundwert „Результативность“ erreicht werden soll – „*Мы понимаем Результативность как постоянное достижение поставленных целей – наиболее эффективным способом и с учетом возможных рисков*“. [199] Auch bei den anderen zwei Unternehmen kommen manchmal beide Lexeme in einer Äußerung gleichzeitig vor. Meistens werden sie aber nicht wie von TNK-BP in einer Zweck-Mittel-Relation argumentativ realisiert, sondern beziehen sich attributiv, wie oben bei Lukoil, auf die gesamte Unternehmenstätigkeit oder auf einen ihrer Aspekte. Solche Formulierungen finden sich z. B. im bereits erwähnten Nachhaltigkeitsbericht von Gazprom aus den Jahren 2010/11:

- „*Подтверждением эффективности и результативности реализации основных принципов устойчивого развития Группы Газпром в 2010–2011 гг. стали премии и награды в области устойчивого развития.*“[200]

In fast allen solchen Fällen wird das russische Lexem „результативность“ als „effectiveness“ und „эффективность“ demensprechend als „efficiency“ ins Englische wiedergegeben. Der Gebrauch von „результативность“ im Sinne von „Effektivität“, und zwar nicht nur im Rahmen der gerade gezeigten gleichzeitigen Verwendung, kann als ein Versuch der Unternehmen interpretiert werden, die Doppeldeutigkeit von „эффективность“ gelegentlich aufzuheben, um somit den inhaltlichen Aspekt „Wirksamkeit“ hervorzuheben. Allerdings kommen die Lexeme „результативность“, „результативный“ oder „результативно“ nicht so oft auf den korporativen Webseiten vor, und dabei sehr selten auf deren Oberfläche. Mit Ausnahme von Gazprom[201] ergibt die automatische Suche nach den genannten Begriffen nur einzelne Treffer auf den Seiten der restlichen Unternehmen. Ein wenig anders sehen die Suchergebnisse in einigen Dokumenten zum Herunterladen

---

[198] Das vollständige Beispiel wird im Kapitel III.4.3.4. präsentiert.

[199] Vgl. dazu ausführlich Kapitel III.2.2.

[200] Vgl. http://www.gazprom.ru/f/posts/30/035480/sustainability-report-2011-ru.pdf, S. 31.

[201] Und auch mindestens die Hälfte der 97 Treffer, die bei Gazprom ermittelt werden, befindet sich in PDF-Dokumenten zum Herunterladen wie Berichte oder Kodizes. Diese Erscheinung ist auf die spezifische Einstellung der Webseitensuche von Gazprom zurückzuführen.

aus. Zwar erscheint auch in den ausführlich untersuchten Ethikkodizes „результативность" sehr selten, in anderen Dokumenten wie Jahres- oder Nachhaltigkeitsberichten kann eine produktivere Verwendung ermittelt werden.
Um eine allgemeine Vorstellung von dem Gebrauch der russischen Lexeme „результативность", „результативный" usw. in den internen Dokumenten zu bekommen, wurden pro Organisation drei bis vier Berichte aus den Jahren 2007-2013 durchsucht. Einerseits – die Jahresberichte („Годовой отчет") 2010 und 2013 von Gazprom, Lukoil und Rosneft sowie der Jahresbericht 2011 von TNK-BP. Andererseits – die Nachhaltigkeitsberichte („Отчет о деятельности в области устойчивого развития") von Gazprom aus den Jahren 2008/09 und 2010/11, von Lukoil 2007/08 und 2011/12, von Rosneft 2010 und 2013 sowie von TNK-BP 2008 und 2011. Die Suche ergab, dass in den Jahresberichten „результативность" nur zwischen ein- und sechsmal vorkommt, was aufgrund einer Seitenzahl von über 100 Seiten als wenig signifikant zu bezeichnen ist. Dagegen können in den Berichten zum Thema „Nachhaltigkeit" mehrmals zweistellige Trefferzahlen ermittelt werden – so, u. a. bei Gazprom 2010/11 25 Mal, bei Rosneft 2010 sowie bei TNK-BP 2008 jeweils 32 Mal. Somit kann angenommen werden, dass die russischen Unternehmen im Rahmen ihrer Nachhaltigkeitskommunikation viel öfter das Konzept „Effektivität" im Sinne von „Resultat" explizit von der „Effizienz" unterscheiden wollen.
Es steht dennoch fest, dass „эффективность" sehr viel häufiger als „результативность" auf den untersuchten Webseiten kommuniziert wird. Außerdem bleibt festzuhalten, dass trotz der weiter oben gezeigten Beispiele der Begriff meistens ohne semantische Spezifikatoren oder genaue inhaltliche Erläuterungen kommuniziert wird. In mehreren dieser Fälle wird „эффективность" nicht nur als „Effizienz" konzeptualisiert, sondern auch als „Effektivität". Dabei können einige interessente Auffälligkeiten festgestellt werden, die dank der englischsprachigen Variante der Webseiten besonders deutlich zu sehen sind.
Ein Bereich der Tätigkeit, bei dem alle ausgewählten Unternehmen in erster Linie die Bedeutung „Effektivität" akzentuieren wollen, ist der Umweltschutz. Bei diesem versuchen die russischen Organisationen eindeutig die „Wirksamkeit" der thematisierten Handlungen zu betonen, das optimale (ökonomische) Verhältnis von investierten Faktoren und erzieltem Ergebnis tritt in den Hintergrund. Die Hauptbotschaft dabei soll heißen – eine saubere Umwelt ist zumindest genau so wichtig wie der Kosten-Nutzen-Kalkül. Dies kann an mehreren Beispielen belegt werden, zwei davon werden weiter unten zur Veranschaulichung präsentiert. Sie stammen aus dem Ethikkodex von Lukoil (Abschnitt „Охрана окружающей среды", Seite 34) sowie aus der Ansprache Alexei Millers, die am Anfang des Nachhaltigkeitsbericht 2010/11 (Seite 6) von Gazprom steht:

- „*Принципы обеспечения эколого-экономического равновесия между производством и безопасностью окружающей среды составляют основу деятельности Компании и позволяют минимизировать финансовые и репутационные риски, выявлять проблемные вопросы на ранних стадиях и принимать наиболее эффективные решения.*“ (Lukoil)
- „*Система экологического менеджмента, прошедшая в 2011 году международную сертификацию, позволяет эффективно управлять природоохранными мероприятиями и последовательно улучшать экологические показатели.*“ (Gazprom)

Lukoil stellt solche Ansprüche nicht nur an sich selbst, sondern präsentiert sie auch als Forderungen an die Partner und Lieferanten des Unternehmens. Im oben bereits erwähnten Sozialkodex widmet Lukiol einen gesonderten Abschnitt den Beziehungen zu diesen Stakeholdern und präsentiert diese Beziehungen als Teil seiner sozialen Verantwortung, was bereits am Abschnittstitel zu sehen ist – „Социально ответственные отношения с подрядчиками и поставщиками“. Zu den Hauptkriterien der Auswahl zählt eine „effektive Politik in Sachen Betriebssicherheit und Umweltschutz“:

- „*При этом в число основных критериев выбора Компанией поставщиков и подрядчиков входят: (...) проведение эффективной политики в области промышленной безопасности и охраны окружающей среды.*“ (Lukoil)

In allen diesen Fällen werden „эффективный“ und „эффективно“ als „effective“ ins Englische übersetzt, womit die „Wirksamkeit“ und das positive Resultat der thematisierten Handlungen betont werden sollen. Eine so verstandene „Resultativität“ steht auch in zwei weiteren Fällen im Fokus der Äußerungen. Zum einen ist dies der Fall, wenn die russischen Firmen die Wichtigkeit der Kommunikation und des Dialogs mit allen korporativen Stakeholdern hervorheben wollen. Auch dann heißt „эффективный“ vor allem „effektiv“ und signalisiert die Bemühungen der Unternehmen, sich als gesprächsbereite und offene Partner zu präsentieren. Vgl. folgende Beispiele:

- „*При взаимодействии с заинтересованными сторонами ОАО «Газпром» стремится выстроить эффективный и конструктивный диалог позволяющий анализировать аргументированные позиции всех участников.*“[202] (Gazprom)

- „*В ТНК-ВР налажена эффективная система коммуникаций, позволяющая открыто и оперативно информировать внешние аудитории и сотрудников компании о важных аспектах ее деятельности.*“[203] (TNK-BP)

Eng verbunden mit dem Thema „Kommunikation und Dialog“ ist auch der nächste Bereich, bei dem die Unternehmen ausschließlich die „Effektivität“ der eingesetzten Maßnahmen akzentuieren – es geht um die Verteidigung der eigenen Interessen sowie der Interessen der korporativen Stakeholder. Dabei wird insbesondere die „effektive Verteidigung“ der Interessen der Aktionäre und Investoren besonders häufig angesprochen, wie u. a. gleich unten:

- „*В Компании разработан и утвержден Кодекс корпоративного управления (поведения) ОАО «Газпром», закрепляющий основные принципы корпоративного управления: эффективная защита прав и интересов акционеров, (...)*“[204] (Gazprom)

Die eigenen Interessen will Gazprom aber auch primär „effektiv“ und nicht nur „effizient“ schützen. Dies ist sowohl einer Äußerung aus der Unterrubrik „Техническое регулирование“[205] deutlich zu entnehmen – „*С целью создания эффективного механизма защиты интересов ОАО «Газпром» в области качества потребляемой и производимой Обществом продукции и услуг (...)*“ – als auch einer Passage aus dem Nachhaltigkeitsbericht 2010/11. Bei dieser handelt es sich um Themen wie „Korruption“ und „Interessenskonflikt“, die sich sehr wohl auf das erfolgreiche Funktionieren des Unternehmens auswirken können. Im unteren Beispiel wird die entsprechende russische Formulierung als „has established an effective system of control“ übersetzt:

- „*В настоящее время в Компании эффективно функционирует система контроля за использованием должностными лицами предоставленных*

[202] Vgl. Gazprom, Nachhaltigkeitsbericht 2010/11, S. 29.
[203] Vgl. https://web.archive.org/web/20130306011504/http://www.tnk-bp.ru/social/.
[204] Vgl. Gazprom, Nachhaltigkeitsbericht 2010/11, S. 34.
[205] Vgl. http://www.gazprom.ru/about/strategy/innovation/tech-regulation/.

им полномочий, помимо прочего позволяющая выявлять признаки коррупции и конфликта интересов."[206] (Gazprom)

Festzuhalten bleibt, dass bei Themen wie „Umweltschutz", „Kommunikation mit Stakeholdern" oder „Interessensverteidigung" die russischen Lexeme „эффективный" oder „эффективно" sehr oft als „effektiv" bzw. „resultativ" zu verstehen sind. Besonders deutlich ist die Bedeutung „Wirksamkeit" bei Wortverbindungen wie „эффективная защита", „эффективный механизм", „эффективная коммуникация" oder „эффективный диалог" zu spüren. Den gerade präsentierten Beispielen ist auch zu entnehmen, dass in dieser Bedeutung die Lexeme fast nur als Adjektive oder Adverbien verwendet werden. Dadurch erfüllen sie eine attributiv-wertende Funktion und dienen primär dazu, bestimmten Aspekten der Unternehmenstätigkeit positive Eigenschaften zuzuschreiben. Wenn „эффективность" als Nomen vorkommt, signalisiert es im Unternehmensdiskurs fast immer die Bedeutung „Effizienz", wie die Beispiele am Anfang des Kapitels demonstriert haben. Dies gilt sowohl für die Deklaration von unternehmerischen Grundprinzipien als auch für allgemeine Wortverbindungen wie „эффективность деятельности" oder „эффективность работы". Darüber hinaus ist die „Effizienz"-Bedeutung auch in attributiver oder adverbialer Funktion oft zu finden.

Dank der englischsprachigen Variante der Webseiten können, wenn auch wenige, einige weitere Übersetzungen der russischen Lexeme ermittelt werden, die ich noch kurz präsentieren möchte. Dies ist insofern interessant, da es zeigt, wie vielfältig der polyseme Begriff „эффективность" im Russischen verstanden, verwendet und konzeptualisiert werden kann. So, wird bei Rosneft im Rahmen der Hauptrubrik „Устойчивое развитие" „эффективность" zwei Mal als „performance" übersetzt, das im Deutschen am ehesten dem Begriff „Leistung"[207] entspricht. Und wenn bei der ersten Übersetzung – „Ключевые показатели эффективности" – sich um eine bereits akzeptierte betriebswirtschaftliche terminologische Übernahme aus dem Englischen handelt („Key Performance Indicator"), so überrascht die zweite Äußerung ein wenig:

- *„Благодаря сбалансированной и результативной социальной политике снижаются предпринимательские риски, укрепляется конкурентоспособность компаний, повышается эффективность деятельности*

[206] Vgl. Gazprom, Nachhaltigkeitsbericht 2010/11, S. 38.

[207] Zu „Leistung" im Russischen – vgl. Krause (2007a).

> *персонала и лояльность потребителей, повышается репутация бизнес-сообщества в целом.*“[208]

Wieso hier für „эффективность“ das mehrdeutige englische Wort „performance“ ausgewählt wurde, kann nicht mit Sicherheit beantwortet werden. Aufgrund der Verwendung des Nomens würde man hier zunächst die Bedeutung „Effizienz“ vermuten. Die ganze Äußerung soll in erster Linie aber die soziale Politik des Unternehmens positiv darstellen, was auch gewisse Interpretationen in Richtung „Effektivität“ erlaubt.

Zwei weitere interessante Übersetzungen finden sich in der korporativen „*Strategie*“ von Gazprom. In der Unterrubrik „Электроэнергетика“[209] wird das Attribut „высокоэффективный“ im Ausdruck „*высокоэффективных электростанций комбинированного цикла*“ als „cutting-edge“ übersetzt, das auf Deutsch „innovativ“ heißt, wodurch eine neue zusätzliche Bedeutung entsteht. In einer anderen bereits zitierten Äußerung aus der Unterrubrik „Инновации“ verleiht Gazprom dem spezifisch wertenden Adjektiv „эффективный“ sogar den Status einer allgemeinen Wertung – die Formulierung „*создание новых технологий для эффективной добычи природного сырья*“ wird auf Englisch als „*shaping of new technologies to improve extraction of natural resources*“[210] übersetzt. Das russische Adjektiv wird dabei mit einem Verb („to improve“) ins Englische wiedergegeben, das „verbessern“ heißt und eine holistische allgemeine Wertung ausdrückt.

Zum Schluss sollen auf der nächsten Seite die interessantesten Auffälligkeiten bei der Verwendung der russischen Begriffe „эффективность“ „эффективный“ und „эффективно“ im Unternehmensdiskurs präsentiert werden. Dies wird in tabellarischer Form dargestellt, wobei sich die Tabellenspalten auf folgende Punkte beziehen:

- die erste Spalte der Tabelle verweist auf die ermittelte sprachliche Realisierung der russischen Begriffe – als welche Wortart kommen sie in der Regel vor und/oder ob sie von bestimmten semantischen oder pragmatischen Spezifikatoren begleitet werden;
- in der zweiten Spalte wird auf den situativen Kontext hingewiesen, d. h. es wird dargestellt, bei der Thematisierung welcher Aspekte der Tätigkeit solche Realisierungen ermittelt werden können;

---

[208] Vgl. http://rosneft.ru/Development/.

[209] Vgl. http://www.gazprom.ru/about/strategy/energetics/.

[210] Vgl. http://www.gazprom.com/about/strategy/innovation/.

- in der dritten Spalte wird gezeigt, welche Bedeutung im Rahmen dieser konkreten sprachlichen Verwendungen aktiviert wird;
- in der letzten Spalte werden einige typische empirische Beispiele vorgestellt.

Realisierung	Situativer Kontext	Bedeutung	Beispiele
Nomen/Adjektiv/ Adverb ohne Spezifikationen „*эффективность*“ „*эффективный*“ „*эффективно*“	Alle Bereiche des Handelns, v .a. aber die operative ökonomische Tätig-keit	*Effizienz*	1. Deklaration von Werten und Prinzipien 2. Allgemeine Äußerungen wie „*эффективность деятельности/ работы*“
Nomen/Adjektiv/ Adverb mit dem se-mantischen Spezifi-kator „*экономический*“	V. a. die operative ökonomische Tätig-keit	*Effizienz*	„*экономическая эффективность логистических процессов*“
Explizite inhaltliche Füllung der Begriffe	Alle Bereiche der Tätigkeit	*Effizienz*	„*Максимальный результат при оптимальных затратах.*“
Gleichzeitige Ver-wendung mit „*ре-зультативность*“ etc.	Alle Bereiche der Tätigkeit	*Effizienz*	„*эффективная и результативная деятельность компа-нии*“
Adjektiv/Adverb ausgewählte Berei-che der Tätigkeit	Umweltschutz Kommunikation mit Stakeholdern Verteidigung von Interessen	*Effektivität*	„*эффективная политика в области охраны окружающей среды*“ „*эффективный диа-лог*“ „*эффективная защита прав и интересов акционеров*“

Tabelle 9: Der Begriff „Эффективность“ und dessen Realisierungen im russischen Unternehmensdiskurs

IV Zusammenfassung

Im Vordergrund meiner Arbeit stand die linguistische Analyse der intentionalen Imagekonstruktion ausgewählter russischer Konzerne aus der Öl- und Gasbranche – Gazprom, Rosneft, Lukoil und TNK-BP. In Anlehnung an das *Ashridge-Modell* wurden die auf der jeweiligen Firmenwebseite kommunizierten *Mission Statements* eruiert und die unterschiedlichen Strategien der verbalen sowie visuellen korporativen Selbstdarstellung detailliert untersucht. Mit Blick auf die in den einleitenden Kapiteln gestellten Forschungsfragen, sollen an dieser Stelle nun die ermittelten empirischen Ergebnisse zusammengefasst werden. Im Folgenden wird zunächst auf einige Unterschiede bei der Selbstpräsentation der ausgewählten Unternehmen hingewiesen, die sich vor allem auf die formale Gestaltung der untersuchten Mission Statement-Komponenten beziehen. Anschließend werden die inhaltlichen sowie sprachlichen Ähnlichkeiten präsentiert, wobei insbesondere auf die interessantesten Auffälligkeiten in der Kommunikation der russischen Konzerne verwiesen wird.

Auf Grundlage der durchgeführten empirischen Analyse konnten sowohl mehrere signifikante Ähnlichkeiten als auch einige erwähnenswerte Unterschiede in der webbasierten Selbstdarstellung der hier untersuchten Unternehmen ermittelt werden. In der Frage, welche Komponenten des Mission Statements auf der korporativen Webseite zu präsentieren sind, herrscht bei den russischen Konzernen eine gewisse Einigkeit. Alle Unternehmen entwickeln und kommunizieren fast alle inhaltlichen Komponenten, die dem Ashridge-Modell zufolge ein Mission Statement enthalten sollte. Nur TNK-BP verzichtet auf die ausdrückliche Deklaration eines unternehmerischen Existenzzwecks und Lukoil hält es für nicht unbedingt notwendig, eine ökonomische „*Strategie*“ explizit zu formulieren.
In Sachen Platzierung auf der Webseite, Umfang, Struktur oder visueller Modus der einzelnen Komponenten können allerdings ziemlich heterogene kommunikative Vorgehensweisen beobachtet werden. Viele der ermittelten Elemente – alle „*Strategien*“, die expliziten Missionen von Lukoil und Gazprom, die deklarative Wertekommunikation von TNK-BP oder die Kodizes von Rosneft und TNK-BP – werden in den ersten Hauptrubriken der jeweiligen Seite präsentiert wie „О компании“ oder „О Газпроме“. Dadurch werden sie sichtbar für potentielle Nutzer und Interessenten gemacht und außerdem direkt an ein breites Publikum adressiert. Einige zentrale Dokumente wie die Ethikkodizes von Lukoil und Gazprom werden aber nur in den Unterrubriken der zweiten Stufe „Внутренние документы компании“ und „Нормативные документы“ platziert, wodurch sie von einer interessierten Öffentlichkeit ein wenig versteckt bleiben. Somit können auch andere relevante Mission Statement-Komponenten, die sich nur in den beiden Kodizes befinden, von einem potentiellen Nutzer schwieriger entdeckt werden. Dies ist beispielsweise bei

der deklarativen Wertekommunikation von Lukoil der Fall, die ausschließlich im korporativen Ethikkodex zu finden ist.
Auch in Sachen Umfang und visueller Modus können einige signifikante Unterschiede ermittelt werden. So ist die ökonomische „*Strategie*" von Gazprom viel umfassender formuliert als die „*Strategien*" der drei anderen Konzerne. Gazprom kommuniziert sie sehr differenziert, indem das Unternehmen dafür mehrere Unterrubriken der zweiten sowie der dritten Stufe kreiert. Die restlichen Unternehmen präsentieren ihre „*Strategien*" im Rahmen einer einzigen Unterrubrik innerhalb der ersten Hauptrubrik „О компании". Bei den verhaltensregulierenden Kodizes, die insgesamt die umfangreichste Komponente der hier untersuchten Mission Statements darstellen, sticht der Kodex von Lukoil eindeutig heraus. Mit seinen 60 Seiten ist Lukoils „Кодекс деловой этики" mit Abstand der längste von allen. Die anderen drei Unternehmen begnügen sich mit einer Länge von 16-18 Seiten, was bei dieser Textsorte eher als die Norm zu bezeichnen ist. Auch die explizite Wertekommunikation von Lukoil ist viel umfassender als die der anderen Konzerne. Während die restlichen Unternehmen ihre Grundwerte mithilfe einiger Sätze relativ knapp und abstrakt deklarieren, widmet Lukoil der korporativen Wertekommunikation ganze zwei Seiten seines Ethikkodex.
Der Kodex von Lukoil sticht aber nicht nur mit der äußerst hohen Seitenzahl heraus, sondern auch mit seinem visuellen Design. Er ist sehr farbenreich, enthält viele Fotos und Zeichen, wodurch dieser Kodex viel mehr einer Werbebroschüre ähnelt, als einem strikten normativen Dokument. Mit Ausnahme des später erschienenen „Кодекс деловой этики" von TNK-BP, fehlt bei den anderen drei hier untersuchten Kodizes ein ausgeprägter visueller Modus fast vollständig. Dadurch werden diese Dokumente eher wie die unternehmerischen Statuten („уставы") konzipiert, die vor allem die finanzwirtschaftlichen Aktivitäten sowie den juridischen Status der jeweiligen Aktiengesellschaft bestimmen. Bei der Kommunikation der korporativen „*Strategien*" setzt vor allem Gazprom auf die Verwendung von Bildern, mit deren Hilfe das verbal Kommunizierte auch visuell unterstützt werden soll. In den entsprechenden Unterrubriken der Webseite können ganze 17 Fotos ermittelt werden, die sich thematisch immer auf die Inhalte der jeweiligen Rubrik beziehen. Dagegen verzichten Rosneft und TNK-BP vollständig auf Fotos, wenn sie ihre ökonomischen „*Strategien*" auf der korporativen Webseite präsentieren.
Die meisten der in der vorliegenden Untersuchung ermittelten Unterschiede – ob bei der formalen Gestaltung der Texte oder bei der Thematisierung bestimmter Inhalte sowie deren sprachlicher Realisierung – können allerdings nicht auf gewisse spezifische Unternehmenscharakteristika wie beispielsweise Konzerngröße, Hauptbranche der Tätigkeit, geographische Präsenz des Unternehmens oder Eigentumsverhältnisse

zurückgeführt werden. Der einzige signifikante Unterschied, der auf einen dieser Faktoren zurückzuführen wäre, ist die Kommunikation einiger sozialer Aspekte der Tätigkeit im Rahmen der streng genommen wirtschaftlichen korporativen „*Strategien*“ von Gazprom und Rosneft. Während die privaten Konzerne Lukoil und TNK-BP ausschließlich ökonomische Motive in ihren „*Strategien*“ kommunizieren, thematisieren die staatlichen Unternehmen dabei auch einige soziale Themen wie z. B. die korporative Verantwortung gegenüber den russischen Regionen sowie deren Einwohnern. Dies ist in gewisser Hinsicht auch verständlich, da Gazprom und Rosneft sich als staatlich geführte Akteure vermutlich verpflichtet fühlen, ihre soziale Funktion zumindest auf Äußerungsebene ständig zu betonen.

Viel interessanter erscheinen jedoch die in der Kommunikation der ausgewählten Unternehmen ermittelten Ähnlichkeiten, die sich vor allem auf konzeptueller, begrifflicher und lexikalischer Ebene manifestieren. Und obwohl mit der vorliegenden Untersuchung kein Anspruch auf Repräsentativität erhoben wird, können aufgrund der empirisch eruierten Ergebnisse einige besonders auffällige unternehmensübergreifende Erscheinungen in der Selbstdarstellung der führenden russischen Öl- und Gaskonzerne festgestellt werden. Zumindest für diese Branche und diese Konzerngröße können daher die im Folgenden vorgestellten Ergebnisse als gewissermaßen repräsentativ bezeichnet werden.

Gleich am Anfang soll gesagt werden, dass zum Zwecke der positiven Imagekonstruktion die korporativen Akteure mehrfach behaupten, dass alle Aspekte der Unternehmenstätigkeit als gleich wichtig für das erfolgreiche Funktionieren der Organisation angesehen werden sollten. Die soziale Dimension des Handelns wird von den Korporationen in fast allen Teilen der hier untersuchten Mission Statements thematisiert. Dadurch entsteht eine für gegenwärtige Selbstpräsentationen globaler Unternehmen nicht untypische konzeptuelle und begriffliche Vermischung, deren primäres Ziel das (kommunikative) Verschmelzen von Handlungsmotiven zu einem harmonischen Ganzen ist – „Umweltschutz“ und „soziale Verantwortung“ werden als genau so wichtig wie „Effizienz“ und „Gewinn“ dargestellt.

Dennoch ist insbesondere bei der Kommunikation des unternehmerischen Existenzzwecks ein eindeutiger Versuch seitens der russischen Konzerne festzustellen, die soziale Ausrichtung des korporativen Handels ausdrücklich hervorzuheben. Lukoil existiert, mit den Worten des Unternehmens, „*на благо человека*“. Rosneft sieht seine Bestimmung als Organisation in „*удовлетворение потребности общества в энергоресурсах*“ und Gazprom akzentuiert die „Gewährleitung der Zuverlässigkeit der Gaslieferungen“ als Hauptzweck der unternehmerischen Existenz (vgl. Kapitel III.1.2). Und wenn bei den staatlichen Akteuren Gazprom und Rosneft diese Kommunikationslinie zum Teil irgendwie nachvollzogen werden könnte, ist der altruistischen Perspektive von Lukoil eher mit Skepsis zu begegnen. Die angesprochene „Zuverlässigkeit der Lieferungen" wird von Gazprom besonders oft explizit thematisiert und dadurch als zentrale korporative Priorität unterstrichen. Dieses inhaltliche Motiv wird u. a. auch in der rein ökonomischen „*Strategie*" mehrmals ausdrücklich erwähnt. Von allen Unternehmen wird der „Umweltschutz" als eine weitere soziale Aufgabe und gleichzeitig als oberste Handlungsnorm wiederholt deklariert. Das Thema kommt in fast allen Komponenten der untersuchten Mission Statements vor, was aber auch auf die umweltbelastende Tätigkeit der hier ausgewählten Konzerne zurückgeführt werden könnte.

Die kommunikativ angestrebte Verschmelzung der unterschiedlichsten Aspekte der Firmentätigkeit zu einem harmonischen Ganzen ist insbesondere im Rahmen der Wertekommunikation deutlich zu sehen. Dies ist sowohl im Rahmen der von mir so genannten expliziten Deklaration korporativer Grundwerte der Fall (vgl. Kapitel III.2) als auch bei der nicht-deklarativen Wertekommunikation der ausgewählten russischen Unternehmen (vgl. Kapitel III.4.3.4). Grundsätzlich wird zunächst das Handeln der Konzerne als ausschließlich wertegeleitet präsentiert. Dabei werden ökonomische Werte wie „эффективность", „результативность", „прибыльность" oder „лидерство" mit sozialen und ethischen Werten wie „ответственность", „добросовестность", „честность", „уважение" oder „доверие" in der Wertehierarchie gleichgesetzt und als gleich wichtige Leitlinien für das gesamte unternehmerische Handeln dargestellt. Rosneft geht sogar so weit, dass im Rahmen seiner wirtschaftlichen „*Strategie*" die korporative soziale Verantwortung explizit als „Schlüsselbedingung" für das Erreichen von ausschließlich operativen ökonomischen Zielen bezeichnet wird (vgl. Kapitel III.4.2.2).

Das häufige kommunikative Vermischen der ökonomischen und sozialen Dimensionen der Firmentätigkeit spiegelt sich in der Identifikation der wichtigsten unternehmerischen Stakeholder wider. Als primäre Nutznießer der korporativen Tätigkeit werden einerseits die Kunden, die Mitarbeiter, die Einwohner der russischen Regionen oder sogar ganz allgemein der Mensch und die Gesellschaft als Ganzes angesprochen. Dies ist insbesondere bei der Kommunikation des unternehmerischen Existenzzwecks sowie im Rahmen der untersuchten Ethikkodizes der Fall. Andererseits werden in den Kodizes oder im Rahmen der korporativen „*Strategien*" aber auch die Aktionäre und die Investoren als primäre und ganz wichtige Stakeholder identifiziert und die Verteidigung ihrer Rechte und Interessen als oberste Handlungspriorität der Organisationen deklariert. Dass die Erwartungen, Ziele und Wünsche all dieser Anspruchsgruppen sehr oft divergieren können, wird von den ausgewählten russischen Unternehmen nie explizit thematisiert. Die möglichen, ja sogar, sicheren Dissonanzen zwischen den Erwartungen der angesprochenen

Stakeholder werden eigentlich verschwiegen und die Balance aller Interessen wird als natürliche Folge des korporativen sowie individuellen Handelns dargestellt.
Allerdings, kann mithilfe der sprachlichen Marker der deontischen Notwendigkeit und auf Grundlage der im Rahmen der hier analysierten Kodizes pragmatisch bedingten Unterscheidung von *expliziter* und *impliziter Verpflichtung* eine gewisse *Hierarchisierung in der Wichtigkeit* bestimmter Erscheinungen für die ausgewählten russischen Unternehmen ermittelt werden (vgl. Kapitel III.4.1). So werden z. B. von Rosneft und Lukoil als Objekte der absoluten korporativen *Pflicht* (russisch „долг") ausschließlich Aspekte wie „*прибыльность*" und „*эффективность*" sowie die Verteidigung der Interessen der Aktionäre und Investoren ausdrücklich kommuniziert. Dadurch werden diese ökonomischen Motive als höchste Unternehmenswerte und unumstrittene Handlungsnormen explizit deklariert und die Aktionäre sowie die Investoren als wichtigste unternehmerische Stakeholder identifiziert.
Darüber hinaus, wird bei der Analyse der Kodizes eindeutig gezeigt, dass in bestimmten Tätigkeitsbereichen das Verhalten der angesprochenen Akteure durch den äußerst frequenten Gebrauch von kategorischen deontischen Formulierungen wie „*(не) должен*", „*обязан*", „*(не) следует*", „*запрещено*" etc. sehr strikt reguliert wird (vgl. Kapitel III.3.4.1.2). Somit werden von den russischen Unternehmen die konkret thematisierten Handlungen als absolut notwendig und die genannten Bereiche bzw. Aspekte der Tätigkeit als ausgesprochen wichtig markiert. Es fällt auf, dass deontische Ausdrücke vor allem bei der Regulierung solcher Handlungen verwendet werden, die sich unmittelbar auf das Erreichen der wirtschaftlichen Ziele sowie auf den geschäftlichen Nutzen des jeweiligen Unternehmens auswirken könnten. Aspekte der Tätigkeit, die durch den sehr häufigen Gebrauch deontischer Formulierungen strikt reguliert werden, sind u. a. der „Umgang mit vertraulichen Informationen", der mögliche „Konflikt zwischen korporativen und individuellen Interessen" und die damit verwandte Erscheinung „Annahme von Geschenken" oder auch die „Beziehungen zu den unternehmerischen Geschäftspartnern" (vgl. Kapitel III.3.4.1.2). Und umgekehrt – wenn das Handeln in den eher sozialen Bereichen der Tätigkeit wie „Umweltschutz" oder „Mitarbeiterbeziehungen" geregelt wird, fehlen die deontischen Ausdrücke fast vollständig. Dadurch werden die thematisierten Handlungen auf Äußerungsebene als nicht unbedingt notwendig verbalisiert und die entsprechenden Bereiche als weniger wichtig für das Unternehmen markiert (vgl. Kapitel III.3.4.1.3).
Neben der Objektebene, d. h. den Aspekten der Tätigkeit und den dabei angesprochenen konkreten Aktivitäten, ist bei der sprachlichen Realisierung expliziter und impliziter Verpflichtungen eine weitere Ebene besonders interessant – die Subjektebene. Denn die thematisierten Handlungen sollen immer von bestimmten

Akteuren ausgeführt werden. In den Kodizes können zwei Hauptgruppen von handelnden Subjekten ermittelt werden – einerseits die individuellen Unternehmensangehörigen wie Mitarbeiter und Führungskräfte und andererseits die Organisationen als korporative Akteure. Es ist sehr auffällig, dass auf Äußerungsebene die Unternehmen als Korporationen äußerst selten als explizite Pflichtsubjekte verbalisiert werden, wobei Formulierungen mit den sonst so produktiven deontischen Modalwörtern vollständig fehlen. Äußerungen wie „Компания обязана...", „Компания должна / не должна..." oder „Компании следует / никогда не следует..." konnten in keinem der Kodizes gefunden werden. Denn solche Äußerungen würden das jeweilige Unternehmen als Subjekt markieren, das beim Nicht-Erfüllen der expliziten übernommenen Verpflichtung mit bestimmten Sanktionen rechnen sollte. Daher wird vermutlich die Verpflichtung der Unternehmen grundsätzlich implizit kommuniziert – z. B. als „Zielsetzung", als „Garantiezusicherung" oder als Darstellung des unternehmerischen Handelns in Form von „realen Tatsachen". Wenn die Korporationen auf Äußerungsebene doch als Pflichtsubjekte expliziert werden, wird ihre Pflicht ausschließlich mithilfe der Nomen „долг" und „обязательство" kommuniziert, die das Objekt sowie die Benefaktive in den Fokus rücken, wodurch die Pflicht der Unternehmen vor allem nach dem s. g. „Fürsorgemodell" konzeptualisiert wird, dass immer positive Assoziationen hervorruft (vgl. dazu u. a. Kapitel III.3.4.2.1 sowie III.3.4.3). Die Mitarbeiter werden dagegen ziemlich häufig durch den Gebrauch von kategorischen deontischen Formulierungen zum Ausführen oder Unterlassen bestimmter Handlungen aufgefordert. Dabei werden sie explizit als Subjekte präsentiert, die bei Verletzung ihrer Verpflichtungen mit Sanktionen rechnen sollten, womit ihre Pflicht vor allem nach dem s. g. „Gerichtsmodell" konzeptualisiert wird. Durch die Auswahl der sprachlichen Mittel übertragen die Unternehmen indirekt die gesamten expliziten Verpflichtungen auf die individuellen Angehörigen und entziehen sich zumindest auf Äußerungsebene ihrer korporativen Pflicht. Nicht selten wird diese Pflichtübertragung aber auch expliziert – dieses Phänomen bezeichne ich als *explizite Pflichtverschiebung von der korporativen auf die individuelle Ebene* (vgl. Kapitel III.3.4.2.2).

Die oben angesprochenen Modelle – das „Fürsorge-" sowie das „Gerichtsmodell" – wurden von Holger Kuße zunächst für einen Begriff entworfen, der auch in den hier untersuchten Kodizes sehr häufig verwendet wird – für *Verantwortung*, russisch „ответственность" (vgl. Kapitel III.3.3.2.2). Der russische Begriff wird im Rahmen der korporativen Selbstdarstellung auf vielfältiger Weise konzeptualisiert, wobei einige besonders interessante Auffälligkeiten ermittelt werden konnten. Sehr oft wird in den Kodizes der Verpflichtungscharakter der „Verantwortung" akzentuiert. Der

Wertbegriff „ответственность“ und vor allem seine attributiven sowie adverbialen Realisierungen werden aber auch in ihrer primär evaluierenden Funktion gebraucht, um z. B. bestimmte Akteure aufzuwerten. Aufgrund der Polysemie des russischen Begriffs wird in mehreren Fällen auch die Bedeutung „Haftung“ aktiviert. Bei allen diesen Realisierungen kommen die beschriebenen Verantwortungsmodelle zum Vorschein, wobei in den meisten Äußerungen eines der drei Modelle als dominant bezeichnet werden kann (vgl. u. a. Kapitel III.3.4.2.4 sowie III.3.4.3).
Mit einer der produktivsten sprachlichen Formulierungen, nämlich „нести ответственность за что“, wird in der Regel die Verantwortung der individuellen Unternehmensangehörigen verbalisiert. Durch diese sprachliche Formel wird die Verantwortung der Mitarbeiter und der Führungskräfte in erster Linie als „Haftung“ oder (potentielle) „Schuld“ („вина“) kommuniziert und nach dem „Gerichtsmodell“ konzeptualisiert. Die Angehörigen erscheinen dabei vor allem als Subjekte, die bei Verletzung ihrer Verantwortung mit negativen Sanktionen rechnen sollten, wobei die Sanktionen oft auch expliziert werden. Ähnlich wie bei „Pflicht“, tragen die Unternehmen als korporative Akteure nie „Verantwortung“ im wörtlichen Sinne – mit dem äußerst produktiven, jedoch haftungsbeladenen Ausdruck „нести ответственность за что“ wird in keinem der Kodizes die korporative Verantwortung versprachlicht. Die unternehmerische „Verantwortung“ wird sehr oft mithilfe der Kollokation „осознавать ответственность перед кем“ als verinnerlicht kommuniziert. Dadurch wird diese vor allem als absolute moralische Pflicht gegenüber unterschiedlichen Stakeholdern präsentiert und fast ausschließlich nach dem positiv besetzten „Fürsorgemodell“ konzeptualisiert. Bei der Übernahme korporativer Verantwortung agieren die Konzerne also ausschließlich als positiv dargestellte Subjekte der Fürsorge und nie als negativ besetzte Schuld- oder Haftungssubjekte. Genau so wie bei der Zuschreibung von „Pflicht“, werden auch hier die potentielle „Schuld“ sowie die möglichen Sanktionen gänzlich auf die individuellen Angehörigen abgewälzt. Auch in den Fällen, in denen die russischen Lexeme – in erster Linie als Attribute und Adverbien – in ihrer primär wertenden Funktion erscheinen, beziehen sich diese ausschließlich auf die Unternehmen oder auf unterschiedliche Aspekte des korporativen Handelns. Durch derartige explizite Zuschreibungen wollen sich die Konzerne entweder direkt oder indirekt selbst aufwerten (vgl. u. a. Kapitel III.3.4.3).
Und auch wenn „Pflicht“ und „Verantwortung“ in der Kommunikation der russischen Unternehmen sehr oft ermittelt werden konnten, gibt es einen weiteren Begriff, der in allen Komponenten der hier untersuchten Mission Statement akzentuiert wird und daher als zentral und richtungsweisend für das gesamte unternehmerische Handeln präsentiert wird – „эффективность“ (vgl. Kapitel III.4.4). Der frequente Gebrauch des positiv wertenden Begriffs ist allerdings nicht nur auf seine explizit evaluierende

Funktion zurückzuführen, die naturgemäß hervorragend zum Zwecke der unternehmerischen Selbstdarstellung instrumentalisiert werden kann. Denn „эффективность“ stellt im Russischen einen polysemen Begriff dar, der mindestens zwei Bedeutungen einschließt, die im Rahmen des ökonomischen Diskurses von besonderer Wichtigkeit sind – „Effektivität“ und „Effizienz“. Diese Begriffspolysemie führt dazu, dass „эффективность“ im Unternehmensdiskurs nicht nur ausgesprochen häufig kommuniziert wird, sondern auch unterschiedlich konzeptualisiert werden kann.

In erster Linie wird im Rahmen der Unternehmenskommunikation bei „эффективность“ die Bedeutung „Effizienz“ realisiert, die im Russischen eher als sekundär zu bezeichnen ist (vgl. Kapitel III.4.4.1). Dies ist insbesondere dann der Fall, wenn grundlegende korporative Werte und Prinzipien deklariert oder allgemeine Ausdrücke vom Typ „эффективность деятельности/работы“ kommuniziert werden. In all diesen Fällen wird vor allem das effiziente Verhältnis von investierten Faktoren und erzieltem Ergebnis sprachlich akzentuiert. Dabei werden vor allem ökonomische Aspekte der korporativen Tätigkeit thematisiert. Dass in einigen solchen Formulierungen vor allem über „Effizienz“ gesprochen wird, kann auch mithilfe der englischsprachigen Version der korporativen Webseiten festgestellt werden. Diese vergleichende Vorgehensweise wurde im Kapitel III.4.4.2 beschrieben.

In der vorliegenden Untersuchung kann aber die Bedeutung „Effizienz“ in mehreren Fällen auch allein aufgrund des russischen Textes ermittelt werden. Dies ist dank der expliziten Verwendung unterschiedlicher semantischer und pragmatischer Erläuterungen möglich. So, wird immer beim unterstützenden Gebrauch des inhaltlichen Spezifikators „экономический“ die Effizienz-Semantik von „эффективность“ aktiviert. Diese kommt auch dann zum Ausdruck, wenn die zum Teil synonymen russischen Lexeme „эффективность“ und „результативность“ zusammen in einer konkreten Äußerung verwendet werden. Dabei realisiert „эффективность“ die Bedeutung „Effizienz“ und „результативность“ – „Effektivität“. Teilweise wird der russische Begriff auch argumentativ mit Inhalt gefüllt und dadurch explizit erläutert. Am besten illustriert dies ein Beispiel aus der Hauptseite von TNK-BP, bei dem „эффективность“ eindeutig mit „Effizienz“ gleichgesetzt wird – *„Максимальный результат при оптимальных затратах.“*

Es steht jedoch fest, dass in den untersuchten Texten die russischen Lexeme „эффективность“, „эффективный“, „эффективно“ öfters ohne semantische oder pragmatische Spezifikationen verwendet werden. In mehreren dieser Fälle wird „эффективность“ nicht als „Effizienz“ konzeptualisiert, sondern es wird die primäre Bedeutung „Effektivität“ aktiviert. Dabei können einige auffällige kontextbedingte Verwendungen festgestellt werden, die dank der englischsprachigen Variante der

Webseiten besonders deutlich zu sehen sind. So, wird von allen Unternehmen im Bereich „Umweltschutz“ mit „эффективность“ in erster Linie die „Wirksamkeit“ der thematisierten Handlungen akzentuiert. Das ökonomische Kalkül tritt dabei in den Hintergrund. Auch wenn es um den Dialog mit den korporativen Stakeholdern oder um die Verteidigung der Interessen dieser Anspruchsgruppen geht, wird vor allem eine effektive und zielgerichtete Handlungsweise angestrebt. Es fällt auf, dass gerade bei der Thematisierung von eher sozialen Aspekten der Unternehmenstätigkeit „эффективность“ häufig als „Effektivität“ konzeptualisiert wird. Und wenn dabei keine expliziten Spezifikationen vorkommen, kann dies zu einer gewissen Doppeldeutigkeit führen, die der korporativen Selbstdarstellung sicher nicht schadet. Das war z. B. bei der Kommunikation des unternehmerischen Existenzzwecks von Gazprom der Fall (vgl. Kapitel III.4.2.2.).

Zum Schluss sollte noch die Erscheinung „sprachliches Bewerten“ im Rahmen der Unternehmenskommunikation gesondert angesprochen werden. Wie in der ganzen Arbeit ausführlich gezeigt und zudem im Kapitel III.4.3 zusammengefasst präsentiert, verwenden die russischen Unternehmen sehr oft explizite Bewertungen, um sich auf ihren Webseiten positiv darzustellen. Allgemeine axiologische Evaluierungen wie „gut“ oder „schlecht“ kommen dabei zwar relativ selten vor, dafür können in den meisten Mission Statement-Komponenten ausgesprochen viele explizite spezifische Bewertungen wie „effektiv/effizient“, „zuverlässig“, „verantwortungsvoll“, „gewissenhaft“, „ehrlich“ usw. ermittelt werden. Dies trifft insbesondere auf drei der Komponenten zu – die verbale Darstellung des unternehmerischen Existenzzwecks, die explizite Wertedeklaration sowie auf alle Firmenkodizes. Allein die Kommunikation der korporativen „*Strategie*“ stellt einen Sonderfall dar. Während in ihrem Kernteil die ausgewählten russischen Unternehmen zum Zwecke der positiven Selbstpräsentation noch häufig auf explizite axiologische Wertungen zugreifen, stellen sie sich in den jeweiligen Erzählteilen vor allem mithilfe von als Beschreibungen verschleierten impliziten Bewertungen vor. Dadurch werden die entsprechenden Erzählteile eher wie die anderen Unterrubriken der ersten Hauptrubrik „О компании“ bzw. „О Газпроме“ konzipiert und kommuniziert. In diesen Unterrubriken präsentieren die russischen Unternehmen unterschiedliche allgemeine Aspekte ihrer Tätigkeit und verwenden vor allem streng genommen deskriptive Lexeme, um sich sowie ihr Handeln positiv darzustellen.

Die vorliegende Untersuchung hat auf mehrere auffällige Erscheinungen in der Kommunikation der ausgewählten russischen Unternehmen hingewiesen. An einzelnen Fallbeispielen wurde u. a. aufgezeigt, wie sich die Konzerne einem breiten Publikum präsentieren wollen, welche Aspekte ihrer Tätigkeit sie dabei unbedingt zu akzentuieren versuchen, welche Wertbegriffe im Rahmen der korporativen

Selbstdarstellung besonders häufig kommuniziert werden sowie welche Konzepte sich hinter diesen Begriffen verbergen. Ich hoffe, mit dieser Arbeit einen Beitrag zur empirischen linguistischen Forschung im Bereich der russischen Unternehmenskommunikation Online geleistet zu haben, der als Grundlage weiterführender Untersuchungen dienen kann. Anliegen solcher Untersuchungen könnte es sein, die hier ermittelten Ergebnisse mit breit angelegten Studien zu überprüfen. Es wäre interessant zu sehen, wie polyseme Begriffe wie „ответственность" oder „эффективность" in Russland auch branchenübergreifend kommuniziert und konzeptualisiert werden oder wie andere russische Unternehmen ihre Webseiten zum Zwecke der positiven Selbstdarstellung nutzen. Der Fokus könnte aber auch auf Fragen gelegt werden wie z. B. die Rezeption der ermittelten Ergebnisse der Webseitenkommunikation oder die Einbeziehung der Betroffenen auf Mitarbeiterebene, deren Perspektive ebenfalls interessante Einblicke geben könnte. Auch ein Vergleich der hier untersuchten russischsprachigen Kodizes mit ähnlichen Dokumenten ausländischer Öl- und Gaskonzerne wäre möglicherweise vom Interesse, wobei insbesondere die sprachliche Realisierung von „Pflicht" und „Verantwortung" auf bedeutende (interkulturelle) Unterschiede hinweisen könnte.

Literaturverzeichnis

Acham, K. 1980. Werttheorie. In Speck, J. (Hrsg.): Handbuch wissenschaftstheoretischer Begriffe, Band 3 (R-Z). Göttingen: Vandenhoeck und Ruprecht, 713-720.

Barmeyer, C. / Davoine, E. 2008. Code of Conduct: interkulturelle Probleme mit Verhaltensvorschriften. In: Wirtschaftspsychologie aktuell, 1/2008, 52-56.

Bergmann, R. / Bungert, M. 2011. Strategische Unternehmensführung: Perspektiven, Konzepte, Strategien. Berlin/Heidelberg: Springer Verlag.

Biere, B. 1991. Sprachliche Strategien der Selbstdarstellung. In: Bungarten, T. (Hrsg.): Konzepte zur Unternehmenskommunikation, Unternehmenskultur und Unternehmensidentität. Tosted: Attikon, 27-29.

Bolinger, D. 1972. Degree words. The Hague/Paris 1972.

Bruhn, M. 1992. Integrierte Unternehmenskommunikation. Ansatzpunkte für eine strategische und operative Umsetzung integrierter Kommunikationsarbeit. Stuttgart.

Campbell, A. / Devine, M. / Young, D. 1990. A Sense of Mission. Economist Books/Hutchinson.

Campbell, A. / Devine, M. / Young, D. 1992. Vision, Mission, Strategie. Die Energie des Unternehmens aktivieren. Frankfurt am Main/New York: Campus.

Chun, R. / Davies, G. 2001. E-reputation: The role of mission and vision statements in positioning strategy. In: Brand Management, Vol. 8, 315-333.

Connolly-Ahern, C. / S. C. Broadway. 2007. The importance of appearing competent: An analysis of corporate impression management strategies on the World Wide Web. In: Public Relations Review 33, Issue 3, 343–345.

Derieth, A. 1995. Unternehmenskommunikation. Eine Analyse zur Kommunikationsqualität von Wirtschaftsorganisationen. Opladen: Westdeutscher Verlag. (= Studien zur Kommunikationswissenschaft, Band 5).

Desmidt, S. / Heene A. 2003. Mission statements: in search for ameliorated performance through organisation – employee value congruence. The First workshop of the EGPA Study Group on Ethics and Integrity of Governance. (http://www.law.kuleuven.be/icr/integriteit/egpa/previous-egpa-conferences/lisbon-2003/desmidt.pdf)

Desmidt, S. / Prinzie A. 2011. The Organisation's Mission Statement: Give up hope or resuscitate? A search for evidence-based recommendations. In: Wolf, J. et al. (Edt.): Organization Development in Healthcare: Conversations on Research and Strategies. Emerald, 25-43.

Donaldson, J. 1992. Business Ethics: A European Casebook. London et al: Academic Press.

Ebert, H. / Piwinger, M. 2007. Impression Management: Die Notwendigkeit der Selbstdarstellung. In: Piwinger, M. / Zerfass, A. (Hrsg.): Handbuch Unternehmenskommunikation. Wiesbaden: Gabler, 205-225.

Fairclough, N. / Wodak, R. 1997. Critical discourse analysis. In: van Dijk, T. A. (Edt.): Discource Studies Volume 2: Discourse as Social Interaction. London: Sage, 258-283.

Fairclough, N. 2001. Language and Power. 2nd ed. London: Longman.

Fowler, R. / Kress, G. 1979. Critical linguistics. In: Fowler, R. et al. (Edt.): Language and Control. London/Boston/Henley: Routledge/Kegan Paul, 185-213.

Fleischer, M. 1997. Das System der russischen Kollektivsymbolik (Eine empirische Untersuchung). München: Otto Sagner.

Freeman, R. E. 1984. Strategic management: a stakeholder approach. Boston: Pitman.

Freidhof, G. Evaluierungen in der politischen Rede Gorbačevs. In: Ibler, R. / Kneip, H. / Trost, K. (Hrsg.): Festschrift für Erwin Wedel zum 65. Geburtstag. München.

Frolova, O. 2009. Семантика ответственности. In: Bartmiński, J. / Lühr, R. (Hrsg.): Europa und seine Werte. Akten der internationalen Arbeitstagung „Normen- und Wertbegriffe in der Verständigung zwischen Ost- und Westeuropa". 3./4. April 2008 in Lublin, Polen. Frankfurt am Main u. a. : Peter Lang, 213-225.

Golonka, J. 2009. Werbung und Werte. Mittel ihrer Versprachlichung im Deutschen und im Polnischen. Springer Verlag.

Götz, R. 2012. Mythen und Fakten. Europas Gasabhängigkeit von Russland. In: Sapper, M. / Weichsel, V. (Hrsg.): Osteuropa, Heft 6-8/2012. Berlin: Berliner Wissenschafts-Verlag, 435-458.

Grätz, J. 2013. Russland als globaler Wirtschaftsakteur: Handlungsressourcen und Strategien der Öl- und Gaskonzerne. München: Oldenbourg Wissenschaftsverlag/De Gruyter.

Grunwald, A. / Kopfmüller, J. 2006. Nachhaltigkeit. Frankfurt am Main / New York: Campus Verlag.

Haardt, A. 2011. Verantwortlichsein als Antworten auf den Anspruch des Anderen – ein Thema in zwei Variationen bei Michail Bachtin und Emmanuel Levinas. In: Haardt, A. / Plotnikov, N. (Hrsg.): Das normative Menschenbild in der russischen Philosophie. Internationale Tagung der Forschungsgruppe Russische Philosophie an der Ruhr-Universität Bochum. Berlin, Münster etc., 63-73.

Hackney, R. / Pillay, J. 2002. Organisational Mission Statements: A Postmodernist Perspective on the Management of the IS/IT Function. In: Information Resources Management Journal 15.1 (Jan-Mar 2002): 28-37.

Hahn, T. 2005. Gesellschaftliches Engagement von Unternehmen. Wiesbaden: Deutscher Universitäts-Verlag.

Heenemann, K. / Koch, S. / Walter, J. 2013. Gedanken zur Nachhaltigkeit. Eine Einleitung. In: Baumert, S. / Kathleen, S. / Stoppe, S. / Zlotowski, M. (Hrsg.): Nachhaltigkeit. Auf den Spuren eines Begriffs und seiner Bedeutung im universitären Kontext. Berlin: Lit Verlag, 11-18.

Heinrich, A. 2006. Gazprom – ein verlässlicher Partner für die europäische Energieversorgung? In: Forschungsstelle Osteuropa (Hrsg.): Russlandanalysen Nr. 97, 28.04.2006. Bremen, 2-6. (http://www.laender-analysen.de/russland/pdf/Russlandanalysen097.pdf)

Hindelang, G. 1994. Einführung in die Sprechakttheorie. Tübingen: Max Niemeyer Verlag.

Horak, C. 1998. Leitbild, Mission. In: Eschenbach, R. (Hrsg.): Führungsinstrumente für die Nonprofit Organisation. Bewährte Verfahren im praktischen Einsatz. Stuttgart: Schäffer-Poeschel, 15-21.

Ingenhoff, D. / Fuhrer, T. 2010. Positioning and differentiation by using brand personality attributes. In: Corporate Communication: An International Journal 15, No. 1, 83-101. (doi: 10.1108/13563281011016859).

Isaksson, M. / Jørgensen, P. E. F. 2010. Communicating Corporate Ethos on the Web: The Self-Presentation of PR Agencies. In: Journal of Business Communication 47 (2), 119-140. doi:10.1177/0021943610364516

Jonas, H. 1979. Das Prinzip Verantwortung: Versuch einer Ethik für die technologische Zivilisation. Frankfurt am Main: Suhrkamp.

Karmasin, M. 2007. Stakeholder-Management als Grundlage der Unternehmenskommunikation. In: Piwinger, M. / Zerfass, A. (Hrsg.): Handbuch Unternehmenskommunikation. Wiesbaden: Gabler, 71-88.

Karmasin, M. / Weber, F. 2008. Organisationskommunikation und CSR: Neue Herausforderungen an Kommunikationsmanagement und PR. Wien/Berlin: Lit Verlag.

Kluckhohn, C. 1962. Values and Value-Orientation in the Theory of Action. An Exploration in Definition and Classification. In: Parsons, T. / Shils, E. (Edt.): Toward a General Theory of Action. Cambridge: Harvard University Press, 388-433.

Krause, M. 2007a. Leistung im Russischen – eine semantische Lakune? In: Doleschal, U. / Hoffmann, E. / Reuther, T. (Hrsg.): Sprache und Diskurs in Wirtschaft und Gesellschaft: Interkulturelle Perspektiven. Festschrift für Renate Rathmayr. Frankfurt am Main/Wien u. a.: Otto Sagner, 125–136.

Krause, M. 2007b. Epistemische Modalität. Zur Interaktion lexikalischer und prosodischer Marker. Wiesbaden: Harrassowitz Verlag.

Kuße, H. 1998. Konjunktionale Koordination in Predigten und politischen Reden. Dargestellt an Belegen aus dem Russischen. München: Otto Sagner.

Kuße, H. 2002. Werte als Prämissen. Beispiele aus dem politischen Diskurs (Havel, Gorbačev, Putin). In: Kuße, H. / Unrath-Scharpenack, K. (Hrsg.): Kulturwissenschaftliche Linguistik. Beispiele aus der Slavistik. Bochum, 117- 165.

Kuße, H. 2007a. Unternehmensphilosophien: McDonald's und IKEA (die russischen, tschechischen und polnischen Internetauftritte im Vergleich). In: Doleschal, U. / Hoffmann, E. / Reuther, T. (Hrsg.): Sprache und Diskurs in Wirtschaft und Gesellschaft: Slawistische Perspektiven. Festschrift für Renate Rathmayr. Frankfurt am Main/Wien u. a.: Otto Sagner, 155–178.

Kuße, H. 2007b. Positives Bewerten. Diskurssensitive Beispiele aus dem Russischen und Tschechischen. In: Zeitschrift für Slawistik 51, H. 2. Berlin: Akademie Verlag, 138-177.

Kuße, H. 2008. Wertbehauptungen in der instrumentellen Kommunikation. (= Beitrag zur Tagung „Vergesellschaftung der Werte. Wertedebatten in Deutschland seit 1945. Systematische und historische Aspekte." Dresden 04.-07.05.2006). [tu-dresden.de/die_tu_dresden/zentrale_einrichtungen/mez/dateien/Kolloquien/verg_werte]

Kuße, H. 2012a. Verantwortung in diskursiver Varianz. Am Beispiel des Deutschen und Tschechischen. In: Burkhardt, H. / Hammel, R. / Łaziński, M. (Hrsg.): Sprache im Kulturkontext. Festschrift für Alicja Nagórko. Frankfurt am Main: Peter Lang, 297-321.

Kuße, H. 2012b. Kulturwissenschaftliche Linguistik. Eine Einführung. Göttingen: Vandenhoeck und Ruprecht.

Kuße, H. 2014. Verantwortung – Modelle und argumentative Konzepte eines globalen Werts in Europa. In: Földes, Cs. (Hrsg.): Interkulturalität unter dem Blickwinkel von Semantik und Pragmatik. Tübingen: Narr-Francke-Attempto-Verlag, 109–129.

Kuße, H. 2015 (im Erscheinen). VERANTWORTUNG, PFLICHT und GERECHTIGKEIT in sowjetischen Begriffserklärungen. In: Plotnikov, N. / Siegfried, M. (Hrsg.): Pluralität der Gerechtigkeit. München/Paderborn: Fink/Schöningh.

Langlois, C. C. / Schlegelmilch, B. B. 1990. Do corporate codes of ethics reflect national character? In: Journal of International Business Studies 4, 519-536.

Lenk, H. 1994. Von Deutungen zu Wertungen. Eine Einführung in aktuelles Philosophieren. Frankfurt am Main: Suhrkamp.

Lenk, H. 1998. Konkrete Humanität. Vorlesungen über Verantwortung und Menschlichkeit. Frankfurt/Main: Suhrkamp.

Lumer, C. 1990. Praktische Argumentationstheorie. Theoretische Grundlagen, praktische Begründung und Regeln wichtiger Argumentationsarten. Braunschweig: Vieweg.

Marx, K. / Engels, F. 1971. Werke. Band 13, 7. Auflage. Berlin: (Karl) Dietz Verlag.

Mautner, G. 2000. Der britische Europa-Diskurs. Wien: Passagen.

Mautner, G. 2002. Universitäten online - Die Kommerzialisierung des Diskurses in der tertiären Bildung am Beispiel von „Business schools“. In: Thimm, C. (Hrsg.): Unternehmenskommunikation offline/online: Wandelprozesse interner und externer Kommunikation durch neue Medien. Peter Lang, 209-229.

Menz, F. / Stahl, H. K. 2008. Handbuch Stakeholderkommunikation. Berlin: Erich Schmidt Verlag.

Milton-Smith, J. 1999. The code of ethics as an instrument of strategic management. In: Chakraborty, S. K. / Chatterjee, S. R. (Edt.): Applied ethics in management. Towards new perspectives. Berlin: Springer, 18-36.

Munro, I. 1997. Codes of ethics. Some uses and abuses. In: Davies, P. W. F. (Edt.): Current issues in business ethics. London: Routledge, 97-106.

Nielsen, J. 2003. „About Us“ – presenting information about an organization on ist website. Jakob Nielsen's Alertbox, 27 Oktober 2003, verfügbar auf: www.useit.com/alertbox/20031027.html.

Nielsen, J. 2008. „About Us“ Information on Websites. Nielsen Norman Group, 29 September 2008, verfügbar auf: http://www.nngroup.com/articles/about-us-information-on-websites/.

Nikolov, D. 2008. Sprache und Bewertung: Die Vor- und Nachteile des EU-Beitritts Bulgariens unter Beachtung bulgarisch- und russischsprachiger Printmedien in Bulgarien. Frankfurt am Main. (unveröffentlichte Magisterarbeit)

Okazaki S. / Rivas, J. A. 2002. A content analysis of multinationals' Web communication strategies: cross-cultural research framework and pre-testing. In: Internet Research: Electronic Networking Applications and Policy Vol. 12, No. 5, 380-390.

Okazaki, S. / Skapa, R. 2008. Global web site standardization in the new EU member states: Initial observations from Poland and the Czech Republic. In: European Journal of Marketing Vol. 42, No. 11/12, 1224 – 1245.

Palmer, F. R. 1988. Mood and Modality. Cambridge: Cambridge University Press.

Perry, M. / Bodkin, C. 2000. Content analysis of Fortune 100 company Web sites. In: Corporate Communications: An International Journal Vol. 5, No. 2, 87-96.

Pollach, I. 2003. Communicating Corporate Ethics on the World Wide Web. A Discourse Analysis of Selected Corporate Websites. Frankfurt am Main: Peter Lang.

Pollach, I. 2005. Corporate self-presentation on the WWW. Strategies for enhancing usability, credibility and utility. In: Corporate Communication: An International Journal, Vol. 10, No. 4, 285-301. (doi: 10.1108/13563280510630098).

Puzynina, J. 1992. Über Werte und Bewertung. In: Falkenberg, G. / Fries, N. / Puzynina, J. (Hrsg.): Wartościowanie w języku i tekście na materiale niemieckim. Warszawa, 57-71.

Puzynina, J. 1997. Słowo – wartość – kultura. Lublin.

Rogers, P. / Gunesekera, M. / Yang, M. 2007. Rhetorical Tools for Communicating Strategic Change: Dana's Definitional Statement. Ross School of Business Working Paper Series. Working Paper No. 1079

Rokeach, M. 1973. The nature of human values. New York: Free Press.

Sanderson, G. R. / Varner, I. I.1984. What's wrong with corporate codes of conduct? In: Management accounting, July 1984, 28-35.

Spitzmüller, J. / Warnke, I. 2011. Diskurslinguistik. Eine Einführung in Theorien und Methoden der transtextuellen Sprachanalyse. De Gruyter, Berlin/Boston.

Stevens, B. 1994. An Analysis of Corporate Ethical Code Studies: "Where do we go from here?" In: Journal of Business Ethics 13, 63-69.

Stevens, B. 2008. Corporate Ethical Codes: Effective instruments For Influencing Behavior. In: Journal of Business Ethics 78, 601-609. (doi: 10.1007/s10551-007-9370-z).

Thommen, J.-P. / Achleitner, A.-K. 2001. Allgemeine Betriebswirtschaftslehre. Wiesbaden: Gabler.

Wetz, F. J. 2005. Hans Jonas – Eine Einführung. Wiesbaden.

Williams, L. S. 2008. The Mission Statement: a corporate reporting tool with a past, present, and future. In: Journal of Business Communication 45, 94-119. (doi: 10.1177/0021943607313989).

Winko, S. 1991. Wertungen und Werte in Texten: axiologische Grundlagen und literaturwissenschaftliches Rekonstruktionsverfahren. Braunschweig: Vieweg.

Woldt, C. 2010. Sprache als Wert – Werte in der Sprache. Untersuchungen zu Bewertungen von Sprache allgemein und Komposita im Besonderen in der tschechischen Sprachgeschichte. München / Berlin: Otto Sagner.

Wright, G. H. von. 1963. The varieties of goodness. New York/London.

Wunderlich, D. 1976. Studien zur Sprechakttheorie. Frankfurt am Main: Suhrkamp.

Yin, R. K. 1984. Case Study Research. Beverly Hills: Sage.

Zerfass, A.1996. Unternehmensführung und Öffentlichkeitsarbeit. Opladen: Westdeutscher Verlag.

Zerfass, A. 2007. Unternehmenskommunikation und Kommunikationsmanagement: Grundlagen, Wertschöpfung, Integration. In: Piwinger, M. / Zerfass, A. (Hrsg.): Handbuch Unternehmenskommunikation. Wiesbaden: Gabler, 21-70.

Zillig, W. 1982. Bewerten. Sprechakttypen der bewertenden Rede. Tübingen: Max Niemeyer Verlag.

Адамец, П. 1978. Образование предложений из пропозиции в современном русском языке. Univerzita Karlova, Praha.

Арутюнова, Н. Д. 1984. Аксиология в механизмах жизни и языка. In: Проблемы структурной лингвистики 1982. Москва, 5-23.

Арутюнова, Н. Д. 1988. Типы языковых значений. Оценка. Событие. Факт. Москва.

Арутюнова, Н. Д. 1998. Язык и мир человека. Москва: «Языки русской культуры».

БСЭ. 1957. Большая Советская Энциклопедия. Второе издание. Под ред. Б. А. Введенского. Т. 49. Москва: Большая советская энциклопедия.

БСЭ. 1978. Большая Советская Энциклопедия. Третье издание. Под ред. А. М. Прохорова. Т. 29. Москва: Советская энциклопедия.

БСЭ. 1978а. Большая Советская Энциклопедия. Третье издание. Под ред. А. М. Прохорова. Т. 30. Москва: Советская энциклопедия.

БТС. 1998. Большой Толковый Словарь Русского Языка. Под ред. С. А. Кузнецова. Санкт-Петербург: Норинт.

БЭС. 1998. Большой Энциклопедический Словарь. Издание второе, переработанное и дополненное. Под ред. А. М. Прохорова. Москва: Большая Российская энциклопедия / Санкт-Петербург: Норинт.

Булыгина, Т. В. / Шмелев, А. Д. 1997. Языковая концептуализация мира (на материале русской грамматики). Москва: Школа «Языки русской культуры».

Вольф, Е. М. 1986. Оценочное значение и соотношение признаков «хорошо/плохо». In: Вопросы языкознания 5/1986, 98-106.

Вольф, Е. М. 2002. Функциональная семантика оценки. Изд. 2-е, доп. Москва: Едиториал УРСС. (Лингвистическое наследие XX века).

Данюшина, Ю. В. 2011. Многоуровневый анализ англоязычного сетевого бизнес-дискурса /Дисс.д.филол.н./. Институт языкознания РАН. Москва.

Куссе, Х. 2010. Ответственность в экономике (Лингводискурсивный анализ). In: Persi, U. / Polonskij, A. Colloquium: Volume internazinale di contributi scientifici. Bergamo/Belgorod: Ed. BelGU, 99-107.

Милехина, Т. А. / Ратмайр, Р. (отв. ред.). 2017а (в печати). Корпоративная коммуникация в России: Дискурсивный анализ. Коллективная монография.

Милехина, Т. А. / Ратмайр, Р. 2017b (в печати). Введение. Жанры корпоративной коммуникации. In: Корпоративная коммуникация в России: Дискурсивный анализ. Коллективная монография под ред. Т. А. Милехиной и Р. Ратмайр.

Ратмайр, Р. 2013 (в печати). Положительная оценка в профессиональном общении: комплимент и самопохвала. Конференция Хвала и хула в языке и коммуникации. 30-31 октября 2012. РГГУ. Председатель И.А. Шаронов.

Рябов А. В. / Курбангалеева Е. Ш. (отв. ред.). 2003. Базовые ценности россиян: Социальные установки. Жизненные стратегии. Символы. Мифы. Коллективная монография по материалам проекта «Томская инициатива». Москва, Дом интеллектуальной книги.

РЭС. 2000. Российский Энциклопедический Словарь. Под ред. А. М. Прохорова. Книга 2 Н-Я. Москва: Большая Российская энциклопедия.

ССРЛЯ. 1959. Словарь Современного Русского Литературного Языка. в 17 томах. Под ред. В. И. Чернышева. Т. 8. М./Л. Изд. Академии Наук 1959.

Хоффманн, Э. 2014. Образ российского бизнеса за рубежом. In: Социальные варианты языка, т. VIII, под ред. М. А. Грачева и А. Г. Калининой. Нижний Новгород: НЛГ 2014, 158-162.

Хоффманн, Э. 2017 (в печати). Образ российского бизнеса за рубежом. In: Корпоративная коммуникация в России: Дискурсивный анализ. Коллективная монография под ред. Т. А. Милехиной и Р. Ратмайр:

Юровский, В. 1996. Бессоюзные сложные предложения в директивных речевых актах. Bern et al: Peter Lang.

www.ingramcontent.com/pod-product-compliance
Ingram Content Group UK Ltd.
Pitfield, Milton Keynes, MK11 3LW, UK
UKHW021922290926
8980IPUK00016B/1402

9 783631 737644